Passagens da Antiguidade ao feudalismo

FUNDAÇÃO EDITORA DA UNESP

Presidente do Conselho Curador
Mário Sérgio Vasconcelos

Diretor-Presidente
Jézio Hernani Bomfim Gutierre

Superintendente Administrativo e Financeiro
William de Souza Agostinho

Conselho Editorial Acadêmico
Danilo Rothberg
Luis Fernando Ayerbe
Marcelo Takeshi Yamashita
Maria Cristina Pereira Lima
Milton Terumitsu Sogabe
Newton La Scala Júnior
Pedro Angelo Pagni
Renata Junqueira de Souza
Sandra Aparecida Ferreira
Valéria dos Santos Guimarães

Editores-Adjuntos
Anderson Nobara
Leandro Rodrigues

PERRY ANDERSON

*Passagens da Antiguidade
ao feudalismo*

Tradução
Renato Prelorentzou

© Perry Anderson, 1974, 1996, 2013. Todos os direitos reservados.
© 2013 Editora Unesp
Publicado por acordo com a editora Verso Books

Título original: *Passages from Antiquity to Feudalism*

Direitos de publicação reservados à:
Fundação Editora da Unesp (FEU)
Praça da Sé, 108
01001-900 – São Paulo – SP
Tel.: (0x11) 3242-7171
Fax: (0x11) 3242-7172
www.editoraunesp.com.br
www.livrariaunesp.com.br
atendimento.editora@unesp.br

CIP – Brasil. Catalogação na publicação
Sindicato Nacional dos Editores de Livros, RJ

A312p

Anderson, Perry
    Passagens da Antiguidade ao feudalismo / Perry Anderson; tradução Renato Prelorentzou. – 1.ed. – São Paulo: Editora Unesp, 2016.

    Tradução de: *Passages from Antiquity to Feudalism*
    ISBN 978-85-393-0621-3

    1. Idade Média – História. 2. História antiga. I. Prelorentzou, Renato. II. Título.

16-30103
CDD: 909.07
CDU: 94(100)

Editora afiliada:

Sumário

Prefácio   7
Agradecimentos   11

Primeira parte

I. Antiguidade Clássica   15
    1 O modo de produção escravista   21
    2 Grécia   35
    3 O mundo helênico   53
    4 Roma   61

II. A transição   117
    1 O cenário germânico   119
    2 As invasões   125
    3 Em busca de uma síntese   143

Segunda parte

I. Europa Ocidental   163
    1 O modo de produção feudal   165
    2 Tipologia das formações sociais   173
    3 O extremo norte   193

    4 A dinâmica feudal   205
    5 A crise geral   223

II. Europa Oriental   237
    1 A leste do Elba   239
    2 A trava nômade   243
    3 O padrão de desenvolvimento   257
    4 A crise no Leste   277
    5 Ao sul do Danúbio   297

Referências bibliográficas   329
Índice onomástico   345
Índice de autores   355

Prefácio

Algumas palavras se fazem necessárias para explicar o escopo e a intenção deste ensaio. Ele está concebido como prólogo para um estudo mais amplo, cujo tema o sucede imediatamente: *Linhagens do Estado Absolutista*. Os dois livros se articulam de forma direta e, em última análise, propõem um mesmo argumento. Sob a perspectiva mais usual da maioria das abordagens, a relação entre os dois – de um lado, antiguidade e feudalismo, do outro, absolutismo – não fica aparente de imediato. Normalmente, a história antiga é separada da história medieval por um abismo profissional que pouquíssimos trabalhos contemporâneos tentam superar: esse precipício, é claro, está arraigado institucionalmente, tanto no ensino quanto na pesquisa. A distância convencional entre a história medieval e o início da história moderna é (naturalmente ou paradoxalmente?) muito menor: mas, mesmo assim, tem sido suficiente para impossibilitar qualquer análise do feudalismo e do absolutismo em conjunto, sob um mesmo foco, por assim dizer. O argumento desses estudos interligados defende que, sob certos aspectos importantes, é assim que se devem considerar as formas sucessivas que lhes interessam. O presente ensaio explora o mundo político e social da Antiguidade clássica, a natureza de sua transição para o mundo medieval, a estrutura que daí resultou e a evolução do feudalismo na Europa. As divisões regionais, tanto no Mediterrâneo quanto na Europa, são um tema central do início ao fim. O ensaio que vem na sequência discute o absolutismo contra o pano de fundo do feudalismo e da antiguidade, como seu legítimo herdeiro político. As razões para fazer um passeio pela Antiguidade clássica e pelo feudalismo preceder um estudo comparativo sobre o Estado absolutista ficarão mais evidentes ao longo do segundo trabalho e serão resumidas nas suas conclusões. Elas tentarão situar, à luz da análise de ambos os volumes, a especificidade da experiência europeia dentro do cenário internacional.

É necessário, entretanto, salientar desde já os limites e o caráter provisório dos relatos apresentados em cada trabalho. Aqui, o saber e as habilidades do historiador profissional se ausentaram. No sentido correto do termo, a escrita histórica é inseparável da pesquisa direta nos registros originais do passado – nos arquivos, sejam eles epigráficos ou arqueológicos. Os estudos que se seguem não reivindicam essa dignidade. Em vez de uma verdadeira escrita da história propriamente dita, eles se baseiam simplesmente na leitura dos trabalhos disponíveis de historiadores modernos: algo bem diferente. O aparato de referências que os acompanha, portanto, está muito distante do que denota o trabalho de uma historiografia erudita. Aquele que detém autoridade não cita: as fontes – matéria-prima do passado – falam por meio dele. O tipo e a extensão das notas que auxiliam o texto de ambos os livros indicam apenas o nível secundário no qual eles se situam. Os historiadores, é claro, podem produzir trabalhos de comparação ou síntese sem ter, sempre e necessariamente, o conhecimento íntimo de toda a gama de evidências que atravessa o campo em questão, embora seu julgamento provavelmente seja mediado pelo domínio de sua especialidade. Por si só, o empenho em descrever ou compreender épocas e estruturas históricas muito vastas não precisa de justificativas ou pedidos de desculpas indevidos. Sem ele, pesquisas locais e específicas perdem seu significado potencial. Mas, mesmo assim, é verdade que nenhuma interpretação parece tão falível quanto aquelas que usam conclusões alheias como suas unidades elementares de evidência: pois elas permanecem constantemente suscetíveis à invalidação por novas descobertas ou revisões de investigações primárias ulteriores. O que é aceito pelos historiadores de uma geração ainda pode ser refutado pela pesquisa da próxima. Qualquer tentativa de generalizar os fundamentos de opiniões vigentes, mesmo que sejam eruditas, deve, portanto, ser precária e condicional. Nesse caso, os limites destes ensaios são particularmente consideráveis, por causa do período de tempo coberto. Na verdade, quanto maior a extensão da história pesquisada, mais comprimido tenderá a ser o tratamento dado a cada fase. Nesse sentido, a imensa e difícil complexidade do passado – que só pode ser capturada pela vívida tela que o historiador compõe – permanece em grande medida fora do escopo destes estudos. As análises que o leitor encontrará mais adiante, por motivos de competência e também de espaço, são diagramas rudimentares: nada mais. Breves esboços para outra história, elas têm a intenção de propor elementos para debate, e não de apresentar teses fechadas e abrangentes.

A discussão para a qual tais análises foram concebidas se encontra principalmente dentro do campo do materialismo histórico. Os objetivos do método escolhido para a utilização do marxismo estão no prefácio de *Linhagens do Estado Absolutista*, no qual ficam mais visíveis dentro da estrutura formal do trabalho. Aqui, não será necessário fazer mais do que expor os princípios que governaram o uso das fontes em ambos os estudos. As autoridades mobilizadas por esta pesquisa, assim como em qualquer investigação comparativa, são, naturalmente, muito diversas – variando bastante, tanto nas características intelectuais quanto nas políticas. Não se deu nenhum privilégio especial à historiografia marxista. A despeito das transformações das últimas décadas, a imensa maioria dos trabalhos históricos mais sérios do século XX foi escrita por historiadores alheios ao marxismo. O materialismo histórico não é uma ciência acabada, e seus praticantes têm calibres bem diferentes. Existem alguns campos da historiografia que são dominados pela pesquisa marxista; mas há outros nos quais as contribuições não marxistas são superiores em qualidade e quantidade; e há muitos outros ainda nos quais nem sequer existem intervenções marxistas. O único critério de discriminação admissível em uma pesquisa comparativa, que deve considerar trabalhos de diferentes horizontes, é a inteligência e a solidez intrínsecas. Máxima consciência e respeito pela sabedoria de historiadores que estão além das fronteiras do marxismo não são incompatíveis com a busca rigorosa por uma pesquisa histórica marxista: são sua condição de existência. De modo similar, Marx e Engels não devem ser simplesmente tomados pelo que disseram: os erros de seus escritos sobre o passado não podem ser contornados nem ignorados, mas, sim, identificados e criticados. Fazê-lo não é se afastar do materialismo histórico, mas reintegrá-lo. Não há lugar para o fideísmo no conhecimento racional, que é necessariamente acumulativo; e a grandiosidade dos fundadores das novas ciências nunca esteve à prova de mitos e equívocos, e tampouco foi por eles diminuída. Tomar "liberdades" com a assinatura de Marx é, nesse sentido, adentrar a liberdade do marxismo.

Agradecimentos

Gostaria de agradecer Anthony Barnett, Robert Browning, Judith Herrin, Victor Kiernan, Tom Nairn, Brian Pearce e Gareth Stedman Jones pelos comentários críticos a respeito deste ensaio e de sua sequência. Devido à natureza de ambos, é mais necessário do que o convencional absolvê-los de quaisquer responsabilidades pelos erros factuais e de interpretação que estes trabalhos contêm.

Primeira parte

I. Antiguidade Clássica

Faz muito tempo que a delimitação entre Ocidente e Oriente dentro da Europa tem sido convencional para os historiadores. Na verdade, essa delimitação remonta ao fundador da historiografia positiva moderna, Leopold Von Ranke. A pedra angular do primeiro grande trabalho de Ranke, escrito em 1824, era um "esboço da unidade das nações latinas e germânicas", com o qual ele traçava uma linha através do continente, excluindo os eslavos do leste do destino comum às "grandes nações" do oeste, as quais eram o tema de seu livro.

> Não se pode sustentar que esses povos pertençam à unidade de nossas nações; seus costumes e constituição os separaram. Na época, eles não exerciam nenhuma influência independente, mas apareciam meramente subordinados ou mesmo antagônicos: aqui e ali eram tocados, por assim dizer, pelas marés dos movimentos da história.[1]

Apenas o Ocidente participara das migrações bárbaras, das cruzadas medievais e das conquistas coloniais modernas – que eram, para Ranke, *drei grosse Atemzüge dieses unvergleichlichen Vereins*, "as três grandes inspirações dessa incomparável união".[2] Alguns anos mais tarde, Hegel observou que

---
1 Ranke, *Geschichte der romanischen und germanischen Völker von 1494 bis 1514*, p.XIX.
2 Ibid., p.XXX.

"até certo ponto, os eslavos estiveram inscritos na esfera da Razão Ocidental", já que, "algumas vezes, como posto avançado – uma nacionalidade intermediária –, eles tomaram partido na luta entre a Europa cristã e a Ásia não cristã". Mas o cerne de sua visão sobre a história da região oriental do continente era muito semelhante ao de Ranke. "No entanto, todo esse conjunto de povos permanece excluído de nossas considerações, porque até então não figuraram como elemento independente na série de fases que a Razão assumiu no mundo."[3] Um século e meio depois, historiadores contemporâneos tendem a evitar essas expressões. As categorias étnicas cederam lugar aos termos geográficos: mas a distinção em si e sua origem na Idade das Trevas permanecem praticamente inalteradas. Em outras palavras, sua aplicação se inicia com a emergência do feudalismo, naquela época histórica em que o clássico relacionamento entre as regiões do Império Romano – Oriente avançado e Ocidente atrasado – começou, pela primeira vez, a se reverter de modo decisivo. Pode-se observar essa troca de sinais em quase todas as abordagens da transição da Antiguidade para a Idade Média. Tanto que as explicações apresentadas para a queda do Império no mais recente e monumental estudo sobre o declínio da Antiguidade – *The Later Roman Empire*, de Jones – gira a todo o momento em torno das diferenças estruturais entre Ocidente e Oriente. O Oriente, com suas ricas e numerosas cidades, sua economia desenvolvida, suas pequenas propriedades camponesas, sua relativa unidade cívica e boa distância geográfica dos impactos dos ataques bárbaros, sobreviveu. Já o Ocidente, com sua população mais esparsa e suas cidades mais fracas, com sua aristocracia pomposa e seu campesinato oprimido, sua anarquia política e sua vulnerabilidade estratégica às invasões germânicas, soçobrou.[4] O fim da Antiguidade foi, então, selado pelas conquistas árabes, que cindiram as duas margens do Mediterrâneo. O Império Oriental se tornou Bizâncio, um sistema político e social apartado do resto do continente europeu. Era nesse novo espaço geográfico, emerso durante a Idade das Trevas, que a polaridade entre Oriente e Ocidente iria mudar de conotação. Bloch

---

3 Hegel, *The Philosophy of History*, p.363.
4 Jones, *The Later Roman Empire: 282-602*, p.1026-68.

proferiu seu julgamento de autoridade: "a partir do século VIII, houve um grupo de sociedades nitidamente demarcado na Europa central e ocidental, cujos elementos, embora diversos, estavam solidamente cimentados por semelhanças profundas e relações constantes". Foi essa região que deu origem à Europa medieval:

> Na Idade Média, a economia europeia – no sentido sob o qual esse adjetivo, emprestado da antiga nomenclatura geográfica sobre as cinco "partes do mundo", pode ser usado para designar uma verdadeira realidade humana – é a do bloco latino e germânico, cercado por umas poucas ilhotas célticas e franjas eslavas, e esse bloco gradualmente ganhou uma cultura em comum [...]. Assim compreendida, assim delimitada, a Europa é uma criação do início da Idade Média.[5]

Bloch excluiu expressamente as regiões que hoje formam o leste europeu dessa definição social do continente:

> A maior parte do leste eslavo não pertence a ela de forma alguma. [...] É impossível considerar as suas condições econômicas junto com as de seus vizinhos do oeste como um mesmo objeto de estudo científico. Suas estruturas sociais completamente distintas e um caminho muito especial de desenvolvimento proíbem em absoluto tal confusão: fazê-lo seria o mesmo que misturar a Europa e os países europeizados com a China ou a Pérsia em uma história econômica do século XIX.[6]

Os sucessores de Bloch respeitaram suas injunções. Em geral, a formação da Europa e a germinação do feudalismo ficaram confinadas à história da metade ocidental do continente, excluindo das análises a metade oriental. O excelente estudo de Duby a respeito do início da economia feudal, que começa no século IX, já se intitula: *Economia rural e a vida no campo no Ocidente medieval*.[7] As formas políticas e culturais criadas pelo feudalismo

---

5 Bloch, *Mélanges historiques*, v.1, p.123-4.
6 Ibid., p.124.
7 Duby, *L'Économie rurale et la vie des campagnes dans l'Occident médiéval*.

no mesmo período – a "revolução secreta desses séculos"[8] – são o foco central de *The Making of the Middle Ages* [A formação da Idade Média], de Southern. A generalidade do título esconde uma elipse, identificando implicitamente um tempo específico com um certo espaço. A primeira frase declara: "O tema deste livro é a formação da Europa ocidental desde o fim do século X até o início do século XIII".[9] Aqui, o mundo medieval se torna a Europa ocidental *tout court*. Assim, a distinção entre Ocidente e Oriente se reflete na historiografia moderna desde o início da época pós--clássica. Na verdade, suas origens são contemporâneas às do próprio feudalismo. Por isso, qualquer estudo marxista sobre as diferenças dos desenvolvimentos históricos dentro do continente deve começar por uma consideração a respeito da matriz geral do feudalismo europeu. Somente quando essa matriz estiver estabelecida é que será possível ver até onde e de que maneira se pode traçar uma história divergente para as regiões ocidental e oriental.

---

[8] Southern, *The Making of the Middle Ages*, p.13.
[9] Ibid., p.11.

1
O modo de produção escravista

Desde que Marx lhe dedicou célebres capítulos de *O Capital*, a gênese do capitalismo já foi objeto de muitos estudos inspirados pelo materialismo histórico. A gênese do feudalismo, ao contrário, permaneceu muito pouco estudada dentro dessa mesma tradição e jamais foi integrada ao *corpus* geral da teoria marxista como um *tipo de transição* distintivo para um novo modo de produção. Ainda assim, como veremos mais adiante, sua importância para o padrão global da história talvez seja apenas um pouco menor que a da transição para o capitalismo. Paradoxalmente, o julgamento solene de Gibbon sobre a queda do Império Romano e o fim da Antiguidade talvez tenha emergido somente hoje em toda a sua verdade: "uma revolução que será para sempre lembrada e que ainda é sentida pelas nações sobre a Terra".[1] Em contraste com o caráter acumulativo do advento do capitalismo, a gênese do feudalismo na Europa deriva de um colapso "catastrófico" e convergente de dois modos de produção distintos: a *recombinação* de

---

1 Gibbon, *The History of the Decline and Fall of the Roman Empire*, v.1, 1896, p.I. O autor se arrependeu dessa frase em uma nota manuscrita da revisão que vinha planejando para o livro, restringindo sua referência apenas aos países da Europa, e não aos do mundo. "Será que a Ásia e a África, do Japão ao Marrocos, têm alguma sensação ou memória do Império Romano?", ele se perguntou. (Ibid., p. XXXV). Gibbon escreveu cedo demais para ver como o resto do mundo iria, de fato, "sentir" o impacto da Europa e, com isso, as consequências derradeiras da "revolução" que ele relatara. Nem o distante Japão nem o vizinho Marrocos ficariam imunes à história que se inaugurara.

seus elementos desintegrados liberou a síntese feudal em si, a qual, portanto, sempre conservou um caráter híbrido. Os dois predecessores do modo de produção feudal foram, é claro, o decadente modo de produção escravista, em cujas fundações se assentara o enorme edifício do Império Romano, e os modos de produção dos invasores germânicos, que sobreviveram em suas novas pátrias, distendidos e deformados, depois das conquistas bárbaras. Nos últimos séculos da Antiguidade, esses dois mundos radicalmente distintos vinham passando por uma lenta desintegração e uma gradual interpenetração.

Para ver como isso aconteceu, é preciso olhar mais atrás, para a matriz original de toda a civilização do mundo clássico. A Antiguidade greco-romana sempre constituiu um universo centrado nas cidades. O esplendor e a audácia das primeiras cidades helênicas e, depois, da República Romana, as quais deslumbraram tantas épocas subsequentes, traduziram um apogeu de cultura e organização urbana que não viria a ser ultrapassado por mais de um milênio. Filosofia, ciência, poesia, história, arquitetura, escultura; direito, administração, finanças, impostos; voto, debate, recrutamento militar — tudo isso emergiu ou se desenvolveu até níveis inigualáveis de força e sofisticação. Mesmo assim, essa moldura de civilização citadina sempre teve algo do efeito de uma fachada ilusória sobre a posteridade. Por trás dessa organização política e dessa cultura urbana não havia uma *economia* urbana equiparável. Ao contrário, a riqueza material que sustentava essa vitalidade cívica e intelectual provinha esmagadoramente do campo. O mundo clássico era maciça e inalteravelmente rural em suas proporções quantitativas básicas. Ao longo de toda a sua história, a agricultura representou o setor absolutamente dominante da produção, sempre fornecendo as maiores fortunas para as cidades. As cidades greco-romanas jamais foram comunidades com predomínio de manufatureiros, negociantes ou artesãos: elas foram, desde a origem e por princípio, aglomerados urbanos de donos de terras. Todas as organizações municipais, desde a democrática Atenas até a oligárquica Esparta ou a Roma senatorial, eram, em essência, dominadas por proprietários agrários. Sua renda provinha dos cereais, do azeite e do vinho — os três alimentos básicos do mundo antigo, produzidos em terras e fazendas que ficavam fora do perímetro físico da cidade. Dentro dela, as manufaturas continuaram raras e rudimentares: a variedade dos produtos urbanos normais nunca se estendeu para muito além de têxteis, cerâmicas, móveis e utensílios de vidro. A técnica era simples, a demanda era limitada e o transporte tinha um custo exorbitante. Como resultado, as manufaturas da Antiguidade se desenvolveram de maneira peculiar, não por um aumento da concentração, como nas épocas posteriores, mas pela descentralização e dispersão, pois o que ditava os custos relativos de produção era a distância, e não a divisão do trabalho. Uma ideia ilustrativa da comparação entre o peso das economias rural e urbana no mundo antigo aparece nos rendimentos fiscais pagos no Império Romano do século IV, quando, pela primeira vez, a *collatio lustralis* de Constantino submeteu o comércio das cidades à arrecadação imperial: a renda desse imposto nas cidades nunca somou mais do que 5% do imposto sobre a terra.[2]

Naturalmente, a distribuição estatística da produção dos dois setores não era suficiente para diminuir a importância das cidades na Antiguidade. Pois, nesse mundo uniformemente agrícola, o rendimento bruto das trocas comerciais urbanas podia ser bem pequeno, mas a margem líquida que elas proporcionavam a uma economia agrária, frente a qualquer outra, ainda era decisiva. A precondição dessa característica distintiva da civilização clássica era seu caráter *costeiro*.[3] A Antiguidade greco-romana foi quintessencialmente mediterrânea em suas estruturas mais profundas. Pois o comércio interlocal que a ligava só podia se dar por água: o transporte marítimo era o único meio viável para trocas de mercadorias a médias e longas distâncias. Pode-se avaliar a colossal importância do mar para o comércio a partir do simples fato de que, na época de Diocleciano, era

---

[2] Jones, *The Later Roman Empire*, v.1, p.465. O imposto era pago pelos *negotiatores*, ou seja, praticamente todos os envolvidos em atividades comerciais de qualquer tipo nas cidades, tanto mercadores quanto artesãos. Apesar de seu rendimento ínfimo, tal imposto se provou bastante opressivo e impopular para a população urbana, tamanha a fragilidade da economia citadina.

[3] Max Weber foi o primeiro estudioso a dar total ênfase a esse fato fundamental em dois grandes estudos já esquecidos: "Agrarverhältnisse im Altertum" e "Die Sozialen Gründe des Untergangs der Antiken Kultur". Ver: Weber, *Gesammelte Aufsätze zur Sozial- und Wirtschaftsgeschichte*, p.4 ss., 292 ss.

mais barato embarcar trigo da Síria para a Espanha – de uma ponta a outra do Mediterrâneo – do que transportá-lo por 120 quilômetros em vias terrestres.[4] Assim, não foi por acaso que a zona do Mar Egeu – um labirinto de ilhas, portos e promontórios – veio a ser o primeiro lar da cidade-estado; que Atenas, seu maior exemplo, fundou suas fortunas comerciais no transporte marítimo; que, quando a colonização grega se espalhou para o Oriente Próximo durante o período helênico, o porto de Alexandria se tornou a maior cidade do Egito, primeira capital marítima de sua história; e que, por sua vez, Roma, situada às margens do Tibre, virou uma metrópole costeira. A água era um meio de comunicação e de comércio insubstituível que possibilitou um crescimento urbano de concentração e sofisticação para muito além do interior rural que havia por trás. O mar era o condutor do brilho improvável da Antiguidade. Em última instância, a combinação específica entre campo e cidade que definiu o mundo clássico só foi operacional por causa do lago que ocupava seu centro. O Mediterrâneo é o único grande mar cercado por terra em toda a circunferência do planeta: só ele oferecia a velocidade do transporte marítimo, com proteção terrestre contra ondas e ventos fortes, ao longo de uma zona geográfica considerável. A posição ímpar da Antiguidade clássica dentro da história universal não pode ser separada de seu privilégio físico.

Em outras palavras, o Mediterrâneo proporcionou a localização geográfica necessária para a civilização antiga. Seu conteúdo histórico e sua novidade, porém, residem na fundação social do relacionamento entre cidade e campo dentro de seus limites. O modo de produção escravista foi a invenção decisiva do mundo greco-romano, proveu as bases definitivas, tanto para suas realizações quanto para seu eclipse. É preciso salientar a originalidade desse modo de produção. A escravidão em si já tinha existido sob várias formas ao longo da Antiguidade no Oriente Próximo (como depois também viria a existir em outros lugares da Ásia); mas sempre fora uma condição juridicamente impura – tomando, com frequência, a forma de servidão por dívidas ou de trabalho penal – entre outros tipos mistos de servidão, constituindo apenas uma categoria muito baixa em um

---

4 Jones, *The Later Roman Empire*, v.2, p.841-2.

continuum amorfo de dependência e falta de liberdade, o qual se estendia até postos mais altos na escala social.[5] A escravidão também nunca fora o tipo predominante de apropriação do excedente nessas monarquias pré-helênicas: era um fenômeno residual que existia às margens da força de trabalho rural. Os impérios sumério, babilônico, assírio e egípcio — Estados ribeirinhos, construídos sobre uma agricultura irrigada e intensiva, que contrastavam com as lavouras leves de solo seco do futuro mundo mediterrâneo — não eram economias escravistas, e seus sistemas jurídicos não apresentavam nenhuma concepção nitidamente separada de propriedade de bens móveis. As cidades-estados gregas foram as primeiras a tornar a escravidão absoluta na forma e dominante na extensão, transformando o que antes era um recurso auxiliar em um modo de produção sistêmico. É claro que o mundo helênico clássico jamais se baseou exclusivamente no uso do trabalho escravo. Camponeses livres, arrendatários dependentes e artesãos urbanos sempre coexistiram com os escravos, em várias combinações, nas diferentes cidades-estados da Grécia. Além do mais, seu próprio desenvolvimento interno ou externo podia alterar as proporções entre os dois tipos de trabalho de um século para outro: toda e qualquer formação social concreta é sempre uma combinação específica de diferentes modos de produção, e os da Antiguidade não foram exceção.[6] Mas o modo de produção *dominante* na Grécia clássica, aquele que governava a complexa articulação de cada economia local e que deixou sua marca em toda

---

5 Finley, Between Slavery and Freedom, *Comparative Studies in Society and History*, VI, 1963-4, p.237-8.

6 Ao longo deste texto, o termo "formação social" terá, em geral, preferência sobre o termo "sociedade". Na utilização marxista, o sentido do conceito de formação social é, precisamente, sublinhar a pluralidade e a *heterogeneidade* dos possíveis modos de produção dentro de qualquer totalidade histórica e social. A repetição acrítica do termo "sociedade", ao contrário, com muita frequência transmite a suposição de uma unidade inerente na economia, na política ou na cultura de um conjunto histórico, quando, na verdade, essa unidade e identidade simplórias não existem. Assim, as formações sociais, a menos que especificadas de outra maneira, aqui são sempre combinações concretas de diferentes modos de produção, organizadas sob o *domínio* de um deles. Sobre essa distinção, ver: Poulantzas, *Pouvoir Politique et Classes Sociales*, p.10-1. Depois de deixar isso claro, seria pedantismo evitar o termo "sociedade", e aqui não se tentará fazê-lo.

a civilização da cidade-estado, foi o da escravidão. E isso também viria a acontecer em Roma. O mundo antigo como um todo nunca foi contínua ou ubiquamente marcado pela predominância do trabalho escravo. Mas suas épocas *clássicas*, quando a civilização da Antiguidade floresceu – a Grécia entre os séculos V e IV a.C., Roma do século II a.C. ao século II da era cristã –, foram aquelas em que a escravidão era massiva e geral, entre outros sistemas de trabalho. O solstício da cultura urbana clássica sempre testemunhou também o zênite da escravidão. E o declínio de uma, na Grécia helênica ou na Roma cristã, foi, invariavelmente, marcado pelo ocaso da outra.

Devido à ausência de estatísticas confiáveis, não é possível calcular com exatidão as proporções globais da população escrava na terra natal do modo de produção escravista, a Grécia pós-arcaica. As estimativas mais respeitáveis variam enormemente, mas uma análise recente diz que a razão entre escravos e cidadãos livres na Atenas de Péricles girava em torno de 3:2.[7] Porém, é bem provável que o número relativo de escravos em Quios, Egina ou Corinto tenha sido ainda maior durante quase todo o período; e que a população hilota sempre tenha superado por larga margem os cidadãos de Esparta. No século IV a.C., Aristóteles podia observar com naturalidade que "os Estados estão destinados a conter grande quantidade de escravos", enquanto Xenofonte esboçava um esquema para restaurar as

---

7 Andrewes, *Greek Society*, p.155. O autor calcula que o total da mão de obra escrava estivesse entre 80 mil e 100 mil indivíduos no século V a.C., quando os cidadãos somavam algo em torno de 45 mil. Essa ordem de magnitude provavelmente impõe um consenso mais amplo do que estimativas mais altas ou baixas. Mas todas as histórias modernas sobre a Antiguidade são prejudicadas pela falta de informações confiáveis a respeito do tamanho das populações e das classes sociais. Foi com base nas importações de cereais da cidade que Jones conseguiu computar em 1:1 a proporção entre escravos e cidadãos no século IV a.C., quando a população de Atenas teria diminuído: Id., *Athenian Democracy*, p.76-9. Finley, por sua vez, argumentou que a proporção deve ter alcançado 3 ou 4:1 nos períodos de pico dos séculos V e IV a.C.: Finley, Was Greek Civilization Based on Slave Labour?, *Historia*, VIII, 1959, p.58-9. A monografia moderna mais abrangente, embora falha, sobre o tema da escravidão antiga (Westermann, *The Slave Systems of Greek and Roman Antiquity*, p.7) chega a um número próximo a esse aceito por Andrewes e Finley, algo em torno de 60 mil a 80 mil escravos no início da Guerra do Peloponeso.

fortunas de Atenas pelo qual "o Estado obteria escravos públicos até que houvesse três para cada cidadão ateniense".[8] Assim, na Grécia clássica os escravos foram, pela primeira vez, habitualmente empregados nos ofícios, na indústria e na agricultura, além da escala doméstica. Ao mesmo tempo, enquanto o uso da escravidão se tornava generalizado, sua *natureza*, de maneira correspondente, foi se tornando absoluta: já não era uma forma relativa de servidão entre muitas outras, posta em um *continuum* gradual, mas sim uma condição polarizada de completa perda de liberdade, em oposição a uma nova liberdade sem impedimentos. Pois foi precisamente a formação de uma subpopulação escrava demarcada com nitidez que, de modo inverso, elevou a cidadania das cidades gregas a níveis até então desconhecidos de liberdade jurídica consciente. A liberdade e a escravidão helênicas eram indivisíveis: uma era a condição estrutural da outra, em um sistema diádico sem precedente ou equivalente nas hierarquias sociais dos impérios do Oriente Próximo, os quais ignoravam tanto a noção de livre cidadania quanto a de propriedade servil.[9] Essa profunda mudança jurídica foi, em si, o correlato social e ideológico do "milagre" econômico forjado pelo advento do modo de produção escravista.

Como vimos, a civilização da Antiguidade clássica representou a anômala supremacia da cidade sobre o campo dentro de uma economia esmagadoramente rural: antítese do mundo feudal que viria a sucedê-la. Na ausência de indústria municipal, a condição de possibilidade dessa grandiosidade metropolitana foi a existência do trabalho escravo no interior, pois somente ele pôde libertar tão radicalmente a classe dos donos de terras de suas raízes rurais, a ponto de transformá-los em cidadãos essencialmente urbanos, que, ainda assim, tiravam do solo sua riqueza fundamental. Aristóteles expressou a ideologia social resultante da Grécia clássica tardia com uma prescrição fortuita: "Idealmente, os que cultivam a terra devem ser escravos, não todos recrutados de um mesmo povo, nem intrépidos no temperamento (para que sejam industriosos no trabalho e

---

8 Aristóteles, *Politics*, VII, iv, 4; Xenofonte, *Ways and Means*, IV, 17.
9 Westermann, *The Slave Systems of Greek and Roman Antiquity*, op. cit, p.42-3; Finley, Between Slavery and Freedom, op. cit., p.236-9.

imunes à rebelião), ou, como segunda opção, servos bárbaros de caráter semelhante".[10] Era típico do modo de produção escravista plenamente desenvolvido no campo romano que até mesmo as funções administrativas fossem delegadas a feitores e supervisores escravos, que punham turmas de escravos para trabalhar nas lavouras.[11] A herdade escravista, ao contrário da propriedade feudal, permitia uma disjunção permanente entre residência e renda: o excedente que proporcionava fortunas para a classe proprietária podia ser extraído sem sua presença na terra. O vínculo que unia o produtor rural imediato ao apropriador urbano de seus produtos não era consuetudinário e não estava mediado pela localização da terra (como mais tarde estaria na servidão ligada à propriedade). Ao contrário, era tipicamente o ato comercial universal da compra de mercadorias realizado nas cidades, onde o comércio de escravos tinha seus próprios mercados. Assim, o trabalho escravo da Antiguidade clássica incorporou dois atributos contraditórios, em cuja unidade se baseava o segredo da paradoxal precocidade urbana do mundo greco-romano. Por um lado, a escravidão representava a maior e mais radical degradação do trabalho rural que se possa imaginar – a conversão de homens em meios inertes de produção, ao privá-los de todo e qualquer direito social e compará-los legalmente a animais de carga: na teoria romana, designava-se o escravo agrícola como *instrumentum vocale*, instrumento que fala, um grau acima do gado, que constituía o *instrumentum semi-vocale*, e dois acima das ferramentas, que eram *instrumentum mutum*. Por outro lado, a escravidão era, simultaneamente, a mais drástica comercialização urbana do trabalho que se podia conceber: a total redução da pessoa do trabalhador a um objeto padronizado de compra e venda nos mercados metropolitanos de trocas

---

10 Aristóteles, op. cit., VII, ix, 9.
11 Essa ubiquidade do trabalho escravo no auge do Principado e da República em Roma teve o efeito paradoxal de promover certas categorias de escravos a posições profissionais ou administrativas de grande responsabilidade, o que, por sua vez, facilitou a manumissão e a subsequente integração dos filhos dos libertos capacitados à classe dos cidadãos. Esse processo não era exatamente um paliativo humanitário para a escravidão clássica, mas, sim, outro índice da radical abstenção da classe dominante romana diante de toda e qualquer forma de trabalho produtivo, mesmo que de tipo executivo.

de mercadorias. O destino da imensa maioria dos escravos na Antiguidade clássica era o trabalho agrícola (não sempre, nem em todos os lugares, mas no conjunto); normalmente, sua aglomeração, alocação e despacho se realizavam nos centros comerciais das cidades, onde muitos deles também trabalhavam, é claro. Assim, a escravidão era a articulação econômica que unia campo e cidade, com desmesurados benefícios para a *polis*. Além de manter a agricultura escravista, que possibilitava o dramático distanciamento entre a classe dominante urbana e as suas origens rurais, ela promovia o comércio interurbano, complemento dessa agricultura do Mediterrâneo. Os escravos, entre outras vantagens, eram uma mercadoria eminentemente móvel em um mundo onde os gargalos do transporte eram centrais para a estrutura de toda a economia.[12] Eles podiam ser deslocados sem dificuldade de uma região para outra; podiam ser treinados em várias habilidades diferentes; e, além disso, em épocas de oferta abundante, mantinham os custos baixos naqueles locais onde atuavam trabalhadores contratados ou artesãos independentes, por causa da mão de obra alternativa que proporcionavam. A riqueza e o conforto da classe de proprietários urbanos da Antiguidade clássica — sobretudo a de Atenas e de Roma em seus apogeus — repousavam sobre o vasto excedente produzido pela presença difundida desse sistema de trabalho, o qual não deixava nenhum outro sistema intacto.

O preço pago por esse esquema brutal e lucrativo era, contudo, muito alto. As relações escravistas de produção impuseram certos limites intransponíveis às forças de produção antigas na época clássica. Acima de tudo, essas relações, no fim das contas, tenderam a paralisar a produtividade, tanto na agricultura quanto na indústria. Houve, é claro, alguns melhoramentos técnicos na economia da Antiguidade clássica. Nenhum modo de produção fica desprovido de progresso material em sua fase ascendente, e o modo de produção escravista registrou em seus primórdios importantes avanços no aparelhamento econômico implantado no âmbito de sua nova divisão social do trabalho. Entre eles, podem-se contar a disseminação de lavouras mais lucrativas de vinho e azeite; a introdução

---

12 Weber, Agrarverhältnisse im Altertum, op. cit., p.5-6.

de moinhos rotativos para cereais; e a melhoria na qualidade do pão. Criaram-se prensas de parafusos, desenvolveu-se a técnica do vidro soprado e refinaram-se os sistemas de aquecimento; a combinação de culturas, o conhecimento botânico e a drenagem dos campos também devem ter avançado.[13] Não houve, portanto, uma simples interrupção técnica no mundo clássico. Mas, ao mesmo tempo, jamais ocorreu um grande conjunto de invenções que impulsionasse a economia antiga para forças de produção qualitativamente novas. Em qualquer retrospecto comparativo, nada é mais impressionante que a estagnação tecnológica generalizada da Antiguidade.[14] Basta contrastar o registro de seus oito séculos de existência, da ascensão de Atenas à queda de Roma, com um período equivalente do modo de produção feudal, que a sucedeu, para perceber a diferença entre uma economia relativamente estática e uma outra dinâmica. Ainda mais dramático, por certo, era o contraste dentro do próprio mundo clássico, entre sua vitalidade cultural e superestrutural e seu embotamento na infraestrutura: a tecnologia manual da Antiguidade era exígua e primitiva, não apenas para os padrões externos de uma história posterior, mas, sobretudo, para a medida de seu próprio firmamento intelectual – que, na maioria dos aspectos mais críticos, sempre permaneceu muito superior ao da vindoura Idade Média. Não restam dúvidas de que a estrutura da economia escravista era fundamentalmente responsável por essa extraordinária desproporção. Aristóteles, que para as eras posteriores viria a ser o maior e mais representativo pensador da Antiguidade, foi conciso ao resumir o princípio social da época em uma máxima: "O melhor Estado não fará do trabalhador braçal um cidadão, pois a maioria do trabalho braçal hoje é escrava ou estrangeira".[15] Tal Estado representava a norma do ideal

---

13 Ver especialmente: Kiechle, *Sklavenarbeit und Technischer Fortschritt im römischen Reich*, p.12-114; Moritz, *Grain-Mills and Flour in Classical Antiquity*; White, *Roman Farming*, p.123-4, 147-72, 188-91, 260-1, 452.

14 O problema geral é colocado, vigorosamente, como de costume, por Finley, Technical Innovation and Economic Progress in the Ancient World, *Economic History Review*, XVIII, n.1, 1955, p.29-45. Para o arquivo específico sobre o Império Romano, ver: Walbank, *The Awful Revolution*, p.40-1, 46-7, 108-10.

15 Aristóteles, op. cit. III, iv, 2.

do modo de produção escravista, jamais realizado em uma formação social concreta do mundo antigo. Mas sua lógica esteve sempre presente na natureza das economias clássicas.

Uma vez que o trabalho manual ficou profundamente associado à perda da liberdade, não houve mais uma razão social livre para a invenção. Os efeitos sufocantes da escravidão sobre a técnica não foram uma simples consequência da baixa produtividade média do trabalho escravo em si, tampouco do volume de seu uso: eles afetaram sensivelmente todas as formas de trabalho. Marx tentou expressar o tipo de ação que desencadeavam em uma fórmula teórica bastante famosa, embora enigmática:

> Em todas as formas de sociedade existe uma determinada produção e suas relações, que transferem sua hierarquia e influência a todas as outras produções e suas relações. É uma iluminação geral, na qual todas as outras cores se mergulham e que modifica suas tonalidades específicas. É um éter especial que define a gravidade específica de tudo o que nele se encontra.[16]

Notoriamente, quando a vigilância falhava, os escravos agrícolas tinham pouquíssimos incentivos para executar suas tarefas econômicas com competência ou consciência; seu melhor emprego era, portanto, nos vinhedos ou olivais mais compactos. Por outro lado, muitos artesãos escravos e alguns lavradores escravos tinham habilidades notáveis, dentro dos limites das técnicas existentes. Assim, as restrições estruturais da escravidão sobre a tecnologia incidiam não apenas na causalidade intraeconômica direta, embora isso tivesse sua importância, mas também na ideologia social mediada que envolvia a totalidade do trabalho manual no mundo clássico, contaminando o trabalho contratado e até mesmo o independente com o estigma do aviltamento.[17] Em geral, o trabalho escravo não

---

16 Marx, *Grundrisse der Kritik der politischen Ökonomie*, p.27.
17 Finley observa que a palavra grega *penia*, normalmente oposta a *ploutos*, como "pobreza" a "riqueza", tinha, na verdade, o significado pejorativo mais amplo de "labuta" ou "compulsão para o trabalho pesado" e podia se aplicar até mesmo aos pequenos proprietários, cujo trabalho caía sob a mesma sombra cultural: Finley, *The Ancient Economy*, p.41.

era menos produtivo que o livre, na verdade, em alguns lugares, era bem mais; no entanto, ele ditava o ritmo de ambos e, por isso, dentro desse espaço econômico comum que excluía a aplicação da cultura à técnica para invenções, nunca se desenvolveu uma grande divergência entre os dois. O divórcio entre o trabalho material e a esfera da liberdade era tão rigoroso que os gregos não tinham em seu idioma uma palavra para expressar o conceito de trabalho, nem como função social, nem como conduta pessoal. Em essência, tanto o trabalho agrícola quanto o artesanal eram considerados "adaptações" da natureza, não transformações dela; eram formas de serviço. Também Platão, de maneira implícita, excluiu os artesãos da *polis*: para ele, "o trabalho permanece alheio a qualquer valor humano e, em certos aspectos, parece mesmo ser a antítese do que é essencial ao homem".[18] A técnica, como instrumentalização progressiva e premeditada do mundo natural pelo homem, era incompatível com toda a assimilação dos homens ao mundo natural enquanto "instrumentos que falam". A produtividade estava presa à rotina perpétua dos *instrumentum vocale*, o que desvalorizava todo trabalho ao dispensar qualquer preocupação constante com estratagemas para poupá-lo. Na Antiguidade, o caminho típico da expansão, em qualquer Estado, era, portanto, "lateral" — uma conquista geográfica, e não um avanço econômico. Por conseguinte, a civilização clássica tinha um caráter *colonial* inerente: nas fases de ascensão, a célula da cidade-estado se reproduzia, invariavelmente, pelo povoamento e pela guerra. Pilhagem,

---

18 Vernant, *Mythe et pensée chez les grecs*, p.191, 197-9, 217. Dois ensaios de Vernant — "Prométhée et la fonction technique" e "Travail et nature dans la Grèce ancienne" — fornecem uma análise sutil sobre as distinções entre *poiesis* e *praxis* e sobre as relações do cultivador, do artesão e daquele que emprestava dinheiro com a *polis*. Certa vez, Alexandre Koyré tentou argumentar que a estagnação técnica da civilização grega não se devia à presença da escravidão nem à depreciação do trabalho, mas à ausência da Física, inviabilizada pela incapacidade de se aplicar a medição matemática ao mundo terreno. Koyré, *Du monde de l'à peu près à l'univers de la prècision*, *Critique*, set. 1948, p.806-8. Ao fazê-lo, Koyré buscava, explicitamente, evitar uma explicação sociológica para o fenômeno. Mas, como ele admitiu implicitamente em outra ocasião, a Idade Média também desconhecia a Física e, no entanto, produziu uma tecnologia dinâmica: o que imprimiu o destino da técnica não foi o itinerário da ciência, mas, sim, o curso das relações de produção.

tributos e escravos eram os objetivos centrais do engrandecimento. Eram os meios e também a finalidade da expansão colonial. O poderio militar estava estreitamente ligado ao crescimento econômico, talvez mais do que em qualquer outro modo de produção anterior ou posterior, porque a principal fonte do trabalho escravo era, em geral, a captura de prisioneiros de guerra, ao mesmo passo em que o aumento das tropas urbanas livres para guerrear dependia do sustento que vinha da produção dos escravos nas lavouras: os campos de batalha forneciam mão de obra para os campos de cereais e, *vice-versa*, trabalhadores capturados possibilitavam a criação de exércitos de cidadãos. Podem ser traçados três grandes ciclos de expansão imperial na Antiguidade clássica, cujas feições sucessivas e variadas estruturaram todo o padrão do mundo greco-romano: o ateniense, o macedônio e o romano. Cada um representou certa solução para os problemas políticos e organizacionais das conquistas além-mar, a qual era integrada e ultrapassada pela próxima solução, sem jamais transgredir as bases subjacentes de uma civilização urbana em comum.

2
Grécia

O surgimento das cidades-estados helênicas na zona do Mar Egeu é anterior à época clássica propriamente dita, e o que se pode ver nas fontes não escritas disponíveis são apenas leves traços dessa aparição. Depois do colapso da civilização micênica, por volta de 1200 a.C., a Grécia vivenciou uma longa Idade das Trevas, durante a qual a escrita desapareceu e a vida econômica e política regrediu para um estágio rudimentar: o mundo rural e primitivo relatado nos épicos homéricos. Foi na época seguinte, a Grécia Arcaica, de 800 a 500 a.C., que o modelo urbano da civilização clássica começou a se cristalizar lentamente. Em algum momento antes do advento dos registros históricos, aristocracias tribais derrubaram reinados locais, e cidades foram fundadas ou desenvolvidas sob o domínio dessas nobrezas. O governo aristocrático na Grécia Arcaica coincidiu com o reaparecimento do comércio de longa distância (principalmente com a Síria e o Oriente), com o prenúncio da cunhagem de moedas (inventada na Lídia durante o século VII a.C.) e com a criação de uma escrita alfabética (derivada da escrita fenícia). A urbanização prosseguiu firme, espalhando-se além-mar pelo Mediterrâneo e pelo Euxino, tanto que, ao final do período de colonização, em meados do século VI a.C., já havia cerca de 1.500 cidades gregas em terras helênicas e no estrangeiro – praticamente nenhuma a mais de 40 quilômetros do litoral. Essas cidades eram, em essência, nós de concentração residencial para agricultores e proprietários de terras: na cidadezinha típica dessa época, os lavradores moravam do lado de dentro das muralhas e saíam todas as manhãs para trabalhar nos campos, voltando só à noite – embora o território das cidades sempre incluísse uma circunferência agrária com toda a população rural ali assentada. A organização social dessas cidades ainda refletia muito do passado tribal do qual elas haviam emergido: sua estrutura interna se articulava em torno de unidades hereditárias cuja nomenclatura de parentesco representava uma tradução urbana das divisões rurais tradicionais. Assim, os habitantes das cidades em geral eram organizados – em ordem decrescente de tamanho e inclusão – em "tribos", "fratrias" e "clãs", sendo que os "clãs" eram exclusivos dos grupos aristocráticos e que as "fratrias" talvez tenham sido, na origem, sua clientela popular.[1] Pouco se sabe sobre as constituições políticas formais das cidades gregas no período arcaico, pois elas não sobreviveram à época clássica – diferente das de Roma em um estágio semelhante de desenvolvimento. Mas é evidente que elas se baseavam nos privilégios de uma nobreza hereditária sobre o resto da população urbana, tipicamente exercidos por meio do governo de um conselho aristocrático exclusivista sobre a cidade.

A ruptura dessa ordem geral ocorreu no último século da Era Arcaica, com o advento dos "tiranos" (cerca de 650-510 a.C.). Esses autocratas quebraram o domínio das aristocracias ancestrais sobre as cidades: eles representavam donos de terras mais novos e de riqueza mais recente, acumulada durante o crescimento econômico da época anterior, e estendiam seu poder sobre áreas bem maiores, graças a concessões à massa de habitantes citadinos sem privilégios. Na verdade, as tiranias do século VI a.C. constituíram a transição crucial para a *polis* clássica. Foi durante seu período de predominância geral que se estabeleceram as fundações políticas e militares da civilização clássica grega. Os tiranos foram o produto de um processo dual que ocorreu dentro das cidades helênicas no fim do período arcaico. A chegada da cunhagem de moedas e a disseminação de uma economia monetária foram acompanhadas por um rápido aumento na população e no comércio da Grécia. A onda de colonização ultramarina entre os séculos VIII e VI a.C. foi a expressão mais óbvia desse desenvolvimento;

---

[1] Andrewes, *Greek Society*, p.76-82.

ao mesmo passo, a maior produtividade do cultivo helênico de vinhas e de oliveiras, mais intensivo que a agricultura de cereais da mesma época, talvez tenha proporcionado à Grécia uma vantagem comparativa nas trocas comerciais com a zona mediterrânea.[2] As oportunidades econômicas propiciadas por esse crescimento criaram um estrato de proprietários agrícolas de enriquecimento recente, que vinham de fora das fileiras da nobreza tradicional e que, em alguns casos, provavelmente se beneficiaram de empreendimentos comerciais auxiliares. A nova riqueza desse grupo não foi confrontada por nenhum poder equivalente na cidade. Ao mesmo tempo, o aumento da população e a expansão e ruptura da economia arcaica provocaram tensões sociais agudas no meio da classe mais pobre do campo, sempre mais suscetível à degradação e à sujeição aos proprietários nobres e, agora, exposta a novas coerções e incertezas.[3] A pressão combinada do descontentamento rural, vindo de baixo, e das fortunas recentes, vindas de cima, forçou a quebra do círculo fechado do mando aristocrático sobre as cidades. O desfecho característico das sublevações políticas resultantes desse processo foi a emergência de tiranos transitórios na passagem do século VII para o século VI a.C. Normalmente, os tiranos eram arrivistas sociais bastante competitivos e de riqueza considerável, cujo poder pessoal simbolizava o acesso do grupo social de onde provinham aos postos e honrarias da cidade. No entanto, sua vitória geralmente só era possível graças ao modo como utilizavam as queixas radicais dos pobres, e seu feito mais duradouro foram as reformas econômicas de interesse das classes populares que eles tiveram de conceder ou tolerar para garantir seu poder. Os tiranos, em conflito com a nobreza tradicional, de fato bloquearam o monopólio da propriedade agrária, que era a tendência final de seu mando irrestrito e que ameaçava causar perturbações sociais ainda maiores na Grécia Arcaica. Com a única exceção do enclave litoral da Tessália, as pequenas fazendas camponesas foram preservadas e consolidadas nessa época em toda a Grécia. As diferentes formas sob as quais ocorreu esse

---

2 Ver os argumentos de McNeill, *The Rise of the West*, p.201, 273.

3 Ver: Forrest, *The Emergence of Greek Democracy*, p.55, 150-6, que enfatiza o novo crescimento econômico no campo; Andrewes, *The Greek Tyrants*, p.80-1, que sublinha o rebaixamento social da classe dos pequenos agricultores.

processo tiveram de ser, em grande medida, reconstruídas a partir de seus efeitos posteriores, dada a falta de evidências documentais do período pré-clássico. A primeira grande revolta contra o domínio aristocrático que levou a uma tirania bem-sucedida, apoiada pelas classes mais baixas, aconteceu em Corinto, em meados do século VII a.C., onde a família Baquíada se viu despojada de seu tradicional mando sobre a cidade, um dos primeiros centros de comércio a florescer na Grécia. Mas foram as reformas de Sólon em Atenas que proporcionaram o exemplo mais claro e bem registrado do que, provavelmente, foi um padrão geral da época. Sólon, que não era um tirano, foi investido de poderes supremos para mediar as amargas lutas sociais entre ricos e pobres que irromperam na Ática na virada do século VI a.C. Sua medida mais decisiva foi abolir as dívidas sobre a terra, o típico mecanismo pelo qual os pequenos proprietários viravam presas dos grandes latifundiários e se tornavam seus arrendatários dependentes, ou pelo qual arrendatários se tornavam cativos dos proprietários aristocráticos.[4] O resultado foi a contenção do crescimento das herdades nobres e a estabilização do modelo de pequenas e médias fazendas que, daí em diante, passou a caracterizar o interior da Ática.

Essa ordem econômica se fez acompanhar por uma nova distribuição política. Sólon privou a nobreza de seu monopólio sobre os cargos ao dividir a população de Atenas em quatro classes de renda, concedendo às duas mais altas o direito às magistraturas superiores, à terceira o acesso às posições administrativas inferiores e à quarta e última o voto na Assembleia de cidadãos, que a partir daí se tornou uma instituição regular da cidade. Mas esse arranjo não estava destinado a durar muito tempo. Nos trinta anos seguintes, Atenas experimentou um crescimento comercial repentino, com a criação de uma moeda corrente da cidade e a multiplicação dos negócios locais. Os conflitos sociais entre os cidadãos rapidamente se renovaram e se agravaram, culminando na tomada do poder pelo tirano

---

4 Não se sabe ao certo se o campesinato pobre da Ática era formado por arrendatários ou proprietários de fazendas antes das reformas de Sólon. Andrewes defende que talvez tenha sido o primeiro caso, mas as gerações seguintes não tinham nenhuma memória de uma verdadeira redistribuição de terra feita por Sólon, então isso parece improvável. Andrewes, *Greek Society*, p.106-7.

Pisístrato. Foi sob seu jugo que emergiu a configuração final da formação social ateniense. Pisístrato patrocinou um programa de construções que deu emprego para trabalhadores e artesãos urbanos e dirigiu um florescente desenvolvimento do tráfego marinho para além do Pireu. Mas, acima de tudo, ele proporcionou assistência financeira direta aos camponeses atenienses, na forma de créditos públicos que, às vésperas da *polis* clássica, finalmente lhes confirmaram sua autonomia e segurança.[5] A firme sobrevivência dos pequenos e médios agricultores estava garantida. Esse processo econômico – cuja não ocorrência iria, mais tarde, definir a contrastante história social de Roma – parece ter sido comum por toda a Grécia, embora os eventos que o marcaram não estejam muito bem documentados fora de Atenas. Nos outros lugares, o tamanho médio das propriedades rurais às vezes podia ser maior, mas somente na Tessália predominaram as grandes herdades aristocráticas. A base econômica da cidadania helênica seria a propriedade agrária modesta. Quase concomitante com esse arranjo social na era das tiranias, houve uma mudança significativa na organização militar das cidades. A partir de então, os exércitos se compuseram essencialmente de hoplitas, infantaria pesadamente armada que foi uma inovação grega no mundo mediterrâneo. Cada hoplita se equipava com armamentos e armaduras às próprias custas: tal soldadesca pressupunha, portanto, uma subsistência econômica razoável, e, de fato, as tropas hoplitas sempre provinham da classe média de agricultores das cidades. Sua eficiência militar seria provada pelas surpreendentes vitórias gregas sobre os persas no século seguinte. Mas foi sua posição central dentro da estrutura política das cidades-estados o que acabou por ser o mais importante. A precondição para a vindoura "democracia" grega, ou para a "oligarquia" estendida, foi uma infantaria de cidadãos armada por si mesma

Esparta foi a primeira cidade-estado a incorporar os resultados sociais das campanhas militares dos hoplitas. Sua evolução traça um curioso paralelo com a de Atenas na época pré-clássica. Pois Esparta não

---

5 Finley considera as políticas de Pisístrato mais importantes para a independência do campesinato na Ática do que as reformas de Sólon. Finley, *The Ancient Greeks*, p.33.

vivenciou as tiranias, e a ausência desse episódio transicional tão comum depois conferiu um caráter peculiar às suas instituições políticas e econômicas, mesclando aspectos avançados e arcaicos em um molde *sui generis*. Muito cedo, a cidade de Esparta conquistou um território relativamente grande no interior do Peloponeso – primeiro na Lacônia, a leste, e depois na Messênia, a oeste – e escravizou a maioria dos habitantes de ambas as regiões, que se tornaram "hilotas" do Estado. Esse engrandecimento geográfico e a sujeição social da população vizinha foram alcançados sob um governo monárquico. Porém, no decorrer do século VII a.C., em consequência da conquista inicial da Messênia ou da consecutiva repressão a uma revolta messênica, ocorreram algumas mudanças radicais na sociedade espartana – tradicionalmente atribuídas à figura mítica do reformador Licurgo. Segundo a lenda grega, a terra foi dividida em porções iguais, depois distribuídas aos espartanos como *kleroi*, ou lotes, cultivados por hilotas possuídos coletivamente pelo Estado; essas propriedades "antigas" depois foram consideradas inalienáveis, ao passo que extensões de terra mais recentes eram tidas como propriedades pessoais, que podiam ser compradas e vendidas.[6] Cada cidadão tinha de pagar contribuições fixas em espécie pelas *syssitia*, refeições servidas por cozinheiros e serviçais hilotas: aqueles que não conseguissem contribuir perdiam automaticamente a cidadania e se tornavam "inferiores", um infortúnio contra o qual a posse de lotes inalienáveis pode ter sido propositalmente concebida. A finalidade desse sistema era criar uma unidade coletiva intensa entre os espartanos, que orgulhosamente se denominavam *hoi homoioi* – os "Iguais", embora a completa igualdade econômica jamais tenha sido uma característica da verdadeira cidadania espartana.[7]

---

6 A real existência de uma divisão de terras originária, ou mesmo da inalienabilidade dos *kleroi*, tem sido questionada. Ver, por exemplo: Jones, *Sparta*, p.40-3. Já Andrewes, embora bastante cauteloso, dá mais crédito à crença grega: Andrewes, *Greek Society*, p.94-5.

7 A dimensão dos *kleroi*, que sustentavam a solidariedade social espartana, tem sido muito discutida, com estimativas que variam entre 8 e 36 hectares de terra cultivável. Ver: Oliva, *Sparta and Her Social Problems*, p.51-2.

O sistema político que emergiu sobre as bases das fazendas *kleroi* também foi uma novidade para a época. A monarquia nunca desapareceu por completo, como aconteceu nas outras cidades gregas, mas se reduziu a um generalato hereditário e restrito a uma gestão dupla, outorgada a duas famílias reais.[8] Sob todos os outros aspectos, os "reis" espartanos eram apenas membros da aristocracia, participantes, sem privilégios especiais, do conselho de trinta anciãos, ou *gerousia*, que originalmente governava a cidade; o típico conflito entre monarquia e nobreza do início da Era Arcaica aqui foi resolvido por um compromisso institucional entre ambas. No entanto, ao longo do século VII a.C., a classe cidadã menos privilegiada chegou a constituir uma Assembleia citadina completa, com direitos de decidir sobre políticas a ela submetidas pelo conselho de anciãos, o qual, por sua vez, se tornou um corpo eletivo; daí em diante, cinco magistrados com mandados anuais, ou éforos, puderam exercer suprema autoridade executiva, a partir do voto direto de todos os cidadãos. A Assembleia podia ser sobrepujada pelo veto da *gerousia*, e os éforos detinham uma concentração excepcional de poderes arbitrários. Mas, apesar de tudo, a constituição espartana que assim se cristalizou na época pré-clássica foi a mais avançada de seu tempo em termos sociais. Na verdade, ela representou a primeira obtenção de direito a voto pelos hoplitas na Grécia.[9] Sua introdução é, com frequência, atribuída ao papel da nova infantaria pesada na conquista e aniquilação do povo da Messênia. E é claro que, a partir de então, Esparta ficou famosa pela disciplina e pelas proezas inigualáveis de suas tropas hoplitas. As excepcionais qualidades militares dos espartanos foram, por sua vez, uma consequência do onipresente trabalho hilota, que liberou os cidadãos de todo e qualquer papel direto na produção, permitindo que eles treinassem, profissionalmente e em tempo integral, para a guerra. O resultado foi a produção de um corpo de 8 mil ou 9 mil cidadãos espartanos, autossuficientes na economia e partícipes da política, que era muito maior e mais igualitário do que qualquer aristocracia da época ou qualquer oligarquia posterior na Grécia. O extremo conservadorismo da

---

8 Para a estrutura da constituição, ver Jones, *Sparta*, p.13-43.
9 Andrewes, *The Greek Tyrants*, p.75-6.

formação social e do sistema político de Esparta na época clássica, que a fazia parecer retrógrada e atrasada no século V a.C., era, na verdade, produto do imenso êxito de suas transformações pioneiras do século VII a.C. O primeiro Estado grego a alcançar uma constituição hoplita se tornou o último a modificá-la: o modelo primário da Era Arcaica sobreviveu até a véspera da extinção final de Esparta, meio milênio mais tarde.

Nas outras regiões da Grécia, como vimos, as cidades-estados evoluíram mais lentamente até sua forma clássica. As tiranias foram fases intermediárias necessárias nesse desenvolvimento: sua legislação agrária e suas inovações militares prepararam a *polis* helênica do século V a.C. Mas o advento da civilização grega clássica ainda precisou de uma outra inovação mais decisiva. Esta foi, é claro, a introdução em larga escala da posse de escravos. A conservação da pequena e média propriedade no campo havia solucionado uma crescente crise social na Ática e também em outras regiões. Mas, por si só, essa solução teria detido o desenvolvimento político e cultural da civilização grega em um nível "beócio", ao impedir o crescimento da superestrutura urbana e de uma divisão social do trabalho mais complexa. Comunidades camponesas relativamente igualitárias podiam se congregar nas cidades; mas, em seu estado simples, jamais poderiam criar uma civilização citadina luminosa como a que a Antiguidade agora testemunhava pela primeira vez. Para tanto, foi necessária a apropriação generalizada do excedente do trabalho escravo, emancipando o estrato governante para a construção de um novo mundo cívico e intelectual. "Em termos bem amplos, a escravidão foi fundamental para a civilização grega, no sentido de que, se tivesse ocorrido a alguém aboli-la e substitui-la pelo trabalho livre, toda a sociedade teria se desarranjado, acabando com o ócio das classes mais altas de Atenas e Esparta."[10]

Assim, não foi por acaso que a salvação do campesinato independente e o cancelamento das dívidas sobre a terra se viram imediatamente seguidos por um novo e forte aumento no uso do trabalho escravo, tanto nas cidades quanto nos campos da Grécia clássica. Pois, uma vez bloqueados

---

10 Andrewes, *Greek Society*, p.133. Comparar com: Ehrenburg, *The Greek State*, p.96: "Sem metecos ou escravos, a *polis* não teria chegado a existir".

os extremos da polarização social dentro das comunidades helênicas, o recurso à importação de escravos foi a solução mais lógica para a falta de mão de obra para a classe dominante. O preço dos escravos – trácios, frígios e sírios, em sua maioria – era extremamente baixo, não muito mais alto que o custo de um ano de manutenção,[11] e, portanto, seu emprego se generalizou por toda a sociedade grega nativa, até mesmo entre os mais humildes artesãos e pequenos agricultores. Esse desenvolvimento econômico também havia sido antecipado em Esparta; pois fora a criação prévia de uma massa rural hilota na Lacônia e na Messênia o que propiciara a forte fraternidade dos espartanos, a primeira grande população escrava da Grécia pré-clássica e o primeiro direito de voto dos hoplitas. Mas, nesse aspecto, assim como em muitos outros, o pioneirismo espartano impediu evoluções posteriores: os hilotas continuaram sendo uma "forma não desenvolvida" de escravidão,[12] pois eles não podiam ser comprados, nem vendidos, nem alforriados, e não eram propriedade individual, mas, sim, coletiva. A escravidão como mercadoria plena, regida por um mercado de trocas, surgiu na Grécia nas cidades-estados que viriam a ser rivais. Ao longo do século V a.C., apogeu da *polis* clássica, Atenas, Corinto, Egina e praticamente todas as outras cidades importantes possuíam uma enorme população escrava, que quase sempre superava o número de cidadãos livres. Foi o estabelecimento dessa economia escravista – na mineração, na agricultura e nos ofícios – que possibilitou o súbito florescimento da civilização urbana grega. Naturalmente, seu impacto não foi apenas econômico – como vimos antes. "A escravidão, é claro, não era somente uma necessidade econômica, era vital para toda a vida política e social dos cidadãos."[13] A *polis* clássica se baseou na nova descoberta conceitual da liberdade, acarretada pela sistemática instituição da escravidão: agora o cidadão livre se erguia em completa liberação, contra um pano de fundo de trabalhadores escravizados. As primeiras instituições "democráticas" da Grécia clássica foram registradas em Quios, em meados do século VI a.C.;

---

11 Andrewes, *Greek Society*, p.135.
12 Oliva, *Sparta and Her Social Problems*, op. cit., p.43-4. Os hilotas também tinham suas próprias famílias e, às vezes, eram usados para serviços militares.
13 Ehrenburg, *The Greek State*, p.97.

segundo a tradição, também foi Quios a primeira cidade grega a importar escravos em larga escala do Oriente bárbaro.[14] Em Atenas, as reformas de Sólon haviam sido sucedidas por um aumento brusco na população escrava durante a época das tiranias; e isso, por sua vez, foi sucedido por uma nova constituição, concebida por Clístenes, que aboliu as divisões tribais tradicionais da população, com sua propensão ao clientelismo aristocrático, reorganizou os cidadãos em *demos* territoriais locais e instituiu a votação por sorteio em um Conselho dos Quinhentos, o qual deveria presidir os negócios da cidade, junto com a Assembleia popular. O século V a.C. assistiu à generalização dessa fórmula política "probolêutica" nas cidades-estados gregas: um Conselho menor propunha decisões públicas a uma Assembleia maior, que as votava, sem direitos de iniciativa (embora essa Assembleia depois viesse a conquistar tais direitos nos Estados mais populares). As variações na composição do Conselho e da Assembleia, e na eleição dos magistrados do Estado que conduziam sua administração, definiam o grau de "democracia" ou de "oligarquia" dentro de cada *polis*. O sistema espartano, dominado por um éforo autoritário, era notoriamente antípoda ao ateniense, que viria a se centrar na Assembleia plena de cidadãos. Mas a linha de demarcação essencial não passava no meio da cidadania constituinte da *polis*, estivesse ela organizada ou estratificada: a linha essencial dividia os cidadãos – fossem os 8 mil espartanos ou os 45 mil atenienses – dos não cidadãos e dos cativos abaixo destes. A comunidade da *polis* clássica, não importava quão dividida em classes, se erigia sobre uma força de trabalho escravizada que sustentava toda a sua forma e substância.

Essas cidades-estados da Grécia clássica se envolviam em rivalidades e constantes agressões umas contra as outras: depois que o processo de colonização chegou ao fim, nas últimas décadas do século VI a.C., o caminho típico para a expansão era a conquista militar e o tributo. Com a expulsão das forças persas no início do século V a.C., Atenas aos poucos foi alcançando um poder proeminente entre as cidades adversárias da bacia do Egeu. O Império Ateniense, construído entre as gerações de Temístocles

---

14 Finley, *The Ancient Greeks*, op. cit., p.36.

e Péricles, parecia trazer a promessa, ou a ameaça, da unificação política da Grécia sob o jugo de uma única *polis*. Sua base material era garantida pelo perfil e situação peculiares da cidade em si, territorial e demograficamente a maior cidade-estado helênica – embora tivesse apenas uns 1.500 quilômetros quadrados de extensão e cerca de 250 mil habitantes. O sistema agrário da Ática exemplificava o modelo geral da época, talvez de maneira bem nítida. Para os padrões helênicos, uma propriedade grande tinha entre 40 e 80 hectares.[15] Na Ática havia poucas propriedades grandes, e mesmo os donos de terras mais ricos possuíam várias fazendas pequenas, e não um latifúndio concentrado. Propriedades de 30 ou mesmo 20 hectares já estavam acima da média, e as menores provavelmente não passavam dos 2 hectares; no fim do século V a.C., três quartos dos cidadãos livres possuíam alguma propriedade rural.[16] Os escravos prestavam o serviço doméstico, o trabalho no campo – onde normalmente cultivavam as terras dos ricos – e o trabalho artesanal; eles provavelmente estavam em menor número do que os trabalhadores livres na agricultura e talvez nos ofícios, mas constituíam um grupo muito maior do que o total dos cidadãos. No século V a.C., havia algo em torno de 80 mil a 100 mil escravos em Atenas, para cerca de 30 mil ou 40 mil cidadãos.[17] Um terço da população livre vivia na própria cidade. A maior parte dos restantes morava em vilarejos próximos no interior. O conjunto dos cidadãos era formado pelas classes dos hoplitas e a dos *tetas*, na razão aproximada de 1:2, sendo que esses últimos compunham o setor mais pobre da população, incapaz de se equipar para o serviço da infantaria pesada. Tecnicamente, a divisão entre hoplitas e *tetas* se pautava pela renda, e não pela ocupação ou pela residência: os hoplitas podiam ser artesãos urbanos, ao passo que talvez metade dos *tetas* fosse de camponeses pobres. Acima dessas classes estavam duas ordens muito menores de cidadãos mais ricos, a elite que formava um cume de cerca de trezentas famílias abastadas no topo da sociedade ateniense.[18] Essa estrutura social, com uma estratificação reconhecida, mas

---

15 Forrest, *The Emergence of Greek Democracy*, op. cit., p.46.
16 Finley, *Studies in Land and Credit in Ancient Athens 500-200 B.C*, p.58-9.
17 Westermann, *The Slave Systems of Greek and Roman Antiquity*, p.9.
18 Jones, *Athenian Democracy*, p.79-91.

sem fendas dramáticas no corpo de cidadãos, propiciou a fundação da democracia política ateniense.

Em meados do século VII a.C., o Conselho dos Quinhentos, que supervisionava a administração de Atenas, era selecionado por sorteio entre todos os cidadãos, para evitar os perigos da predominância autocrática e do clientelismo associado às eleições. Os únicos cargos majoritários eletivos no Estado eram os dez generalatos militares que, em regra, se destinavam, evidentemente, às camadas mais altas da cidade. O Conselho já não apresentava resoluções controversas à Assembleia de Cidadãos – a qual, agora, concentrava em si plena soberania e iniciativa política –, limitando-se, assim, a preparar sua agenda e submeter questões importantes à sua decisão. A Assembleia realizava um mínimo de quarenta sessões por ano, nas quais a presença média provavelmente passava dos 5 mil cidadãos; era necessário um quórum de 6 mil até mesmo para deliberações sobre os assuntos mais rotineiros. Todas as questões políticas mais importantes eram debatidas e decididas pela Assembleia. O sistema judicial que ladeava o centro legislativo da *polis* se compunha de jurados escolhidos por sorteio entre os cidadãos e que, assim como os conselheiros, eram remunerados por seus serviços (para possibilitar a participação dos mais pobres), um princípio que, no século IV a.C., se estendeu até mesmo à presença na Assembleia. Não havia praticamente nenhuma burocracia permanente, já que os cargos administrativos eram distribuídos por sorteio entre os conselheiros, ao passo que a pequena força policial se compunha por escravos citas. É claro que, na prática, a democracia popular direta da constituição ateniense se diluía no domínio informal dos políticos profissionais sobre a Assembleia, arregimentados entre as famílias ricas e bem-nascidas da cidade (ou, tempos depois, entre os novos-ricos). Mas esse domínio social nunca se entrincheirou nem se solidificou em termos legais e estava sempre suscetível a reviravoltas e desafios, devido à natureza demótica da organização política na qual tinha de ser exercido. Tal contradição era fundamental para a estrutura da *polis* ateniense e se refletiu de maneira impressionante na condenação unânime dessa democracia sem precedentes pelos pensadores que encarnaram a inigualável cultura da cidade – Tucídides, Sócrates, Platão, Aristóteles, Isócrates ou Xenofonte. Atenas jamais produziu uma teoria política democrática: quase todos os filósofos ou historiadores notáveis da Ática eram oligarcas por convicção.[19] Aristóteles condensou a quintessência dessa visão de mundo na breve e eloquente proscrição de todo e qualquer trabalhador manual da cidadania do Estado ideal.[20] Inevitavelmente, o modo de produção escravista que sustentava a civilização ateniense encontrou sua mais pura expressão ideológica no estrato social privilegiado da cidade, cuja estatura intelectual só foi possível graças à apropriação do excedente do trabalho daqueles que viviam nas profundezas silenciosas da *polis*.

A estrutura da formação social ateniense assim constituída não era, por si mesma, suficiente para gerar sua primazia imperial na Grécia. Para tanto foram necessárias outras duas características ulteriores e específicas da economia e da sociedade ateniense, as quais a diferenciaram de qualquer outra cidade-estado helênica do século V a.C. Em primeiro lugar, a Ática possuía as mais ricas minas de prata da Grécia, em Laurion. Extraído principalmente por imensos grupos de escravos – algo em torno de 30 mil –, o minério dessas minas financiou a construção da frota ateniense que triunfou sobre as embarcações persas em Salamina. A prata ateniense foi, desde o início, condição de existência do poder naval de Atenas. Mais que isso, ela possibilitou o surgimento de uma moeda na Ática – única entre os sistemas monetários gregos da época – que passou a ser amplamente aceita no exterior, como meio de trocas interlocais, contribuindo bastante para a prosperidade comercial da cidade. Mais tarde, esse fato foi intensificado pela excepcional concentração de estrangeiros "metecos" em Atenas, que não tinham acesso à propriedade da terra, mas viriam a dominar o comércio e os empreendimentos industriais da cidade, transformand-a no ponto focal do Egeu. A hegemonia marítima que então convergiu para Atenas trouxe implicações funcionais à feição política da cidade. A classe hoplita de agricultores médios que formava a infantaria da *polis* chegou a cerca de 13 mil homens – um terço dos cidadãos. A frota ateniense, entretanto, era

---

19 Jones documenta essa divergência, mas não consegue ver suas implicações para a estrutura da civilização ateniense como um todo, contentando-se em defender a democracia da *polis* contra os pensadores da cidade. Jones, *Athenian Democracy*, p.41-72.

20 Aristóteles, *Politics*, III, iv, 2, citado anteriormente.

tripulada por marinheiros arregimentados entre a classe mais pobre dos *tetas*, inferiores àqueles; os remadores recebiam salários em dinheiro e serviam durante oito meses por ano. Seu número era praticamente igual ao dos soldados de infantaria (12 mil), e foi sua presença que ajudou a garantir a amplitude democrática do sistema político ateniense, em contraste com as cidades-estados gregas, onde a categoria hoplita fornecia, sozinha, a base social da *polis*.[21] A superioridade naval e monetária de Atenas deu margem a seu imperialismo – e também promoveu sua democracia. Aqui, a classe dos cidadãos estava, em grande medida, isenta de qualquer forma de taxação direta: a propriedade da terra – a qual era legalmente restrita aos cidadãos – não trazia nenhum encargo fiscal, uma condição crucial para a autonomia camponesa dentro da *polis*. As receitas públicas atenienses provinham das propriedades do Estado, dos impostos indiretos (tais como as taxas portuárias) e das "liturgias" financeiras obrigatórias que os ricos ofereciam à cidade. Esse fisco clemente se complementava com o pagamento pelos serviços jurídicos e pelo amplo emprego naval, uma combinação que ajudou a assegurar o notável grau de paz cívica que marcou a vida política ateniense.[22] Os custos econômicos dessa harmonia popular se diluíam com a expansão ultramarina ateniense.

O Império Ateniense que emergiu na esteira das Guerras Pérsicas era, em essência, um sistema marítimo, projetado para a subjugação coercitiva das cidades-estados gregas do Mar Egeu. A colonização propriamente dita desempenhava um papel secundário, senão negligenciável, nessa estrutura. É significativo que Atenas tenha sido o único Estado grego a criar uma classe especial de cidadãos além-mar, os "cleruques", que recebiam terras coloniais confiscadas aos aliados rebeldes no estrangeiro e, ainda assim (ao contrário de quaisquer outros colonizadores helênicos), mantinham plenos direitos jurídicos em sua cidade natal. A constante fundação de clerúquias e colônias ultramarinas ao longo do século V a.C. permitiu

---

21 Segundo a tradição, foi a vitória dos marinheiros em Salamina o que tornou irresistíveis as demandas dos *tetas* por direitos políticos, assim como, provavelmente, as campanhas na Messênia haviam proporcionado aos hoplitas espartanos seu direito ao voto.

22 Finley, *Democracy Ancient and Modern*, p.45, 48-9; ver também suas observações em *The Ancient Economy*, p.96, 573.

à cidade promover mais de 10 mil *tetas* atenienses à condição de hoplitas, por meio da doação de terras no exterior, fortalecendo consideravelmente seu poderio militar, na mesma tacada. O impacto do imperialismo ateniense, entretanto, não se restringiu a esses assentamentos. A ascensão do poder ateniense no Egeu criou uma ordem política cuja verdadeira função era coordenar e explorar costas e ilhas já urbanizadas, através de um sistema de tributos monetários cobrados para a manutenção de uma marinha permanente, a qual, no papel, era a defensora da liberdade grega contra as ameaças orientais, mas, na prática, servia como principal instrumento de opressão imperial de Atenas sobre seus "aliados". Em 454 a.C., o tesouro central da Liga de Delos, originalmente criada para combater a Pérsia, foi transferido para Atenas; em 450 a.C., a recusa ateniense em permitir a dissolução da liga depois da paz com a Pérsia converteu a cidade em um império *de facto*. A essa altura na década de 440 a.C., o sistema imperial ateniense abarcava umas 150 cidades — na maioria jônicas –, que pagavam um montante anual em dinheiro ao erário central de Atenas e eram proibidas de ter suas próprias frotas. Avalia-se que os tributos totais do império eram 50% maiores do que os rendimentos internos da Ática. Não há dúvida de que eles financiaram a superabundância cultural e cívica da *polis* de Péricles.[23] Internamente, tais tributos sustentaram uma marinha que assegurava emprego fixo para a mais numerosa e menos próspera classe de cidadãos e também custearam obras públicas que foram os mais notáveis embelezamentos da cidade, entre elas o Parthenon. Externamente, as esquadras atenienses policiavam as águas do Egeu, enquanto políticos residentes, comandantes militares e comissários itinerantes garantiam magistraturas dóceis nos Estados subjugados. As cortes atenienses exerciam poderes de repressão judicial sobre as cidades aliadas suspeitas de deslealdade.[24]

Mas os limites do poder externo ateniense logo foram alcançados. Esse poder provavelmente estimulara o comércio e as manufaturas no Egeu, onde o uso da moeda da Ática se estendeu por decreto e onde se suprimia a pirataria, embora os maiores lucros do crescimento comercial convergissem

---

23 Meiggs, *The Athenian Empire*, p.152, 258-60.
24 Ibid., p.171-4, 205-7, 215-6, 220-33.

para a comunidade meteca de Atenas. O sistema imperial também contou com a simpatia das classes mais pobres das cidades aliadas, porque a tutela ateniense em geral significava a instalação de regimes democráticos nas localidades, congruentes com o da própria cidade imperial, enquanto o peso financeiro dos tributos caía sobre as classes mais altas.[25] Mas isso não foi o bastante para realizar a inclusão institucional desses aliados em um sistema político unificado. A cidadania ateniense era tão ampla na cidade que se tornara impraticável estendê-la no estrangeiro aos não atenienses, pois fazê-lo seria contradizer a democracia direta da Assembleia de residentes, factível somente dentro de um âmbito geográfico muito restrito. Assim, apesar das colorações populares do governo ateniense, a fundação doméstica "democrática" do imperialismo de Péricles gerou, necessariamente, uma exploração "ditatorial" sobre os aliados jônicos, que tenderam a ser inevitável e vorazmente lançados à servidão colonial: não havia base para igualdade nem federação, coisas que uma constituição mais oligárquica poderia ter possibilitado. Ao mesmo tempo, a natureza democrática da *polis* ateniense – cujo princípio era a participação direta, não a representação – impediu a criação de uma máquina burocrática que poderia ter dominado um extenso império territorial por meio da coerção administrativa. Quase não havia nenhum aparato estatal profissionalizado na cidade, cuja estrutura política se definia essencialmente por sua rejeição a corporações de funcionários especializados – fossem civis ou militares – e apartados dos cidadãos comuns: a democracia ateniense significava, precisamente, a recusa de toda e qualquer divisão entre "Estado" e "sociedade".[26] Assim, não havia base para uma

---

[25] Essa simpatia foi demonstrada, de forma bastante convincente, por Sainte Croix, The Character of the Athenian Empire, *Historia*, Bd. III, p.1-41. Havia alguns aliados oligárquicos na Liga de Delos – Mitilene, Quios e Samos –, mas Atenas não intervinha sistematicamente nas cidades que a compunham; porém, os conflitos locais em geral eram utilizados como oportunidades para forçar o estabelecimento de sistemas populares.

[26] Para Ehrenburg, essa foi sua maior fraqueza. A identidade entre Estado e Sociedade era necessariamente uma contradição, pois o Estado tinha de ser uno, enquanto a sociedade sempre permanecia plural, dividida em classes. Então, ou o Estado reproduzia essas divisões sociais (oligarquia) ou a sociedade absorvia o Estado (democracia): nenhuma das duas soluções respeitava uma distinção institucional – que,

burocracia imperial. Em consequência, o expansionismo ateniense sucumbiu relativamente cedo por causa das contradições de sua própria estrutura e também da resistência, facilitada a partir de então, das cidades mais oligárquicas do interior da Grécia, lideradas por Esparta. A Liga Espartana possuía vantagens opostas às deficiências atenienses: uma confederação de oligarquias cuja força se baseava justamente nos proprietários hoplitas, e não em uma mistura de marinheiros demóticos, e cuja unidade, por conseguinte, não envolvia tributos monetários nem um monopólio exercido pela hegemonia de Esparta, cujo poder representava, portanto, uma ameaça intrinsicamente menor do que a de Atenas às outras cidades gregas. A falta de um território substancial deixou o poder militar ateniense – tanto no recrutamento quanto nos recursos – muito frágil para resistir a uma coligação de rivais terrestres.[27] A Guerra do Peloponeso combinou o ataque dos adversários à revolta dos súditos, em que as classes proprietárias se uniram às oligarquias do continente desde o início dos confrontos. Mesmo assim, foi necessário o ouro persa para financiar uma frota espartana capaz de pôr fim ao domínio de Atenas sobre os mares, antes que Lisandro finalmente derrubasse o Império Ateniense em terra. A partir de então, as cidades helênicas não tiveram nenhuma chance de criar um Estado imperial unificado desde seu centro, apesar de terem se recuperado com relativa rapidez dos efeitos da longa Guerra do Peloponeso: a própria paridade e a multiplicidade dos centros urbanos da Grécia acabaram por neutralizá-los coletivamente para a expansão externa. No século IV a.C., as cidades gregas mergulhavam na exaustão e a *polis* clássica experimentava dificuldades cada vez maiores para financiar e arregimentar exércitos, sintomas de um anacronismo iminente.

---

para ele, era inalterável – e, portanto, ambas traziam em si a semente da destruição: Ehrenburg, op. cit., p.89. Já para Marx e Engels, claro, era justamente nessa recusa estrutural que repousava a grandeza da democracia ateniense.

27 Em geral, as linhas divisórias entre "oligarquia" e "democracia" tinham uma estreita correlação com a oposição mar *vs.* continente na Grécia clássica. Os mesmos fatores marítimos que vigoravam em Atenas estavam presentes em sua zona de influência jônica, ao passo que a maioria dos aliados de Esparta no Peloponeso e na Beócia estavam mais enraizados na terra. A maior exceção, sem dúvida, era Corinto, o tradicional adversário comercial de Atenas.

3
O mundo helênico

O segundo grande ciclo de conquistas coloniais se iniciou na periferia rural do norte da civilização grega, com suas vastas reservas demográficas e camponesas. O Império Macedônio era, na origem, uma monarquia tribal do interior montanhoso, uma zona recuada que preservara muito das relações sociais da Grécia pós-micênica. Exatamente por ter uma morfologia muito mais primitiva que a das cidades-estados do sul, o Estado real macedônio não esteve sujeito a seus impasses e, portanto, foi capaz de superar seus limites na época do declínio urbano. A base política e territorial do Estado macedônio permitiu uma expansão internacional integrada, uma vez que se aliou à civilização grega, muito mais desenvolvida. A realeza macedônia era hereditária, mas, ainda assim, sujeita à confirmação pela assembleia militar dos guerreiros do reino. Tecnicamente, todas as terras pertenciam ao monarca, mas, na prática, uma nobreza tribal detinha as herdades do rei e alegava parentesco com ele, formando um séquito de "companheiros" reais, de onde provinham seus conselheiros e governadores. A maioria da população era de camponeses arrendatários livres, e havia relativamente pouca escravidão.[1] A urbanização era mínima, sendo que a própria capital, Pela, tinha alicerces frágeis e recentes. A ascensão do poder macedônio nos Bálcãs, durante o reinado de Filipe II, logo cedo ganhou um impulso decisivo com a anexação das minas de ouro da Trácia – equivalentes

---

1 Hammond, *A History of Greece to 322 B.C.*, p.535-6.

às minas de prata da Ática no século anterior –, as quais proporcionaram à Macedônia as finanças indispensáveis para os ataques externos.[2] O êxito dos exércitos de Filipe na invasão das cidades-estados gregas e na unificação da península helênica se deu, essencialmente, devido às inovações militares, que refletiam a composição social peculiar do interior tribal do norte da Grécia. A cavalaria – tropa que, até então, sempre se subordinara aos hoplitas – foi renovada e ligada de maneira mais maleável à infantaria, a qual dispensou parte do armamento pesado hoplita para ganhar mais mobilidade e utilizar mais a lança longa nas batalhas. O resultado foi a famosa falange macedônia flanqueada por cavalos, vitoriosa de Tebas até Cabul. É claro que a expansão macedônia não se deveu apenas à habilidade de seus comandantes e soldados, nem ao acesso inicial a metais preciosos. A precondição para sua irrupção Ásia adentro foi a absorção anterior da própria Grécia. A monarquia macedônia consolidou seus avanços na península ao criar novos cidadãos entre os gregos e os demais habitantes nas regiões conquistadas e ao urbanizar seu próprio interior rural – demonstrando capacidade de administrar um território expandido. Foi o ímpeto político e cultural que a Macedônia adquiriu com a integração dos mais avançados centros citadinos da época o que lhe permitiu completar em poucos anos a brilhante conquista de todo o Oriente Próximo, sob Alexandre. Simbolicamente, a frota insubstituível que transportava e abastecia as tropas na Ásia era sempre grega. O Império Macedônio unitário que emergiu depois de Gaugamela e que se estendeu do Adriático até o Oceano Índico não sobreviveu ao próprio Alexandre, que morreu antes de conseguir lhe dar qualquer moldura institucional coerente. As tentativas de Alexandre de fundir as nobrezas macedônia e persa por casamentos oficiais já permitiam entrever os problemas sociais e administrativos que daí viriam: mas coube a seus sucessores providenciar as soluções. As ferozes disputas internas entre esses generais macedônios – os Diádocos – terminaram com a partição do império em quatro grandes regiões,

---

2 A renda proporcionada pelas minas de ouro da Trácia era maior que a das minas de prata da Ática: Momigliano, *Filippo il Macedone*, p.49-53 – o estudo mais lúcido sobre as primeiras fases da expansão macedônia, as quais, em geral, atraíram relativamente pouca pesquisa moderna.

Mesopotâmia, Egito, Ásia Menor e Grécia, sendo que, daí em diante, as três primeiras tenderiam a ultrapassar a última em importância política e econômica. A dinastia selêucida governou a Síria e a Mesopotâmia; Ptolomeu fundou o reinado lágida no Egito; e, meio século depois, o reino atálida de Pérgamo se tornou o poder dominante no oeste da Ásia Menor. A civilização helênica foi, em essência, o produto dessas três novas monarquias do Oriente.

Os Estados helênicos eram criações híbridas, que, apesar disso, deram forma a todo o padrão histórico do Mediterrâneo oriental pelos séculos seguintes. Por um lado, eles dirigiram o mais imponente surto de fundação de cidades que a Antiguidade clássica já tinha visto: grandes cidades gregas se disseminaram, sob iniciativa espontânea ou patrocínio real, por todo o Oriente Próximo, tornando-o, a partir de então, a área mais densamente urbanizada do mundo antigo e helenizando firmemente as classes governantes dos lugares onde se instalavam.[3] Se o número dessas fundações era menor do que na colonização grega arcaica, seu tamanho era muito maior. A cidade mais vasta da Grécia clássica fora Atenas, com uma população total que girara em torno de 80 mil habitantes no século V a.C. Os três maiores centros urbanos do mundo helênico – Alexandria, Antioquia e Selêucia – deviam ter mais de 500 mil habitantes. A distribuição das novas fundações era desigual, pois o Estado Lágida centralizado no Egito desconfiava de qualquer autonomia para a *polis* e não patrocinou muitas cidades novas, ao passo que o Estado Selêucida as multiplicou ativamente e que os nobres da Ásia Menor criaram suas próprias cidades, imitando o exemplo helênico.[4] Em todas as partes, essas novas fundações urbanas eram estabelecidas por soldados, administradores e comerciantes gregos e macedônios, que chegaram a formar o estrato social dominante nas monarquias que sucederam as dos Diádocos. A proliferação de cidades

---

3 A maioria das novas cidades nascia desde baixo, pelas mãos dos donos de terras locais; mas as maiores e mais importantes eram, é claro, fundações oficiais dos novos governantes macedônios. Jones, *The Greek City from Alexander to Justinian*, p.27-50.

4 Sobre o contraste entre as políticas lágidas e selêucidas, ver Rostovtsev, *The Social and Economic History of the Hellenistic World*, v.1, p.476 ss.

gregas no Oriente foi acompanhada por um novo impulso nos negócios internacionais e na prosperidade comercial. Alexandre havia dilapidado o ouro da realeza pérsia, liberando as reservas aquemênidas para o sistema de trocas do Oriente Próximo e, desse modo, financiando um aumento abrupto no volume das transações comerciais no Mediterrâneo. O padrão monetário da Ática agora tomava todo o mundo helênico, à exceção do Egito ptolomaico, facilitando o comércio e o transporte marítimo internacional.[5] As rotas marítimas triangulares entre Rodes, Antioquia e Alexandria se tornaram o eixo do novo espaço mercantil criado pelo Oriente helênico. A atividade bancária da administração lágida no Egito se desenvolveu até níveis de sofisticação jamais alcançados na Antiguidade. Assim, foi a emigração e o exemplo dos gregos que estabeleceram, com sucesso, o padrão urbano do Mediterrâneo oriental.

Ainda assim, as velhas formações sociais do interior do Oriente Próximo — com suas tradições políticas e econômicas muito diferentes — resistiram, impenetráveis, aos padrões gregos. Dessa maneira, o trabalho escravo não conseguiu se espalhar pela zona rural do Oriente helênico. Ao contrário do que diz a lenda popular, as campanhas alexandrinas não se fizeram acompanhar por escravizações em massa, e a proporção da população escrava não parece ter registrado um crescimento relevante na trilha das conquistas macedônias.[6] Por conseguinte, as relações de produção agrárias foram pouco afetadas pelo domínio grego. Os sistemas agrícolas tradicionais das grandes culturas ribeirinhas do Oriente Próximo haviam combinado senhores de terras, arrendatários dependentes e proprietários camponeses com a propriedade do rei sobre o solo, fosse ela imediata ou definitiva. A escravidão rural jamais tivera muita importância econômica. As pretensões régias a um monopólio sobre a terra vinham de séculos antes. Os novos Estados helênicos herdaram esse modelo, bastante estranho aos da terra natal grega, e o preservaram com poucas alterações. As principais variações entre eles estavam no grau com que as dinastias de cada reino impunham de fato a propriedade régia sobre a terra. O Estado

---

5 Heichelheim, *An Ancient Economic History*, v.3, p.10.
6 Westermann, *The Slave Systems of Greek and Roman Antiquity*, p. 28-31.

Lágida no Egito – a mais rica e centralizada das novas monarquias – levou ao máximo suas exigências sobre o monopólio da terra fora dos limites das poucas *poleis*. Os governantes lágidas dividiram praticamente todas as terras em pequenos lotes e os arrendaram, sob contratos de curto prazo e preços extorsivos, a um campesinato miserável, que não tinha qualquer segurança sobre o usufruto e estava sujeito ao trabalho forçado nos sistemas de irrigação.[7] A dinastia selêucida da Mesopotâmia e da Síria, que governava um complexo territorial muito maior e mais desconexo, nunca tentou um controle assim tão rigoroso da exploração agrícola. As terras régias eram concedidas a nobres ou administradores de províncias, e aldeias autônomas de proprietários camponeses eram toleradas, lado a lado com os *laoi*, rendeiros dependentes que compunham a maior parte da população rural. Significativamente, foi somente na Pérgamo atálida, o mais ocidental dos novos Estados helênicos, logo do outro lado do Egeu, de frente para a própria Grécia, que se observou o uso do trabalho escravo agrícola nas herdades régias e aristocráticas.[8] Os limites geográficos do modo de produção pioneiro da Grécia clássica foram as regiões adjacentes na Ásia Menor.

Se as cidades eram gregas no modelo e o interior permanecia oriental no padrão, a estrutura dos Estados que integraram ambos tinha de ser, inevitavelmente, sincrética, um misto de formas helênicas e asiáticas no qual o legado secular dessas últimas era, por certo, predominante. Os governantes helênicos herdaram as tradições esmagadoramente autocráticas das civilizações ribeirinhas do Oriente Próximo. Os monarcas Diádocos gozavam de ilimitado poder pessoal, assim como seus predecessores orientais. Na verdade, as novas dinastias gregas introduziram mais

---

7 Para descrições desse sistema, ver Rostovtsev, *The Social and Economic History of the Hellenistic World*, v.1, p.274-300; há um estudo analítico das várias formas de trabalho usadas no Egito lágida em Zel'in; Trofimova, *Formy Zavisimosti v Vostochnom Sredizemnomor'e Ellenisticheskovo Perioda*, p.57-102.

8 Rostovtsev, *The Social and Economic History of the Hellenistic World*, v.2, p.806, 1106, 1158, 1161. Os escravos também eram amplamente utilizados nas minas e indústrias régias de Pérgamo. Rostovtsev imagina que a abundância de escravos continuou nas terras gregas durante a época helênica. Ibid., p.625-6, 1127.

uma carga ideológica no peso que a autoridade régia já possuía na região, com o estabelecimento, por decreto formal, da adoração de governantes. A divindade dos reis jamais fora uma doutrina no Império Persa tomado por Alexandre: foi uma inovação macedônia, instituída pela primeira vez no Egito de Ptolomeu, onde o antigo culto aos faraós já existia antes da absorção persa e, daí em diante, forneceu um solo fecundo para a reverência aos soberanos. A divinização dos monarcas logo se tornou uma norma ideológica geral por todo o mundo helênico. O molde administrativo típico dos novos Estados monárquicos revelou um desenvolvimento similar — uma estrutura fundamentalmente oriental, refinada por aprimoramentos gregos. As lideranças civis e militares do Estado eram recrutadas entre os emigrantes macedônios ou gregos e seus descendentes. Não houve nenhuma tentativa de promover uma fusão étnica com as aristocracias nativas, como Alexandre havia imaginado por um tempo.[9] Criou-se também uma burocracia considerável — o instrumento imperial que faltara à Grécia clássica — à qual muitas vezes se atribuíam tarefas administrativas bem ambiciosas — sobretudo no Egito lágida, onde lhe cabia boa parte da gestão de toda a economia rural e urbana. O reino selêucida sempre foi menos integrado, e, frente às burocracias atálida e lágida, sua administração abarcava uma proporção maior de não gregos;[10] ela também tinha um caráter mais militar, o que era apropriado à sua vastidão, em contraste com o funcionalismo escriba de Pérgamo ou do Egito. Mas, em todos esses Estados, a existência de burocracias régias centralizadas se combinou à ausência de quaisquer sistemas legais desenvolvidos que estabilizassem ou universalizassem suas funções. Nenhuma lei impessoal podia surgir onde a vontade arbitrária do soberano era a única fonte de todas as decisões públicas. A administração helênica no Oriente Próximo jamais chegou

---

9 O cosmopolitismo de Alexandre tem sido exagerado com bastante frequência, a partir de provas frágeis; para uma crítica efetiva a tais reivindicações, ver Badian, Alexander the Great and the Unity of Mankind. In: Griffith, *Alexander the Great: the Main Problems*, p.287-306.

10 Na verdade, pode ser que os iranianos tenham superado o número de gregos e macedônios nas instituições estatais selêucidas: Welles, *Alexander and the Hellenistic World*, p.87.

a estabelecer códigos legais unitários, limitando-se a improvisar com os sistemas coexistentes de origem grega ou local, todos sujeitos à interferência pessoal do monarca.[11] Pela mesma razão, a máquina burocrática do Estado estava, também ela, subordinada a uma cúpula amorfa e aleatória de "amigos do rei", grupo sempre cambiante de cortesãos e comandantes que compunha o séquito mais próximo do soberano. Essa extrema falta de forma dos sistemas estatais helênicos se refletiu na completa ausência de denominações territoriais: eram apenas as terras da dinastia que explorava esse território e lhe davam sua única designação.

Nessas condições, já não se poderia falar em uma genuína independência política para as cidades do Oriente helênico: os dias da *polis* clássica tinham ficado para trás. Se comparadas à moldura despótica na qual estavam inseridas, as liberdades municipais das cidades gregas do Oriente não eram negligenciáveis. Mas essas novas fundações se encontravam em um ambiente muito distinto ao da terra natal e, por conseguinte, jamais adquiriram a autonomia ou a vitalidade dos modelos originais. O interior, abaixo delas, e o Estado, acima, formavam um meio que reprimia sua dinâmica e as adaptava aos costumes seculares da região. O melhor exemplo de seu destino talvez tenha sido Alexandria, que se tornou a nova capital marítima do Egito lágida e, dentro de umas poucas gerações, a maior e mais vibrante cidade grega do mundo antigo, eixo econômico e intelectual do Mediterrâneo oriental. Mas a riqueza e a cultura de Alexandria sob os governos ptolomaicos tiveram seu preço. Nenhuma cidadania livre conseguiu emergir de um interior povoado por camponeses *laoi* ou de um reino dominado por uma burocracia régia onipresente. Mesmo dentro dos limites da cidade, as atividades financeiras e industriais – domínio dos metecas na Atenas clássica – não se libertaram na proporção do desaparecimento das velhas estruturas da *polis*, pois a maior parte das manufaturas urbanas – o azeite, os têxteis, os papiros ou a cerveja – era monopólio régio. Empreendedores particulares recolhiam os impostos, mas sob controle estrito do Estado. Assim, não se encontrava em Alexandria a típica polarização conceitual entre liberdade e escravidão que definira as cidades da Grécia

---

11 Petit, *La Civilisation hellénistique*, p.9; Ehrenburg, *The Greek State*, p.214-7.

clássica. Sugestivamente, a capital lágida foi, ao mesmo tempo, cenário do episódio mais fecundo da história da tecnologia antiga: o museu de Alexandria deu origem à maior parte das poucas inovações significativas do mundo clássico, sendo que Ctesíbio, seu funcionário assalariado, foi um dos raros inventores notáveis da Antiguidade. Mas, mesmo nesse caso, o principal objetivo régio para fundar o museu e promover suas pesquisas era a busca por aperfeiçoamentos no exército e na engenharia, e não por expedientes econômicos que poupassem mão de obra. A maioria dos trabalhos do museu refletiu essa ênfase característica. Os impérios helênicos – compostos ecléticos de formas gregas e orientais – estenderam o espaço da civilização urbana da Antiguidade clássica ao diluir sua substância, mas, por esse mesmo motivo, foram incapazes de ultrapassar seus próprios limites.[12] Do ano 200 a.C. em diante, o poder imperial romano começou a avançar para o leste contra tais impérios, e, em meados do século II a.C., suas legiões já haviam esmagado todas as barreiras de resistência mais sérias no Oriente. Simbolicamente, Pérgamo foi o primeiro reino helênico a ser incorporado ao novo Império Romano, quando o último soberano atálida o legou, como um bem pessoal, à Cidade Eterna.

---

12 O sincretismo dos Estados helênicos não justifica os ditirambos de Heichelheim, para quem eles representavam "milagres da organização administrativa e econômica", cuja inescrupulosa destruição por bárbaros romanos deteve a história pelos mil e quinhentos anos seguintes. Ver: Heichelheim, *An Ancient Economic History*, op. cit., v.3, p.185-6, 206-7. Rostovtsev foi um pouco mais moderado, mas também se arriscou no julgamento de que a conquista romana do Mediterrâneo oriental foi um desastre lamentável que o desintegrou e "des-helenizou", comprometendo "artificialmente" a integridade da própria civilização romana: Rostovtsev, *The Social and Economic History of the Hellenistic World*, v.2, p.70-3. A ancestralidade remota de tais opiniões remonta, é claro, a Winckelmann e ao culto helênico do Iluminismo alemão, quando elas ainda tinham alguma importância intelectual.

4
Roma

A ascensão de Roma marcou um novo ciclo da expansão urbana imperial, o qual representou não apenas a mudança geográfica no centro de gravidade do mundo antigo para a Itália, mas também um desenvolvimento socioeconômico do modo de produção que fora pioneiro na Grécia e que agora possibilitava um dinamismo muito maior e mais duradouro do que o alcançado na época helênica. O início do crescimento da República Romana seguiu o curso normal de qualquer cidade-estado clássica ascendente: guerras locais com cidades adversárias, anexação de terra, sujeição de "aliados", fundação de colônias. Em um aspecto crucial, entretanto, o expansionismo romano se distinguiu da experiência grega, desde o início. O desenvolvimento constitucional da cidade conservou o poder aristocrático durante a fase clássica de sua civilização urbana. A monarquia arcaica fora destronada por uma nobreza nos primeiros tempos de sua existência, no final do século VI a.C., em uma transformação rigorosamente comparável ao modelo helênico. Mas, a partir daí, diferente das cidades gregas, Roma jamais conheceu as reviravoltas de um jugo tirânico que viesse a quebrar o domínio aristocrático e, firmemente baseado na pequena e média agricultura, trouxesse a consequente democratização da cidade. Ao invés disso, uma nobreza hereditária manteve poder inquebrantável por meio de uma constituição cívica extremamente complexa, que passou por importantes modificações populares no curso de um longo período de violentas disputas sociais dentro da cidade, mas que nunca foi abolida nem substituída. A República era dominada pelo Senado, que, nos primeiros dois séculos de sua existência, esteve sob o controle de um pequeno grupo de clãs patrícios; o senador, uma vez eleito pelos membros do Senado, tinha mandato vitalício. Magistraturas anuais, entre as quais as dos cônsules eram as mais elevadas, eram eleitas por "assembleias do povo" que, embora abarcassem toda a classe dos cidadãos de Roma, eram organizadas em unidades "centuriadas" desiguais, garantindo assim que as classes proprietárias tivessem a maioria. Os consulados eram os maiores cargos executivos do Estado e, até 366 a.C., estiveram sob o monopólio legal da restrita ordem dos patrícios.

Essa estrutura original deu corpo ao domínio político puro e simples da aristocracia tradicional. Mais tarde, ela foi alterada e restringida em dois aspectos importantes, depois de lutas sucessivas que proporcionaram o equivalente romano mais próximo às fases da "tirania" e "democracia" gregas, mas que, com o tempo, foram ficando cada vez mais aquém dos desenlaces comparáveis na Grécia. Em primeiro lugar, "plebeus" de riqueza recente forçaram os "patrícios" nobres a lhes conceder acesso a um dos dois consulados anuais a partir de 366 a.C., embora somente em 172 a.C., quase duzentos anos depois, é que os dois cônsules tenham sido, pela primeira vez, plebeus. Essa lenta mudança acarretou o alargamento da composição do Senado, uma vez que os antigos cônsules se tornavam, automaticamente, senadores. O resultado foi a formação social de uma nobreza ampliada, que incluía tanto famílias "patrícias" quanto "plebeias", no lugar do combate ao sistema aristocrático propriamente dito, como havia ocorrido durante a era dos tiranos na Grécia. Cronológica e sociologicamente justaposta a essa contenda dentro dos estratos mais ricos da República, havia uma luta das classes mais pobres para conquistar maiores direitos. Sua pressão logo resultou na criação do tribunato da plebe, uma representação corporativa da massa popular dos cidadãos. Os tribunos eram eleitos a cada ano por uma assembleia "tribal", que, diferente da assembleia de "centúrias", era em princípio genuinamente igualitária: assim como na Grécia arcaica, as "tribos" eram de fato territoriais (e não divisões da população com base no parentesco), sendo quatro na própria cidade e dezessete fora dela – uma indicação do grau de urbanização da época. O tribunato formava um órgão executivo secundário e paralelo, designado para proteger os pobres contra a opressão dos ricos. Por fim, no início do século III a.C., as assembleias tribais que elegiam os tribunos ganharam poderes legislativos, e os tribunos obtiveram direitos de veto sobre os atos dos cônsules e os decretos do Senado.

O rumo dessa evolução correspondia ao processo que levara à *polis* democrática na Grécia. Mas, aqui, o processo foi interrompido antes que pudesse insinuar uma nova constituição política para a cidade. O tribunato e a assembleia tribal foram simplesmente adicionados às instituições centrais já existentes do Senado, dos Consulados e da Assembleia das Centúrias: não significaram uma abolição interna do complexo de poder oligárquico que dirigia a República, mas apenas acréscimos externos, cuja importância prática era, com frequência, muito menor que seu potencial formal. A luta das classes mais pobres fora, em geral, conduzida por plebeus ricos que encampavam a causa popular para promover seus próprios interesses, e isso continuou a acontecer até mesmo depois que os novos-ricos conquistaram acesso às fileiras da ordem senatorial. Assim, os tribunos, geralmente homens de fortuna considerável, se tornaram instrumentos dóceis nas mãos do Senado durante longos períodos.[1] A supremacia aristocrática dentro da República não chegou a ser abalada. Agora a plutocracia dos ricos se limitava a engrandecer a nobreza de nascimento, ambas usando extensos sistemas de "clientela" para garantir seguidores fiéis nas massas urbanas e distribuindo os habituais subornos generosos para assegurar a eleição para as magistraturas anuais nas assembleias das centúrias. Dessa forma, por meio de uma constituição compósita, a República Romana manteve o tradicional mando oligárquico até a época clássica de sua história.

A estrutura social da cidadania romana que daí resultou era, portanto, inevitavelmente distinta da que fora típica na Grécia clássica. Desde muito cedo, a nobreza patrícia se esforçara para concentrar a propriedade da terra em suas mãos, reduzindo os camponeses livres mais pobres à servidão

---

1 Brunt, *Social Conflicts in the Roman Republic*, p. 58, 66-7. Esse breve trabalho é um estudo magistral sobre as lutas de classes da República, à luz da pesquisa histórica moderna.

por dívidas (como na Grécia) e se apropriando da *ager publicus*, ou terras comuns, usadas para pastagem e cultivo. A tendência a rebaixar o campesinato à condição de rendeiros dependentes por meio da servidão por dívidas acabou sendo refreada (embora o problema das dívidas persistisse),[2] mas não a expropriação da *ager publicus* e o rebaixamento social dos pequenos e médios agricultores. Não houve nenhuma transformação política ou econômica para estabilizar a propriedade rural dos cidadãos comuns de Roma, nada comparável ao que ocorrera em Atenas ou, de outro jeito, em Esparta. Quando os irmãos Graco finalmente tentaram seguir a trilha de Sólon e Pisístrato, já era tarde demais: por essa época, século II a.C., a melhora na situação dos pobres exigiria medidas muito mais radicais do que as decretadas em Atenas – nada menos do que a redistribuição das terras, reivindicada por ambos os Graco – e com uma chance muito menor de serem implementadas, diante da oposição aristocrática. Na verdade, nenhuma reforma agrária durável ou substancial jamais ocorreu na República, apesar da constante agitação e turbulência sobre o tema no final da época republicana. O domínio político da nobreza bloqueou todos os esforços para reverter a implacável polarização social sobre a propriedade da terra. O resultado foi uma contínua erosão da classe agrícola mais modesta, a qual constituíra a espinha dorsal da *polis* grega. O equivalente romano da categoria hoplita – homens que conseguiam se equipar com as armaduras e armamentos necessários para servir na infantaria das legiões – eram os *assidui*, ou "aqueles que se assentaram na terra", os quais possuíam a qualificação de proprietários necessária para carregar as próprias armas. Abaixo deles ficavam os *proletarii*, cidadãos sem propriedades, cujo único

---

2 Ibid., p.55-7. A instituição legal da servidão por dívidas – o *nexum* – foi abolida em 326 a.C. Brunt talvez tenha minimizado as consequências dessa abolição com sua ênfase no fato de que o *nexum* pôde reviver, mais tarde, sob outras versões, agora informais. A história da formação social romana por certo teria sido muito distinta se, durante a República, tivesse se consolidado um campesinato juridicamente dependente sob uma classe de senhores de terras. No caso, o endividamento rural acarretou a concentração de propriedades agrárias nas mãos da nobreza, mas não a criação de uma força de trabalho ligada à posse. A escravidão é que viria a prover a mão de obra para as propriedades nobres, produzindo uma configuração social muito diferente.

serviço prestado ao Estado era criar filhos (*proles*). A crescente monopolização da terra pela aristocracia se traduziu, portanto, em um declínio constante no número de *assidui* e no inexorável aumento do tamanho da classe dos *proletarii*. Além disso, o expansionismo militar romano também tendia a estreitar as fileiras dos *assidui*, que forneciam os recrutas e as baixas para os exércitos. O resultado foi que, ao final do século III a.C., os *proletarii* já compunham provavelmente a maioria absoluta dos cidadãos – e ainda foram convocados para enfrentar a emergência das invasões de Aníbal na Itália. Enquanto isso, a qualificação proprietária dos *assidui* caiu pela metade e, já no século seguinte, ficou abaixo do mínimo de subsistência no campo.³

Os pequenos proprietários jamais desapareceram completamente da Itália, mas foram sendo empurrados para os cantos mais remotos e precários do país, regiões de pântanos ou montanhas que eram pouco atraentes para os senhores de terras. Assim, a estrutura da organização política romana durante a República apresentou uma nítida divergência com qualquer precedente grego. Pois, enquanto o interior se quadriculava em grandes domínios nobres, a cidade, por sua vez, se enchia de uma massa proletarizada desprovida de terras ou quaisquer outras propriedades. Uma vez urbanizada por completo, essa imensa subclasse desesperada perdeu a vontade de retornar à condição de pequena proprietária e, então, pôde ser muitas vezes manipulada por camarilhas aristocráticas contra projetos de reforma agrária apoiados por agricultores *assidui*.⁴ Sua posição estratégica na capital de um império em expansão acabou por

---

3 Ibid., p.13-4. Mesmo depois de Mário ter acabado com as qualificações de propriedade para o recrutamento, as legiões continuaram com uma composição esmagadoramente rural. Brunt, The Army and the Land in the Roman Revolution, *The Journal of Roman Studies*, 1962, p.74.

4 Tibério Graco, defensor da *Lex Agraria*, denunciou o empobrecimento dos pequenos proprietários: "Os homens que lutam e morrem pela Itália compartilham o ar e a luz e nada mais [...]. Lutam e morrem para garantir a riqueza e o luxo dos outros. Apesar de se denominarem os senhores do mundo, não têm um único torrão de terra que seja seu" (Plutarco, *Tiberius and Caius Gracchus*, IX, 5). Ídolo do pequeno campesinato, ele foi linchado por um bando urbano inflamado por patronos senatoriais.

obrigar a classe governante romana a pacificar seus interesses materiais imediatos com distribuições públicas de cereais. Estas foram, na verdade, um substituto barato para a distribuição de terras que jamais ocorreu: para a oligarquia senatorial que controlava a República, era preferível ter um proletariado passivo e consumidor do que um campesinato recalcitrante e produtor.

Agora é possível considerar as implicações dessa configuração para a trajetória bastante específica do expansionismo romano. Pois, em consequência, o crescimento de seu poder cívico foi distinto dos exemplos gregos em dois aspectos fundamentais, ambos diretamente relacionados à estrutura interna da cidade. Em primeiro lugar, Roma se provou capaz de alargar seu sistema político para incluir as cidades italianas que foi subjugando no curso de sua expansão pela península. Diferente de Atenas, ela havia, desde o início, exigido dos aliados tropas para seus exércitos, e não dinheiro para seu erário; dessa maneira, diminuía o peso de seu domínio em tempos de paz e fortalecia a união em tempos de guerra. Nisso Roma seguiu o exemplo de Esparta, embora seu controle militar sobre as tropas aliadas tenha sido sempre muito maior. Mas Roma também foi capaz de alcançar uma integração definitiva desses aliados em sua própria organização política, algo que nenhuma cidade grega jamais imaginara. E foi a estrutura social peculiar de Roma que possibilitou isso. Até mesmo a mais oligárquica *polis* grega da época clássica se fundamentava, basicamente, em um corpo médio de cidadãos proprietários e, assim, evitava disparidades econômicas extremas entre ricos e pobres dentro da cidade. O autoritarismo politico de Esparta – exemplar da oligarquia helênica – não significou uma polarização entre classes dentro da cidadania: na verdade, como já vimos, foi acompanhado por um nítido igualitarismo econômico na época clássica, o qual provavelmente incluía a atribuição de terras inalienáveis do Estado a cada espartano, justamente para proteger os hoplitas contra o tipo de "proletarização" que os acometeu em Roma.[5] A *polis* clássica

---

[5] O declínio de Esparta depois da Guerra do Peloponeso foi acompanhado por um dramático alargamento do abismo entre cidadãos ricos e empobrecidos, em meio à contração demográfica e à desmoralização política. Mas as tradições da igualdade marcial continuaram tão ferozes e profundas que, no século II a.C., já no final de

grega, qualquer que fosse seu grau de democracia ou oligarquia, detinha uma unidade cívica enraizada na propriedade rural das cercanias: por essa razão, era territorialmente inelástica, incapaz de se expandir sem perder a identidade. A constituição romana, ao contrário, não era oligárquica apenas na forma: era profundamente aristocrática também no conteúdo, porque atrás dela se estendia uma estratificação econômica de ordem bastante diversa. Foi isso o que possibilitou a extensão da cidadania republicana às classes governantes das cidades aliadas na Itália, as quais eram socialmente parecidas com a nobreza de Roma e haviam se beneficiado das conquistas ultramarinas romanas. As cidades italianas acabaram se revoltando contra Roma em 91 a.C., quando viram recusadas suas reinvindicações por participação política na capital do Império – algo que nenhum aliado ateniense ou espartano jamais requisitara. Mesmo nessa ocasião, o objetivo de suas lutas não era um retorno à independência municipal fragmentada, mas sim um Estado peninsular italiano, com uma capital e um Senado, em confessa

---

sua história, Esparta deu origem aos surpreendentes episódios dos reis radicais, Agis II, Cleômenes III e – acima de todos – Nabis. O programa social de Nabis para o renascimento de Esparta incluía o exílio dos nobres, a abolição do eforato, a emancipação dos súditos locais, a alforria dos escravos e a distribuição de terras confiscadas aos pobres: era, provavelmente, o mais amplo e coerente conjunto de medidas revolucionárias jamais formulado na Antiguidade. Essa última explosão da vitalidade política helênica é, muitas vezes, descartada como um pós-escrito aberrante ou marginal à Grécia clássica; mas, na verdade, ela lança uma reveladora luz retrospectiva sobre a natureza da organização política espartana dessa época. Em um dos confrontos mais dramáticos da Antiguidade, no ponto de intersecção exato entre o eclipse da Grécia e a ascensão de Roma, Nabis enfrentou Quinto Flamínio – comandante dos exércitos enviados para debelar o exemplo da subversão espartana – com essas palavras bastante significativas: "Não exijas que Esparta se sujeite a tuas leis e instituições [...]. Tu escolhes tua cavalaria e infantaria por suas qualificações de propriedade e desejas que uns poucos se sobressaiam pela riqueza e que o povo comum se sujeite a estes. Nosso legislador não quis que a propriedade estivesse nas mãos de uns poucos, a quem tu chamas de Senado, nem que nenhuma classe tivesse supremacia no Estado. Ele acreditava que pela igualdade de fortuna e dignidade houvesse muitos a pegar armas por seu país". Tito Lívio, *Histories*, XXXIV, xxxi, 17-8.

imitação da própria ordem unitária romana.⁶ A rebelião italiana foi derrotada militarmente no longo e amargo conflito da chamada Guerra Social. Mas, no meio da turbulência das guerras civis que então se iniciaram entre as facções de Mário e Sila contra a República, o Senado pôde admitir o programa político básico dos aliados porque o caráter da classe governante romana e sua constituição facilitavam uma extensão viável da cidadania às outras cidades italianas, dirigidas por uma pequena nobreza urbana que era parecida com a própria classe senatorial e que dispunha de riqueza e tempo ocioso para participar do sistema político da República, mesmo à distância. A pequena nobreza italiana não conseguiu realizar de imediato nenhuma de suas aspirações políticas à administração central do Estado romano, mas, depois de receber a cidadania, viu suas ambições se tornarem uma poderosa força para as transformações sociais que viriam depois. Sua integração cívica, por sua vez, representou um passo decisivo para a futura formação do Império Romano como um todo. A relativa flexibilidade institucional aí demonstrada deu a Roma uma notável vantagem em sua ascensão imperial: era um modo de evitar ambos os polos entre os quais a expansão grega havia se dividido e afundado – o fechamento prematuro e impotente da cidade-estado ou o meteórico triunfalismo régio às suas expensas. A fórmula política da Roma republicana significou um avanço notável em termos de eficiência.

Ainda assim, a inovação mais decisiva da expansão romana acabou por ser econômica: foi a introdução, pela primeira vez na Antiguidade, do *latifundium* escravista em larga escala. Como vimos, a agricultura grega utilizara escravos de maneira ampla, mas estivera confinada a áreas menores, com população escassa, pois a civilização grega sempre mantivera seu caráter precariamente costeiro e insular. Além disso, e acima de tudo, as fazendas cultivadas por escravos da Ática ou da Messênia tinham, em geral, um tamanho bastante modesto – com uma média que talvez estivesse entre 12 e 24 hectares, no máximo. Esse padrão rural se ligava, é claro, à estrutura

---

6 Brunt, Italian Aims at the Time of the Social War, *The Journal of Roman Studies*, 1965, p.90-109. Brunt acredita que o século de paz na Itália, depois da derrota de Aníbal, foi uma das razões que convenceram os aliados quanto às vantagens da unidade política.

social da *polis* grega, onde não havia grandes concentrações de riqueza. Em contraste, a civilização helênica testemunhara enormes acúmulos de terras nas mãos de dinastias e nobres, mas nenhuma ampliação do escravismo agrícola. Foi a República romana que, pela primeira vez, uniu em maior escala a grande propriedade agrária à escravidão em massa nos campos. O advento da escravidão como um modo de produção organizado inaugurou, a exemplo do que já ocorrera na Grécia, a fase clássica da civilização romana, o apogeu de seu poder e de sua cultura. Mas, enquanto na Grécia esse advento coincidira com a estabilização das pequenas propriedades e de um compacto corpo de cidadãos, em Roma ele foi sistematizado por uma aristocracia urbana que já gozava do domínio social e econômico sobre a cidade. O resultado foi a nova instituição rural do *latifundium* escravista extensivo. A mão de obra para as imensas herdades que surgiram a partir do final do século III a.C. veio da série de campanhas espetaculares que deram a Roma o domínio sobre o mundo mediterrâneo: as guerras contra Cartago, Macedônia, Jugurta, Mitrídates e Gália despejaram prisioneiros militares sobre toda a Itália, para o benefício da classe governante. Ao mesmo tempo, batalhas ferozes e sucessivas no solo da própria península – Guerra Social, Guerra Civil e a invasão de Aníbal – entregaram nas mãos da oligarquia senatorial, ou de suas falanges vitoriosas, os vastos territórios expropriados dos perdedores desses conflitos, especialmente no sul da Itália.[7] Além disso, essas guerras internas e externas acentuaram dramaticamente o declínio do campesinato romano, que antes formara a robusta base de pequenos proprietários na pirâmide social da cidade. O estado de guerra constante exigia uma mobilização interminável; os cidadãos *assidui*, convocados para as legiões ano após ano, morriam aos milhares sob seus estandartes, e aqueles que sobreviviam não eram capazes de manter suas propriedades na terra natal, cada vez mais anexadas pela nobreza. De 200 a 167 a.C., mais de 10% de todos os homens livres adultos de Roma estiveram sob recrutamento permanente: esse gigantesco esforço militar só era possível porque a economia civil se baseava

---

7 Onde se concentravam os dois inimigos mais irreconciliáveis de Roma durante a guerra contra Aníbal e a Guerra Social: os samnitas e os lucanos.

amplamente no trabalho escravo, liberando a reserva de mão de obra para os exércitos da República.[8] As vitórias militares, por sua vez, escravizavam mais cativos de guerra e os mandavam para os campos e cidades da Itália.

O resultado final foi a emergência de propriedades agrícolas escravistas em uma dimensão até então desconhecida. Nobres proeminentes, como Lucius Domitius Ahenobarbus, possuíam mais de 80 mil hectares de terra no século I a.C. Esses latifúndios representaram um novo fenômeno social, que transformou o interior italiano. É claro que os latifúndios não formavam, necessária ou invariavelmente, blocos consolidados de terra em unidades singulares.[9] O padrão típico era o latifundiário possuir um grande número de *villae* médias, às vezes contíguas, mas quase sempre distribuídas por todo o país, de modo a otimizar a vigilância por parte dos vários agentes e feitores. Mas mesmo essas herdades dispersas eram bem maiores do que suas predecessoras gregas, muitas vezes passando dos 120 hectares (500 *iugera*) de extensão. Propriedades consolidadas, como a de Plínio, o Jovem, na Toscana, podiam ter mais de 1.200 hectares.[10] A ascensão do latifúndio italiano acarretou o aumento da pecuária e das lavouras

---

8 Brunt, *Italian Manpower 225 B.C.- A.D. 14*, p.426.

9 Isso valia para todo o império, mesmo depois de os blocos de terra concentrados em *massae* se tornarem mais frequentes. A incapacidade de compreender esse aspecto fundamental do latifúndio romano tem sido relativamente comum. Um exemplo recente é o maior estudo russo sobre o fim do império: Shtaerman, *Krizis Rabovladel' cheskovo Stroya v Zapadnykh Provintsiyakh Rimskoi Imperii*. Toda a análise de Shtaerman sobre a história social do século III se baseia na contraposição irreal entre a *villa* média e o *latifundium* extensivo, sendo que a primeira é chamada de "antiga forma de propriedade" e identificada com as oligarquias municipais da época, e o último é tido como um fenômeno protofeudal, característico de uma aristocracia extramunicipal. Ver *Krizis Rabovladel' cheskovo Stroya*, p.34-45, 116-7. Na verdade, os *latifundia* foram quase sempre compostos por *villae*, e as limitações "municipais" à propriedade da terra nunca tiveram muita importância; por outro lado, os *saltus*, propriedades extraterritoriais fora dos limites da municipalidade, talvez nunca tenham ultrapassado uma proporção negligenciável do território imperial como um todo. (Sobre o último ponto, no qual Shtaerman põe ênfase exagerada, ver Jones, *The Later Roman Empire*, II, p.712-3).

10 Ver White, Latifundia, *Bulletin of the Institute of Classical Studies*, 1967, n.14, p.76-7. White enfatiza que os latifúndios podiam ser tanto grandes fazendas de lavouras mistas, como a propriedade de Plínio na Toscana, quanto terras para criação de

intercaladas de vinhas, oliveiras e cereais. O influxo do trabalho escravo era tamanho que, ao final da República, ele não apenas havia remodelado a agricultura italiana, mas também invadido todo o comércio e a indústria: cerca de 90% dos artesãos de Roma tinham origem escrava.[11] A natureza da gigantesca convulsão social que envolveu a expansão imperial romana e a força motriz que a sustentava podem ser vistas na completa transformação demográfica aí forjada. Brunt calcula que, em 225 a.C., havia algo em torno de 4 milhões e 400 mil pessoas livres na Itália para 600 mil escravos; já em 43 a.C. talvez houvesse 4 milhões e 500 mil habitantes livres para 3 milhões de escravos – de fato, ocorreu um claro declínio no total da população livre, enquanto a população escrava quintuplicou.[12] Jamais se vira algo assim no mundo antigo. Todo o potencial do modo de produção escravista se revelou, pela primeira vez, em Roma, que o organizou e o levou a uma conclusão lógica que a Grécia nunca havia experimentado. O militarismo predatório da República romana foi a principal alavanca para a acumulação econômica. A guerra trazia terras, tributos e escravos; escravos, tributos e terras forneciam o *materiél* para a guerra.

Mas é claro que a importância histórica das conquistas romanas na bacia do Mediterrâneo não se reduziu às fortunas espetaculares da oligarquia senatorial. A marcha das legiões realizou uma mudança muito mais profunda, para toda a história da Antiguidade. O poder romano integrou o Mediterrâneo ocidental e seu norte interiorano ao mundo clássico. Esta foi a realização decisiva da República, que, em contraste com sua cautela diplomática no Oriente, disparou seu impulso anexionista para o Ocidente. Como vimos, a expansão colonial grega no Mediterrâneo oriental se dera sob a forma de uma proliferação de fundações urbanas, primeiro

---

gado. Essas últimas eram mais frequentes no sul da Itália, e as primeiras, nos campos férteis do centro e do norte.

11 Brunt, *Social Conflicts in the Roman Republic*, p.34-5.

12 Id., *Italian Manpower*, p.121-5, 131. Sobre a enorme dimensão dos tesouros que a classe dominante romana saqueou no exterior, para além da acumulação de escravos, ver: Jones, Rome, *Troisième Conférence International d'Histoire Économique*, Munique: 1965, p.3; Paris: 1970, p.81-2 – um artigo sobre as características econômicas do imperialismo romano.

criada de cima para baixo, pelos próprios governantes macedônios, e logo depois imitada de baixo para cima, pela pequena nobreza da região. E isso ocorreu em uma zona onde houvera uma longa história de civilizações desenvolvidas, muito mais antigas do que a própria Grécia. A expansão colonial romana no Mediterrâneo ocidental se diferenciou tanto no contexto quanto no caráter. Espanha e Gália — que mais tarde viriam a ser Nórica, Rétia e Bretanha — eram terras remotas e primitivas, povoadas por comunidades tribais célticas — muitas das quais não tinham nenhuma história de contato com o mundo clássico. Sua integração ao Império trouxe problemas de ordem completamente distinta daqueles da helenização do Oriente Próximo. Pois, além de serem atrasadas em termos sociais e culturais, elas também representavam massas de terras interioranas de um tipo que a Antiguidade clássica jamais fora capaz de organizar economicamente. A matriz original da cidade-estado era o mar e o estreito litoral, os quais a Grécia nunca abandonara. A época helênica assistira à intensiva urbanização das culturas ribeirinhas do Oriente Próximo, desde muito antes baseadas na irrigação fluvial e agora um pouco reorientadas para o mar (uma modificação cujo símbolo foi a mudança de Mênfis para Alexandria). Mas o deserto ficava logo atrás de toda a costa sul e leste do Mediterrâneo, então a profundidade dos assentamentos nunca foi muito grande, nem no Levante, nem no Norte da África. O Mediterrâneo ocidental, porém, não oferecia nem um litoral nem um sistema de irrigação para as fronteiras romanas que iam avançando. Aqui, pela primeira vez, a Antiguidade clássica confrontou grandes porções de terra interioranas, desprovidas de uma civilização urbana anterior. Foi a cidade-estado romana, aquela que desenvolvera o latifúndio escravista, que se provou capaz de dominar tais regiões. As rotas fluviais da Espanha e da Gália ajudaram nessa interiorização. Mas o ímpeto irresistível que levou as legiões até o Tejo, o Loire, o Tâmisa e o Reno foi o do modo de produção escravista, totalmente livre sobre a terra, sem restrições nem impedimentos. Provavelmente foi nessa época que se registrou o maior avanço na tecnologia agrícola da Antiguidade clássica: a descoberta do moinho rotativo para moagem de cereais, que teve suas duas principais formas testadas na

Itália e na Espanha em meados do século II a.C.,[13] concomitante com a expansão romana no Mediterrâneo ocidental e símbolo de seu dinamismo rural. O êxito na organização da produção agrária escravista em larga escala foi a precondição da permanente conquista e colonização do vasto Ocidente e do norte interiorano. A Espanha e a Gália, junto com a Itália, continuaram sendo as províncias romanas mais profundamente marcadas pela escravidão até o final do Império.[14] O comércio grego permeara o Oriente; a agricultura latina "abriu" o Ocidente. É claro que os romanos fundaram cidades também no Mediterrâneo ocidental, quase sempre nas margens dos rios navegáveis. A própria criação de uma economia agrária escravista dependia da implantação de uma próspera rede de cidades que fossem os pontos terminais para a produção do excedente e seu princípio estrutural de articulação e controle. Córdoba, Lyon, Amiens, Trier e centenas de outras cidades foram construídas. Seu número nunca se igualou ao da sociedade mediterrânea oriental, muito mais antiga e densamente povoada, mas era muito maior do que o das cidades que Roma fundou no Oriente.

A expansão romana para a zona helênica seguiu uma trajetória muito distinta do padrão que vigorou no interior celta do Ocidente. Durante muito tempo, foi muito mais hesitante e incerta, orientada por intervenções cujo objetivo era conter grandes rupturas no sistema estatal existente (Filipe V, Antíoco III), o que acabou por formar reinos clientes, e

---

13 Moritz, *Grain-Mills and Flour in Classical Antiquity*, p. 74, 105, 115-6.
14 Jones, Slavery in the Ancient World, p.196, 198. Mais tarde, Jones tendeu a separar a Gália, restringindo as zonas com alta intensidade de escravidão à Espanha e à Itália: Jones, *The Later Roman Empire*, II, p.793-4. Mas, na verdade, há boas razões para sustentar seu argumento original. Desde o início do período imperial, o sul da Gália se destacou por sua proximidade com a Itália na estrutura social e econômica: Plínio o via como uma extensão da península – *Italia verius quam provincia*, "mais Itália do que província". A suposição de que havia latifúndios escravistas na Gália Narbonense nos parece, portanto, digna de confiança. O norte da Gália, em contraste, era muito mais primitivo e menos urbanizado. Mas foi exatamente ali – na região do Loire – que as grandes rebeliões *bacaudae* viriam a explodir no final do Império, descritas por relatos da época como levantes de escravos rurais: ver nota 84 (p.116). Parece plausível que a Gália como todo se alinhe à Espanha e à Itália como uma grande zona de agricultura escravista.

não províncias conquistadas.[15] Assim, é de se notar que, mesmo depois da queda do último grande exército selêucida, em Magnésia, no ano de 198 a.C., nenhum território tenha sido anexado nos cinquenta anos seguintes; e foi somente em 129 a.C. que Pérgamo passou, de maneira pacífica, para a administração romana, por meio do testamento de seu monarca, e não pela vontade senatorial, tornando-se a primeira província asiática do Império. A partir daí, quando Roma veio a saber das imensas riquezas disponíveis no Oriente e à medida que os comandantes militares foram ganhando cada vez mais poderes imperiais no exterior, ao longo do século I a.C., os ataques ficaram mais rápidos e sistemáticos. Mas, geralmente, os regimes republicanos administraram as lucrativas províncias asiáticas, as quais seus generais agora tomavam aos governantes helênicos, com um mínimo de mudança social e interferência política, alegando que as havia "libertado" de seus déspotas monárquicos e se contentando com os lucros exuberantes da região. Não houve introdução generalizada da escravidão agrícola no Mediterrâneo oriental; os inúmeros prisioneiros de guerra escravizados eram mandados para o Ocidente, para trabalhar na Itália. Os Estados monárquicos caíram nas mãos de administradores e aventureiros romanos, mas seus sistemas de trabalho ficaram efetivamente intactos. A maior inovação do jugo romano no Oriente ocorreu nas cidades gregas da região, onde agora as qualificações de propriedade eram uma exigência para os ocupantes dos cargos municipais – um modo de aproximá-los das normas oligárquicas da Cidade Eterna. Na prática, isso só deu codificação jurídica ao poder *de facto* das nobrezas locais que já dominavam essas cidades.[16] César e Augusto criaram umas poucas colônias urbanas no Oriente, para assentar proletários latinos e veteranos das guerras da Ásia. Mas elas deixaram pouquíssimas marcas. Significativamente, quando se construiu uma nova onda de cidades durante o Principado (sobretudo na época de Antônio), estas foram, em essência, fundações gregas, consonantes com as características anteriores da região. Não houve nenhuma tentativa

---

15 Badian, *Roman Imperialism in the Late Republic*, p. 2-12, contrasta com muita nitidez a política romana no Ocidente e no Oriente.
16 Jones, *The Greek Cities from Alexander to Justinian*, p.51-8, 160.

de romanizar as províncias orientais; foi o Ocidente que sofreu todo o impacto da latinização. A fronteira da língua – que corria de Ilíria a Cirenaica – demarcou as duas zonas básicas da nova ordem imperial.

A conquista romana do Mediterrâneo nos últimos dois séculos da República e a expansão massiva da economia senatorial que ela promovia foram acompanhadas, em Roma, por um desenvolvimento superestrutural sem precedentes no mundo antigo. Pois foi nesse período que o direito civil romano emergiu em toda a sua unidade e singularidade. Desenvolvido de modo gradual desde 300 a.C., o sistema jurídico romano se voltou essencialmente para a regulação das relações informais de contrato e intercâmbio entre cidadãos. Sua orientação fundamental se pautava nas transações econômicas – compra, venda, contratação, concessão, sucessão patrimonial, seguridade – e seus correspondentes familiares – fossem eles matrimoniais ou testamentários. A relação pública entre cidadão e Estado e as relações patriarcais entre o chefe da família e seus dependentes permaneceram marginais ao desenvolvimento central da teoria e da prática jurídica: a primeira era considerada muito mutável para ser objeto de uma jurisprudência sistemática, e as segundas se inscreviam na esfera inferior do crime.[17] O verdadeiro esforço da jurisprudência republicana não se preocupava com nenhum dos dois âmbitos: não foi a lei pública nem a criminal, mas, sim, a lei civil, mediando processos entre partes em disputa pela propriedade, o que formou o campo peculiar de seus notáveis progressos. O desenvolvimento de uma teoria jurídica geral era inteiramente novo na Antiguidade. Não foi uma criação de funcionários do Estado nem de legisladores praticantes, mas de juristas especializados e aristocráticos, que se mantinham fora do processo litigioso em si, fornecendo opiniões ao judiciário sobre casos da corte apenas no que concernia às questões de princípio legal, e não aos fatos materiais. Os juristas republicanos, que não tinham nenhum *status* oficial, desenvolveram uma série de figuras contratuais aplicáveis à análise de atos de intercâmbio social e comercial. Sua

---

17 Para uma discussão esclarecedora sobre a emergência e a natureza da jurisprudência desse período, ver: Lawson, Roman Law. In: Balsdon (Org.) *The Romans*, p.102-10 ss.

tendência intelectual era mais analítica do que sistemática, mas o resultado acumulado de seus trabalhos foi o surgimento, pela primeira vez na história, de um corpo organizado de jurisprudência civil. Assim, no final da República, o crescimento econômico da troca de mercadorias na Itália, condicionado à construção do sistema imperial romano e fundado sobre o uso extensivo da escravidão, encontrou seu reflexou jurídico na criação de uma lei comercial inigualável. A maior e mais decisiva realização da nova lei romana foi, portanto, de forma bastante apropriada, a invenção do conceito de "propriedade absoluta" – *dominium ex jure Quiritium*.[18] Até então, nenhum sistema legal jamais conhecera a noção de uma propriedade privada irrestrita: na Grécia, na Pérsia ou no Egito, a propriedade sempre fora "relativa", ou, em outras palavras, condicionada a direitos superiores ou concomitantes de outras partes ou autoridades e às obrigações junto a elas. Foi a jurisprudência romana que, pela primeira vez, emancipou a propriedade privada de toda e qualquer restrição ou relativização extrínsecas, desenvolvendo a nova distinção entre a mera "posse" (controle de fato sobre o bem) e "propriedade" (pleno direito legal sobre o bem). A lei de propriedade romana, da qual uma seção bastante substancial se dedicava, naturalmente, à propriedade de escravos, representou a mais pura destilação conceitual da produção comercializada e da troca de mercadorias dentro de um imenso sistema estatal, que só o imperialismo republicano tornara possível. Assim como a civilização grega fora a primeira a desvincular o polo absoluto da "liberdade" do *continuum* político de condições e direitos relativos que sempre prevalecera, a civilização romana foi a primeira a separar a cor pura da "propriedade" do espectro econômico de posses opacas e indeterminadas que a precedera. A propriedade quiritária, confirmação legal da economia escravista extensiva de Roma, foi um advento grandioso, destinado a sobreviver à era e ao mundo onde nascera.

A República dera a Roma seu império, e este ficou anacrônico por suas próprias vitórias. A oligarquia de uma única cidade não já não podia

---

[18] A importância dessa realização recebe a devida ênfase no melhor estudo moderno sobre o Direito romano: Jolowicz, *Historical Introduction to the Study of Roman Law*, p.142-3, 426. A propriedade privada total era "quiritária" porque constituía um atributo da cidadania romana: era absoluta, mas não universal.

manter o Mediterrâneo ligado a uma organização política unitária — foi superada pela escala de seus êxitos. O último século das conquistas republicanas, que levaram as legiões até o Eufrates e o Canal da Mancha, foi acompanhado por uma espiral de tensões sociais dentro da própria sociedade romana — desfecho direto dos mesmos triunfos conquistados com certa regularidade no exterior. A agitação camponesa pela terra fora sufocada pela supressão dos Graco. Mas agora reaparecia sob novas e ameaçadoras formas dentro do próprio exército. Os recrutamentos constantes haviam enfraquecido e reduzido de maneira constante toda a classe dos pequenos proprietários: mas suas aspirações econômicas continuaram e agora encontravam expressão nas crescentes pressões, da época de Mário em diante, por distribuição de terras para os veteranos dispensados — os amargurados sobreviventes dos serviços militares que tanto pesavam sobre o campesinato romano. A aristocracia senatorial lucrou imensamente com o saque financeiro do Mediterrâneo e as progressivas anexações efetuadas por Roma, fazendo grandes fortunas em tributos, extorsões, terras e escravos; mas não estava nem um pouco disposta a conceder sequer uma módica compensação à soldadesca, cujas lutas lhe propiciavam ganhos inimagináveis. Os legionários eram mal pagos e bruscamente dispensados, sem qualquer indenização pelos longos períodos de serviço, nos quais arriscavam perder não apenas a vida, mas também as propriedades na terra natal. Pagar recompensas aos soldados dispensados significaria taxar as classes proprietárias, ainda que muito levemente, e nisso a aristocracia governante não queria nem pensar. O resultado foi a tendência inerente aos exércitos republicanos do final do período a desviar sua lealdade militar para fora do Estado, em direção aos generais exitosos que conseguiam garantir a seus soldados a pilhagem na guerra ou as doações vindas de seu poder pessoal. O elo entre legionário e comandante foi ficando cada vez mais parecido com aquele que ligava patrão e cliente na vida civil: a partir da época de Mário e Sila, os soldados confiavam nos generais para conseguir reabilitação econômica, e os generais usavam os soldados para avançar politicamente. Os exércitos se tornaram instrumentos nas mãos de comandantes populares, e as guerras começaram a virar aventuras particulares de cônsules ambiciosos: Pompeu na Bitínia, Crasso na Pártia e

César na Gália traçaram seus próprios planos estratégicos de conquista ou agressão.[19] Por consequência, as rivalidades entre facções, que tradicionalmente haviam lacerado as políticas municipais, se transferiram para um estágio militar, muito mais vasto que os estreitos confins de Roma. O resultado inevitável seria a eclosão de guerras civis por toda a parte.

Ao mesmo tempo, se a desgraça camponesa era o substrato da turbulência militar e da desordem do final da República, a aflição das massas urbanas acirrava a crise do poder senatorial. Com o alargamento do Império, a capital também aumentou de tamanho, de maneira descontrolada. O crescente êxodo rural se combinou à massiva importação de escravos para produzir uma metrópole vastíssima. Na época de César, Roma provavelmente possuía uma população de cerca de 750 mil habitantes – ultrapassando até mesmo as maiores cidades do mundo helênico. A fome, a doença e a pobreza afligiam as ruelas pobres e lotadas da capital, cheias de artesãos, trabalhadores e pequenos comerciantes, fossem eles escravos, libertos ou homens livres.[20] Essa multidão urbana fora habilmente mobilizada por nobres manipuladores contra as reformas agrárias do século II a.C. – uma operação que voltou a se repetir quando as plebes romanas, sucumbindo à já consagrada propaganda oligárquica contra os inimigos "incendiários" do Estado, abandonaram Catilina, a quem apenas os pequenos proprietários etruscos continuaram fiéis até o fim. Mas esse foi o último episódio do tipo. A partir de então, o proletariado romano parece ter se libertado irreversivelmente da tutela senatorial e se tornado cada vez mais hostil e ameaçador à ordem política tradicional nos últimos anos da República. Como não havia praticamente nenhuma força policial séria ou sólida naquela cidade apinhada com quase 1 milhão de habitantes, era bastante considerável a pressão imediata que a massa urbana revoltada podia impor às crises da República. Orquestrado pelo tribuno Clódio, que armou setores da cidade pobre nos anos 50 a.C., o proletariado urbano obteve a distribuição gratuita de cereais pela primeira vez em 53 a.C. – o que,

---

19 A novidade desse desenvolvimento recebeu a ênfase de Badian, *Roman Imperialism in the Late Republic*, p.77-90.

20 Brunt, The Roman Mob, *Past and Present*, 1966, p.9-16.

daí em diante, se tornou um fato permanente da vida política romana: o número de beneficiados subiu para 320 mil em 46 a.C. Além disso, foi o clamor das ruas o que deu a Pompeu os comandos militares extraordinários que puseram em marcha a desintegração final do Estado senatorial; uma década mais tarde, o entusiasmo popular também fez com que César se tornasse tão ameaçador à aristocracia; e foram as boas-vindas populares que lhe garantiram sua recepção triunfal em Roma depois de cruzar o Rubicão. Com a morte de César, foi mais uma vez o tumulto das ruas de Roma diante da ausência de um herdeiro o que forçou o Senado a implorar a Augusto que aceitasse renovados poderes consulares e ditatoriais entre 22 e 19 a.C., sepultamento definitivo da República.

Por fim e, talvez, mais importante de tudo, o imobilismo autoprotetor e o descuidado mau governo da nobreza romana na condução de seu mando sobre as províncias a tornaram cada vez mais inapta para administrar um império cosmopolita. Seus privilégios exclusivos eram incompatíveis com qualquer unificação progressiva de suas conquistas ultramarinas. As províncias mais distantes ainda eram impotentes para opor alguma resistência séria a esse egoísmo voraz; mas não a Itália, primeira província a atingir a paridade cívica formal, depois de uma violenta revolta na geração anterior. A pequena nobreza italiana conquistara integração jurídica à comunidade romana, mas até então não conseguira romper os círculos internos do poder e da administração senatorial. A oportunidade para uma intervenção política decisiva chegou, porém, com a irrupção do ciclo final das guerras civis entre triúnviros. A nobreza provincial da Itália se uniu a Augusto, autoproclamado defensor de suas tradições e prerrogativas, contra o orientalismo estranho e sinistro de Marco Antônio e seus exércitos em campanha.[21] Foi a adesão da nobreza provincial à causa de Augusto, com o famoso juramento de fidelidade de *"tota Italia"*, em 32, que garantiu a vitória em Áccio. É significativo que todas as três guerras civis que determinaram o destino da República tenham seguido o mesmo padrão

---

21 O papel da classe dos donos de terras italianos na ascensão de Augusto ao poder é um dos temas centrais do estudo mais famoso sobre o período: Syme, *The Roman Revolution*, p.8, 286-90, 359-65, 384, 453.

geográfico: todas elas foram vencidas pelo lado que controlava o Ocidente e perdidas pelo que se baseava no Oriente, apesar de suas riquezas e recursos muito maiores. As batalhas de Farsala, Filipos e Áccio foram todas travadas na Grécia, posto avançado do hemisfério vencido. O centro dinâmico do sistema imperial romano mostrou, mais uma vez, que se localizava no Mediterrâneo ocidental. Mas, enquanto a base territorial de César se fundamentara nas províncias bárbaras da Gália, Otaviano forjou seu bloco político na própria Itália – e, por consequência, sua vitória se provou menos pretoriana e mais duradoura.

O novo Augusto angariou poder supremo ao unir atrás de si as múltiplas forças de descontentamento e desintegração que marcaram o fim da República. Ele foi capaz de agrupar as plebes urbanas desesperadas e os exaustos recrutas camponeses contra uma elite governante pequena e odiada, cujo conservadorismo opulento a expunha a uma afronta popular ainda maior; e, acima de tudo, Augusto confiou na nobreza provincial italiana, que agora queria sua parte nos cargos e nas honrarias do sistema que ela ajudara a construir. Da batalha de Áccio emergiu uma monarquia universal e estável, pois só ela poderia transcender o municipalismo estreito da oligarquia senatorial de Roma. A monarquia macedônia fora sobreposta de repente em um vasto continente estrangeiro e não conseguira produzir uma classe governante unificada para administrá-lo *post facto*, mesmo que Alexandre provavelmente soubesse que era esse o principal problema estrutural que enfrentava. A monarquia romana de Augusto, em contraste, chegou na hora certa, nem cedo nem tarde demais: a passagem crucial da cidade-estado para o império universal – a bem conhecida transição cíclica da Antiguidade clássica – se realizou com nítido êxito sob o Principado.

As tensões mais perigosas do final da República agora estavam apaziguadas por uma série de políticas astutas, projetadas para estabilizar toda a ordem social romana. Antes de qualquer coisa, Augusto forneceu lotes de terras aos milhares de soldados que se desmobilizaram depois das guerras civis, financiando muitos deles com sua fortuna pessoal. Essas doações – como as de Sila tempos antes – provavelmente se deram, em sua maioria, a expensas de outros pequenos proprietários, despejados para dar lugar aos veteranos que voltavam para casa e, portanto, fizeram muito pouco para melhorar a situação social do campesinato como um todo ou para alterar o padrão geral da propriedade agrária na Itália;[22] mas tais doações efetivamente pacificaram as demandas da minoria mais crítica da classe camponesa armada, setor-chave da população rural. O soldo pelo serviço ativo já fora dobrado por César, um aumento mantido no Principado. Ainda mais importante: a partir do sexto ano da era cristã, os veteranos passaram a receber recompensas em dinheiro no momento da dispensa, no valor de treze anos de soldo, as quais eram pagas por um erário militar criado especialmente para isso e financiado por taxações sobre vendas e heranças das classes proprietárias da Itália. A oligarquia senatorial resistira até a morte a essas medidas, e essa foi sua ruína. Com a inauguração do novo sistema, a disciplina e a lealdade retornaram ao exército, que se reorganizou de 50 para 28 legiões e se converteu em uma força profissional permanente.[23] O resultado iria possibilitar a mudança mais significativa de todas: o recrutamento foi suspenso no tempo de Tibério, aliviando a carga secular dos pequenos proprietários italianos, a qual provocara tanto sofrimento sob a República – um benefício que talvez tenha sido muito mais palpável do que qualquer esquema de distribuição de terras.

Na capital, o proletariado urbano se acalmou com as distribuições de cereais, que estavam garantidas desde a incorporação dos celeiros do Egito

---

22 A questão dos lotes de terras que César, o Triunvirato e Augusto doaram a veteranos do exército tem suscitado muitas interpretações diferentes. Jones acredita que eles, de fato, redistribuíram propriedades agrárias a soldados camponeses, em escala suficiente para, a partir de então, pacificar o descontentamento rural na Itália – daí a relativa paz social do Principado, depois das tempestades do final da República. Jones, *Augustus*, p.141-2. Brunt, por sua vez, argumenta, de forma bastante persuasiva, que as doações de terras foram, no mais das vezes, apenas confiscos dos pequenos lotes dos soldados ou dos partidários dos exércitos vencidos nas guerras civis, propriedades que, assim, eram transferidas para os soldados rasos das tropas vitoriosas, sem quebrar as grandes herdades – apropriadas pelos oficiais donos de terras – nem alterar o padrão total da propriedade no interior. "Assim, pode ser que a revolução romana não tenha causado nenhuma mudança permanente na sociedade agrária da Itália." Ver: Brunt, The Army and the Land in the Roman Revolution, p.84; Id., *Social Conflicts in the Roman Republic*, p.149-50.

23 Jones, *Augustus*, p.110-1 ss.

ao Império e agora podiam ultrapassar os níveis cesarianos. Teve início um ambicioso programa de construções, que proveu muitos empregos aos plebeus, e os serviços municipais melhoraram muito com a criação de brigadas de incêndio e com um fornecimento de água efetivo. Ao mesmo tempo, a polícia urbana e os esquadrões pretorianos passaram a ficar sempre postados em Roma, para reprimir tumultos. Enquanto isso, nas províncias, as extorsões fortuitas e desenfreadas dos coletores de impostos republicanos – um dos piores abusos do velho regime – foram extintas e substituídas por um sistema fiscal uniforme, composto de taxa sobre a terra e sobre a capitação, baseado em recenseamentos precisos: a arrecadação do Estado central cresceu e as regiões periféricas deixaram de sofrer as pilhagens dos publicanos. Os governadores das províncias começaram a receber salários regulares. O sistema judicial foi reformulado para ampliar seus recursos apelatórios contra as decisões arbitrárias, em benefício dos italianos e também dos provincianos. Criou-se um serviço postal imperial, ligando, pela primeira vez, as províncias mais distantes do Império com um sistema regular de comunicações.[24] Fundaram-se comunidades latinas e colônias e municipalidades romanas em regiões afastadas, com grande concentração nas províncias do Ocidente. Depois de uma geração de lutas civis destrutivas, restaurou-se a paz doméstica e, com ela, a prosperidade provincial. Nas fronteiras, o êxito das conquistas e a integração de corredores cruciais entre leste e oeste – Rétia, Nórica, Panônia e Ilíria – realizaram a unificação geoestratégica final do Império. A Ilíria, em particular, foi, a partir de então, o elo militar do sistema imperial no Mediterrâneo.[25]

Dentro das novas fronteiras, o advento do Principado significou a promoção das famílias municipais italianas às fileiras da ordem senatorial e à alta administração, onde elas agora formavam um dos bastiões do poder

---

24 Jones, *Augustus*, p. 95-6, 117-20, 129-30, 140-1.
25 Syme, *The Roman Revolution*, p.390. A tentativa de Augusto de conquistar a Germânia, em um tempo no qual as maiores migrações teutônicas estavam chegando pelo Báltico, foi um importante fracasso externo do reinado; ao contrário das expectativas dos oficiais da época, a fronteira do Reno provou ser definitiva. Para uma reavaliação recente dos objetivos estratégicos romanos desse período, ver: Wells, *The German Policy of Augustus*, p.1-13, 149-61, 246-50.

de Augusto. O próprio Senado deixou de ser uma autoridade central no Estado romano: ainda tinha poder e prestígio, mas, daí em diante, foi, em geral, um instrumento subordinado e obediente aos sucessivos imperadores, vindo a renascer politicamente apenas durante as disputas dinásticas ou interregnos. Mas, enquanto o Senado, como instituição, se reduzia a uma fachada majestosa, a ordem senatorial – agora purgada e renovada pelas reformas do Principado – continuava sendo a classe governante do Império, dominando amplamente a máquina do Estado imperial, mesmo depois que as nomeações de cavaleiros se tornaram comuns para um maior número de cargos. Sua capacidade de assimilar cultural e ideologicamente os recém-chegados às suas fileiras era notável: nenhum representante da velha nobreza patrícia da República jamais dera uma expressão tão poderosa de sua visão de mundo quanto Tácito, um modesto provinciano do sul da Gália dos tempos de Trajano. O oposicionismo senatorial sobreviveu por séculos depois da criação do Império, em silenciosa reserva ou recusa frente à autocracia instalada pelo Principado. Atenas, que conhecera o regime democrático mais desimpedido da Antiguidade, não produzira nenhum teórico ou defensor da democracia. De forma paradoxal, mas bastante lógica, Roma, que jamais experimentara nada além de uma oligarquia estreita e opressiva, deu origem às mais eloquentes odes à liberdade do mundo antigo. Não houve um verdadeiro equivalente grego ao culto latino da *Libertas*, intenso ou irônico nas páginas de Cícero e Tácito.[26] A razão fica evidente na estrutura contrastante das duas sociedades escravocratas. Em Roma, não havia conflito social entre literatura e política: o poder e a cultura se concentravam em uma aristocracia compacta sob a República e o Império. Quanto mais restrito era o círculo que gozava da

---

26 Sobre as conotações variantes desse conceito, ver: Wirszubski, *Libertas as a Political Idea at Rome during the Late Republic and Early Empire*, que traça a evolução da *libertas* desde Cícero, quando ainda era um ideal público ativo, até seu declínio final, com a ética subjetiva e pacífica de Tácito. Wirszubski aponta para as conotações contrastantes de *libertas* e *eleutheria*, p.13-4. Essa última estava contaminada pela ideia de mando popular; nunca foi compatível com a dignidade aristocrática que era inseparável da primeira, e, portanto, não recebeu honras comparáveis no pensamento político grego.

liberdade municipal característica da Antiguidade, mais pura foi a vindicação de liberdade que se legou à posteridade, ainda memorável e formidável mais de mil e quinhentos anos depois.

É claro que o ideal senatorial de *libertas* era suprimido e negado pela autocracia imperial do Principado, e a resignada aquiescência das classes proprietárias da Itália ao novo regime foi a estranha feição de seu jugo político na época que se seguiu. Mas o ideal nunca foi totalmente anulado, pois a estrutura política da monarquia romana, que agora abarcava todo o mundo mediterrâneo, jamais foi a mesma das monarquias helênicas do Oriente grego, que a precederam. O Estado imperial romano se baseava em um sistema de leis civis, não no mero capricho régio, e sua administração pública nunca interferiu muito no diagrama legal básico estabelecido pela República. Na verdade, foi o Principado que, pela primeira vez, elevou os juristas romanos a cargos oficiais dentro do Estado, quando Augusto designou jurisconsultos proeminentes como consultores e conferiu autoridade imperial a suas interpretações sobre as leis. A partir daí, os próprios imperadores, por sua vez, começaram a legislar, por meio de editos, adjudicações e sentenças, em resposta a questionamentos e petições dos súditos. Obviamente, o desenvolvimento de um Direito público autocrático, derivado dos decretos imperiais, deixou a legislação romana muito mais complexa e compósita do que fora sob a República. A distância política que separava o *legum servi sumus ut liberi esse possimus* de Cícero ("obedecemos às leis para sermos livres") do *quod principi placuit legis habet vicem* de Ulpiano ("a vontade do governante tem força de lei") fala por si só.[27] Mas os princípios fundamentais do Direito civil – sobretudo aqueles que governavam as transações econômicas – foram deixados substancialmente intactos por essa evolução autoritária da lei pública, que, de modo geral, não ultrapassava o domínio das relações entre cidadãos. As classes

---

27 É importante não antecipar as fases sucessivas dessa evolução. A máxima constitucional segundo a qual o imperador era *legibus solutus* não significava que ele estivesse acima de todas as leis durante o Principado, mas apenas que podia se sobrepor àquelas restrições cuja dispensa era legalmente possível. Foi somente sob o Dominato que a frase veio a assumir um significado mais amplo. Ver: Jolowicz, *Historical Introduction to the Study of Roman Law*, p.337.

proprietárias continuaram com seus direitos sobre as propriedades juridicamente garantidos pelos preceitos firmados na República. Abaixo destes, o direito criminal – dirigido, em essência, para as classes mais baixas – seguia tão arbitrário e repressivo quanto sempre fora: uma salvaguarda social para toda a ordem governante. Assim, o Principado preservou o sistema jurídico clássico de Roma e sobrepôs a ele os novos poderes inovadores do imperador no âmbito do Direito público. Ulpiano foi o último a formular a distinção que articulava todo o corpo jurídico do Império, com a clareza que lhe era característica: o Direito privado – *quod ad singulorum utilitatem pertinet* – estava separado do Direito público – *quod ad statum rei Romanae spectat*. O primeiro não sofreu um eclipse real com a ampliação do segundo.[28] Foi, de fato, o Império que produziu as maiores sistematizações da jurisprudência civil no século III, com o trabalho dos prefeitos da dinastia dos Severo, Papiniano, Ulpiano e Paulo, que transmitiram o Direito romano como um corpo codificado às eras posteriores. A solidez e a estabilidade do Estado imperial romano, tão diferente de tudo o que o mundo helênico produzira, estavam enraizadas nessa herança.

A história seguinte do Principado foi, em grande medida, a da crescente "provincialização" do poder central dentro do Império. Uma vez rompido o monopólio da aristocracia romana sobre os cargos políticos centrais, um processo gradual de difusão começou a integrar ao sistema imperial esferas cada vez maiores das classes fundiárias de fora da Itália.[29] A origem das dinastias sucessivas do Principado é um claro registro dessa evolução. A casa patrícia romana dos Júlio e Cláudio (de Augusto a Nero) deu lugar à linha municipal italiana dos Flávio (de Vespasiano a Domiciano). A sucessão, a partir daí, passou por uma série de imperadores oriundos das províncias da Espanha e do sul da Gália (de Trajano a Marco Aurélio). A Espanha e a Gália Narbonense tinham sido as mais antigas conquistas

---

28 É claro que alguns imperadores, como Nero, confiscaram arbitrariamente as fortunas senatoriais. Tais extorsões foram a marca dos governantes mais detestados pela aristocracia, mas nunca chegaram a adquirir forma contínua nem institucional e não afetaram substancialmente a natureza coletiva da classe de proprietários.

29 Syrne, em *Tacitus*, II, p.585-606, documenta a "ascensão dos provincianos" no primeiro século do Império.

romanas no Ocidente e, por consequência, sua estrutura social se aproximava à da Itália. A composição do Senado refletiu esse mesmo padrão, com a entrada cada vez maior de dignitários rurais da Itália Transpadana, do sul da Gália e da Espanha mediterrânea. A unificação imperial com que Alexandre sonhara aconteceu, simbolicamente, na época de Adriano, o primeiro imperador a viajar por todo o seu imenso domínio, de uma ponta a outra. Em termos formais, ela foi consumada pelo Édito de Caracala de 212, que concedeu cidadania romana a quase todos os habitantes livres do Império. A unificação política e administrativa coincidiu com a segurança externa e a prosperidade econômica. A Dácia foi conquistada e suas minas de ouro, anexadas; as fronteiras asiáticas foram estendidas e consolidadas. As técnicas agrícolas e artesanais passaram por ligeiros aperfeiçoamentos: prensas de parafuso promoveram a produção de óleo, máquinas misturadoras facilitaram a manufatura de pão, o vidro soprado se disseminou.[30] Mas, acima de tudo, a *pax romana* se viu acompanhada por um vívido surto de rivalidade municipal e embelezamentos urbanos em quase todas as províncias do Império, explorando a descoberta arquitetônica do arco e da abóboda. A época antonina talvez tenha sido o apogeu da construção de cidades na Antiguidade. Ao crescimento econômico se seguiu o florescer da cultura latina no Principado, quando a poesia, a história e a filosofia desabrocharam, depois de certa austeridade estética e intelectual no início da República. Para o Iluminismo, essa foi a Idade de Ouro, nas palavras de Gibbon, "o período da história do mundo durante o qual a condição da raça humana foi mais próspera e feliz".[31]

Por uns dois séculos, a tranquila magnificência da civilização urbana do Império romano ocultou os limites subjacentes e as tensões da base produtiva na qual repousava. Pois, diferente da economia feudal que o sucedeu, o modo de produção escravista da Antiguidade não possuía nenhum mecanismo interno e natural de autorreprodução, uma vez que sua força

---

30 Kiechle, *Sklavenarbeit und Technischer Fortschritt*, p.20-60, 103-5. O livro de Kiechle procura refutar as teorias de Marx a respeito da escravidão na Antiguidade; mas, na verdade, as evidências que ele reuniu – e sobre as quais exagerou um pouco – são bastante previsíveis dentro dos cânones do materialismo histórico.

31 Gibbon, *The History of the Decline and Fall of the Roman Empire*, I, p.78.

de trabalho jamais conseguiu se estabilizar de maneira uniforme dentro do sistema. Tradicionalmente, o suprimento de escravos dependia, em grande medida, das conquistas no exterior, pois o mais provável é que os prisioneiros de guerra sempre representassem a maior fonte de trabalho servil na Antiguidade. Para instalar o sistema imperial romano, a República saqueara todo o Mediterrâneo, por causa da mão de obra. O Principado deteve maiores expansões nos três setores que ainda estavam disponíveis para um possível avanço: Germânia, Dácia e Mesopotâmia. Com o fechamento final das fronteiras imperiais depois de Trajano, a fonte dos prisioneiros de guerra secou, inevitavelmente. O comércio de escravos não conseguia compensar a carência que daí resultou, pois sempre dependera das operações militares para formar seus estoques. A periferia bárbara em torno do Império continuava a proporcionar escravos, comprados por negociantes nas fronteiras, mas não em quantidade suficiente para resolver o problema da demanda em tempos de paz. O resultado foi que os preços começaram a subir muito: entre os séculos I e II, estiveram de oito a dez vezes mais altos do que nos séculos II e I a.C.[32] Esse forte aumento nos custos foi deixando os riscos e as contradições do trabalho escravo cada vez mais explícitos para seus proprietários. Pois todo escravo adulto representava para seu dono um investimento de capital perecível que se perdia *in toto* com a morte do escravo, de maneira que a renovação do trabalho forçado (diferente do trabalho assalariado) exigia um dispêndio inicial muito custoso naquilo que vinha se tornando um mercado cada vez mais restrito. Como Marx observou, "o capital pago para a compra de um escravo não pertence ao capital por meio do qual é extraído o lucro, a mais-valia. Ao contrário, é o capital de que o dono do escravo se desfaz, uma dedução do capital que ele tem disponível para a produção real".[33] Além

---

32 Jones, Slavery in the Ancient World, p.191-4.
33 Marx, *Capital*, III, p.788-9. Marx se referia ao uso da escravidão dentro do modo de produção capitalista do século XIX, e – como se verá – é perigoso estender suas observações até a Antiguidade sem maiores cuidados. Mas, nesse caso, o cerne de seu comentário se aplica *mutatis mutandis* ao modo de produção escravista em geral. O mesmo argumento depois foi retomado por Weber em Agrarverhältnisse im Altertum, p.18 ss.

disso, é claro, a manutenção da prole dos escravos era um peso financeiro improdutivo, que, fatalmente, tendia a ser minimizado ou negligenciado. Os escravos agrícolas eram abrigados em *ergastula*, um tipo de barracão cujas condições lembravam as das prisões rurais. As escravas mulheres eram poucas, inaproveitáveis para os donos, porque, além das tarefas domésticas, não havia emprego adequado para elas.[34] Assim, a composição sexual da população escrava da zona rural sempre foi drasticamente assimétrica, marcada pela ausência quase absoluta de relações conjugais. O resultado deve ter sido uma taxa de reprodução continuamente baixa, o que diminuía o tamanho da força de trabalho de uma geração para outra.[35] Para contrabalançar essa queda, os donos de terras parecem ter começado a incentivar a procriação de escravos no período final do Principado, dando prêmios às escravas que tinham filhos.[36] Embora haja poucas evidências

---

34 Brunt, *Italian Manpower*, p.143-4, 707-8.
35 Aspecto classicamente enfatizado por Weber em Die Sozialen Gründe des Untergangs der Antiken Kultur, p.297-9 e Agrarverhältnisse im Altertum, p.19: "O custo para manter esposas e criar filhos deve ter permanecido como um lastro no investimento de capital do proprietário".
36 Columela recomendou premiações para a maternidade escrava no primeiro século da era cristã, mas há poucos registros sobre casos de procriação sistemática. Finley argumentou que, como a procriação de escravos foi praticada com êxito nas plantações do sul dos Estados Unidos durante o século XIX, onde a população escrava de fato aumentou depois da abolição do tráfico, não há motivo para a mesma conversão não ter acontecido no Império Romano depois do fechamento das fronteiras. Ver: *The Journal of Roman Studies*, XLVIII, 1958, p.158. Mas a comparação é falha. As plantações de algodão forneciam matéria-prima para a principal indústria manufatureira de uma economia capitalista mundial: seus custos com mão de obra puderam ser ajustados aos níveis internacionais de lucro, inéditos até então, realizados por esse modo de produção capitalista depois da revolução industrial do início do século XIX. Ainda assim, a condição de possibilidade para a procriação de escravos talvez tenha sido a integração nacional do sul à grande economia assalariada dos Estados Unidos como um todo. Não se alcançou nenhum índice de reprodução comparável na América Latina, onde a mortalidade escrava era catastrófica em toda a parte, sendo que, no caso do Brasil, a população encolheu a um quinto do nível que alcançara em 1850, quando a escravidão foi formalmente abolida. Ver o instrutivo ensaio de C. Van. Woodward, Emancipation and Reconstruction. A Comparative Study, *13th International Congress of Historical Sciences*, Moscou, 1970, p.6-8. É claro que, na Antiguidade clássica, a escravidão era muito mais primitiva do que

sobre a escala da procriação de escravos no Império, esse recurso pode ter mitigado, por um tempo, a crise de todo o modo de produção depois do fechamento das fronteiras; mas certamente não conseguiu fornecer uma solução de longo prazo para o problema. Enquanto isso, a população rural livre, que poderia compensar as perdas do setor escravista, também não aumentava. As aflições imperiais a respeito da situação demográfica no campo se revelaram já nos tempos de Trajano, que instituiu empréstimos públicos aos donos de terras que mantinham órfãos na localidade, um presságio da penúria que estava por vir.

O decréscimo no volume de trabalho também não podia ser compensado por aumentos na produtividade. Para os donos de terras, a agricultura escravista do final da República e do início do Império era mais racional e lucrativa do que qualquer outra forma de exploração do solo, em parte porque podiam utilizar os escravos em tempo integral, ao passo que os rendeiros ficavam improdutivos por períodos consideráveis do ano.[37] Catão e Columela enumeraram cuidadosamente todas as diferentes tarefas de cada estação para as quais eles se preparavam quando não havia campos a cultivar ou colheitas a fazer. Artesãos escravos eram tão hábeis quanto os livres, pois tendiam a determinar o nível geral das habilidades em qualquer ofício quando nele se empregavam. Por outro lado, a eficiência dos *latifundia* dependia da qualidade de seus feitores *vilicus* (sempre o elo mais fraco do *fundus*), e a supervisão dos escravos era bem mais difícil nas plantações mais extensivas.[38] Mas, acima de tudo, certos

---

foi na América do Sul. Não há nenhuma possibilidade de encontrar algum precursor da experiência do sul dos Estados Unidos.
37 White, The Productivity of Labour in Roman Agriculture, *Antiquity*, XXXIX, 1965, p.102-7.
38 Talvez tenha sido nesse caso das terras aráveis que os comentários de Marx sobre a eficiência do trabalho escravo mais se justificaram: "Aqui, para usar uma expressão notável dos antigos, o trabalhador se distingue apenas como *instrumentum vocale* de um animal, *instrumentum semi-vocale*, e de uma ferramenta, *instrumentum mutum*. Mas ele próprio se esmera em fazer com que tanto o animal quanto a ferramenta sintam que ele não é um igual, mas, sim, um homem. Ele se convence, com grande satisfação, de que é um ser diferente, ao tratar um sem piedade e danificar o outro *con amore*". Marx, *Capital*, I, p.196. Mas nunca se deve esquecer que Marx, em *O Capital*,

limites inerentes à produtividade escravista nunca puderam ser superados. O modo de produção escravista não ficou, de maneira alguma, desprovido de progresso técnico; como já vimos, sua ascensão no Ocidente foi marcada por algumas inovações agrícolas importantes, em particular a introdução do moinho rotativo e da prensa de parafuso. Mas sua dinâmica era muito restrita, pois se baseava essencialmente na anexação de trabalho, e não na exploração da terra ou na acumulação de capital. Assim, diferente dos modos de produção feudal e capitalista que viriam a sucedê-lo, o modo de produção escravista tinha muito pouco ímpeto objetivo para avanços tecnológicos, uma vez que seu tipo de crescimento por adição de trabalho constituía um campo estrutural que, em última instância, resistia às inovações técnicas, embora não fosse alheio a elas. Assim, mesmo que não seja totalmente correto dizer que a tecnologia alexandrina continuou sendo a base imutável dos processos de trabalho do Império Romano, ou que nenhum expediente para poupar trabalho tenha sido introduzido nos seus quatro séculos de existência, pode-se afirmar que os limites da economia agrária romana logo foram alcançados e rigidamente fixados.

De fato, os insuperáveis obstáculos sociais aos progressos técnicos ulteriores — e os limites fundamentais do modo de produção escravista — foram claramente ilustrados pelo destino das duas maiores invenções registradas no Principado: o moinho de água (na Palestina da virada do século I) e a colhedeira (na Gália do primeiro século da era cristã). O imenso potencial do moinho de água — basilar para a futura economia feudal — é bem evidente: ele representou o primeiro uso de força inorgânica na produção econômica. Como Marx observou, com seu surgimento "o Império Romano legou a forma elementar de todo o maquinário da roda d'água".[39] O Império, no entanto, não chegou a fazer uso generalizado da invenção. Na prática, ela foi ignorada pelo Principado. No fim do

---

       estava preocupado essencialmente com o uso de escravos no modo de produção capitalista (na América do Sul), e não com o modo de produção escravista em geral. Ele nunca chegou a teorizar sobre a função do escravismo na Antiguidade. Além disso, a pesquisa moderna tem revisado radicalmente muitos de seus julgamentos mesmo sobre a escravidão americana.

39 Marx, *Capital*, I, p.348.

período imperial, sua incidência era um pouco mais frequente, mas não parece ter sido um artefato comum na agricultura antiga. De forma semelhante, a colhedeira de roda, introduzida para acelerar a colheita no clima chuvoso do norte, nunca foi adotada em qualquer escala fora da Gália.[40] Aqui, a falta de interesse refletia um fracasso maior: adaptar os métodos da agricultura dos solos secos do Mediterrâneo – com seu sistema de dois campos e arado leve – às terras úmidas e pesadas do norte da Europa, que precisavam de novos instrumentos de trabalho para que fossem mais bem exploradas. Ambos os casos demonstram com clareza que somente a técnica não é, em si, o impulso primordial para a mudança econômica: invenções de indivíduos podem permanecer isoladas por séculos, até que emerjam as relações sociais que poderão fazê-las funcionar como uma tecnologia coletiva. O modo de produção escravista não tinha tempo nem espaço para o moinho e a segadeira: a agricultura romana como um todo os ignorou até o fim. Significativamente, os únicos grandes tratados de técnicas aplicadas do Império Romano que viriam a sobreviver seriam os militares ou arquitetônicos – pensados, em essência, para seu complexo de armamentos e fortificações e para seu repertório de ornamentações cívicas.

Contudo, não havia salvação urbana para os males do interior. O Principado dirigiu uma série inédita de construções de cidades no Mediterrâneo. Mas a expansão quantitativa no número de cidades médias e grandes nos dois primeiros séculos do Império nunca foi acompanhada por uma modificação qualitativa na estrutura geral da produção. Nem a indústria nem o comércio jamais puderam acumular capital ou crescimento para além dos estreitos limites impostos pela economia da Antiguidade clássica como um todo. A regionalização das manufaturas, efeito do custo do transporte, frustrou a concentração industrial e o desenvolvimento de uma divisão do trabalho mais avançada no setor manufatureiro. Uma população majoritariamente composta de camponeses subsistentes, trabalhadores escravos e pobres urbanos restringiu os mercados consumidores a

---

40 Sobre o moinho de água no final da Antiguidade, ver: Moritz, *Grain-Mills and Flour*, p.137-9; Jones, *The Later Roman Empire*, II, p.1047-8. Sobre a colhedeira, ver: White, *Roman Farming*, p.452-3.

uma escala muito diminuta. À exceção da coleta de impostos e dos contratos públicos da época republicana (cujo papel diminuiu consideravelmente no Principado, depois das reformas fiscais de Augusto), nenhuma empresa comercial conseguiu se desenvolver, e não existia financiamento de dívidas: o sistema de crédito permaneceu rudimentar. As classes proprietárias mantiveram seu tradicional desdém pelos negócios. Os mercadores faziam parte de uma categoria desprezada, muitas vezes formada por libertos. Pois a manumissão de escravos domésticos e administrativos continuou sendo uma prática difundida, desbastando as fileiras da população escrava urbana, ao passo que a contração do suprimento externo foi diminuindo gradualmente o estoque de artesãos servis nas cidades. A vitalidade econômica dos centros urbanos foi sempre limitada e secundária: mais do que contrabalançar, sua trajetória apenas refletia a do campo. E não houve impulsos citadinos para reverter essa relação. Além disso, depois da consolidação do Principado, o caráter do aparato do Estado imperial tendeu a tolher o crescimento dos empreendimentos comerciais. Pois o Estado era, de longe, o maior consumidor unitário do Império e o único foco da produção de bens em massa. Isso poderia ter dado origem a um setor manufatureiro mais dinâmico. Mas a política de abastecimento e a estrutura peculiar do Estado imperial o impediram. Por toda a Antiguidade clássica, as obras públicas mais comuns – estradas, edifícios, aquedutos, canalizações – foram, tipicamente, executadas pelo trabalho escravo. Com o inchaço maciço de sua máquina estatal, o Império Romano assistiu a uma extensão correspondente desse princípio, pois todos os armamentos e uma porção considerável do fornecimento para seu aparato civil e militar eram proporcionados autarquicamente, por suas próprias indústrias, onde trabalhavam militares de patentes inferiores ou escravos hereditários do Estado.[41] Assim, o único setor manufatureiro de larga escala

---

41 Para alguns comentários sobre a tradição do emprego escravo nas obras públicas, ver: Finley, *The Ancient Economy*, p.75. As forjas imperiais e as fábricas têxteis (que proviam uniformes para o aparato estatal, obrigatórios para funcionários civis e também militares a partir de Constantino) contavam com escravos do Estado, assim como o enorme corpo de trabalhadores manuais do *cursus publicus*, ou serviço postal imperial, que formava o sistema central de comunicações do Império.

estava, portanto, fora do comércio de mercadorias. O uso direto e permanente que o Estado romano fazia do trabalho escravo – uma característica estrutural que durou até o Império Bizantino – foi um dos pilares centrais da política econômica do fim da Antiguidade. A infraestrutura do escravismo encontrou uma de suas expressões mais concentradas dentro da própria superestrutura imperial. Dessa forma, o Estado pôde expandir, mas a economia urbana recebeu poucos benefícios desse crescimento: bem ao contrário, seu peso e tamanho tenderam a sufocar a iniciativa comercial e a atividade empresarial. Assim, depois que se estacou a expansão externa, não houve, nem na agricultura nem na indústria, um crescimento de produção que pudesse compensar o silencioso declínio da mão de obra servil dentro das fronteiras imperiais.[42]

As casas de armas ficavam a cargo de trabalhadores hereditários, que tinham *status* militar e eram marcados para evitar que fugissem de sua condição. Na prática, não havia muita diferença social entre os dois grupos. Jones, *The Later Roman Empire*, II, p.830-7.

42 Recentemente, Finley propôs uma engenhosa reinterpretação da queda do escravismo no final do Principado. Ele argumentou que o intervalo entre o fechamento das fronteiras (no ano de 14, efetivamente) e o começo do declínio da escravidão (depois do ano 200) é longo demais para que o primeiro possa ter influído no segundo. Ele sugeriu que, em vez disso, devemos procurar o mecanismo básico na decadência do significado da cidadania dentro do Império, fato que teria acarretado a distinção jurídica entre as classes dos *honestiores* e dos *humiliores* e o rebaixamento do *status* do campesinato livre, sob o peso político e fiscal esmagador do Estado imperial. Depois que o trabalho nativo foi reduzido a uma condição dependente e passível de exploração (cuja última forma foi o colonato), disse Finley, as importações de trabalhadores cativos estrangeiros se tornaram desnecessárias, e a escravidão tendeu a desaparecer; ver sua análise em *The Ancient Economy*, p.85-7 ss. No entanto, essa explicação sofre do mesmo problema que atribui à versão que rejeita. Pois a eliminação política de toda e qualquer cidadania popular e o declínio econômico do campesinato livre se consumaram muito antes da diminuição da escravatura: foram, em grande medida, obra do final do período republicano. Mesmo a distinção entre *honestiores* e *humiliores* data, no máximo, do início do século II – cem anos antes da crise da economia escravista, a qual o próprio Finley admite que deva se localizar no século III. Talvez se possa detectar um sutil toque de animosidade contra o Estado imperial romano sob a superfície dos argumentos de Finley, que de fato atribui à autocracia do Império a responsabilidade pelas mutações da economia. Ainda é preferível uma análise materialista, que parta das

O resultado foi uma crise incipiente em todo o sistema social e econômico no início do século III, a qual logo se transformou em um colapso generalizado da ordem política tradicional, em meio a violentos ataques externos ao Império. A súbita carência de fontes primárias, um dos sintomas da crise de meados do século III, torna muito difícil traçar retrospectivamente o curso exato ou os mecanismos da época.[43] É como se várias tensões graves já estivessem vindo à tona nos anos que encerraram a era antonina. A pressão germânica nas fronteiras do Danúbio provocara as longas guerras marcomanas; Marco Aurélio desvalorizara o denário em 25%; a primeira grande eclosão do banditismo social irrompera com a ameaçadora tomada de vastas regiões da Gália e da Espanha pelos bandos armados de Materno, o desertor que ainda tentaria invadir a Itália durante o desastroso reinado de Cômodo.[44] A ascensão da casa dos Severo, depois de uma rápida guerra civil, trouxe uma dinastia africana ao poder: a rotatividade regional dos cargos imperiais parecia ter funcionado mais uma

---

contradições internas do modo de produção escravocrata. É possível que o intervalo cronológico para o qual Finley chamou a devida atenção tenha se alargado graças aos efeitos mitigantes da procriação interna e da compra de escravos nas fronteiras durante o período.

43 O grande divisor de águas do século III continua sendo a fase mais obscura da história imperial romana, muito menos documentado e estudado do que a queda dos séculos IV e V. A maior parte das discussões vigentes é falha e incompleta. Rostovtsev ofereceu uma extensa descrição em: *The Social and Economic History of the Roman Empire*, p.417-48. Mas seu relato está viciado pelo insistente anacronismo de seus conceitos analíticos, que, de maneira incongruente, transformam os donos de terras em "burguesia" e as legiões imperiais em "camponeses armados" contra ela, interpretando toda a crise nos termos de uma polaridade entre ambos. Meyer Reinhold escreveu uma eficiente crítica marxista a esses aspectos nada históricos dos trabalhos de Rostovtsev: Historian of the Ancient World: A Critique of Rostovtseff, *Science and Society*, outono de 1946, X, n.4, p.361-91. Por outro lado, o mais conspícuo tratamento marxista sobre a época, *Krizis Rabovladel'cheskovo Stroya*, de Shtaerman, também sofre de uma fragilidade grave, que emana da rígida contraposição que a autora estabelece entre *villa* escrava média – uma forma de propriedade antiga – e *latifundium* extensivo – um desenvolvimento protofeudal de uma aristocracia extramunicipal. Ver nota 9 (p.70).

44 Sobre Materno, ver as recentes e bem pensadas observações de Mazza, *Lotte sociale e restaurazione autoritaria nel terzo secolo D.C.*, p.326-7.

vez, restaurando a prosperidade e a ordem cívica, pelo menos em aparência. Mas logo a inflação começou a subir de maneira misteriosa, e a moeda foi se desvalorizando cada vez mais. Em meados do século, houve um colapso completo na cunhagem de prata, o que reduziu o denário a 5% de seu valor tradicional, e já no fim do século os preços dos cereais haviam disparado para mais de duzentas vezes acima dos patamares do início do Principado.[45] A estabilidade política se degenerou no mesmo passo que a estabilidade monetária. Nos caóticos cinquenta anos entre 235 e 284, houve nada menos do que vinte imperadores. Entre eles, dezoito tiveram morte violenta, um caiu prisioneiro no exterior e um foi vítima da peste – destinos eloquentes da época. As guerras civis e usurpações foram praticamente ininterruptas de Máximo Trácio a Diocleciano. Elas se combinaram a uma sequência devastadora de invasões estrangeiras e ataques ao longo das fronteiras, que penetravam fundo no interior. Os francos e outras tribos germânicas saquearam a Gália repetidas vezes, devastando tudo no caminho até a Espanha; alamanos e jutungos marcharam pela Itália; os carpos invadiram a Dácia e a Mésia; os hérulos arrasaram a Trácia e a Grécia; os godos cruzaram o mar para pilhar a Ásia Menor; os persas sassânidas ocuparam a Cilícia, a Capadócia e a Síria; Palmira foi separada do Egito; nômades mouros e blêmios acossaram o Norte da África. Em diferentes momentos, Atenas, Antioquia e Alexandria caíram em mãos inimigas; Paris e Tarragona foram incendiadas; até mesmo Roma teve de ser fortificada novamente. No rastro da desordem política doméstica e das invasões estrangeiras logo vieram sucessivas epidemias, enfraquecendo e diminuindo populações já reduzidas pela destruição das guerras. Campos foram abandonados, aumentando a escassez do suprimento agrícola.[46] O sistema de tributação se desintegrou com a depreciação da moeda, e as dívidas fiscais viraram entregas de bens. A construção de cidades se

---

45 Millar, *The Roman Empire and Its Neighbours*, p. 241-2. Há uma longa discussão sobre a grande inflação em Mazza, *Lotte sociale e restaurazione autoritaria*, p.316-408.

46 Rémondon, *La Crise de l'Empire Romaine*, p.85-6. Rémondon tende a atribuir a crise de mão de obra no campo ao êxodo rural para os centros urbanos, consequência da urbanização generalizada; mas, na verdade, um dos fenômenos mais evidentes da época foi o declínio da construção de cidades.

interrompeu de maneira abrupta, fato arqueologicamente atestado em todo o Império; em algumas regiões, os centros urbanos encolheram e definharam.[47] Na Gália, onde uma dissidência do Estado imperial se manteve por quinze anos, com capital em Trier, as massas exploradas fizeram inúmeras rebeliões rurais em 283-4, a primeira das insurreições *bacaudae* que viriam ser recorrentes na história das províncias ocidentais. Sob intensas pressões internas e externas durante quase cinquenta anos (de 235 a 284), a sociedade romana parecia estar entrando em colapso.

Mas, na virada do século III para o IV, o Estado imperial já havia se transformado e se reconstruído. A segurança militar foi se restaurando aos poucos, graças a uma série de generais do Danúbio e dos Bálcãs que hastearam as cores do Império em conquistas sucessivas: Cláudio II derrotou os godos na Mésia, Aureliano expulsou os alamanos da Itália e dominou Palmira, Probo aniquilou os invasores germânicos da Gália. Essas vitórias pavimentaram o caminho para a reorganização de toda a estrutura do Estado romano na época de Diocleciano, proclamado imperador em 284, o que possibilitou o efêmero renascimento dos cem anos seguintes. Antes de qualquer coisa, a reintrodução do recrutamento ampliou massivamente os exércitos imperiais: o número de legiões dobrou durante o século, ultrapassando o total de 450 mil homens. Do fim do século II em diante, quantidades crescentes de soldados se alocaram em postos de guarda ao longo das estradas, para manter a segurança interna e o policiamento dos campos.[48] Tempos depois, na época de Galiano, nos anos 260, exércitos de elite começaram a se postar em pontos estratégicos do

---

47 Millar, *The Roman Empire and Its Neighbours*, p.243-4, dá ênfase particular à súbita interrupção do desenvolvimento urbano como prova central da profundidade da crise.

48 Ibid., p.6. A multiplicação dessas *stations* foi um sintoma da crescente inquietação social do período de Cômodo a Carino. Mas são indevidamente forçadas as interpretações, como as que esboçaram Shtaerman e Mazza, que tomam a Tetrarquia como uma junta emergencial para restaurar a ordem política interna. Shtaerman vê o regime de Diocleciano como o produto de uma reconciliação entre dois tipos de proprietários, cujos conflitos, segundo ela, caracterizaram a época, quando latifundiários erguiam a mão para a ameaça de um levante social vindo de baixo. Ver: Shtaerman, *Krizis Rabovladel'cheskovo Stroya*, p.479-80, 499-501, 508-9. Um crítico russo observou, entre outras objeções, que, curiosamente, todo o esquema

interior, atrás das fronteiras imperiais, para terem maior mobilidade contra os ataques externos, deixando às unidades *limitanei* de segunda classe a missão de guardar o perímetro exterior do Império. Muitos voluntários bárbaros se incorporaram ao exército, formando, desde então, vários de seus regimentos de elite. Mais importante ainda é que todos os altos comandos militares passaram a ser confiados somente aos homens de carreira na cavalaria; dessa forma, à medida que o supremo poder imperial foi confiado ao corpo profissionalizado de oficiais do exército, a aristocracia senatorial perdeu seu papel tradicional no sistema político. Diocleciano foi sistematicamente fechando aos senadores também os cargos da administração civil.[49] As províncias dobraram de número quando foram divididas em unidades menores e mais governáveis, e seus cargos administrativos aumentaram na mesma proporção, permitindo um controle burocrático mais rígido. Depois do colapso da metade do século, estabeleceu-se um novo sistema fiscal, fundindo os princípios da taxação sobre a terra e sobre a capitação em uma única unidade, calculada sobre recenseamentos mais amplos e recentes. Pela primeira vez no mundo antigo, introduziram-se estimativas anuais de orçamento, permitindo um ajuste do nível dos impostos às despesas correntes – as quais, como seria previsível, cresceram a patamares exorbitantes. A formidável expansão material da máquina estatal que resultou de todas essas medidas contradiziam, inevitavelmente, as tentativas ideológicas de Diocleciano e seus sucessores para estabilizar a estrutura social do período final do Império. Depois da turbulência dos cinquenta anos anteriores, os decretos que visavam encurralar grandes grupos populacionais em corporações hereditárias, ao modo das castas, devem ter obtido poucos efeitos práticos;[50] a mobilidade social

---

de Shtaerman desconsidera as grandes invasões externas que formaram o cenário principal da Tetrarquia: D'yakov, *Vestnik Drevnei Istorii*, IV, p.126.

49 Ver, especialmente, Arnheim, *The Senatorial Aristocracy in the Later Roman Empire*, p.39-48.

50 Macmullen, Social Mobility and the Theodosian Code, *The Journal of Roman Studies*, LIV, 1964, p.49-53. A opinião tradicional (por exemplo, a de Rostovtsev) de que Diocleciano impôs uma verdadeira estrutura de castas no final do Império vem sendo desacreditada: é evidente que a burocracia imperial não era capaz de implementar decretos oficiais e policiar as corporações.

provavelmente aumentou, devido ao alargamento das novas vias militares e burocráticas de promoção dentro do Estado.[51] Os esforços passageiros para fixar preços e salários administrados por todo o Império foram ainda menos realistas. Por outro lado, a autocracia imperial dispensou com êxito todas as restrições tradicionais que os costumes e a opinião senatorial impunham ao exercício do poder pessoal. O "Principado" deu lugar ao "Dominato" quando os imperadores, de Aureliano em diante, passaram a se denominar *dominus et deus* e a exigir àqueles que se apresentavam diante do soberano o *proskynesis*, a solenidade oriental da reverência de corpo inteiro com a qual Alexandre inaugurara os Impérios Helênicos do Oriente Próximo.

Por isso, a compleição política do Dominato vem sendo muitas vezes interpretada como uma significativa transição do centro de gravidade de todo o sistema imperial romano para o Mediterrâneo oriental, mudança que logo viria a se consumar com a ascensão de Constantinopla, a nova Roma às margens do Bósforo. De fato, não há dúvida de que, em dois aspectos fundamentais, as províncias do Oriente agora se sobressaíam dentro do Império. Economicamente, a crise do modo de produção escravista desenvolvido atingira com muito mais força o Ocidente, onde tinha raízes mais profundas, e o deixara pior em termos comparativos: a região já não possuía nenhum dinamismo nativo para contrabalançar a riqueza tradicional do Oriente e começou a ficar para trás, tornando-se a metade mais pobre do Mediterrâneo. Culturalmente, seu ímpeto também estava cada vez mais gasto. A história e a filosofia gregas vinham reascendendo desde o final da época antonina: a linguagem literária de Marco Aurélio, para não falar na de Dião Cássio, já não era o latim. Ainda mais importante, de fato, foi o crescimento vagaroso da nova religião que viria a tomar o Império. O cristianismo nascera no Oriente e se espalhou em firme compasso por toda a região durante o século III, enquanto o Ocidente permanecia relativamente imune. Ainda assim, apesar das aparências, essas

---

51 A melhor análise breve sobre a ascensão social por meio da máquina do Estado é a de Hopkins: Elite Mobility in the Roman Empire, *Past and Present*, n.32, dez. 1965, p.12-26, que salienta os limites inevitáveis desse processo: no final do Império, a maioria dos novos dignitários era sempre arregimentada entre as classes proprietárias provinciais.

mudanças cruciais não se refletiram na mesma proporção dentro da estrutura política do Estado. Pois, na verdade, não ocorreu nenhuma helenização da cúpula que governava a organização política imperial, e muito menos uma orientalização generalizada. Curiosamente, a rotação orbital do poder dinástico se deteve às portas do Oriente grego-levantino.[52] Por um tempo, a casa dos Severo, por ser africana, deu mais uma vez a impressão de que conseguiria fazer uma transmissão serena do posto imperial para uma nova região, mas a família síria com a qual Septímio Severo se casara arquitetou a ascensão de um jovem local, falsamente apresentado como seu neto, que em 218 se tornou o Imperador Heliogábalo. Desde então, o exotismo cultural – religioso e sexual – desse adolescente conferiu notoriedade a seu breve reinado nas memórias romanas. Ele logo foi deposto pela opinião senatorial, profundamente afrontada, sob cuja tutela seu insípido primo, Alexandre Severo – também menor de idade, educado na Itália – veio a sucedê-lo, antes de ser assassinado em 235. Depois disso, apenas mais um oriental viria a ser imperador, um representante extremamente atípico da região: Júlio Filipe, um árabe do deserto da Transjordânia. O surpreendente é que nenhum grego da Ásia Menor ou da própria Grécia, nenhum outro sírio e nem um único egípcio jamais vestiu a púrpura imperial. As regiões mais ricas e urbanizadas do Império não conseguiam garantir acesso direto à cúpula do Estado que as governava. Ficaram interditadas pelo caráter irredutivelmente *romano* do Império, fundado e construído a partir do Ocidente, que sempre foi muito mais homogêneo do que o heteróclito Oriente, no qual pelo menos três grandes culturas – grega, síria e egípcia – disputavam o legado da civilização helênica, isso para não falar nas outras minorias notáveis da região.[53] Por volta do século III,

---

52 Esse fato fundamental tem sido esquecido com certa frequência. A lista levemente ecumênica de Millar com as dinastias sucessivas apresenta um sério equívoco: Millar, *The Roman Empire and Its Neighbours*, p.3. Pouco depois, ele comenta que foi apenas por "um acidente do destino" que Heliogábalo e seu primo, "e não qualquer senador da próspera burguesia da Ásia Menor" (p.49), se tornaram os primeiros imperadores do Oriente grego. Na verdade, nenhum grego da Ásia Menor jamais chegaria a se tornar soberano do Império ainda unido.

53 Havia, portanto, quatro línguas literárias no Oriente – grego, siríaco, copta e aramaico. Já no Ocidente não havia nenhuma outra língua escrita além do latim.

os italianos já não compunham a maioria do Senado, do qual talvez um terço se formasse com orientais de língua grega. Mas, enquanto ainda exerceu algum poder na seleção e no controle dos imperadores, o Senado escolheu representantes das classes fundiárias do Ocidente latino. Balbino (da Espanha) e Tácito (da Itália) foram os últimos candidatos senatoriais a alcançar a honra imperial no século III.

Pois, nessa mesma época, o centro do poder político deixou de ser a capital e se transferiu para os acampamentos militares nas áreas fronteiriças. Galiano foi o último soberano dessa época a residir em Roma. Daí em diante, os imperadores passaram a ser feitos e desfeitos além do alcance da influência senatorial, em lutas de facções entre comandantes militares. Essa mudança política foi acompanhada por um novo e decisivo deslocamento regional na composição dinástica. A partir da metade do século III, o poder imperial foi passando, com firme regularidade, para as mãos de generais de uma zona interiorana que antes fora chamada genericamente de *Illyricum* e que agora formava um bloco de províncias com a Panônia, a Dalmácia e a Mésia. A predominância desses imperadores danúbio-balcânicos continuou constante até a queda do Estado romano do Ocidente e mesmo depois. Décio, Cláudio Gótico, Aureliano, Probo, Diocleciano, Constantino, Galério, Joviano, Valentiniano e Justiniano foram alguns deles;[54] a falta de parentesco entre eles deixa sua origem regional comum ainda mais notável. Até a virada do século VI, o único imperador importante de fora dessa zona foi um hispânico do Extremo Ocidente do Império, Teodósio. A razão mais óbvia para a ascensão desses soberanos da Panônia e da Ilíria era o papel que as províncias do Danúbio e dos Bálcãs desempenhavam no fornecimento de recrutas para o exército: eram então uma reserva tradicional de soldados e oficiais profissionais para as legiões. Mas também havia razões mais profundas para a nova proeminência dessa região. A Panônia e a Dalmácia haviam sido conquistas-chave

---

54 Syme sugere que Máximo Trácio – que provavelmente era da Mésia, e não da Trácia – e até mesmo Tácito também devem constar dessa lista: Syme, *Emperors and Biography, Studies in the Historia Augusta*, p.182-6, 246-7. Os outros poucos imperadores dessa época parecem ter sido todos ocidentais. Treboniano Galo, Valeriano e Galiano eram da Itália; Macrino, da Mauritânia; e Caro, provavelmente, do sul da Gália.

para a expansão de Augusto, pois, ao fechar a lacuna entre seus setores oriental e ocidental, completaram o cordão geográfico básico do Império. A partir de então, sempre operaram como ponte estratégica, ligando as duas metades do território imperial. Todas as movimentações de tropas ao longo do eixo Leste-Oeste tinham de passar por essa zona, a qual, por consequência, tornou-se o sustentáculo de muitas das maiores guerras civis do Império, em contraste com as disputas do período republicano, tipicamente travadas nos mares da Grécia. O controle das passagens dos Alpes Julianos permitiu desfechos repentinos e resoluções rápidas para os conflitos na Itália. A vitória de Vespasiano no ano de 69 foi conseguida a partir da Panônia, assim como o triunfo de Septímio em 193, a usurpação de Décio em 249, a tomada do poder por Diocleciano em 285 e a ascensão de Constantino em 351. Mas, além de sua importância estratégica, essa zona também ocupava uma posição social e cultural singular dentro do Império. Panônia, Dalmácia e Mésia eram regiões irascíveis, cuja proximidade com o mundo grego jamais as levara à integração. Foram as últimas províncias continentais a sofrerem a romanização, e, inevitavelmente, sua conversão à agricultura de *villa* convencional só ocorreu muito depois do que na Gália, na Espanha e na África – e de maneira muito menos completa.[55] Ali, o modo de produção escravista nunca alcançou a mesma escala das outras províncias latinas das terras ocidentais, embora seja possível que o escravismo tenha, por fim, registrado alguns avanços nessas regiões, enquanto já retrocedia nas mais antigas: em um levantamento imperial do fim do século IV, a Panônia apareceu como a maior exportadora de escravos.[56] Por consequência, a crise da agricultura escravista chegou mais tarde e com menos afinco a essas regiões, e o número de proprietários e rendeiros livres no campesinato deve ter sido maior, um padrão rural mais próximo ao do Oriente. A vitalidade da região, em meio ao declínio das zonas mais ao oeste, certamente esteve conectada a essa formação peculiar. Mas, ao mesmo tempo, a centralidade de seu papel político foi inseparável de sua latinidade. Em termos linguísticos, a região era romana, e

---

55 Oliva, *Pannonia and the Onset of Crisis in the Roman Empire*, p.248-58, 345-50.
56 Shtaerman, *Krizis Rabovladel'cheskovo Stroya*, p.354.

não grega – a extremidade mais crua e oriental da civilização latina. Assim, não foi apenas sua localização territorial, na junção entre Leste e Oeste, que determinou sua importância: foi também sua posição no lado mais pertinente da fronteira cultural o que possibilitou sua inesperada proeminência em um sistema imperial que ainda era, por sua profunda natureza e origem, uma ordem romana. O deslocamento dinástico para os interiores do Danúbio e dos Bálcãs representou o maior movimento rumo ao Leste que era possível para o sistema político romano manter o Império unido e compatível com a manutenção da integridade de seu caráter latino.

Pelo início do século IV, o vigor militar e burocrático dos novos soberanos oriundos da Panônia e da Ilíria já tinha conseguido reestabilizar o Estado imperial. Mas a restauração administrativa do Império cobrou o preço de uma fissura séria e crescente dentro de sua estrutura geral de poder. Pois a unificação política do Mediterrâneo agora trazia, uma vez mais, a divisão social no meio das classes dominantes. A aristocracia senatorial da Itália, da Espanha, da Gália e da África continuava sendo, de longe, o estrato mais poderoso do Ocidente em termos econômicos, por conta da tradicional concentração de sua riqueza. Mas agora essa classe estava apartada do comando do aparato militar, que era a fonte do poder político imperial e que passara às mãos de oficiais arrivistas da empobrecida região dos Bálcãs. Assim, introduziu-se em toda a ordem governante do Dominato um antagonismo estrutural que jamais existira no Principado e que, por fim, teria consequências fatais. Tal antagonismo chegou ao extremo com a inflexível discriminação de Diocleciano contra qualquer candidatura senatorial a praticamente todos os postos mais altos, fossem militares ou civis. Mas o conflito não estava destinado a durar muito sob essa forma exacerbada. Constantino reverteu a política de seu predecessor ao encontro da nobreza tradicional do Ocidente e a cortejou, de maneira sistemática, com indicações para governos provinciais, honrarias administrativas e até comandos do exército – de onde seria banido. O Senado se ampliou e criou uma nova elite patrícia. Ao mesmo tempo, a composição da aristocracia em todo o Império mudou drasticamente com a grande transformação institucional do reinado de Constantino, a cristianização do Estado, que ocorreu depois da conversão do soberano e de sua vitória sobre Maxêncio na Ponte Mílvia. A nova religião só conquistou o Império depois de adotada por um César do Ocidente. O que impôs o credo oriundo da Palestina foi um exército que veio marchando da Gália – acaso notável e paradoxal, ou sintoma do domínio político das terras latinas sobre o sistema imperial romano. De imediato, o efeito institucional mais importante da mudança religiosa talvez tenha sido a promoção social de um grande número de "cristãos em serviço", que haviam feito suas carreiras administrativas por lealdade à nova fé e que agora adentravam as alargadas fileiras do *clarissimi* do século IV.[57] Muitos deles vinham do Oriente, onde formaram um segundo Senado, promovido por Constâncio II em Constantinopla. Com a proliferação de novos postos burocráticos, sua integração à espaçosa maquinaria do Dominato refletiu e reforçou o firme aumento das dimensões totais do Estado no final da sociedade romana. Além disso, o estabelecimento do cristianismo como Igreja oficial do Império viria a acrescentar uma imensa burocracia clerical – coisa que jamais existira – ao peso já agourento do aparato do Estado secular. Dentro da Igreja em si, provavelmente ocorreu um processo semelhante de mobilidade expandida, pois a hierarquia eclesiástica provinha, sobretudo, da classe curial. Os salários e privilégios desses dignitários religiosos, proporcionados pelas imensas rendas dos bens que a Igreja ia incorporando, logo ficaram maiores do que os de cargos equivalentes na burocracia secular. Constantino e seus sucessores administraram a nova máquina estatal com pródiga extravagância; tributos e indicções se avolumaram, inexoravelmente. Enquanto isso, e acima de tudo, o tamanho do exército aumentou ainda mais sob Constantino, que criou novas unidades de cavalaria e infantaria e preparou reservas estratégicas: no curso do século IV, o número de soldados iria chegar a 650 mil, quase quatro vezes maior do que no início do Principado. Assim, o Império Romano dos séculos IV e V estava sobrecarregado pelos acréscimos excessivos em suas superestruturas militar, política e ideológica.

---

[57] Sobre esse fenômeno, ver: Jones, The Social Background of the Struggle between Paganism and Christianity. In: Momigliano (Org.), *The Conflict Between Paganism and Christianity in the Fourth Century*, p.35-7.

Além de tudo isso, o inchaço do Estado se fez acompanhar por um encolhimento da economia. As perdas demográficas do século III nunca foram recuperadas: embora não se possa calcular o declínio estatístico da população, o abandono contínuo de terras outrora cultivadas (os *agri deserti* do final do Império) é prova inequívoca de uma tendência geral de declínio. No século IV, a renovação política do sistema imperial produziu um impulso temporário na construção urbana e certa restauração da estabilidade monetária, com a emissão de *solidus* de ouro. Mas ambas as recuperações foram limitadas e precárias. O crescimento urbano ficou, em grande medida, concentrado nos novos centros militares e administrativos, sob o patrocínio direto dos imperadores: Milão, Trier, Sárdica e, acima de todas as outras, Constantinopla. Não era um fenômeno espontâneo da economia e, assim, não podia compensar o longo declínio das cidades. As oligarquias municipais que outrora governavam centros urbanos vitais e orgulhosos agora se submetiam à crescente supervisão e interferência no início do Principado, quando Roma passou a designar "curadores" especiais para vigiar as cidades das províncias. Mas, a partir da crise do século III, a relação entre centro e periferia se reverteu de maneira curiosa; a partir de então, os imperadores tiveram de se empenhar para persuadir ou coagir a classe dos decuriões, encarregada da administração municipal, a cumprir seus deveres hereditários nos conselhos urbanos, pois, quando esses donos de terras locais evitavam suas responsabilidades cívicas (e as despesas decorrentes), as cidades se deterioravam por falta de recursos públicos e investimentos privados. A típica "fuga dos decuriões" se dava em direção às fileiras mais elevadas do *clarissimi* ou da burocracia central, onde ficariam isentos das obrigações municipais. Enquanto isso, mais abaixo na escala social, pequenos artesãos deixavam as cidades para procurar segurança e emprego nas propriedades dos magnatas do campo, a despeito dos decretos oficiais que proibiam tais migrações.[58] A grande rede de estradas que unia as cidades do Império – construções sempre mais

---

58 Weber comentou, com toda a razão, que esse êxodo foi o oposto do típico padrão medieval de fugas camponesas dos campos para as cidades, em busca de emprego e liberdade urbana. Weber, Gesammelte Aufsätze zur Sozial-und Wirtschaftsgeschichte, p.306-7.

estratégicas do que comerciais – pode ter se tornado, no fim das contas, prejudicial para as economias das regiões que cruzava, meras vias para o aquartelamento e a coleta de impostos, e não rotas para os negócios ou os investimentos. Nessas condições, a estabilização monetária e a reconversão dos tributos em moeda corrente no século IV não representaram um verdadeiro renascimento da economia urbana. Em vez disso, a nova cunhagem inaugurada por Constantino acabou por combinar um padrão em ouro, para o uso do Estado e dos ricos, com unidades de cobre (constantemente depreciadas), para os pobres, sem qualquer escala de valores intermediária, de modo que, na prática, havia dois sistemas monetários separados – registro fidedigno da polarização social do fim do Império.[59] Na maioria das províncias, a indústria e o comércio urbanos declinaram progressivamente: o que acontecia era uma gradual, mas nítida ruralização do Império.

Foi no campo, é claro, que se originou a crise final da Antiguidade. Enquanto as cidades se estagnavam ou encolhiam, a economia rural agora promovia mudanças de longo alcance, pressagiando a passagem para outro modo de produção. Os limites inexoráveis do modo de produção escravista tinham ficado claros quando as fronteiras imperiais pararam de avançar: foi isso o que precedeu e pavimentou o desarranjo político e econômico do século III. Agora, nas condições recessivas do fim do Império, o trabalho escravo – sempre associado a um sistema de expansão política e militar – se tornava cada vez mais escasso e embaraçoso; daí em diante, os proprietários rurais passaram a convertê-lo em servidão ligada a terra. Uma reviravolta crucial ocorreu quando a curva de preço dos escravos – a qual, como já vimos, ascendeu em firme compasso nos primeiros duzentos anos do Principado, por causa da escassez de oferta – começou a se achatar e cair durante o século III, sinal claro de contração da demanda.[60] A

---

59 Há uma boa análise sobre a situação monetária em: Piganiol, *L'Empire chrétien (325-395)*, p.294-300. Ver também: Jones, Inflation under the Roman Empire, *Economic History Review*, V, n.3, 1953, p.301-14.

60 Jones, Slavery in the Ancient World, p.197; Weber, Agrarverhältnisse im Altertum, *Gesammelte Aufsätze zur Sozial-und Wirtschaftsgeschichte*, p.271-2. Weber exagerou a queda do preço dos escravos durante o final do Império; como Jones demonstra,

partir de então, os donos foram deixando de prover o sustento de muitos de seus escravos e os assentaram em pequenos lotes, dos quais recolhiam a produção excedente.[61] As herdades tenderam a se dividir em fazendas nucleares, ainda trabalhadas pelo braço escravo, e, em volta destas, uma massa de arrendamentos camponeses, cultivados por rendeiros dependentes. Com essa mudança, a produtividade pode ter aumentado de maneira marginal, mas não considerável, devido ao decréscimo no total da força de trabalho no campo. Ao mesmo tempo, pequenos proprietários e rendeiros livres – que no Império sempre existiram lado a lado com escravos – se colocaram sob o "patronato" de grandes magnatas agrários, em busca de proteção contra extorsões fiscais e recrutamentos do Estado, acabando por ocupar posições econômicas muito semelhantes às dos ex-escravos.

O resultado foi o surgimento e, por fim, a predominância do *colonus* na maioria das províncias: camponês rendeiro dependente que estava atado à propriedade do senhorio e lhe pagava por seu lote, com bens e dinheiro ou então com trabalho na terra em esquema de meação (era incomum o trabalho como prestação de serviço). Os *coloni* geralmente ficavam com metade da produção do lote. As vantagens de custo para a classe que explorava esse novo sistema de trabalho acabaram ficando brutalmente claras quando os donos de terras se dispuseram a pagar mais do que o preço de mercado de um escravo para evitar que um *colonus* fosse para o exército.[62] Diocleciano decretara que, para efeito de cobrança de impostos, devia-se considerar que os arrendatários estavam ligados à terra; a partir daí, os poderes jurídicos dos proprietários sobre os *coloni* foram aumentando constantemente durante os séculos IV e V, com os sucessivos decretos de Constantino, Valente e Arcádio. Enquanto isso, os escravos agrícolas foram deixando de ser mercadorias convencionais, até que Valentiniano I – o último grande imperador pretoriano do Ocidente – baniu formalmente

---

tais preços declinaram para cerca da metade dos níveis do século II, e os escravos continuaram sendo uma mercadoria relativamente cara, exceto nas províncias fronteiriças.

61 O melhor relato desse processo é o ensaio póstumo de Marc Bloch: Comment et pourquoi finit l'esclavage antique?, *Annales E.S.C.*, 2, 1947, p.30-44, 161-70.
62 Jones, *The Later Roman Empire*, II, p.1042.

a venda de escravos desvinculada das terras em que trabalhavam.[63] Assim, por um processo convergente, formou-se no fim do Império uma classe de produtores rurais dependentes – jurídica e economicamente distintos tanto de escravos quanto de rendeiros livres e pequenos proprietários. A emergência desse colonato não significou uma diminuição na riqueza ou no poder da classe proprietária de terras: ao contrário, exatamente por ter submetido pequenos camponeses que até então era independentes, e ainda aliviado problemas de gerenciamento e supervisão em larga escala, significou um grande aumento no tamanho das herdades da aristocracia romana. O conjunto das possessões dos magnatas rurais – muitas vezes dispersas por várias províncias – alcançou seu auge no século V.

Naturalmente, a escravidão em si não desapareceu por completo, de forma alguma. Na verdade, o Império jamais conseguiu dispensá-la. Pois o aparato do Estado ainda se baseava em sistemas de comunicações e abastecimento que eram operados por escravos e que continuaram com uma força muito próxima à tradicional até o fim do Império no Ocidente. Por toda parte, os escravos proporcionavam luxuosos serviços domésticos para as classes proprietárias, mesmo que seu papel na produção artesanal urbana tenha declinado a olhos vistos. Além disso, pelo menos na Itália e na Espanha – e provavelmente em uma porção da Gália maior do que se costuma imaginar –, eles seguiram relativamente presos ao solo no interior, trabalhando nos latifúndios dos donos de terras nas províncias. Melânia, uma nobre que se voltou para a religião no começo do século V, deve ter possuído cerca de 25 mil escravos em 62 aldeias, apenas nas suas herdades próximas a Roma.[64] O setor escravo da economia rural, os serviços prestados por escravos e as indústrias escravistas do Estado eram grandes o bastante para garantir que o trabalho continuasse a ser marcado pela degradação social e para impedir que a invenção invadisse a esfera do trabalho. "A escravidão agonizante deixou seu ferrão venenoso ao

---

63 Ibid., p.795.
64 Ao todo, ela possuía terras na Campânia, Apúlia, Sicília, Tunísia, Numídia, Mauritânia, Espanha e Bretanha; ainda assim, seus rendimentos, para os contemporâneos, eram os de uma família senatorial de fortuna média. Ver Jones, *The Later Roman Empire*, II, p.554, 782, 793.

estigmatizar como ignóbil o trabalho do homem livre", escreveu Engels, "e este foi o beco sem saída no qual o mundo romano ficou preso."[65] As descobertas técnicas que ficaram isoladas na época do Principado e foram ignoradas no auge do modo de produção escravista continuaram igualmente ocultas na sua fase de desintegração. A tecnologia não ganhou nenhum ímpeto com a conversão dos escravos em *coloni*. As forças de produção da Antiguidade seguiram presas a seus níveis tradicionais.

Mas, com a formação do colonato, a trama central de todo o sistema econômico agora passava por outro lugar: corria, essencialmente, pela relação entre o produtor rural dependente, o senhor de terras e o Estado. Pois a máquina militar e burocrática inchada exigia um preço espantoso a uma sociedade cujos recursos econômicos vinham diminuindo. A chegada das obrigações fiscais urbanas enfraquecia o comércio e a produção artesanal nas cidades. Mas, acima de tudo, o peso aterrador dos impostos caía, implacável e insuportável, sobre o campesinato. As indicções, estimativas do orçamento anual, dobraram entre 324 e 364. Perto do fim do Império, os índices de tributação sobre a terra ficaram, provavelmente, mais de três vezes maiores do que no final da República, e o Estado estava absorvendo algo como um terço ou um quarto do bruto da produção agrícola.[66] Além disso, também a coleta de impostos era custeada pelos súditos, que podiam pagar até 30% sobre as taxas oficiais para apaziguar e manter os funcionários que os extorquiam.[67] Os impostos, aliás, muitas vezes eram recolhidos pelos próprios senhores de terras, que conseguiam escapar de suas responsabilidades fiscais ao mesmo tempo em que impunham as dos *coloni*. Agora estabelecida, a Igreja – um complexo institucional desconhecido pela Antiguidade clássica, em contraste com as civilizações do Oriente Próximo – acrescentava mais um fardo parasitário ao suplício da agricultura, de onde tirava 90% de suas rendas. A luxuosa ostentação da Igreja e a avareza cruel do Estado se fizeram acompanhar por uma drástica concentração da propriedade privada rural, pois os grandes nobres magnatas

---

65 Marx; Engels, *Selected Works*, p.570.
66 Jones, Over-Taxation and the Decline of the Roman Empire, *Antiquity*, XXXIII, 1959, p.39-40.
67 Jones, *The Later Roman Empire*, I, p.468.

foram adquirindo herdades de senhores menores e se apropriando de terras de camponeses que antes eram independentes.

Assim, enquanto corriam os últimos anos do século IV, o Império estava dilacerado por dificuldades econômicas e polarizações sociais cada vez maiores. Mas foi apenas no Ocidente que esses processos alcançaram seu clímax, com o colapso de todo o sistema imperial aos pés dos invasores bárbaros. As análises convencionais desse desastre final sempre recorrem à concentração das pressões germânicas sobre as províncias ocidentais e à maior vulnerabilidade estratégica destas em relação às regiões do Oriente. No famoso epitáfio de Piganiol, *"L'Empire Romaine n'est pas mort de sa belle mort; elle a été assassinée"*.[68] Essa versão tem o mérito de enfatizar com clareza o caráter irredutivelmente catastrófico da queda no Ocidente, contra inúmeras tentativas eruditas de apresentar o fenômeno como uma transformação pacífica e imperceptível, que teria passado quase despercebida por aqueles que a viveram.[69] Mas a crença de que "as fraquezas internas do império não podem ter sido um fator de grande importância em seu declínio" é, claramente, insustentável.[70] Ela não oferece nenhuma explicação estrutural sobre os motivos pelos quais o Império no Ocidente sucumbiu aos bandos de invasores primitivos que vagavam por seus campos no século V, enquanto o Império no Oriente – contra o qual os ataques bárbaros haviam sido, de início, muito mais perigosos – escapou e sobreviveu. A resposta a essa questão se encontra em todo o desenvolvimento

---

68 "O Império Romano não morreu de morte natural; foi assassinado." *L'Empire chrétien*, p.422.

69 Um exemplo desse ponto de vista foi expresso por Sundwall: *"das weströmische Reich ire ohne Erschütterung eingeschlafen"*, "O Império ocidental caiu no sono, sem perturbações": Sundwall, *Weströmische Studien*, p.19; um dito que depois foi muito citado, em particular por Dopsch, e que mais recentemente voltou a ser endossado: Stroheker, *Germanentum und Spätantike*, p.89-90. Essas opiniões contrastantes não ficaram isentas de uma confusão de sentimentos nacionais.

70 Essa é a última frase da obra de Jones: *The Later Roman Empire*, II, p.1068. Ela se contradiz pela sua própria evidência. A grandeza – e a estreiteza – de Jones, como historiador, estão resumidas no breve e esplêndido comentário de Momigliano, *Quarto contributo alla storia degli studi classici a del mondo antico*, p.645-7, que critica essa conclusão, com justiça.

histórico anterior das duas zonas do sistema imperial romano. Discussões ortodoxas quase sempre situam a crise derradeira contra um pano de fundo cronológico breve demais; na verdade, as raízes dessa divergência de destinos entre os Mediterrâneos ocidental e oriental no século V da era cristã descem até as origens de suas respectivas integrações ao jugo romano no início da expansão republicana. O Ocidente, como vimos, foi o verdadeiro laboratório da expansão imperial romana, o teatro de sua ampliação autêntica e decisiva para todo o universo da Antiguidade clássica. Foi para ali que a economia escravista republicana aperfeiçoada na Itália se transportou e se implantou com êxito, em um terreno social quase virgem. Foi ali que se fundou a imensa maioria das cidades romanas. Foi ali que sempre residiu grande parte da classe governante provincial que ascendeu ao poder com o Principado. Foi ali que a língua latina se tornou um idioma falado – primeiro nas instâncias oficiais e, depois, nas esferas populares. No Oriente, por outro lado, a conquista romana simplesmente se sobrepôs e coordenou uma civilização helênica avançada, que já havia estabilizado a "ecologia" social básica da região – cidades gregas, nobres e camponeses no interior, realeza oriental. Assim, o modo de produção escravista bem desenvolvido que deu força ao sistema imperial romano se naturalizou sobretudo no Ocidente. Era, portanto, lógico e previsível que as contradições endógenas desse modo de produção se acirrassem até seu desfecho final no Ocidente, onde não foram contidas nem aplacadas por nenhuma forma histórica alternativa ou anterior. Onde o ambiente era mais puro, os sintomas foram mais extremos.

Para começar, o declínio da população do Império a partir do século III deve ter afetado o Ocidente, bem menos habitado, de maneira muito mais grave do que o Oriente. É impossível fazer cálculos exatos, mas talvez se possa estimar que a população do Egito no fim do Império tivesse algo como 7,5 milhões, frente à cerca de 2,5 milhões na Gália.[71] As cidades do Oriente eram muito mais numerosas, é claro, e preservaram sua vitalidade comercial por muito mais tempo: a resplandecente ascensão de Constantinopla ao posto de segunda capital do Império foi o grande

---

71 Jones, *The Later Roman Empire*, II, p.1040-1.

acontecimento urbano dos séculos IV e V. Por outro lado, como já vimos, não foi por acaso que os latifúndios escravistas continuaram, até o fim, mais concentrados na Itália, na Espanha e na Gália, onde haviam surgido. Curiosamente, o padrão geográfico do novo sistema de colonato seguiu essa mesma divisão básica. A instituição do colonato veio do Oriente, em especial do Egito, onde aparecera pela primeira vez. Assim, o mais notável de tudo é que sua adoção por um grande sistema rural aconteceu no Ocidente, onde viria a predominar em medida muito maior do que no interior helênico do Mediterrâneo oriental.[72] De maneira semelhante, o *patrocinium* foi, em sua origem, um fenômeno comum na Síria e no Egito, onde, em geral, indicava a proteção de oficiais militares sobre aldeias, contra os abusos de agentes do Estado. Mas foi na Itália, na Gália e na Espanha que esse costume veio a significar a entrega das terras dos camponeses a um senhorio que as devolvia, depois, como arrendamento provisório (o chamado *precario*).[73] Esse tipo de patronato nunca chegou a se espalhar pelo Oriente, onde aldeias livres muitas vezes mantiveram seus próprios conselhos autônomos e sua independência como comunidades rurais (por mais tempo do que as comunidades municipais)[74] e onde, portanto, a pequena propriedade camponesa subsistiu em grau muito mais alto do que no Ocidente – sempre combinada à servidão ligada à terra e ao arrendamento dependente. O fardo do imposto imperial também foi mais leve no Oriente: parece que, pelo menos na Itália do século V, as obrigações fiscais sobre a terra chegaram ao dobro do índice do Egito. Além disso, as taxas de extorsão – sancionadas oficialmente pelos coletores de impostos sob a forma de "comissões" por seus serviços – parecem ter sido seis vezes mais altas no Ocidente do que no Oriente.[75]

---

72 Vogt, *The Decline of Rome*, p.21-2.
73 Arnheim, *The Senatorial Aristocracy in the Later Roman Empire*, p.149-52; Vogt, *The Decline of Rome*, p.197.
74 Jones, *The Greek City from Alexander to Justinian*, p.272-4.
75 Id., *The Later Roman Empire*, I, p.205-7, 468; III, p.129. A taxa italiana pode ter tomado dois terços das colheitas dos camponeses. Os senhores de terras, é claro, não pagavam sua parte proporcional do fardo tributário. No Ocidente, era muito comum que eles se evadissem de suas obrigações. Para Sundwall, a incapacidade do

Por último e mais crucial, as duas regiões eram dominadas por classes proprietárias bem distintas. No Oriente, proprietários rurais formavam uma nobreza média que tinha base nas cidades e estava acostumada tanto à exclusão do poder político central quanto à obediência aos comandos régios e burocráticos: foi a única ala da classe dos proprietários provinciais que jamais produziu uma dinastia imperial. Com o crescimento da ascensão social no fim do Império e a criação da segunda capital em Constantinopla, esse estrato constituiu o maior volume da administração estatal do Oriente. Foram eles que formaram a maioria dos "cristãos em serviço" e que se aglomeraram no novo Senado de Constantinopla – o qual Constâncio II ampliou para cerca de 2 mil senadores, muitos deles oficiais arrivistas e dignitários de províncias de língua grega. Sua riqueza era menor do que a de seus pares mais antigos de Roma e seu poder local era menos opressivo, mas sua lealdade ao Estado era maior.[76] De Diocleciano a Maurício, quase não houve guerras civis no Oriente, ao passo que o Ocidente foi devastado por seguidas usurpações e lutas intestinas na classe dos magnatas. Isso se devia, em parte, à tradição política helênica de veneração aos sagrados soberanos régios, ainda forte na região; mas também era o reflexo de um equilíbrio social diferente entre Estado e nobreza. Nenhum imperador ocidental jamais tentou deter a disseminação do *patrocinium*, apesar do fato de o costume subtrair vastas áreas territoriais da vigilância dos agentes do Estado; mas vários imperadores orientais legislaram contra a prática, sucessivas vezes, no século IV.[77]

A aristocracia senatorial do Ocidente representava uma força bem distinta. Ela não mais abrangia a mesma rede de famílias do início do Principado: os baixíssimos índices de natalidade na aristocracia romana e a turbulência política da era pós-antonina haviam dado proeminência a novas linhagens por todo o Ocidente. Por volta da metade do período imperial, os donos de terras provinciais da Gália e da Espanha perderam importância

---

Estado imperial em tributar adequadamente a aristocracia fundiária foi a causa de seu colapso final no Ocidente; *Weströmische Studien*, p.101.
76 Brown, *The World of Late Antiquity*, p.43-4.
77 Jones, *The Later Roman Empire*, II, p.777-8.

política na capital;[78] por outro lado, é notável que a única zona a produzir uma "dinastia" separatista nessa época tenha sido a Gália, onde uma série de usurpadores regionais – Póstumo, Vitorino e Tétrico – manteve um regime relativamente estável, cujo poder se estendia até a Espanha, por mais de uma década. Naturalmente, a nobreza italiana permanecera mais próxima ao centro da política imperial. O advento da Tetrarquia, no entanto, cerceou drasticamente as prerrogativas tradicionais da aristocracia agrária por todo o Ocidente, mas não chegou a reduzir sua força econômica. A classe senatorial perdera seus comandos militares e muito de sua influência política direta no curso do século III. Mas não fora privada de suas terras e não esquecera suas tradições: herdades que sempre foram as maiores do Império e memórias de um passado anti-imperial. Diocleciano, de origem extremamente humilde e de rude aparência militaresca, destituíra a ordem senatorial de quase todos os governos provinciais e a excluíra dos cargos administrativos mais elevados da Tetrarquia. Mas Constantino, seu sucessor, reverteu essas políticas antiaristocráticas e reabriu as altas fileiras do aparato burocrático imperial do Ocidente à classe senatorial, agora fundida com a ordem equestre, para formar a singular nobreza do *clarissimi*. Sob seu governo os *praesides* e *vicarii* senatoriais se multiplicaram uma vez mais na Itália, na Espanha e no Norte da África e em todas as outras áreas do Ocidente.[79] Pode-se inferir o motivo da aproximação de Constantino à aristocracia ocidental a partir de outra mudança significativa de seu reinado: sua conversão ao cristianismo. A ordem senatorial do Ocidente não era apenas o segmento mais poderoso da nobreza agrária do Império em termos políticos e econômicos; também era, em termos ideológicos, o baluarte do paganismo tradicional, potencialmente hostil às inovações religiosas de Constantino. Assim, no curto prazo, a

---

78 Para análises sobre o papel das nobrezas da Espanha e da Gália no fim do Império, ver: Stroheker, Spanische Senatoren der spätromischen und westgotischen Zeitin. In: *Germanentum und Spätantike*, p.54-87; e *Der Senatorische Adel im Spätantiken Gallien*, p.13-42. Stroheker dá ênfase ao retorno político final que ambas as nobrezas realizaram depois de seu eclipse no século III, na época de Graciano e Teodósio.

79 Arnheim, *The Senatorial Aristocracy in the Later Roman Empire*, p.216-29, fornece dados estatísticos.

reintegração dessa classe à elite administrativa imperial provavelmente se inspirou na necessidade de apaziguá-la em meio aos riscos do estabelecimento do cristianismo como religião oficial do Império.[80] Mas, no longo prazo, foram as fortunas e conexões das grandes famílias patrícias do Ocidente – os clãs Anícia, Betiti, Scipione, Ceionia, Acilia e outros, todos ligados por casamentos – que asseguraram seu retorno político.

A aristocracia senatorial do Ocidente, politicamente descartada durante a Tetrarquia, retomou seu domínio econômico em enorme escala. Altos índices de monopolização e baixos índices de nascimentos acarretaram concentrações de propriedades agrárias cada vez maiores nas mãos de cada vez menos magnatas, a ponto de a renda média da aristocracia ocidental no século IV ter chegado a ser quase cinco vezes maior que a de seus predecessores do século I.[81] Com frequência, os imperadores que sucederam Constantino foram oficiais militares de baixa extração social e, de Joviano em diante, cada vez mais recrutados entre os *scholae palatinae*, ou seja, entre as guardas palacianas;[82] mas todos eles, até mesmo Valentiniano I, ácido opositor do Senado, acabaram confiando aos *clarissimi* os postos-chave da administração civil ocidental, da prefeitura pretoriana para baixo. O contraste com o Oriente é flagrante: lá, as mesmas funções burocráticas ficavam a cargo de não nobres, e os poucos aristocratas que recebiam nomeações eram, muitas vezes – o que é ainda mais

---

80 Arnheim, op. cit., p.5-6, 49-51, 72-3. Deve-se, entretanto, notar que, apesar das resistências que a classe senatorial ocidental podia opor à cristianização do Império, ela era tolerante à diversidade religiosa quanto aos costumes e ao casamento dentro de suas fileiras. Ver Brown, *Religion and Society in the Age of St Augustine*, p.161-82.

81 Brown, *The World of Late Antiquity*, p.34. É possível que, durante a última fase do Império, tempo de extorsões fiscais sem precedentes, a aristocracia proprietária tenha apossado, via arrendamento, uma parte do excedente agrícola ainda maior do que a levantada pelo Estado via tributação. Ver Jones, Rome, *Troisième Conférence International d'Histoire Économique*, p.101.

82 Joviano, Valentiniano I, Valente e Majoriano eram todos oficiais *scholae*. Para uma discussão perspicaz sobre o papel da elite militar imperial no fim do Império, ver Frank, *Scholae Palatinae: The Palace Guards of the Later Roman Empire*, especialmente p.167-94.

impressionante – ocidentais.[83] A maquinaria militar do Império ocidental continuava longe do centro da rede aristocrática do Ocidente. Mas, com a morte de Valentiniano, em 375, a plutocracia senatorial foi recapturando os cargos imperiais das mãos do exército e, com cego egoísmo patrício, enfraquecendo todo o aparato de defesa, o qual, desde Diocleciano, fora a maior preocupação dos governantes militares do Império. A sonegação de impostos e a fuga ao recrutamento eram endêmicas entre a classe proprietária ocidental desde muito antes. Mas agora seu empedernido antimilitarismo ganhava um novo impulso com a transferência dos comandos do exército do Ocidente a generais germânicos, que eram etnicamente impossibilitados de assumir as vestes de imperador – fato comum a seus predecessores da Panônia – e estavam expostos à xenofobia da soldadesca que lideravam – fato inédito aos generais dos Bálcãs. Arbogasto e Estilicão, um franco e o outro vândalo, jamais conseguiram converter sua autoridade militar em poder político estável. Camarilhas aristocráticas de Roma puderam manipular sucessivos imperadores fracos, Graciano, Valentiniano II e Honório, contra esses generais estrangeiros e isolados, cujas responsabilidades pela defesa já não lhes garantiam segurança ou domínio doméstico. Assim, final e fatalmente, a nobreza agrária do Ocidente reconquistou influência central no Estado imperial.

Dentro de poucos anos, esse golpe aristocrático foi seguido por insurreições da massa vindas de baixo. Desde o final do século III, vinham ocorrendo revoltas camponesas esporádicas na Gália e na Espanha: escravos fugidos, desertores do exército, *coloni* oprimidos e pobres do campo se juntavam periodicamente em bandos de saqueadores, os chamados *bacaudae*, que por anos a fio lutaram guerras de guerrilha contra regimentos do exército e autoridades provinciais, sendo que, às vezes, foi necessária a intervenção direta do imperador para subjugá-los. Esses levantes, que não tiveram paralelo em nenhuma parte do Oriente, combinavam rebeliões contra a escravidão e o colonato – o primeiro e o último sistema de trabalho do Ocidente agrícola. Na virada do século V, depois da restauração senatorial, em meio às insuportáveis pressões em relação aos tributos

---

83 Arnheim, *The Senatorial Aristocracy in the Later Roman Empire*, p.167-8.

e arrendamentos e à dilapidação e insegurança das fronteiras, as insurreições *bacaudae* irromperam, com nova escala e intensidade, nos anos de 407 a 417, 435 a 437 e 442 a 443. Na zona rebelde central de Armórica, que se estendia ao norte do vale do Loire, camponeses insurgentes criaram um Estado quase independente, expulsando funcionários imperiais, expropriando proprietários, punindo donos de escravos com escravidão e estabelecendo seu próprio exército, seu próprio judiciário.[84] Assim, a polarização social do Ocidente terminou em um sombrio final duplo, no qual o Império foi partido de cima a baixo por forças internas, antes que forças externas pudessem desferir o golpe de misericórdia.

---

84 Sobre as insurreições *bacaudae*, ver: Sirago, *Gallia Placidia e la trasformazione politica dell'Occidente*, p.376-90; Thompson, Peasant Revolts in Late Roman Gaul and Spain, *Past and Present*, nov. 1952, p.11-23 – que é, de longe, o melhor relato sinóptico. A importância da escravidão na Gália está evidente nos registros da época. Thompson comenta: "Nossas fontes parecem sugerir que essas revoltas foram realizadas, principalmente, por escravos agrícolas, ou, pelo menos, que escravos nelas desempenharam um papel fundamental" (p.11). Sem dúvidas, a outra grande categoria de pobres agrários – os *coloni* dependentes – também participou das insurreições na Gália e na Espanha. Em contraste, os *circumcelliones* errantes do Norte da África eram trabalhadores rurais livres, em melhores condições, inspirados pelo donatismo; o caráter social e religioso desse movimento fez dele um fenômeno à parte, que nunca chegou a ser tão massivo ou ameaçador quanto os *bacaudae*. Ver Warmington, *The North African Provinces from Diocletian to the Vandals*, p.87-8, 100.

II. A transição

1
O cenário germânico

Foi nesse mundo obscuro de oligarquia sibaritas, defesas desmanteladas e massas rurais em desespero que os bárbaros germânicos entraram depois de cruzar o Reno congelado, no último dia de 406. Qual era a ordem social desses invasores? Da primeira vez em que as legiões romanas encontraram as tribos germânicas, ainda nos tempo de César, eles eram agricultores assentados, com uma economia predominantemente pastoril. Prevalecia entre eles um primitivo modo de produção comunal. A propriedade privada da terra era desconhecida: todos os anos, os líderes da tribo determinavam que parte do solo comum deveria ser cultivada e atribuíam porções dessa terra a cada clã, que delas se apropriavam em um trabalho coletivo; as redistribuições periódicas preveniam grandes disparidades de riqueza entre as famílias e os clãs, embora os rebanhos fossem privados, proporcionando riqueza aos guerreiros que lideravam as tribos.[1] Em tempos de paz, não havia chefes que exercessem autoridade sobre todo o povo: chefes militares excepcionais eram eleitos só em tempos de guerra. Muitos dos clãs ainda eram matrilineares. Essa estrutura social rudimentar logo se modificou com a chegada dos romanos ao Reno

---

[1] Essa descrição segue Thompson, *The Early Germans*, p.1-28, um estudo marxista das formações sociais germânicas de César a Tácito que é um modelo de clareza e elegância. As obras de Thompson formam um ciclo inestimável que, de fato, cobre toda a evolução da sociedade germânica na Antiguidade, desde essa época até a queda do reino visigodo da Espanha, sete séculos depois.

e com sua ocupação temporária da Germânia até o Elba no primeiro século da era cristã. O comércio de mercadorias luxuosas através da fronteira não demorou a produzir uma crescente estratificação interna dentro das tribos germânicas: para comprar produtos romanos, os guerreiros que lideravam as tribos começaram a vender gado ou mesmo a atacar outras tribos, para capturar escravos e exportá-los aos mercados romanos. No tempo de Tácito, a terra já tinha deixado de ser atribuída aos clãs e passara a ser distribuída diretamente a indivíduos, e a frequência das redistribuições vinha declinando desde então. O cultivo ainda se deslocava muitas vezes, por entre terrenos florestais desocupados, então as tribos não ficavam muito fixas no mesmo território: o sistema agrário encorajava guerras sazonais e permitia frequentes migrações em larga escala.[2] Uma aristocracia hereditária com fortuna acumulada compunha um conselho permanente, que exercia poder estratégico sobre a tribo, embora uma assembleia geral de guerreiros livres ainda pudesse rejeitar suas propostas. Linhagens dinásticas quase régias começaram a emergir, fornecendo chefes elegíveis a poderes acima do conselho. Acima de tudo, os líderes de cada tribo uniram ao seu redor um "séquito" de guerreiros para formar grupos de ataque, o que rompia a unidade de parentesco dos clãs. Esses séquitos eram recrutados entre a nobreza, mantidos pela produção das terras que lhe eram atribuídas e apartados da participação na produção agrícola. Acabaram formando o núcleo de uma divisão de classe permanente e institucionalizando uma autoridade coercitiva dentro dessas formações sociais primitivas.[3] Lutas entre guerreiros comunais e ambiciosos líderes da nobreza, que, com a força de seus séquitos leais, buscavam

---

2 Bloch, Une mise au point: les invasions, *Mélanges Historiques*, I, Paris: 1963, p.117-8.
3 Thompson, *The Early Germans*, p.48-60. A formação de um sistema de séquitos foi, por toda parte, um passo preliminar e decisivo na transição paulatina da ordem tribal para a feudal. Pois essa formação constituiu o rompimento crítico com um sistema social regido pelas relações de parentesco: pode-se definir o séquito como uma elite que cruza a solidariedade parental, substituindo os laços de lealdade biológicos por convencionais. Esse movimento sinaliza a aproximação da morte do sistema de clãs. É claro que a aristocracia feudal plenamente desenvolvida terá seu próprio (e novo) sistema de parentesco, o qual os historiadores só agora estão começando a estudar; mas tal sistema jamais será a estrutura dominante do

usurpar o poder ditatorial dentro das tribos, irromperam com frequência cada vez maior; Armínio, vencedor da Batalha da Floresta de Teutoburgo, foi incitador e vítima de uma dessas lutas. Por meio de subvenções e alianças, a diplomacia romana inflamava essas disputas intestinas, com o objetivo de neutralizar pressões bárbaras sobre a fronteira e cristalizar um estrato de governantes aristocráticos dispostos a cooperar com Roma.

Assim, tanto na economia quanto na política, por meio de trocas comerciais e intervenções diplomáticas, a pressão romana acelerou a estratificação social e a desintegração dos modos de produção comunais nas florestas germânicas. Inevitavelmente, os povos de contato mais próximo com o Império revelaram as estruturas sociais e econômicas mais "avançadas" e o maior afastamento do modo de vida tradicional das tribos. Os alamanos da Floresta Negra e, acima de todos, os marcomanos e os quados da Boêmia tinham *villae* no estilo romano, com propriedades cultivadas pelo trabalho de escravos cativos de guerra. Além disso, os marcomanos haviam subjugado outros povos germânicos e criado um Estado com governo régio na região central do Danúbio, por volta do século II. Seu império logo ruiu, mas foi um sintoma da forma das coisas que estavam por vir. Cento e cinquenta anos depois, no começo do século IV, os visigodos, que haviam ocupado a Dácia depois da retirada das legiões de Aureliano, exibiam sinais ainda mais claros do mesmo processo social. Em sua maioria, eles eram lavradores que cultivavam plantações com técnicas agrícolas avançadas, produziam artefatos em aldeias (usando a roda de oleiro) e tinham um alfabeto rudimentar. Nessa antiga província de Roma, com torres e fortificações remanescentes daquele tempo, a economia visigoda agora era tão dependente do comércio via Danúbio com o Império que os romanos podiam, com facilidade, recorrer ao bloqueio comercial como medida de guerra. A assembleia geral dos guerreiros desaparecera por completo. Um conselho confederado de membros da elite exerce autoridade política central sobre as aldeias obedientes. Essa elite compunha uma classe proprietária, com terras, séquitos e escravos, claramente destacada

---

feudalismo. Há uma boa discussão sobre esse ponto central no estimulante artigo de Lattimore, Feudalism in History, *Past and Present*, n.12, nov. 1957, p.52.

do resto do povo.[4] Na verdade, quanto mais se prolongava o sistema imperial romano, mais seu exemplo e poder de influência tendiam a atrair as tribos germânicas de suas fronteiras para uma maior diferenciação social e níveis mais altos de organização política e militar. Assim, os sucessivos aumentos de pressão bárbara sobre o Império, a partir da época de Marco Aurélio, não foram fortuitos golpes de azar contra Roma – foram, em grande medida, consequências estruturais de sua própria existência e êxito. As lentas mudanças induzidas no meio circundante, por imitação e intervenção, só iriam se acumular: o perigo que vinha das fronteiras germânicas crescia à medida que a civilização romana as alterava.

Enquanto isso, dentro do Império Romano, um número cada vez maior de guerreiros germânicos chegava às fileiras dos exércitos imperiais. Tradicionalmente, a diplomacia romana tentara, sempre que possível, cercar as fronteiras do Império com uma barreira exterior de *foederati*, chefes aliados ou clientes que mantinham sua independência para além das fronteiras, mas defendiam os interesses romanos no mundo bárbaro, em troca de subvenções financeiras, apoio político e proteção militar. No fim do Império, entretanto, o governo imperial começou a fazer recrutamentos regulares para suas unidades dentro dessas tribos. Ao mesmo tempo, refugiados ou prisioneiros bárbaros eram assentados em terras desocupadas como *laeti* e, assim, deveriam cumprir serviço militar obrigatório. Além disso, muitos guerreiros germânicos livres se alistavam voluntariamente nos regimentos romanos, atraídos pela perspectiva de soldo e promoção dentro do aparato militar imperial.[5] Em meados do século IV, uma porcentagem bem alta de soldados de elite, oficiais e generais tinha origem germânica, agora cultural e politicamente integrados ao universo social romano. Não era incomum a inocorrência de generais francos, caso de Silvano e Arbogasto, que chegaram ao posto de *magister militum*, ou comandante em chefe no Ocidente. Havia, assim, certo amálgama de elementos romanos e germânicos dentro do próprio aparato do Estado imperial. Não

---

4 Thompson, *The Visigoths in the Time of Ulfila*, em especial as p.40-51; outro estudo muito lúcido, que forma a sequência de sua obra anterior.

5 Frank, *Scholae Palatinae*, p.63-72; Jones, *The Later Roman Empire*, II, p.619-22.

é difícil reconstruir os efeitos sociais e ideológicos que a integração de inúmeros soldados e oficiais teutônicos ao mundo romano provocou no mundo germânico que esses homens haviam deixado para trás, provisória ou permanentemente: tal integração representou um poderoso reforço nas tendências de diferenciação e estratificação que já estavam em curso nas sociedades tribais além das fronteiras. Autocracia política, hierarquia social, disciplina militar e recompensa monetária eram todas lições que a elite e os chefes locais aprenderam no exterior e assimilaram de imediato. Assim, na época das *Völkerwanderungen* do século V, quando toda a Germânia entrou em alvoroço com a pressão dos invasores nômades hunos da Ásia Central e, então, as tribos começaram a atravessar as fronteiras romanas, tanto pressões internas quanto externas já haviam levado a sociedade germânica para bem longe das formas que ela tinha nos dias de César. Agora, em quase toda a parte, a sólida nobreza de séquitos e a fortuna individual sobre a terra haviam substituído a igualdade crua e originária dos clãs. A longa simbiose entre formações sociais romanas e germânicas nas regiões fronteiriças fora, aos poucos, estreitando a lacuna entre os dois mundos, ainda que continuasse imensa nos aspectos mais importantes.[6] De sua colisão derradeira e cataclísmica viria a nascer, por fim, o feudalismo.

---

6 Entre os historiadores deste século, algumas vezes surgiu a tendência, contrária às concepções tradicionais, de exagerar o grau de simbioses ainda mais antigas entre os dois mundos. Um exemplo extremo é o argumento de Porshnev de que toda a infraestrutura romana se fundamentava no trabalho escravo dos bárbaros capturados e, portanto, os dois sistemas sociais estiveram, desde o início, estruturalmente interligados; assim, as primitivas assembleias de guerreiros dos povos germânicos seriam apenas reações defensivas às expedições escravizadoras dos romanos. Segundo essa concepção, o Império sempre formou uma "unidade complexa e antagônica" com sua periferia bárbara. Ver Porshnev, *Feodalizm i Narodny Massye*, p.510-2. Essa visão superestima em muito o papel do trabalho de cativos na fase final do período e também as proporções de escravos oriundos dos *limes* germânicos no início do Império.

2
As invasões

As invasões germânicas que assolaram o Império ocidental se distenderam em duas fases sucessivas, cada uma com um impulso e um padrão diferente. A primeira grande onda começou com a marcante marcha pelo leito congelado do Reno, na noite de inverno de 31 de dezembro de 405, feito de uma vaga confederação de suevos, vândalos e alanos. Poucos anos depois, em 410, os visigodos, sob o comando de Alarico, saquearam Roma. Duas décadas mais tarde, em 439, os vândalos tomaram Cartago. Por volta de 480, o primeiro esboço de um sistema de Estados bárbaros já havia se estabelecido em solo que antes fora romano: os burgúndios em Savoia, os visigodos na Aquitânia, os vândalos no Norte da África e os ostrogodos no norte da Itália. O caráter dessa espantosa irrupção inicial — que proveria às épocas posteriores imagens arquetípicas do princípio da Idade das Trevas — era, de fato, muito complexo e contraditório: pois foi, de uma só vez, o assalto mais radicalmente destrutivo dos povos germânicos contra o Ocidente romano e também o gesto mais marcadamente conservador em respeito ao legado latino. A unidade econômica, política e militar do Império ocidental se despedaçou, de maneira irreversível. Uns poucos exércitos romanos de *comitatenses* sobreviveram por algumas décadas depois de as *limitanei*, as defesas fronteiriças, terem sido varridas; mas, cercados e isolados em um território sob o domínio bárbaro, os bolsões militares autônomos, como o norte da Gália, só podiam enfatizar o completo esfacelamento do sistema imperial como um todo. As províncias recaíram em um estado de desordem e confusão endêmicas, com administrações subjugadas ou perdidas; o banditismo e a rebelião social se espalharam por vastas áreas. Na primeira metade do século V, a irrupção dos bárbaros já havia devastado a ordem imperial em todo o Ocidente.

Mesmo assim, as tribos germânicas que esfacelaram o Império ocidental não foram capazes, por si mesmas, de substituí-lo por um universo político novo ou coerente. A diferença de nível entre os mares das duas civilizações ainda era muito grande: seria necessária uma série de eclusas para igualá-las. Pois os povos bárbaros da primeira vaga de invasões tribais, a despeito de sua progressiva diferenciação social, continuavam sendo comunidades extremamente rudimentares e primitivas no momento em que irromperam no Ocidente romano. Nenhum desses povos jamais conhecera um Estado territorial duradouro; todos tinham religiões pagãs ancestrais; muitos eram desprovidos de linguagem escrita; poucos possuíam algum sistema de propriedade articulado ou estabilizado. Naturalmente, a conquista desordenada de vastos blocos de antigas províncias romanas os presenteou com problemas insolúveis de apropriação e administração imediatas. Essas dificuldades intrínsecas se intensificaram por causa do padrão geográfico da primeira onda de invasões. Pois, nessas *Völkerwanderungen* – migrações imensas que, muitas vezes, atravessavam todo o continente –, o assentamento final de cada povo bárbaro ficava muito distante do ponto de partida. Os visigodos viajaram dos Bálcãs até a Espanha; os ostrogodos, da Ucrânia para a Itália; os vândalos, da Silésia à Tunísia; os burgúndios, da Pomerânia a Savoia. Não houve nenhum caso de comunidade bárbara que simplesmente ocupasse terras romanas contíguas à sua região original de domicílio. Como resultado, as aglomerações de colonos germânicos no sul da França, na Espanha, na Itália e no Norte da África ficaram, desde sempre, inevitavelmente limitadas em número e apartadas de reforços por migração natural, devido ao longo itinerário que tinham de deixar para trás.[1] Os arranjos improvisados dos

---

1 O único número confiável sobre o tamanho das primeiras invasões é o da comunidade vândala, pois seus chefes a contaram antes de cruzarem para o Norte da África, chegando a 80 mil pessoas – das quais talvez 20 mil ou 25 mil fizessem parte do exército. Ver: Courtois, *Les Vandales et l'Afrique*, p.215-21. Provavelmente,

primeiros Estados bárbaros refletiram essa situação básica de relativa fraqueza e isolamento. Por isso, eles se basearam muito nas estruturas imperiais já existentes, as quais preservavam sempre que possível, por mais paradoxal que pareça, em combinação com estruturas análogas germânicas, formando um sistemático dualismo institucional.

Assim, a primeira e mais importante questão que as comunidades de invasores tinham de resolver depois das vitórias no campo de batalha era a disposição econômica das terras. Normalmente, a solução adotada seguia o modelo das práticas romanas, particularmente familiares aos soldados germânicos, e, ao mesmo tempo, rompia com o passado tribal, apontando para uma diferenciação social aguda no futuro. Os visigodos, burgúndios e ostrogodos impuseram aos donos de terras romanos um regime de *hospitalitas*. Derivado do antigo sistema imperial de aquartelamento, do qual muitos mercenários germânicos haviam participado, esse regime acabou por entregar dois terços da área cultivável aos "hospedes" bárbaros na Burgúndia e na Aquitânia e um terço na Itália, cujo maior tamanho médio das propriedades permitia que se cedessem porções menores das *villae* individuais e onde herdades que não eram divididas pagavam tributos especiais para equalizar o sistema. Os *hospes* burgúndios receberam também um terço dos escravos romanos e metade das florestas.[2] Na Espanha, os visigodos depois viriam a ficar com um terço das fazendas e dois terços dos arrendamentos de todas as propriedades. No Norte da África, os vândalos simplesmente expropriaram a maior parte da nobreza e da Igreja locais, sem qualquer tipo de compromisso ou concessão – uma escolha que iria lhes custar caro no longo prazo. A distribuição de terras sob o sistema de "hospitalidade" provavelmente não afetou muito a estrutura da socie-

---

    a maior parte dos povos germânicos que romperam as fronteiras imperiais nessa época tinha mais ou menos o mesmo tamanho, com exércitos de campo que raras vezes somaram mais que 20 mil homens. Russell calcula que, por volta do ano 500, a população bárbara dentro do antigo Império ocidental devia ter, no máximo, 1 milhão de pessoas, em um total de 16 milhões. Russell, *Population in Europe 500-1500*, p.21.

2 O relato mais completo sobre os vários arranjos de *hospitalitas* é o de Lot, Du régime de l'hospitalité, in: *Recueil des Travaux Historiques de Ferdinand Lot*, p.63-99; ver também Jones, *The Later Roman Empire*, II, p.249-53, III, p.46.

dade romana local: dado o pequeno número de conquistadores bárbaros, os *sortes* – ou lotes a eles cedidos – nunca chegaram a cobrir mais que uma proporção dos territórios sob seu controle. Mais tarde esses lotes se concentraram por causa do medo de dispersão militar depois da ocupação: os assentamentos aglomerados dos ostrogodos no Vale do Pó se tornaram um modelo típico. Não há sinal de que a divisão de grandes herdades tenha encontrado resistência violenta da parte dos proprietários latinos. Por outro lado, seu efeito sobre as comunidades germânicas só poderia ser drástico. Pois os *sortes* não eram partilhados por todos os guerreiros germânicos que chegavam. Ao contrário, todos os pactos sobre divisão da terra que se firmaram entre romanos e bárbaros envolviam somente duas pessoas – o proprietário provincial e um parceiro germânico. Por conseguinte, os *sortes* eram, na verdade, cultivados por apenas alguns germânicos. Parece provável, portanto, que as terras passaram às mãos da elite dos clãs, que então assentaram os estratos mais baixos das tribos como seus arrendatários ou pequenos proprietários pobres.[3] De um só golpe, a elite bárbara se tornou o equivalente social da aristocracia provincial, ao passo que as camadas mais baixas se colocaram, direta ou indiretamente, sob sua dependência. Esse processo – que os documentos da época demonstram de maneira apenas oblíqua – sem dúvida foi mitigado pelas recordações ainda vívidas do igualitarismo que vigorara nas florestas e pela natureza armada de toda a comunidade invasora, a qual garantiu a condição de liberdade ao guerreiro comum. No início, os *sortes* não eram propriedade absoluta ou hereditária, e os soldados que os cultivavam provavelmente mantinham boa parte de seus direitos habituais. Mas a lógica do sistema já estava evidente: dentro de pouco mais de uma geração, uma

---

3 Esta é uma reconstrução de Thompson: The Visigoths from Fritigern to Euric, *Historia*, Bd XII, 1963, p.120-1 – a discussão recente mais acurada sobre as implicações sociais desses assentamentos. Bloch acreditava que, dentro da comunidade tribal, os *sortes* eram distribuídos de maneira desigual, por hierarquia, a partir de um fundo composto com todas as terras confiscadas, o que, portanto, teria criado, desde o início, grandes proprietários germânicos e pequenos camponeses, e não arrendatários dependentes; mas, se esta hipótese estivesse correta, o resultado final não teria sido muito diferente: *Mélanges Historiques*, I, p.134-5.

aristocracia germânica se consolidou sobre a terra, acima de um campesinato dependente – e, em alguns casos, até com escravos de outras etnias.[4] Uma vez que as federações tribais nômades se fixaram no território dentro das antigas fronteiras imperiais, a estratificação de classe se cristalizou rapidamente.

O desenvolvimento político dos povos germânicos depois das invasões confirmou e refletiu essas mudanças econômicas. A formação de um Estado e a ascensão de uma autoridade central coercitiva sobre a comunidade de guerreiros livres eram inevitáveis. Em alguns casos, a passagem de uma configuração para a outra só se realizou depois de longas e tortuosas convulsões internas: a evolução política dos visigodos, enquanto rasgavam seu caminho pela Europa, de Adrianópolis a Toulouse, entre 375 e 417, foi uma sequência desses episódios vívidos, em que o poder régio autoritário – ativamente ajudado e promovido pelas influências romanas – foi aos poucos afirmando seu domínio sobre uma turbulenta soldadesca tribal, até que chegou à Aquitânia, pouso temporário, já como um Estado dinástico institucionalizado dentro da moldura imperial.[5] O "Livro das Constituições" régias, que a nova realeza burgúndia promulgou pouco depois, foi consagrado por um pequeno grupo de 31 líderes nobres, cuja autoridade agora havia, manifestadamente, eliminado todo e qualquer anseio popular sobre as leis da comunidade tribal. O Estado Vândalo na África se tornou a autocracia mais impiedosa de todas, enfraquecida apenas por um sistema sucessório extraordinariamente excêntrico e irregular.[6] Assim como o desenho econômico dos primeiros assentamentos germânicos se baseara em uma partição formal das terras romanas, também o formato político e jurídico dos novos Estados germânicos se fundamentou sobre um dualismo oficial que separava o reinado jurídica e administrativamente

---

4 Thompson, The Barbarian Kingdoms in Gaul and Spain, *Nottingham Mediaeval Studies*, VII, 1963, p.11.

5 Thompson, The Visigoths from Fritigern to Euric, p.105-26, oferece um relato admirável sobre esse complicado itinerário geopolítico.

6 Sobre a passagem dos vândalos do tribalismo conciliar para uma autocracia régia, prejudicada por um sistema de sucessão de tipo *"tanistry"*, ver Courtois, *Les Vandales et l'Afrique*, p.234-48.

em duas ordens distintas – a mais clara evidência da inabilidade dos invasores em dominar a velha sociedade e substituí-la por uma nova organização política coerente e coextensiva. Os reinados germânicos típicos dessa fase ainda eram monarquias rudimentares, com regras de sucessão incertas, apoiadas em corpos de guardas reais ou em séquitos familiares,[7] a meio caminho entre os seguidores pessoais do passado tribal e os nobres agrários do futuro feudal. Abaixo dessas camadas estavam os guerreiros e os camponeses, cujo local de residência – especialmente nas cidades – se segregava do resto da população, sempre que possível.

Significativamente, a comunidade romana, por outro lado, manteve sua estrutura administrativa, com hierarquia, funcionários e sistema jurídico, tudo nas mãos da classe de proprietários de terras provinciais. Esse dualismo se desenvolveu com mais força na Itália dos ostrogodos, onde um aparato militar germânico e uma burocracia civil romana ficaram efetivamente justapostos dentro do governo de Teodorico, que preservou

---

7 A crença tradicional na existência generalizada de cortes e séquitos germânicos até e durante a Idade das Trevas sofreu um ataque afiado de Hans Kuhn, *Die Grenzen der germanischen Gefolgschaft*, *Zeitschrift der Savigny-Stiftung Rechtsgeschichte (Germanistische Abteilung)*, LXXXVI, 1956, p.1-83, que argumenta muito a partir da evidência filológica de que os séquitos livres eram um fenômeno relativamente raro, confinado, de início, ao sul da Germânia, que não deve ser confundido com os servidores militares não livres, ou *Dienstmänner*, os quais, supõe o autor, eram muito mais disseminados. Entretanto, o próprio Kuhn hesita quanto à possibilidade de essas cortes terem existido durante as *Völkerwanderungen* e, por fim, parece admitir essa presença (comparar p.15-6, 19-20, 79, 83). Na verdade, não se pode resolver o problema dos *Gefolgschaft* recorrendo à filologia, pois o termo em si é uma cunhagem moderna. A impureza de suas formas era inerente à instabilidade das formações sociais tribais da Germânia, tanto antes quanto depois das invasões: servidores não livres, cujos descendentes depois seriam os *ministeriales* medievais, podem ter dado lugar a cortesãos livres em mudanças de relações sociais, e *vice-versa*. As circunstâncias da época muitas vezes impossibilitam a precisão jurídica ou etimológica na definição dos grupos armados que cercavam os sucessivos líderes tribais. Naturalmente, a territorialização política posterior às invasões produziu, por sua vez, outros corpos mistos e transicionais a partir do tipo esboçado mais acima. Para uma vigorosa refutação das revisões de Kuhn, ver Schlesinger, *Randbemerkungen zu drei Aufsätzen über Sippe, Gefolgschaft und Treue*, In: *Beiträge zur Deutschen Verfassungsgeschichte des Mittelalters*, p.296-316.

a maior parte do legado da administração imperial. No mais das vezes, subsistiram dois códigos legais separados, aplicáveis a suas respectivas populações – uma lei germânica derivada das tradições de seu costume (penalidades por tarifas, jurados, laços de parentesco, juramentos) e uma lei romana que sobrevivera quase inalterada desde a época do Império. Os próprios sistemas jurídicos germânicos muitas vezes revelavam fortes influências latinas, inevitáveis a partir do momento em que os costumes orais se converteram em códigos escritos: no século V, as leis dos burgúndios e dos visigodos tomaram de empréstimo muitos elementos do código imperial de Teodósio II.[8] Mas o espírito desses empréstimos era, em geral, hostil aos princípios do clã e do parentesco enraizados nas tradições bárbaras: a autoridade dos novos Estados régios tinha de se construir contra a obstinada influência desses padrões de parentesco mais antigos.[9] Ao mesmo tempo, não houve quase nenhuma tentativa de interferir na legalidade estritamente latina que governava a vida da população romana. Assim, de diversas maneiras, as estruturas políticas e jurídicas romanas permaneceram intactas dentro desses primeiros reinos bárbaros: abastardadas, algumas estruturas germânicas equivalentes se limitaram a ficar lado a lado com as primeiras. Algo semelhante aconteceu com o padrão ideológico. Todos os grandes invasores germânicos ainda eram pagãos às vésperas de sua irrupção dentro do Império.[10] A organização social das tribos era inseparável da religião tribal. A passagem política para um sistema de Estado territorial foi, do mesmo modo, invariavelmente acompanhada por uma conversão ideológica ao cristianismo – a qual, em todos os casos, parece ter ocorrido em menos de uma geração depois da travessia das fronteiras. Não foi fruto de esforços missionários da Igreja

---

8 Wallace-Hadrill, *The Barbarian West 400-1000*, p.32.
9 Thompson, The Barbarian Kingdoms in Gaul and Spain, op. cit., p.15-6, 20.
10 Isso é contestado por Vogt, *The Decline of Rome*, p.218-20. Mas parecem persuasivas as evidências que Thompson reuniu em seu ensaio Christianity and the Northern Barbarians, In: Momigliano (Org.), *The Conflict Between Paganism and Christianity in the Fourth Century*, Oxford: 1963, p.56-78. A única exceção dessa época parece ter sido o menor contingente dos rúgios, convertidos na Baixa Áustria antes de 482.

Católica, que ignorava ou desprezava os recém-chegados ao Império.[11] Foi, objetivamente, obra do próprio processo remodelador disparado pela transplantação, do qual a mudança de fé foi o sinal interior. A religião cristã consagrou o abandono do mundo subjetivo da comunidade de clãs: uma ordem divina mais ampla foi o complemento espiritual de uma autoridade terrestre mais firme. Também nesse aspecto a primeira onda de invasores germânicos reproduziu a mesma combinação de respeito e distância diante das instituições do Império. Todos eles, de modo unânime, adotaram o arianismo, e não a ortodoxia cristã, e, assim, garantiram uma identidade religiosa separada dentro do universo comum da cristandade. A consequência foi a formação de uma Igreja Germânica "em paralelo" à Igreja Romana em todos os primeiros reinos bárbaros. Não houve perseguição ariana contra a maioria católica, exceto na África Vândala, onde a antiga aristocracia fora expropriada e a Igreja, reprimida com rigor. Em todos os outros lugares, as duas fés coexistiram em paz, e o proselitismo entre as comunidades foi, em geral, mínimo no século V. Na verdade, os ostrogodos na Itália e os visigodos na Espanha chegaram mesmo a dificultar, com obstáculos jurídicos, que os romanos adotassem o credo ariano, para assegurar a separação entre as duas populações.[12] O arianismo germânico não era fortuito nem agressivo: era um emblema de segregação dentro de uma espécie de unidade compartilhada.

Assim, concluída a demolição original e irreversível das defesas imperiais, o impacto político, econômico e ideológico da primeira onda de invasões bárbaras ficou relativamente limitado em seu âmbito positivo. Cientes das disparidades entre o que haviam destruído e o que podiam construir, os governantes germânicos se empenharam em restaurar o

---

11 Parece fantasiosa a alegação de Momigliano, segundo a qual uma das razões para a ascensão do cristianismo no final do Império Romano foi o fato de que a religião tinha um programa para integrar os bárbaros por conversão, ao passo que o paganismo clássico oferecia apenas a exclusão: *The Conflict between Paganism and Christianity in the Fourth Century*, p.14-5. Na verdade, a Igreja Católica não fez praticamente nenhum trabalho de proselitismo oficial em relação aos povos germânicos na época.

12 Thompson, The Conversion of the Visigoths to Catholicism, *Nottingham Mediaeval Studies*, IV, 1960, p.30-1; Jones, *The Later Roman Empire*, II, p.263.

máximo possível dos edifícios romanos que haviam derrubado: o maior deles, o ostrogodo Teodorico, criou um meticuloso condomínio administrativo na Itália, embelezou a capital, patrocinou a arte e a filosofia pós-clássicas e conduziu as relações exteriores no estilo tradicional do Império. Em geral, esses reinos bárbaros pouco modificaram as estruturas econômicas, sociais e culturais do mundo romano – e muito mais por fissão do que por fusão. Significativamente, eles preservaram a escravidão em larga escala, junto com outras instituições rurais básicas do Império ocidental, inclusive o colonato. Os novos nobres germânicos não demonstraram nenhuma simpatia pelos *bacaudae* – o que era compreensível – que muitas vezes foram usados pelos proprietários romanos, então seus parceiros sociais, para acabar com as insurreições. Foi somente o último líder ostrogodo, Totila, que, confrontado pelos vitoriosos exércitos bizantinos, recorreu *in extremis* à emancipação dos escravos da Itália – o que, por si só, era um testemunho de sua importância – para reconquistar apoio popular, em um desesperado ato final antes de sua destruição.[13] Para além desse exemplo solitário, vândalos, burgúndios, ostrogodos e visigodos conservaram os bandos de escravos nas grandes propriedades onde os haviam encontrado. No Mediterrâneo ocidental, a escravidão rural continuou a ser um fenômeno econômico da maior importância. A Espanha dos visigodos, em particular, parece ter contado com um número excepcionalmente grande desses escravos, a julgar pelas muitas medidas legais punitivas que se preocupavam com seu controle e pelo fato de que os cativos parecem

---

13 Mazzarino, Si può parlare di rivoluzione sociale alla fine del mondo antico?, *Centro Italiano di Studi Sull'Alto Medioevo, Settimani di Spoleto*, IX, 6-12 abr.1961, p.415-6, 422. Mazzarino acredita que camponeses insurgentes da Panônia participaram das invasões de vândalos e alanos na Gália, em 406, o que representaria um caso único de aliança entre bárbaros e camponeses contra o Estado imperial. Mas as evidências sugerem que a fonte do século V se referia, na verdade, a antigos federados ostrogodos que estavam temporariamente assentados na Panônia, em meio à população local. Ver: Varady, *Das Latze Jahrhundert Pannoniens (376-476)*, p.218 ss. Por outro lado, talvez seja equivocada a sugestão de Thompson segundo a qual as autoridades romanas podem, até certo ponto, ter assentado visigodos e burgúndios na Aquitânia e em Savoia para conter o perigo de um levante *bacaudae* local: The Settlement of the Barbarians in Southern Gaul, *The Journal of Roman Studies*, XLVI, 1956, p.65-75.

ter composto a maioria das unidades forçadas do exército permanente.[14] Assim, enquanto as cidades continuavam declinando, o campo permaneceu em grande medida intocado pela primeira onda de invasões, a não ser pelo desarranjo das guerras civis e externas e pela introdução de propriedades e camponeses germânicos ao lado dos protótipos romanos. O índice mais eloquente dos limites da penetração bárbara nessa fase foi o fato de que em lugar nenhum as invasões alteraram as fronteiras linguísticas entre os mundos latino e teutônico: nenhuma região do Ocidente romano teve sua fala germanizada por nenhum desses primeiros conquistadores. No máximo, sua chegada apenas comprometeu o domínio romano nos cantos mais remotos das províncias em intensidade suficiente para permitir que emergissem línguas e culturas pré-romanas locais: no início do século V, o basco e o celta registraram avanços maiores do que o germânico.

O tempo de vida dos primeiros Estados bárbaros não foi muito longo. A expansão franca subjugou os burgúndios e expulsou os visigodos da Gália. Expedições bizantinas esmagaram os vândalos na África e, depois de uma guerra longa e desgastante, exterminaram os ostrogodos na Itália. Por fim, invasores islâmicos comprimiram o jugo dos visigodos sobre a Espanha. Esses assentamentos deixaram poucos rastros para trás, exceto nos redutos mais ao norte da Cantábria. Foi a onda seguinte de migrações bárbaras que determinou de maneira profunda e permanente o mapa definitivo do feudalismo ocidental. Os três maiores episódios dessa segunda fase da expansão bárbara foram, é claro, a conquista franca da Gália, a ocupação anglo-saxã da Inglaterra e – um século depois, à sua maneira – o ataque lombardo à Itália. Essas migrações diferiram daquelas da primeira vaga por seu caráter e, portanto, também por sua escala.[15] Pois, em cada

---

14 Thompson, The Barbarian Kingdoms in Gaul and Spain, op. cit., p.25-7; Boutruche, *Seigneurie et féodalité*, I, p.235. Os aspectos jurídicos e militares da escravidão entre os visigodos foram documentados por Thompson, *The Goths in Spain*, p.267-74, 318-9, e, em maior extensão, por Verlinden, *L'Esclavage dans l'Europe médiévale*, I, 61-102.

15 Para uma comparação das duas vagas de migração, ver: Musset, *Les Invasions. Les Vagues germaniques*, p.116-7 ss. O livro de Musset é o trabalho de síntese mais esclarecedor sobre todo o período.

caso, representaram uma extensão relativamente modesta e direta de um ponto de partida geográfico adjacente. Os francos habitavam a Bélgica contemporânea antes de se infiltrarem rumo ao sul, para o norte da Gália. Os anglos e os saxões se localizavam nas costas germânicas do Mar do Norte, bem diante da Inglaterra. Os lombardos se reuniam na Baixa Áustria antes da invasão na Itália. Por consequência, as linhas de comunicação entre as novas regiões conquistadas e os lares recém-habitados eram curtas, de maneira que novos contingentes de tribos idênticas ou aliadas podiam chegar a todo o momento para reforçar os migrantes iniciais. O resultado foi um avanço lento e gradual na Gália, uma obscura pletora de desembarques na Inglaterra e uma série de deslocamentos paulatinos em direção à Itália, que povoaram as antigas províncias romanas com muito mais densidade do que os primeiros ataques militares da época dos hunos. Somente as primeiras invasões lombardas conservaram o caráter épico de uma verdadeira *Völkerwanderungen*. Mas mesmo elas foram se contendo e atenuando à medida que se estendiam para mais fundo e adiante do que a ocupação anterior dos ostrogodos. Embora o poder lombardo, assim como o de seus predecessores, se concentrasse nas planícies do norte, seus assentamentos empurraram, pela primeira vez, a penetração bárbara bem para o sul da Itália. Já as migrações francas e anglo-saxônicas foram movimentos estáveis de colonização armada em regiões onde havia, de fato, um vácuo político. O norte da Gália era o posto avançado do último e desamparado exército de campo romano, sessenta anos depois do colapso do sistema imperial em todo o Ocidente. O jugo romano sobre a Bretanha jamais fora desafiado em batalha; apenas expirara em silêncio quando a linha de vida que o ligava ao continente se rompeu, deixando o interior cair mais uma vez nas mãos de pequenas chefias célticas dispersas. Pode-se julgar a profundidade dessas migrações da segunda onda a partir das mudanças linguísticas que acarretaram. A Inglaterra se germanizou *en bloc*, seguindo o avanço dos assentamentos anglo-saxões — as margens célticas da ilha não proporcionaram sequer um acréscimo de vocabulário à fala dos conquistadores: sinal de que a romanização da província mais ao norte do Império fora leve e jamais afetara a massa da população. No continente, a fronteira do românico recuou para uma faixa de território de 80 a 160 quilômetros de Dunquerque à Basiléia e uns 160 a 320 quilômetros ao sul do Alto Danúbio.[16] Além disso, os francos legaram cerca de quinhentas palavras ao vocabulário francês e os lombardos, cerca de trezentas ao italiano (enquanto os visigodos haviam deixado apenas sessenta para o espanhol e os suevos, quatro para o português). A sedimentação cultural da segunda vaga de conquistas foi muito mais profunda e duradoura do que a da primeira.

É claro que uma das principais razões para isso foi o fato de a primeira onda já ter limpado do terreno a verdadeira resistência do sistema imperial do Ocidente. Suas criações se provaram singularmente frágeis e imitativas; de maneira geral, nem chegaram a reivindicar a ocupação de todo o terreno limpo. As migrações seguintes tiveram mais volume e também espaço para construir formas sociais mais abrangentes e duradouras. O dualismo rígido e quebradiço do século V foi desaparecendo ao longo do século VI (exceto na Espanha visigótica, última fortaleza da primeira geração de Estados, onde tal dualismo viria a morrer só no século VII). Um lento processo de fusão começou a ocorrer gradualmente, integrando elementos romanos e germânicos em uma nova síntese que viria a superar ambos. O mais importante desses desenvolvimentos – a emergência de um novo sistema agrário – é, infelizmente, o mais nebuloso para a historiografia. A economia rural da Gália merovíngia e da Itália lombarda continua sendo um dos capítulos mais opacos da história da agricultura ocidental. Mas certos fatos desse período são evidentes. Não havia mais razão para o sistema de *hospitalitas*. Nem os francos nem os lombardos (e muito menos os anglo-saxões, é claro) deram sequência a esse tipo de partilha regulada das propriedades agrícolas romanas. Em vez disso, parece ter ocorrido um padrão de assentamento mais amorfo. Por um lado, tanto os governantes francos quanto os lombardos passaram a simplesmente confiscar os latifúndios locais em grande escala, anexando-os ao tesouro régio ou distribuindo-os aos cortesãos de seus séquitos. A aristocracia senatorial que sobreviveu no norte da Gália recuou para o sul do Loire mesmo antes de Clóvis ter derrotado o exército de Siágrio em 486 e tomado posse dos espólios provinciais de sua vitória. Na Itália, os reis lombardos nem

---

16 Musset, *Les Invasions. Les Vagues germaniques*, p.172-81.

tentaram se conciliar com os proprietários romanos, que foram esmagados e eliminados sempre que impuseram qualquer obstáculo à apropriação de suas terras; alguns foram até reduzidos à condição de escravos.[17] Assim, a transformação da propriedade agrária provavelmente foi muito maior na segunda do que na primeira vaga de invasões. Mas, por outro lado, como a massa demográfica das migrações posteriores foi bem maior do que a das anteriores e como seu ritmo de avanço foi mais lento e mais firme, o componente popular e campesino da nova ordem rural também ficou mais evidente. Foi especialmente nesse período que as comunidades aldeãs – que viriam a ser uma característica tão proeminente do futuro feudalismo medieval – parecem ter se entrincheirado pela primeira vez na França e em todos os outros lugares. Em meio à incerteza e à anarquia dos tempos, as aldeias se multiplicaram no mesmo passo em que as *villae* declinaram como unidades de produção organizadas.

Pelo menos na Gália, pode-se atribuir esse fenômeno a dois processos convergentes. O colapso do governo romano minou a estabilidade do instrumento básico da colonização rural latina, o sistema de *villae*; agora uma antiga paisagem celta ressurgia debaixo de suas ruínas, revelando aldeias primitivas de cabanas e vivendas camponesas que a romanização da Gália havia oprimido. Ao mesmo tempo, as migrações de comunidades germânicas locais para o sul e o oeste – já não necessariamente em hordas guerreiras – trouxeram consigo muitas das tradições agrícolas de suas terras tribais, menos erodidas pelo tempo e pela viagem do que na fase das primeiras *Völkerwanderungen* épicas. Assim, tanto os lotes camponeses alodiais quanto as terras comunais das aldeias – legados diretos das florestas do norte – reapareceram nos novos assentamentos de migrantes. Por outro lado, as subsequentes guerras do período merovíngio acarretaram novas escravizações, realizadas especialmente nas fronteiras da Europa central. Na confusão e obscuridade dessa época, é impossível estimar as proporções da combinação final entre herdades nobres germânicas, arrendamentos dependentes, pequenas propriedades camponesas, terras comunais, *villae* romana remanescentes e escravidão rural. Mas está claro

---

17 Hartmann, *Geschichte Italiens im Mittelalter*, II/ii, p.2-3.

que, na Inglaterra, na França e na Itália, o campesinato étnico livre foi, de início, um dos elementos das migrações anglo-saxã, franca e lombarda – embora não se possa determinar sua extensão. Na Itália, comunidades camponesas lombardas se organizaram em colônias militares, com administrações autônomas. Na Gália, a nobreza franca recebeu terras e cargos por toda a região, fazendo do assentamento rural franco uma variante notável e indicando com clareza que os migrantes comuns ali não foram, de forma alguma, arrendatários necessariamente dependentes da antiga elite.[18] Na Inglaterra, as invasões anglo-saxãs acarretaram um colapso prematuro e total do sistema de *villa* – o qual, de qualquer maneira, já era muito mais precário que no continente, por causa da romanização limitada. Mas também aqui lordes bárbaros e camponeses livres coexistiram em diferentes combinações depois das ondas migratórias, com uma tendência geral que apontava para o aumento da dependência rural à medida que emergiam unidades políticas mais estáveis. Na Inglaterra, o abismo mais abrupto entre as ordens romana e germânica talvez tenha ocasionado uma mudança mais aguda nos métodos de cultivo agrário. Em todo caso, o padrão dos assentamentos rurais anglo-saxões contrastou de maneira bastante visível com o modelo romano que o precedera e, assim, prefigurou algumas das transformações mais importantes da futura agricultura feudal. Enquanto as herdades romanas normalmente se localizavam em colinas acidentadas com solos mais leves, que se aproximavam do terreno mediterrâneo e podiam ser cultivadas com arados simples, as fazendas anglo-saxãs se situavam tipicamente em vales com solos pesados e úmidos, nos quais os habitantes tinham de usar arados de ferro; enquanto a agricultura romana tinha um elemento pastoral mais presente, os invasores anglo-saxões tenderam a abrir amplas clareiras em charcos e florestas para formar campos aráveis.[19] As pequenas aldeias celtas espalhadas deram lugar a núcleos de vilarejos, nos quais a propriedade individual das casas camponesas se combinava aos campos abertos de cultivo coletivo. Sobre esses assentamentos, chefes e senhores locais consolidaram seus

---

18 Musset, *Les Invasions. Les Vagues germaniques*, p.209.
19 Loyn, *Anglo-Saxon England and the Norman Conquest*, p.19-22.

poderes pessoais: na virada do século VII, uma aristocracia hereditária e legalmente definida se estabilizou na Inglaterra anglo-saxã.[20] Assim, no mesmo passo em que produzia por toda parte uma aristocracia germânica com herdades maiores do que nunca, a segunda onda de invasões também povoava o interior com comunidades aldeãs permanentes e torrões de pequenas propriedades camponesas. Ao mesmo tempo, ela também reabasteceu a escravidão rural, com os cativos de guerra da época.[21] Mas ainda não era possível organizar esses elementos díspares da economia rural da Idade das Trevas em um modo de produção novo e coerente.

Politicamente, com a decadência dos legados jurídicos romanos, a segunda onda de invasões marcou ou pressagiou o fim das leis e administrações dualistas. Os lombardos não fizeram nenhum esforço para repetir o paralelismo ostrogodo na Itália. Eles reformaram o sistema civil e jurídico das regiões que ocupavam e promulgaram um novo código legal, baseado nas normas germânicas tradicionais (embora redigido em latim), que logo predominou sobre as leis romanas. Os reis merovíngios mantiveram um sistema jurídico duplo, mas, com a crescente anarquia no governo, as normas e memórias latinas foram desaparecendo aos poucos. A lei germânica se tornou cada vez mais predominante, ao passo que os tributos sobre a terra herdados de Roma ruíram diante da resistência da população e da Igreja a uma fiscalização que já não correspondia a nenhum serviço público ou Estado integrado. A tributação como um todo foi caindo também nos reinos francos. Na Inglaterra, a lei e administração romanas já haviam desaparecido quase por completo antes da chegada dos anglo-saxões, então isso não veio a ser um problema. Mesmo na Espanha visigótica, o único dos Estados bárbaros cuja ancestralidade então remontava à primeira onda de invasões, a lei e a administração dualistas chegaram ao fim nas últimas décadas do século VII, quando o monarca de Toledo aboliu os legados romanos e sujeitou toda a população a um

---

20 Ibid., p.199 ss.
21 Sobre a importância contínua dos escravos durante a Idade das Trevas, ver: Duby, *Guerriers et paysans*, p.41-3.

sistema gótico modificado.²² Por outro lado, o separatismo religioso germânico agora declinava. Os francos passaram a adotar o catolicismo logo após o batismo de Clóvis nos últimos anos do século V, depois de sua vitória sobre os alamanos. Os anglo-saxões foram se convertendo aos poucos, por causa das missões romanas do século VII. Os visigodos da Espanha renunciaram ao arianismo com a conversão de Recaredo em 587. O reino lombardo aceitou o catolicismo em 653. *Pari passu* com essas mudanças, houve, onde elas coexistiam, casamentos e assimilações constantes entre as duas classes proprietárias, a romana e a germânica. Na Itália, esse processo foi limitado pela exclusividade lombarda e pelo revanchismo bizantino, que, juntos, preveniram qualquer pacificação duradoura na península – e ainda lançaram as bases para a divisão secular entre norte e sul nas épocas posteriores. Mas na Gália tal processo continuou firme sob o governo merovíngio e, no início do século VII, já estava substancialmente concluído, com a consolidação de uma aristocracia rural una, cujas feições já não eram senatoriais nem cortesãs. Na Igreja, a mistura entre traços romanos e germânicos demorou bem mais: os bispos da Gália continuaram sendo romanos durante a maior parte do século VI e não ocorreu nenhuma fusão étnica completa na hierarquia eclesiástica até o século VIII.²³

Mas a suplantação daquelas acomodações dualistas às formas imperiais romanas não trouxe para a Idade das Trevas nenhuma fórmula política nova que fosse convincente ou permanente. Quando muito, o abandono das avançadas tradições da Antiguidade clássica acarretou uma regressão no nível de sofisticação e desempenho dos Estados que a sucederam, fenômeno agravado pelas consequências da expansão islâmica sobre o Mediterrâneo a partir do início do século VII, a qual mais tarde iria bloquear o comércio e cercar a Europa ocidental em um isolamento rural. É possível que as melhorias climáticas do século VII, as quais inauguraram um tempo um pouco mais quente e seco na Europa, e a retomada

---

22 Sobre o possível pano de fundo desse processo, ver: Thompson, *The Goths in Spain*, p.216-7.
23 Musset, *Les Invasions. Les Vagues germaniques*, p.190.

do crescimento demográfico tenham começado a beneficiar a economia rural.²⁴ Mas pouco se podia perceber a incidência de tais progressos em meio à confusão política da época. A cunhagem de moedas de ouro desapareceu depois de 650, consequência dos déficits comerciais com o Oriente bizantino e também das conquistas árabes. A monarquia merovíngia se mostrou incapaz de manter o controle sobre a cunhagem, que se degradou e dispersou. Na Gália, a tributação pública caiu no esquecimento; a diplomacia se endureceu e estreitou; a administração ficou embotada e paroquial. Na Itália, os Estados lombardos se estilhaçaram e enfraqueceram entre os enclaves bizantinos, permanecendo primitivos e defensivos. Sob essas condições, não é de surpreender que a maior realização positiva dos Estados bárbaros talvez tenha sido a conquista da própria Germânia, alcançada pelas campanhas merovíngias que se estenderam até o Weser no século VI.²⁵ Essas aquisições integraram, pela primeira vez, as terras de origem dos migrantes ao mesmo universo político das antigas províncias imperiais e, então, unificaram em uma mesma ordem cultural e territorial as duas zonas cujo conflito original havia desencadeado a Idade das Trevas. A queda dos níveis institucionais da civilização urbana na Gália franca acompanhou e permitiu sua relativa elevação na Germânia bávara e alamana. Mas, mesmo nesse campo, a administração merovíngia foi singularmente bruta e pobre: os condes despachados para governar as regiões para além do Reno não conseguiram introduzir nem a escrita, nem a moeda, nem a cristandade. Em suas estruturas econômicas, sociais e políticas, a Europa ocidental deixara para trás o dualismo precário das primeiras décadas depois da Antiguidade; ocorrera um duro processo de fusão, mas os resultados ainda continuavam disformes e heteróclitos.

---

24 Essa hipótese é encaminhada por Duby: *Guerriers et paysans*, p.17-9, 84-5. Mas as evidências são esparsas demais para permitirem quaisquer conclusões certeiras. Em geral, Duby tende a apresentar sobre essa época uma interpretação mais otimista que a de outros historiadores. Assim, ele encara o desaparecimento das moedas de ouro como um sinal da retomada do comércio e o surgimento das pequenas moedas de cobre como um índice de transações comerciais mais flexíveis e frequentes — ou seja, o contrário da visão usual sobre os registros monetários merovíngios.
25 Musset, *Les Invasions. Les Vagues germaniques*, p.130-2.

Nem a simples justaposição nem a mescla crua podiam liberar um novo modo de produção geral que fosse capaz de superar o impasse da escravidão e do colonato, formando, com isso, uma ordem social nova e coerente. Em outras palavras, somente uma *síntese* genuína poderia atingir tal feito. Uns poucos sinais premonitórios isolados pressagiaram o advento desse desfecho. O mais notável foi a emergência, evidente já no século VI, de sistemas toponímicos e antroponímicos completamente novos – combinando elementos linguísticos romanos e germânicos em unidades organizadas e estranhas a ambos – nas zonas de fronteira entre a Gália e a Germânia.[26] A língua falada, longe de seguir sempre as mudanças materiais, às vezes as antecipa.

---

26 Musset, *Les Invasions. Les Vagues germaniques*, p.197.

3
Em busca de uma síntese

A síntese histórica que por fim adveio foi, é claro, o feudalismo. O termo preciso — *Síntese* — é de Marx, junto com os de outros historiadores da época.¹ A colisão catastrófica de dois modos de produção decadentes — o primitivo e o antigo — acabou por produzir a ordem feudal que se disseminou pela Europa medieval. O fato de o feudalismo ocidental ter sido o resultado específico de uma fusão entre os legados romano e germânico já estava evidente para pensadores da Renascença, quando essa gênese foi debatida pela primeira vez.² Já a controvérsia moderna sobre a questão data, em essência, de Montesquieu, que no Iluminismo declarava serem germânicas as origens do feudalismo. Desde então, o problema das "proporções" exatas da mescla entre elementos romanos e germânicos que teria gerado o feudalismo despertou as paixões de sucessivos historiadores nacionalistas. Na verdade, até mesmo o timbre do fim da Antiguidade variou muitas vezes, de acordo com o patriotismo do cronista.

---

1 Em seu mais importante comentário sobre o método histórico, Marx falou dos resultados das conquistas germânicas como um processo de "interação" (*Wechselwirkung*) e "fusão" (*Verschmelzung*) que gerou um novo "modo de produção" (*Produktionsweise*) que foi a "síntese" (*Synthese*) de seus dois predecessores: Marx, *Grundrisse der Kritik der Politischen Okonomie (Einleitung)*, p.18.

2 Sobre o debate renascentista, ver: Kelley, De Origine Feudorum: The Beginnings of a Historical Problem, *Speculum*, XXXIX, abr. 1964, n.2, p.207-28; a discussão de Montesquieu está em *De L'Esprit des lois*, livros XXX e XXXI.

Para Dopsch, que escreveu na Áustria depois da Primeira Guerra Mundial, o colapso do Império Romano foi tão-somente o ponto culminante de séculos de pacífica absorção dos povos germânicos, vivido como uma liberação tranquila pelos habitantes do Ocidente. "O mundo romano foi conquistado gradualmente, a partir de seu interior, pelos germanos que por séculos já o haviam adentrado de forma pacífica e assimilado sua cultura, chegando até mesmo a tomar o controle da administração. A remoção de seu domínio político foi, portanto, apenas a consequência final de um longo processo de mudanças, como a retificação da nomenclatura de uma empresa cujo antigo nome há muito deixou de corresponder aos verdadeiros diretores do negócio [...]. Os germanos não foram inimigos que destruíram e varreram a cultura romana; ao contrário, eles a preservaram e desenvolveram."[3] Já para Lot, que escreveu na França, mais ou menos na mesma época, o fim da Antiguidade foi um desastre inimaginável, o holocausto da própria civilização: a lei germânica fora responsável pela "violência perpétua, desenfreada e frenética" e pela "insegurança de propriedade", cuja "medonha corrupção" a tornou "um período verdadeiramente maldito para a história".[4] Na Inglaterra, onde não houve confronto, mas apenas uma cisão entre as ordens romana e germânica, a controvérsia se deslocou para a invasão da conquista normanda, e Freeman e Round polemizaram sucessivamente acerca dos méritos relativos das contribuições "anglo-saxãs" ou "latinas" para o feudalismo local.[5] As brasas dessas

---

3 Dopsch, *Wirtschaftliche und Soziale Grundlagen der europäischen Kulturentwicklung von Caesar bis auf Karl den Großen*, I, p.413.

4 Lot, *La Fin du monde antique et le début du Moyen Age*, p.462, 463 e 469. Lot terminou o livro no final de 1921.

5 Para Freeman, "a conquista normanda foi a derrota temporária de nosso ser nacional. Mas foi apenas uma derrota temporária. Aos olhos de um observador superficial, o povo inglês pode ter parecido, por um momento, distante do rol das nações, existindo como servos de governantes estrangeiros em sua própria terra. Mas, em poucas gerações, fizemos cativos os nossos conquistadores: a Inglaterra era mais uma vez a Inglaterra". Freeman, *The History of the Norman Conquest of England, Its Causes and Results*, v.I, p.2. O panegírico de Freeman sobre a herança anglo-saxã se confrontou com a exaltação um pouco menos veemente de Round sobre a chegada dos normandos. Em 1066, "o longuíssimo cancro da paz fizera seu trabalho. A terra estava madura para o invasor, e um Salvador da Sociedade estava a postos". A conquista

disputas estão acesas ainda hoje: em uma recente conferência na Rússia, historiadores soviéticos trocaram farpas sobre a questão.[6] Mas é claro que, na verdade, a mistura exata de elementos romanos e germânicos no modo de produção feudal em si tem muito menos importância do que suas respectivas distribuições nas formações sociais variantes que emergiram na Europa medieval. Em outras palavras, como veremos, em vez de definir o mero *pedigree*, é necessário proceder a uma *tipologia* do feudalismo europeu.

Muitas vezes, a derivação original de instituições feudais específicas parece inextricável, devido à ambiguidade das fontes e ao paralelismo entre os desenvolvimentos internos dos dois sistemas sociais antecedentes. Assim, a vassalagem pode ter tido suas raízes principais tanto no *comitatus* germânico quanto na *clientela* galo-romana: duas formas de cortejo aristocrático que existiam em ambos os lados do Reno bem antes do fim do Império, duas formas que, sem dúvida, contribuíram para a emergência definitiva do sistema de vassalagem.[7] De modo similar, o benefício eclesiástico [*benefice*], com o qual a vassalagem acabou se fundindo para formar o feudo, também pode ser rastreado até algumas práticas eclesiásticas romanas tardias ou até as distribuições tribais germânicas.[8] O *manor*, por

---

normanda pelo menos trouxe à Inglaterra "algo melhor do que as entradas de nossa frugal crônica nativa". Round, *Feudal England*, p.304-5, 247.

6 Ver essa longa discussão em *Srednie Veka*, fasc. 31, 1968, do relatório de Liublinskaya, Tipologiya Rannevo Feodalizma v Zapadnoi Evrope i Problema Romano Germanskovo Sinteza, p.17-44. Os participantes eram O. L. Vainshtein, M. Ya. Siuziumov, Ya. L. Bessmertny, A. P. Kazhdan, M. D. Lordkipanidze, E. V. Gutnova, S. M. Stam, M. L. Abramson, T. I. Desnitskaya, M. M. Friedenberg e V. T. Sirotenko. Note-se, em particular, o tom das intervenções de Vainstein e Siuziumov, defensores das contribuições bárbaras e imperiais, respectivamente, sendo que este último, historiador bizantinista, expressou um tom indubitavelmente antigermânico. Parece que, em geral, os bizantinistas soviéticos, por seu próprio ofício, costumam se inclinar em favor do peso da Antiguidade na síntese feudal. A resposta de Liublinskaya nessa discussão é serena e sensata.

7 Comparar Dopsch, *Wirtschaftliche und Soziale Grundlagen*, II, p.300-2, com Bloch, *Feudal Society*, v.I, p.147-51. Algumas formas intermediárias foram os *bucellarii*, ou guarda-costas, galo-romanos e os *antrustiones* (guardas palacianos) ou *leudes* (seguidores militares) francos. Sobre os últimos, ver: Stephenson, *Mediaeval Institutions*, p.225-7, que considera os *leudes* ancestrais diretos dos *vassi* carolíngios.

8 Dopsch, *Wirtschaftliche und Soziale Grundlagen*, II, p.332-6.

outro lado, certamente deriva da *villa* ou *fundus* galo-romano, que não teve correspondente bárbaro: propriedades rurais imensas e autossuficientes, cultivadas por camponeses *coloni*, os quais entregavam a produção em espécie aos grandes donos de terras, óbvio prenúncio de uma economia senhorial.[9] Os enclaves comunais da aldeia medieval, em contraste, eram uma herança basicamente germânica: tiveram origem nos sistemas rurais da floresta e sobreviveram à evolução geral do campesinato bárbaro, que passara do regime alodial para os arrendamentos dependentes. A servidão em si descendia, provavelmente, tanto do estatuto clássico do *colonus* quanto da lenta degradação dos camponeses germânicos livres, sob a força quase coercitiva da "comendação" a clãs de guerreiros. O sistema legal e constitucional que se desenvolveu ao longo da Idade Média foi igualmente híbrido. Uma justiça de caráter popular e uma tradição de obrigações formais recíprocas entre governantes e governados dentro de uma comunidade tribal comum deixaram uma marca bastante difundida nas estruturas jurídicas do feudalismo, mesmo nos locais onde as cortes populares propriamente ditas não sobreviveram, como na França. O sistema de propriedades que mais tarde emergiu dentro das monarquias feudais devia muito a esse último. Por outro lado, o legado romano de leis escritas e codificadas também teve importância central para a síntese jurídica específica da Idade Média, ao mesmo passo em que a herança conciliar da Igreja Cristã clássica sem dúvida foi, da mesma forma, crucial para o desenvolvimento do sistema de propriedades.[10] No auge da organização política medieval, a própria instituição da monarquia feudal representou, de início, um amálgama mutável entre o líder de guerra germânico (parcialmente eletivo e com funções seculares rudimentares) e o governante imperial romano (autocrata sagrado de ilimitados poderes e responsabilidades).

---

9 Ibid., I, p.332-9. A etimologia dos termos-chave do feudalismo europeu pode lançar uma luz sombria sobre sua origem variada. "Fief" [feudo] deriva do germano antigo *vieh*, palavra que significava rebanho. "Vassal" [vassalo] vem do celta *kwas*, que, na origem, queria dizer escravo. Por outro lado, derivam do românico: "village" [aldeia], de *villa*; "serf" [servo], de *servus*; e "manor" [herdade], de *mansus*.

10 Hintze dá ênfase a essa filiação no ensaio: Weltgeschichtliche Bedingungen der Repräsentativverfassung. In: Hintze, *Gesammelte Abhandlungen*, v.I, p.134-5.

Assim, depois do colapso e da confusão da Idade das Trevas, o complexo infra e superestrutural que viria a formar a estrutura da totalidade feudal na Europa teve uma origem profundamente dupla. Entretanto, houve uma instituição que pôde atravessar toda a passagem da Antiguidade para a Idade Média sob uma continuidade essencial: a Igreja Cristã. Ela era, de fato, o frágil aqueduto pelo qual as reservas culturais do mundo clássico agora passavam para o novo universo da Europa feudal, onde a escrita se tornara clerical. Objeto histórico singular *par excellence*, cuja temporalidade peculiar jamais coincidiu com a simples sequência de processos econômicos ou políticos, mas muitas vezes se sobrepôs e sobreviveu com um ritmo próprio, a Igreja nunca foi teorizada pelo materialismo histórico.[11] Aqui não se poderá fazer nenhuma tentativa de remediar essa lacuna. Mas são necessários alguns comentários breves sobre o significado de seu papel na transição da Antiguidade para o feudalismo, pois ele vem sendo alternadamente exagerado ou negligenciado em muitas das discussões históricas sobre a época. Como já vimos, no fim da Antiguidade, a Igreja Cristã sem dúvida contribuiu para o enfraquecimento dos poderes de resistência do sistema imperial romano. E não o fez ao desmoralizar doutrinas ou valores extramundanos, como acreditavam os historiadores do Iluminismo, mas, sim, ao impor seu imenso peso mundano. Pois o vasto aparato clerical que a Igreja desovou no fim do Império foi um dos principais motivos do sobrepeso paralisante que exauriu a econo-

---

11 Oriunda de uma minoria étnica pós-tribal, triunfante no fim da Antiguidade, dominante no feudalismo, decadente e renascente sob o capitalismo, a Igreja Romana sobreviveu a todas as outras instituições – culturais, políticas, jurídicas ou linguísticas – que lhe foram historicamente contemporâneas. Engels fez uma breve reflexão sobre sua longa odisseia em *Ludwig Feuerbach and the End of German Classical Philosophy* (Marx e Engels, *Selected Works*, p.628-31); mas se limitou a registrar a dependência de suas mutações às da história geral dos modos de produção. A autonomia e a adaptabilidade regionais da Igreja – extraordinárias sob quaisquer parâmetros comparativos – ainda precisam ser exploradas com seriedade. Lukács acreditava que estas se fundamentavam na relativa permanência das relações do homem com a natureza, substrato invisível do cosmos religioso. Mas ele nunca se aventurou a tecer mais que umas poucas digressões sobre a questão. Ver: Lukács, *History and Class Consciousness*, p.235-6.

mia e a sociedade romanas. Uma segunda e enorme burocracia acabava de se somar ao ônus já opressivo do Estado secular. Em meados do século VI, os bispos e clérigos do Império remanescente eram muito mais numerosos do que os funcionários do Estado e, além disso, ganhavam salários bem mais altos.[12] O peso intolerável desse edifício cujo centro de gravidade se localizava no topo foi um fator determinante para o colapso do Império. Dessa maneira, a tese límpida de Gibbon, segundo a qual o cristianismo foi uma das duas causas fundamentais para a queda do Império Romano – suma expressiva do idealismo iluminista –, nos permite uma reformulação materialista nos dias hoje.

Ainda assim, essa mesma Igreja foi também o terreno movediço dos primeiros sintomas da liberação da técnica e da cultura ante aos limites de um mundo construído sobre o escravismo. As realizações extraordinárias da civilização greco-romana haviam sido propriedade de um pequeno estrato governante, inteiramente apartado da produção. O trabalho manual era associado à servidão e, *eo ipso*, degradante. Em termos econômicos, o modo de produção escravista acarretou uma estagnação técnica: não havia nenhum estímulo para aprimoramentos que poupassem trabalho. Assim, a tecnologia alexandrina, como vimos, perdurou até o Império Romano: surgiram poucas invenções importantes, e nenhuma delas foi aplicada em escala. Em termos culturais, porém, a escravidão possibilitou a enganosa harmonia entre o homem e o universo natural que marcou a arte e a filosofia de grande parte da Antiguidade clássica: a dispensa inquestionável do trabalho foi uma das precondições dessa serena falta de tensão com a natureza. A labuta da transformação material ou mesmo de sua supervisão gerencial ficava substancialmente fora dessa esfera. Mais que isso, a grandiosidade da herança cultural e intelectual do Império Romano não se fez acompanhar apenas por uma imobilidade técnica: ficou também restrita, por suas próprias precondições, à camada mais fina das classes governantes provinciais e metropolitanas. O índice mais eloquente dessa limitação vertical é o fato de que a grande massa da população no Império pagão não conhecia o latim. A língua do governo e das letras era

---

12 Jones, *The Later Roman Empire*, v.II, p.933-4, 1046.

monopólio de uma pequena elite. Foi a ascensão da Igreja Cristã que, pela primeira vez, indicou uma subversão e alteração dessa ordem. Pois o cristianismo rompeu a união entre homem e natureza, carne e espírito, o que potencialmente distorcia a relação entre ambos, levando-os para direções opostas e atormentadas: ascetismo e ativismo.[13] De imediato, a vitória da Igreja no final do Império não fez nada para alterar as atitudes tradicionais diante da tecnologia ou da escravatura. Ambrósio de Milão expressou a nova opinião oficial quando condenou como ímpias até mesmo "as ciências puramente teóricas da astronomia e da geometria: 'Não conhecemos sequer os segredos do Imperador e, ainda assim, reivindicamos conhecer os de Deus'".[14] De modo similar, os Pais da Igreja, de Paulo a Jerônimo, foram unânimes em aceitar a escravidão, apenas aconselhando os escravos a serem obedientes a seus senhores e os senhores a serem justos com seus escravos – afinal, não se podia encontrar a verdadeira liberdade neste mundo mesmo.[15] Na prática, a Igreja desses séculos foi quase sempre uma grande proprietária institucional de escravos, e às vezes seus bispos fize-

---

13 Essa ruptura, é claro, não se restringiu à nova religião, também se estendeu ao paganismo tradicional. Brown evoca esse fato: "Depois de gerações de atividade pública aparentemente satisfatória, foi como se a corrente que passava suavemente da experiência interior do homem para o mundo exterior tivesse sido cortada. O calor se esvaiu do ambiente familiar [...]. A máscara clássica já não servia sobre o iminente e inescrutável cerne do universo". *The World of Late Antiquity*, p.51-2. Mas, como ele demonstra, a reação pagã mais intensa foi o neoplatonismo, última doutrina de reconciliação interna entre homem e natureza, primeira teoria sensualista da *beleza*, redescoberta e apropriada, em outra época, pelo Renascentismo.

14 Thompson, *A Roman Reformer and Inventor*, p.44-5.

15 Não sem escárnio, Engels observou que "a cristandade é perfeitamente inocente dessa morte gradual da escravidão. Por séculos ela compartilhara dos frutos do escravismo no Império Romano e, tempos depois, não fez nada para impedir o tráfico de escravos cristãos". Marx e Engels, *Selected Works*, p.570. Esse julgamento foi um tanto peremptório, como se pode ver a partir da análise sutil de Bloch sobre a atitude da Igreja diante da escravidão em "Comment et pourquoi finit l'esclavage antique?" (esp. p.37-40). Mas, no fundo, as conclusões de Bloch não divergem muito das de Engels, apesar das necessárias relativizações que ele acrescenta. Para discussões mais recentes e confirmatórias sobre as primeiras atitudes cristãs diante da escravidão, ver: Westermann, *The Slave Systems of Greek and Roman Antiquity*, p.149-62; Hadjinicolaou-Marava, *Recherches sur la vie des esclaves dans le monde byzantin*, p.13-8.

ram cumprir seus direitos legais sobre a propriedade fugitiva com mais do que um mero zelo punitivo.[16]

Mas, às margens do aparato eclesiástico, o crescimento da vida monacal apontava para uma direção diferente. Os camponeses egípcios tinham uma tradição de se retirarem para eremitérios solitários no deserto, ou *anachoresis*, como forma de protesto contra a coleta de impostos ou outros males sociais. No final do século III, Antônio adaptou essa tradição a uma religiosidade anacoreta ascética. Depois, no início do século IV, Pacômio a desenvolveu como um cenobitismo comunal nas áreas cultivadas próximas ao Nilo, onde se praticavam o trabalho agrícola e a leitura, assim como a prece e o jejum;[17] no ano de 370, Basílio juntou, pela primeira vez, asceticismo, trabalho manual e instrução intelectual em uma regra monástica coesa. Embora se possa, retrospectivamente, ver essa evolução como um dos primeiros sinais de uma mudança lentíssima nas atitudes sociais perante o trabalho, o crescimento do monasticismo no final do Império Romano só deve ter agravado o parasitismo econômico da Igreja, afastando ainda mais mão de obra da produção. Tal crescimento tampouco teve um papel muito expressivo na economia bizantina, onde o monasticismo oriental logo se tornou, na melhor das hipóteses, apenas contemplativo e, na pior, ocioso e obscurantista. Por outro lado, transplantados para o Ocidente e reformulados por Benedito de Núrsia durante as sombrias profundezas do século VI, os princípios monásticos se provaram, a partir do fim da Idade das Trevas, eficazes em termos organizacionais e influentes em termos ideológicos. Pois, nas ordens monásticas ocidentais, o trabalho manual e o intelectual se uniram providencialmente para servir a Deus. A labuta agrícola adquiriu a dignidade do culto divino e agora era realizada também por monges literatos: *laborare est orare*. Isso sem dúvida derrubou uma das barreiras culturais ao progresso e à invenção técnica.

---

16 Para alguns exemplos, ver: Thompson, *The Goths in Spain*, p.305-8.

17 Chitty, *The Desert a City*, p.20-1, 27. É lamentável que este que parece ser o único estudo recente e de fôlego sobre o início do monasticismo apresente uma abordagem tão obtusamente devocional. Os comentários de Jones sobre os registros acerca do monasticismo no fim da Antiguidade são aguçados e pertinentes: *The Later Roman Empire*, II, p.930-3.

Seria um erro atribuir essa mudança a qualquer poder autossuficiente da Igreja[18] – a bifurcação no curso dos acontecimentos do Oriente e do Ocidente já deveria ser o bastante para deixar claro que foi o complexo total das relações sociais, e não a instituição religiosa em si, o que acabou por determinar os papéis econômicos e culturais do monasticismo. Sua carreira produtiva só poderia começar quando a desintegração do escravismo clássico houvesse liberado os elementos para outra dinâmica, que seria alcançada com a formação do feudalismo. O impressionante nessa difícil passagem é a ductilidade da Igreja, e não seu rigor.

Ao mesmo tempo, a Igreja foi, sem dúvida, responsável direta por mais uma transformação, formidável e silenciosa, nos últimos séculos do Império. A vulgarização e a corrupção da cultura clássica, as quais Gibbon irá denunciar, foram, na verdade, parte de um gigantesco processo de adaptação e assimilação dessa cultura por uma população mais vasta – que iria tanto arruiná-la quanto salvá-la em meio ao colapso de sua infraestrutura tradicional. Mais uma vez, a manifestação mais impressionante dessa transmissão ocorreu na linguagem. Até o século III, os camponeses da Gália e da Espanha falaram suas línguas célticas, impermeáveis à cultura da elite governante clássica: até essa data, qualquer conquista germânica dessas províncias teria surtido consequências incalculáveis para a futura história europeia. Mas, com a cristianização do Império, os bispos e clérigos das províncias ocidentais, ao se encarregarem da conversão da massa da população rural, latinizaram permanentemente seus idiomas ao longo

---

18 Esse é o maior defeito do ensaio de White, What Accelerated Technological Progress in the Western Middle Ages?. In: Crombie (Org.), *Scientific Change*, p.272-91 – uma corajosa exploração das consequências do monasticismo que é, em certos aspectos, superior ao seu *Mediaeval Technology and Social Change*, pois nela a técnica não está fetichizada como uma primeira causa histórica, mas, sim, minimamente ligada a instituições sociais. A afirmação de White acerca da importância da desanimização da natureza pelo cristianismo como precondição para a subsequente transformação tecnológica parece sedutora, mas negligencia o fato de que o Islã foi responsável por um *Entzauberung der Welt* [desencantamento do mundo] ainda mais amplo, sem qualquer impacto visível sobre a tecnologia muçulmana. Não se deve exagerar o significado do monasticismo como solvente premonitório do sistema de trabalho clássico.

dos séculos IV e V.[19] As línguas românicas foram o resultado dessa popularização, um dos principais laços de continuidade social entre a Antiguidade e a Idade Média. Sem essa latinização anterior, as consequências de uma conquista germânica sobre as províncias ocidentais só podem ser imaginadas, mas a importância de tal realização seria grandiosa e evidente.

Essa façanha fundamental da Igreja nascente indica seu verdadeiro lugar e função na passagem para o feudalismo. Sua eficácia autônoma não se encontra no reino das relações econômicas ou das estruturas sociais — onde às vezes a procuram, de maneira equivocada — mas, sim, na esfera cultural que paira acima daquelas — em toda a sua limitação e imensidade. A civilização da Antiguidade clássica se definiu pelo desenvolvimento de superestruturas de sofisticação e complexidade inigualáveis, erguidas sobre infraestruturas materiais de relativa crueza e simplicidade: no mundo greco-romano sempre houve uma dramática desproporção entre a rebuscada abóboda política-intelectual e o acanhado chão que a sustentava. Quando chegou seu colapso derradeiro, nada podia ser menos óbvio que a possibilidade de essa herança superestrutural — agora absurdamente distante das realidades sociais imediatas — sobreviver, mesmo que bastante comprometida. Para tanto era necessário um recipiente específico, que estivesse longe o bastante das instituições clássicas da Antiguidade mas que, ainda assim, fosse moldado por ela e, portanto, capaz de escapar ao desmoronamento geral para transmitir as mensagens misteriosas do passado ao futuro próximo. A Igreja desempenhou esse papel.

---

19 Brown, *The World of Late Antiquity*, p.130. Sob certos aspectos, esse trabalho constitui a reflexão mais brilhante dos últimos anos sobre o fim da época clássica. Um de seus temas centrais é a criatividade vital com que a cristandade transmitiu, com adulterações, a cultura clássica para ordens mais baixas e eras posteriores, produzindo a arte característica da Antiguidade tardia. A degradação social e intelectual foi o calvário salutar que salvou essa cultura. É notável a semelhança dessa concepção (a qual Brown expressou com muito mais força do que qualquer outro escritor) com a noção típica de Gramsci acerca do relacionamento entre o Renascimento e a Reforma. Gramsci acreditava que o esplendor cultural da Renascença, refinamento de uma elite aristocrática, teve de ser embrutecido e turvado pelo obscurantismo da Reforma antes de passar às massas e depois, em última instância, ressurgir sobre uma fundação mais ampla e mais livre. Gramsci, *Il materialismo storico*, p.85.

Em certos aspectos importantes, a civilização superestrutural da Antiguidade se manteve superior à do feudalismo por um milênio — até a época em que este iria, conscientemente, denominar a si mesmo de Renascença, para marcar a regressão que se impunha. A condição de existência dessa capacidade de perdurar em meio aos séculos caóticos e primitivos da Idade das Trevas foi o caráter de resistência da Igreja. Nenhuma outra transição dinâmica de um modo de produção a outro revela a mesma ampliação no desenvolvimento superestrutural: não por acaso, mais nenhuma apresenta uma instituição de tamanho alcance.

Assim, a Igreja foi a ponte indispensável entre duas épocas, em uma passagem "catastrófica", e não "acumulativa", entre dois modos de produção (cuja estrutura, portanto, necessariamente diferiu *in toto* da transição entre feudalismo e capitalismo). Ela também foi, significativamente, o mentor oficial da primeira tentativa sistemática de "renovar" o Império no Ocidente: a Monarquia Carolíngia. Com o Estado carolíngio, começa a história do feudalismo propriamente dito. Pois, a partir de uma inversão característica, esse gigantesco esforço ideológico e administrativo para "recriar" o Sistema Imperial do mundo antigo na verdade incluía e ocultava o assentamento involuntário das fundações de um mundo novo. Foi na era carolíngia que se deram os passos decisivos para a formação do feudalismo.

Mas nem mesmo a imponente expansão da nova dinastia franca conseguia dar uma ideia imediata do que seria seu legado definitivo para a Europa. Seu lema manifesto e dominante era a unificação política e militar do Ocidente. Carlos Martel derrotou os árabes em Poitiers, no ano de 733 e, assim, conteve o avanço do Islã, que acabara de absorver o Estado visigótico na Espanha. Daí em diante, em rápidos trinta anos, Carlos Magno anexou a Itália lombarda, conquistou a Saxônia e a Frísia, incorporou a Catalunha. A partir de então, ele se tornou o governante único de todo o continente cristão além das fronteiras de Bizâncio, com exceção do inacessível litoral das Astúrias. No ano de 800, ele assumiu o título, extinto havia muito, de Imperador do Ocidente. A expansão carolíngia não foi apenas um alargamento territorial. Suas reivindicações imperiais corresponderam a um verdadeiro renascimento cultural e administrativo por todo o Ocidente continental. O sistema de cunhagem de moedas foi reformado e padronizado, com seu controle central agora reassumido. Em forte sintonia com a Igreja, a monarquia carolíngia patrocinou uma renovação na literatura, na filosofia, nas artes e na educação. Despacharam-se missões religiosas para terras pagãs além das fronteiras do Império. A nova zona de fronteira com a Germânia, alargada pela sujeição das tribos saxônicas, recebeu, pela primeira vez, atenção especial e um esforço de conversão sistemática – programa facilitado pela transferência da corte carolíngia para Aachen, no meio do caminho entre o Loire e o Elba. Além disso, uma rede administrativa elaborada e centralizada se impôs sobre todo o território, da Catalunha a Schleswig e da Normandia à Estíria. Sua unidade básica era o condado, que derivava da antiga *civitatis* romana. Nobres de confiança eram designados condes, com poderes militares e judiciais para governar essas regiões, uma clara e firme delegação da autoridade pública, revogável pelo imperador. Talvez houvesse algo entre 250 e 350 desses condes em todo o Império; eles não tinham salário, mas recebiam uma proporção das rendas do rei no local e doações de terras no condado.[20] As carreiras desses cortesãos não se confinavam a um único distrito: um nobre competente podia se transferir sucessivas vezes para outras áreas, embora, na prática, fossem raras as revogações e mudanças de condado. Os casamentos e as migrações de famílias proprietárias de várias regiões do Império criaram certa base social para uma aristocracia "supraétnica", imbuída da ideologia imperial.[21] Ao mesmo tempo, o sistema de condados regionais ficava embaixo de um grupo menor de magnatas seculares e clericais, quase sempre mais próximos do séquito pessoal do imperador e oriundos, em sua maioria, da Lorena e da Alsácia. Estes formavam os *missi dominici*, uma reserva móvel de agentes imperiais diretos, enviados como plenipotenciários para lidar com dificuldades específicas ou problemas mais complicados nas províncias distantes. Os *missi* se tornaram instituição regular do governo de Carlos Magno a partir do ano 802; normalmente despachados em pares, eles foram sendo cada vez mais recrutados entre bispos e abades, uma forma de isolá-los das pres-

---

20 Ganshof, *The Carolingians and the frankish monarchy*, p.91.
21 Fichtenau, *The Carolingian Empire*, p.110-3.

sões locais nas missões. Eram eles que, em princípio, garantiam a integração efetiva da vasta rede cortesã. Os documentos escritos começaram a ser mais utilizados em um esforço para melhorar as tradições iletradas que vinham dos merovíngios.[22] Mas, na prática, havia muitas brechas e atrasos nesse maquinário, cujo funcionamento, na ausência de uma burocracia séria que fornecesse uma integração impessoal do sistema, sempre foi extremamente lento e desajeitado. Mesmo assim, dadas as condições da época, os objetivos e a escala dos ideais administrativos dos carolíngios foram uma realização formidável.

Mas as verdadeiras inovações germinais desse tempo se localizam em outra instância: na emergência gradual de instituições fundamentais do feudalismo abaixo do aparato do governo imperial. A Gália merovíngia conhecera tanto o juramento de lealdade pessoal ao monarca reinante quanto a doação de terras do rei a nobres seguidores. Mas essas práticas nunca haviam se combinado em um sistema único ou significativo. Em geral, os governantes merovíngios distribuíam propriedades diretamente ao séquito leal, emprestando o termo eclesiástico *"beneficium"* para denominar tais doações. Tempos depois, a linhagem arnulfida, com o objetivo de arregimentar mais tropas para seus exércitos, passou a confiscar terras da Igreja para distribuí-las como doações;[23] ao mesmo passo, Pepino III recompensou a Igreja com a introdução do dízimo, que daí em diante seria a única forma mais próxima à taxação geral no reino franco. Mas foi a época do próprio Carlos Magno que anunciou a síntese crucial entre doações de terra e laços de obrigações. Durante o final do século VIII, a "vassalagem" (homenagem pessoal) e o "benefício" (doação de terra) foram se fundindo aos poucos. Já no curso do século IX, o "benefício", por sua vez, ficou cada vez mais associado à "honra" (função e jurisdição pública).[24] Daí em diante, as distribuições de terra por parte dos governantes deixaram de ser doações e se tornaram arrendamentos condicionais, estabelecidos em troca de obrigações juradas; e, em termos legais,

---

22 Ganshof, *The Carolingians and the frankish monarchy*, p.125-35.
23 Bullough, *The Age of Charlemagne*, p.35-6.
24 Halphen, *Charlemagne et l'Empire carolingien*, p.198-206, 486-93; Boutruche, *Seigneurie et féodalité*, I, p.150-9.

as posições administrativas inferiores tenderam a se aproximar desse esquema. Uma classe de *vassi dominici*, vassalos do próprio imperador, que recebiam benefícios diretamente de Carlos Magno, passava a se desenvolver no campo, formando uma classe de donos de terras disseminada por entre as autoridades cortesãs do Império. Eram esses *vassi* régios que constituíam o núcleo do exército carolíngio, convocado ano após ano para servir nas constantes campanhas de Carlos Magno no exterior. Mas o sistema se estendia para muito além da lealdade direta ao imperador. Outros vassalos recebiam benefícios de príncipes que eram, eles próprios, vassalos do soberano. Ao mesmo tempo, "imunidades" legais que, de início, eram prerrogativa da Igreja – isenções jurídicas concedidas por códigos germânicos anteriores à Idade das Trevas –, começaram a se espalhar entre os guerreiros seculares. A partir de então, os vassalos detentores dessas imunidades ficaram protegidos contra interferências da corte em suas propriedades. O resultado final dessa evolução convergente foi o surgimento do "feudo", uma doação de terra delegada, investida de poderes políticos e jurídicos, em troca de serviço militar. Mais ou menos na mesma época, o desenvolvimento militar da cavalaria pesada contribuiu para a consolidação desse novo vínculo institucional, embora não tenha sido responsável por seu aparecimento. Demorou um século para que o sistema de feudos completo pudesse se moldar e se enraizar no Ocidente; mas seu primeiro núcleo inequívoco já era visível sob o mando de Carlos Magno.

Enquanto isso, as guerras constantes do reino tenderam a oprimir cada vez mais a massa da população rural. A precondição para o campesinato guerreiro e livre na sociedade germânica tradicional fora o cultivo itinerante e a guerra sazonal e localizada. Quando o assentamento agrícola se estabilizou e as campanhas militares ficaram mais vastas e demoradas, a base material para uma unidade social na luta e no cultivo se quebrou, inevitavelmente. A guerra se tornou uma prerrogativa distante, restrita à cavalaria nobre, e um campesinato sedentário ficou em casa, mantendo um ritmo permanente nas lavouras, desarmado e sobrecarregado com o abastecimento dos exércitos reais.[25] O resultado veio a ser a deterioração

---

25 Ver as aguçadas observações de Duby: *Guerriers et paysans*, p.55.

generalizada das condições da população agrária. Assim, foi também nesse período que tomou forma a unidade de produção feudal característica, cultivada por um campesinato dependente. O Império Carolíngio era, na prática, uma porção de terra fechada, com pouquíssimo comércio exterior (apesar das fronteiras com o Mediterrâneo e o Mar do Norte) e uma morosa circulação monetária: sua resposta econômica ao isolamento foi o desenvolvimento do sistema senhorial. A *villa* do reino de Carlos Magno já antecipava a estrutura do senhorio do início da Idade Média – uma imensa propriedade autárquica composta por uma sede senhorial e uma infinidade de pequenos lotes camponeses. O tamanho desses domínios nobres ou clericais era, no mais das vezes, bastante considerável – de 800 a 1600 hectares de extensão. A produção agrícola continuava extremamente baixa; mesmo as proporções de 1:1 não eram raras, tão primitivos eram os métodos de cultivo.[26] A reserva senhorial em si, o *mansus indominicatus*, podia cobrir algo como um quarto da área total; o resto era cultivado por *servi* ou *mancipia* assentados em pequenos *manses*. Eles formavam a maior parte da força de trabalho rural dependente; embora sua denominação jurídica ainda fosse a palavra romana que significava "escravo", sua condição, na verdade, já se aproximava à do futuro "servo" medieval, uma mudança registrada pelo deslocamento semântico no uso do termo *servus* ao longo do século VIII. O *ergastulum* havia desaparecido. Os *mancipia* carolíngios eram, em geral, famílias camponesas presas à terra, que pagavam obrigações em espécie ou em serviços a seus senhores: extorsões que, na verdade, talvez fossem ainda maiores que as do colonato galo-romano. As maiores herdades carolíngias também podiam conter rendeiros camponeses livres (nos *manses ingenuiles*), que também deviam obrigações e serviços, mas sem dependência servil; estes, no entanto, eram bem menos comuns.[27] Com mais frequência, para o trabalho na reserva senhorial, os serviços dos *mancipia* recebiam o complemento de mão de obra contratada e de escravos genuínos, que não haviam desaparecido, de forma alguma. Dada à ambiguidade da terminologia da época, é impossível fixar com alguma precisão

---

26 Boussard, *The Civilization of Charlemagne*, p.57-60; Duby, *Guerriers et paysans*, p.38.
27 Bautier, *The Economic Development of Mediaeval Europe*, p.44-5.

o verdadeiro volume do trabalho escravo na Europa carolíngia, mas a estimativa gira em torno de 10 a 20% da população rural.²⁸ É claro que o sistema de *villa* não significava que a propriedade da terra tivesse se tornado exclusivamente aristocrática. Entre os grandes tratos de terra dos domínios senhoriais continuavam existindo pequenas porções alodiais, possuídas e cultivadas por camponeses livres – os *pagenses* ou *mediocres*. Ainda é preciso determinar sua quantidade relativa, embora esteja claro que, nos primeiros anos do reino de Carlos Magno, uma parte significativa da população camponesa permanecia acima da condição de servidão. Mas, daí em diante, as relações básicas de produção rural de uma nova era foram ficando cada vez mais claras.

À época da morte de Carlos Magno, as principais instituições do feudalismo já estavam presentes, debaixo do dossel de um Império pseudorromano centralizado. Na verdade, logo ficou claro que a rápida disseminação dos benefícios e a crescente hereditariedade tendiam a minar todo o desajeitado aparato do Estado carolíngio – cujas ambições expansionistas jamais corresponderam à sua verdadeira capacidade de integração administrativa, dado o nível extremamente baixo das forças de produção nos séculos VIII e IX. A unidade interna do Império logo desmoronou, em meio a guerras civis entre dinastias e à crescente regionalização da classe magnata que a mantinha unida. Ocorreu uma precária divisão tripartite do Ocidente. Ataques externos, selvagens e inesperados, vindos de todos os pontos cardeais, por mar e por terra, de invasores vikings, sarracenos e magiares, então pulverizaram o que restava de todo o sistema para-imperial de governo cortesão. Não existia nenhum exército ou marinha permanente para resistir a essas investidas; a cavalaria franca era lenta e desastrada para se mobilizar; a flor ideológica da aristocracia carolíngia perecera nas guerras civis. Ruiu a estrutura política centralizada que Carlos Magno havia legado. Por volta dos anos 850, os benefícios já eram hereditários em quase todas as partes; nos anos 870, os últimos *missi dominici* tinham

---

28 Boutruche, *Seigneurie et féodalité*, I, p.130-1; ver também a discussão de Duby, *Guerriers et Paysans*, p.100-3. Há uma boa análise da mudança geral da escravidão para a servidão na França carolíngia, nos termos de *status* legal, em Verlinden, *L'Esclavage dans l'Europe medievale*, I, p.733-47.

desaparecido; nos 880, os *vassi dominici* estavam sujeitos a potentados locais; nos 890, os condes haviam se tornado senhores regionais hereditários.[29] Foi nas últimas décadas do século IX, enquanto bandos vikings e magiares assolavam o continente europeu ocidental, que o termo *feudum* começou a ser usado pela primeira vez – palavra totalmente medieval para "fief" [feudo]. Também foi nessa época que o interior da França, em particular, se encheu de castelos e fortificações privadas, erguidos por senhores rurais sem qualquer tipo de permissão imperial, para resistir aos novos ataques bárbaros e consolidar seu poder local. A nova paisagem de castelos era, a um só tempo, proteção e prisão para a população rural. O campesinato – que já vinha caindo em sujeição progressiva desde os últimos anos de inflação e guerras do reinado de Carlos Magno – agora finalmente sucumbia à servidão generalizada. O entrincheiramento de donos de terras e condes locais nas províncias, por meio do sistema de feudos nascente, e a consolidação de suas propriedades senhoriais e de suas suseranias sobre o campesinato provaram ser a pedra fundamental do feudalismo que foi se solidificando lentamente por toda a Europa nos dois séculos seguintes.

---

29 Boussard, *The Civilization of Charlemagne*, p.227-9; Musset, *Les Invasions. Le Second Assaut contre l'Europe chrétienne*, p.158-65.

SEGUNDA PARTE

I. Europa Ocidental

1
O modo de produção feudal

O modo de produção feudal que emergiu na Europa ocidental se caracterizava por uma unidade complexa. Suas definições tradicionais muitas vezes ofereceram tal fato de maneira apenas parcial, fazendo com que se tornasse cada vez mais difícil construir qualquer relato sobre a dinâmica do desenvolvimento feudal. Foi um modo de produção dominado pela terra e por uma economia natural, em que nem o trabalho nem os produtos do trabalho eram mercadorias. O produtor imediato – o camponês – estava ligado ao meio de produção – o solo – por uma relação social bem específica. A fórmula literal desse relacionamento vinha expressa na definição legal de servidão – *glebae adscripti*, ou ligados à terra: juridicamente, os servos tinham mobilidade restrita.[1] Os camponeses que ocupavam e cultivavam a terra não eram seus donos. A propriedade agrária era controlada por uma classe de senhores feudais, que extraía o excedente dos camponeses por meio de relações político-legais de coação. Assumindo a forma de serviços prestados, pagamentos em espécie ou dívidas que o camponês devia ao senhor, essa coerção se exercia tanto nas terras senhoriais diretamente ligadas à pessoa do senhor, quanto nas pequenas faixas arrendadas ou nos

---

1 Cronologicamente, essa definição legal surgiu muito mais tarde do que o fenômeno concreto que ela designava. Foi uma definição inventada por juristas da lei romana nos séculos XI e XII e popularizada no século XIV. Ver Bloch: *Les Caractères originaux de l'histoire rurale française*, p.89-90. Seguidas vezes encontraremos exemplos dessa defasagem na codificação jurídica das relações sociais e econômicas.

virgates [pequenas porções de terra] cultivados pelos camponeses. O resultado inevitável foi um amálgama jurídico entre exploração econômica e autoridade política. O camponês ficava sujeito à jurisdição do senhor. Ao mesmo tempo, os direitos de propriedade do senhor sobre a terra eram, geralmente, uma questão de hierarquia: estes lhe eram investidos por um nobre superior (ou nobres), a quem o senhor passava a dever serviços de cavaleiro – fornecimento de efetivo militar em tempos de guerra. Em outras palavras, suas herdades eram tidas como um feudo. O senhor suserano, por sua vez, muitas vezes era vassalo de um senhor feudal superior,[2] e essa cadeia de posses dependentes ligadas ao serviço militar se estendia até o pico mais alto do sistema – na maioria dos casos, um monarca –, a quem, em última instância, toda a terra pertencia por princípio. No início da época medieval, os laços intermediários típicos dessa hierarquia feudal, entre o simples senhorio e a monarquia suserana, eram a castelania, o baronato, o condado e o principado. Como consequência desse sistema, a soberania política nunca se concentrou em um único ponto. As funções do Estado se desintegravam em sucessivas concessões verticais, dentro de cujos níveis, porém, as relações econômicas e políticas voltavam a se integrar. Esse parcelamento da soberania iria constituir todo o modo de produção feudal.

Seguiram-se três especificidades estruturais do feudalismo ocidental, todas elas de importância fundamental para sua dinâmica. Em primeiro lugar, a sobrevivência das terras aldeãs comunais e dos lotes camponeses alodiais não foi incompatível com o modo de produção feudal, embora tivesse origem anterior ao feudalismo. Pois a divisão feudal de soberanias em zonas particularizadas, com limites sobrepostos e nenhum centro universal de competência, sempre permitiu a existência de entidades corporativas "alógenas" dentro de seus interstícios. Assim, embora a classe feudal às vezes tentasse impor a regra do *nulle terre sans seigneur*, isso nunca chegou a acontecer na prática em nenhuma formação social feudal: terras

---

2 Nos casos em que um vassalo devia lealdade a mais de um senhor, a suserania era, tecnicamente, a forma de homenagem que precedia a todas as outras. Mas, na prática, senhores suseranos logo se tornaram sinônimos de qualquer superior feudal, e a suserania perdeu sua distinção original e específica. Bloch, *Feudal Society*, p.214-8.

comunais — pastos, campos e florestas — e porções alodiais espalhadas continuaram sendo um setor significativo da autonomia e da resistência camponesa, com consequências importantes sobre toda a produtividade agrícola.[3] Além disso, mesmo dentro do próprio sistema senhorial, a estrutura escalar da propriedade do senhor se expressava não apenas na típica divisão de herdades diretamente organizadas por seus administradores e cultivadas por seus vilões, mas também nos *virgates* camponeses, dos quais o senhor recebia um excedente complementar, mas nos quais a organização e o controle da produção cabiam aos próprios vilões.[4] Assim, não havia uma concentração simples e horizontal das duas classes básicas da economia rural dentro de uma forma de propriedade única e homogênea. Dentro das terras senhoriais, as relações de produção eram mediadas por um estatuto agrário dual. Mais que isso, muitas vezes havia um descompasso ainda maior entre a justiça à qual os servos se sujeitavam nas cortes de seu senhor e as jurisdições senhoriais sobre o território. No mais das vezes, os domínios não coincidiam com um único povoado, estavam, em vez disso, distribuídos por vários vilarejos diferentes; assim, sobre uma mesma vila

---

[3] Engels sempre enfatizou, com precisão, as consequências sociais que as comunidades aldeãs — integradas pelas terras comuns e pelo sistema de três campos — trouxeram para a condição do campesinato medieval. Como ele observou em *The Origin of the Family, Private Property and the State*, foram tais comunidades que "deram à classe oprimida, os camponeses, mesmo sob as mais duras condições da servidão medieval, uma coesão local e os meios de resistência que nem os escravos da Antiguidade nem os proletários modernos tiveram em mãos". Marx e Engels, *Selected Works*, p.575. Baseando-se no trabalho do historiador alemão Maurer, Engels acreditava, equivocadamente, que essas comunidades, as quais datavam do início da Idade das Trevas, eram "associações de marca"; mas, na verdade, estas últimas foram uma inovação do fim da Idade Média, aparecendo pela primeira vez no século XIV. Esse erro, porém, não prejudica o argumento essencial de Engels.

[4] Os domínios medievais variavam em estrutura, conforme o equilíbrio relativo entre esses dois componentes. Em um extremo, havia (umas poucas) herdades inteiramente dedicadas ao cultivo senhorial, como as "granjas" cistercienses lavradas por irmãos leigos. No outro extremo, havia algumas herdades inteiramente arrendadas a camponeses. Mas o modelo típico foi sempre uma combinação de ambos os modos, nas mais diversas proporções: "essa composição bilateral da herdade e de suas rendas foi a verdadeira marca da propriedade senhorial típica". Postan, *The Mediaeval Economy and Society*, p.89-94.

podia se entrecruzar uma multiplicidade de posses senhoriais diversas. Acima desse intricado labirinto jurídico normalmente pairava a *haute justice* dos senhorios territoriais, cuja área de competência era geográfica, e não senhorial.[5] Assim, nesse sistema, a classe camponesa da qual se extraía o excedente habitava um mundo social de poderes e reivindicações sobrepostas, e essa pluralidade de "instâncias" de exploração criava discrepâncias latentes que seriam impossíveis em um sistema jurídico e econômico mais unificado. A coexistência de terras comunais, porções alodiais e *virgates* campesinos com a herdade senhorial em si foi constitutiva do modo de produção feudal na Europa ocidental e teve implicações cruciais para seu desenvolvimento.

Em segundo lugar, e ainda mais importante, o parcelamento feudal das soberanias acabou produzindo o fenômeno da cidade medieval na Europa ocidental. Também aqui, mais uma vez, não se deve localizar a gênese da produção urbana de mercadorias dentro do feudalismo em si: essa o precede, é claro. No entanto, o modo de produção feudal foi o *primeiro* a lhe permitir um *desenvolvimento autônomo* dentro de uma economia agrária-natural. Muitas vezes, o fato de as maiores cidades medievais jamais terem rivalizado com as da Antiguidade ou dos impérios asiáticos obscureceu a verdade de que suas funções dentro da formação social eram muito mais avançadas. No Império Romano, com sua civilização urbana altamente sofisticada, as cidades se subordinavam ao mando de proprietários nobres que viviam nelas, mas não delas. Na China, vastas aglomerações provinciais eram controladas por burocratas mandarins que residiam em distritos especiais, separados de toda a atividade comercial. Em contraste, as paradigmáticas cidades medievais que praticavam o comércio e a manufatura eram comunas autogovernadas, com autonomia política e militar frente à nobreza e à Igreja. Marx viu essa diferença com muita clareza e lhe conferiu uma expressão memorável: "A história da Antiguidade clássica é

---

5 Há um excelente relato sobre os traços básicos desse sistema em Slicher Van Bath, *The Agrarian History of Western Europe*, p.46-51. Onde não havia senhorios territoriais, como na maior parte da Inglaterra, domínios diversos dentro de uma mesma aldeia deram à comunidade camponesa uma considerável margem para autorregulamentação. Ver Postan, *The Mediaeval Economy and Society*, p.117.

a história das cidades, mas de cidades baseadas na propriedade da terra e na agricultura; a história da Ásia é a de uma espécie de unidade indiferenciada entre campo e cidade (deve-se encarar a grande cidade propriamente dita como um mero acampamento militar do príncipe, sobreposto à estrutura econômica real); a Idade Média (período germânico) começa com o campo como *locus* da história, cujo desenvolvimento prossegue até a oposição entre cidade e campo; a história moderna é a da urbanização do campo e não, como entre os antigos, a da ruralização da cidade".[6] Assim, a *oposição dinâmica* entre cidade e campo só foi possível no modo de produção feudal: oposição entre uma economia urbana de crescente troca de mercadorias – controlada por mercadores e organizada em guildas e corporações – e uma economia rural de trocas naturais – controlada por nobres e organizada em propriedades senhoriais e pequenos lotes, com enclaves camponeses individuais e comunais. Não é preciso dizer que a preponderância desse último polo era enorme: o modo de produção feudal foi esmagadoramente agrário. Mas, como veremos, as leis de suas dinâmicas foram governadas pela unidade complexa de suas diferentes regiões, e não por um simples predomínio da propriedade senhorial.

Em terceiro lugar, havia uma ambiguidade ou oscilação inerente no vértice de toda a hierarquia das dependências feudais. O "cume" da cadeia também era, em certos aspectos importantes, o elo mais fraco. Em princípio, o nível mais alto da hierarquia feudal em qualquer território da Europa ocidental era diferente dos senhorios subordinados apenas em grau, e não em gênero. Em outras palavras, o monarca era um suserano feudal de seus vassalos, aos quais estava ligado por laços recíprocos de fidelidade, e não um soberano supremo colocado acima de seus súditos. Seus recursos econômicos provinham quase exclusivamente de seus domínios pessoais como senhor, e suas reivindicações sobre os vassalos tinham uma natureza essencialmente militar. Ele não tinha acesso político direto à população como um todo, pois tal jurisdição era mediada por inúmeras camadas de vassalagem. Na verdade, ele era senhor apenas de suas propriedades, sendo, nos outros locais, uma figura meramente decorativa.

---

6 Marx, *Pre-Capitalist Formations*, p.77-8.

Um modelo mais bem acabado dessa organização política, no qual o poder estivesse estratificado de tal modo a retirar de seu ápice toda e qualquer autoridade plenipotenciária ou qualitativamente separada, jamais chegou a existir em parte alguma da Europa medieval.[7] Pois esse tipo de organização implicaria a ausência de um mecanismo real de integração no topo do sistema feudal, o que imporia uma ameaça permanente à sua estabilidade e sobrevivência. A fragmentação completa da soberania seria incompatível com a unidade de classe da própria nobreza, pois a potencial anarquia subjacente iria romper todo o modo de produção sobre o qual repousavam seus privilégios. Havia, portanto, uma contradição inerente dentro do feudalismo, entre sua rigorosa tendência à decomposição da soberania e sua exigência absoluta de um centro de autoridade no qual pudesse ocorrer uma recomposição pragmática. Desse modo, a *monarquia* feudal jamais se reduziu inteiramente à suserania do rei: em certa medida, ela sempre existiu em um âmbito jurídico e ideológico situado além das relações de vassalagem — cujos vértices, aliás, podiam ser potentados de duques ou condes — e sempre possuiu direitos aos quais esses últimos não podiam aspirar. Ao mesmo tempo, verdadeiro poder régio sempre teve de ser afirmado e imposto contra a corrente espontânea da organização política feudal como um todo, em uma luta constante para estabelecer uma autoridade "pública" fora da compacta rede de jurisdições privadas. Assim, o modo de produção feudal do Ocidente originalmente especificou em sua

---

7 Com alguma frequência, o Estado que os cruzados fundaram no Levante tem sido considerado o exemplo mais próximo de uma perfeita constituição feudal. As construções ultramarinas do feudalismo europeu foram criadas *ex nihilo*, em um ambiente estranho, e, assim, assumiram uma forma jurídica excepcionalmente sistemática. Engels, entre outros, observou essa singularidade: "Será que o feudalismo chegou a corresponder a seu conceito? Fundado no reino dos francos ocidentais, desenvolvido na Normandia pelos conquistadores noruegueses, continuado pelos franco-normandos na Inglaterra e no sul da Itália, ele chegou mais próximo a seu conceito no efêmero reino de Jerusalém, que deixou nos *Julgamentos de Jerusalém* a mais clássica expressão da ordem feudal". Marx, Engels, *Selected Correspondence*, p.484. Mas nem mesmo no reino cruzado a realidade prática chegou a corresponder à codificação legal de seus juristas baroniais.

estrutura uma tensão e uma contradição dinâmicas dentro do Estado centrífugo que produziu e reproduziu de maneira orgânica.

Logicamente, tal sistema político impediu a existência de uma burocracia extensa e dividiu as funções de dominação de classe sob uma forma nova. Pois, por um lado, o parcelamento da soberania no início da Europa medieval acarretou a constituição de uma ordem ideológica completamente separada. A Igreja – que no final da Antiguidade sempre estivera integrada e subordinada às engrenagens do Estado imperial – agora se tornava uma instituição eminentemente autônoma dentro da organização política feudal. Fonte única da autoridade religiosa, seu comando sobre as crenças e os valores das massas era imenso; mas a organização eclesiástica era diferente daquela de qualquer nobreza ou monarquia secular. Por causa da dispersão da coerção que marcou o feudalismo ocidental nascente, a Igreja podia defender seus próprios interesses corporativos a partir de redutos territoriais e, se necessário, com força armada. Conflitos institucionais entre senhores leigos e religiosos eram endêmicos na época medieval: seu resultado foi uma cisão na estrutura da legitimidade feudal, cujas consequências culturais para o desenvolvimento intelectual posterior seriam consideráveis. Por outro lado, o próprio governo secular se estreitou em um novo molde. Ele se tornou, em essência, o exercício da "justiça", a qual ocupava sob o feudalismo uma posição funcional totalmente distinta da que ocupa sob o capitalismo. A justiça era a modalidade *central* do poder político – assim especificada pela própria natureza da organização política medieval. Pois, como vimos, a hierarquia feudal pura excluía todo e qualquer "executivo", no sentido moderno de um aparato de Estado administrativo permanente para a imposição da lei: o parcelamento da soberania o tornava desnecessário e impossível. Ao mesmo tempo, também não havia espaço para uma "legislatura" ortodoxa de tipo moderno, uma vez que a ordem feudal não possuía o conceito geral de inovação política por meio da criação de novas leis. Governantes régios cumpriam suas funções preservando as leis tradicionais, não inventando novas. Assim, por um tempo, o poder político quase coincidiu com a simples função "judiciária" de interpretar e aplicar leis existentes. Além disso, na ausência de qualquer burocracia pública, inevitavelmente assumiu a administração e a coerção locais – com poderes de policiar, multar, vigiar e cobrar impostos. Assim, é sempre necessário lembrar que a "justiça" medieval na prática incluía um leque de atividades muito maior que o da justiça moderna, pois ocupava estruturalmente uma posição muito mais central no conjunto do sistema político. Era esse o nome do poder.

2
Tipologia das formações sociais

Até aqui, discutimos a gênese do feudalismo na Europa ocidental como uma síntese de elementos liberados pela dissolução simultânea dos modos de produção escravista e primitivo-comunal. A partir daí, delineamos a estrutura constitutiva do modo de produção feudal desenvolvido no Ocidente. Agora resta demonstrar brevemente como a própria natureza dessa síntese produziu uma variada tipologia de formações sociais na época medieval. O modo de produção que acabamos de esboçar jamais existiu em "estado puro" em parte alguma da Europa, assim como ocorreria mais tarde no modo de produção capitalista. As *formações sociais* concretas da Europa medieval sempre foram sistemas compósitos, nos quais outros modos de produção sobreviveram e se mesclaram ao feudalismo propriamente dito: escravos, por exemplo, existiram por toda a Idade Média, e camponeses livres jamais foram eliminados em nenhum lugar da Idade das Trevas. Seria, portanto, essencial examinar, ainda que rapidamente, a diversidade do mapa do feudalismo ocidental como ele emergiu do século IX em diante. Os historiadores soviéticos Liublinskaya, Gutnova e Udaltsova sugeriram, com acerto, uma classificação tríplice.[1] De fato, a região

---

1 Liublinskaya, Tipologiya Rannevo Feodalizma v Zapadnoi Evrope i Problema Romano-Germanskovo Sinteza, *Srednie Yeka*, fasc. 31, 1968, p.9-17; Udaltsova; Gutnova, Genezis Feodalizma v Stranakh Evropy, *13th World Congress of Historical Sciences*, Moscou, 1970. Mesmo antes, o problema da tipologia foi levantado, de maneira breve, por Porshnev em seu *Feodalizm i Narodni Massy*, citado antes,

central do feudalismo europeu foi aquela onde ocorreu uma "síntese equilibrada" de elementos romanos e germânicos: em essência, o norte da França e zonas contíguas, o berço do Império Carolíngio.[2] Ao sul dessa área, na Provença, na Itália e na Espanha, a dissolução e a recombinação dos modos de produção bárbaros e antigos se deram sob o legado dominante da Antiguidade. Ao norte e ao leste, na Germânia, na Escandinávia e na Inglaterra, onde o jugo romano jamais chegara ou apenas fincara raízes superficiais, houve, ao contrário, uma lenta transição para o feudalismo sob o domínio nativo da herança bárbara. A síntese "equilibrada" gerou o feudalismo de maneira mais rápida e completa e também proporcionou sua forma clássica – que, por sua vez, teve grande impacto sobre zonas periféricas com um sistema feudal menos articulado.[3] Foi nesse momento que a servidão apareceu pela primeira vez; que o sistema senhorial se desenvolveu; que a justiça senhorial se firmou; que a vassalagem hierárquica se tornou mais densa. Os subtipos do norte e do sul, por sua parte, se distinguiram simetricamente pela presença poderosa de seus modos de produção anteriores. Na Escandinávia, na Germânia e na Inglaterra anglo-saxã, um campesinato alodial com fortes instituições comunais persistiu até bem depois do começo da crescente diferenciação hierárquica na sociedade rural, do aumento dos laços de dependência e da consolidação de clãs guerreiros em uma aristocracia dona de terras. A servidão só se introduziu na Saxônia depois dos séculos XII e XII e jamais chegou a se estabelecer

---

p.507-18. O artigo de Udaltsova e Gutnova é cuidadoso e cheio de ideias, mesmo que nem sempre se possam aceitar suas conclusões. Os autores encaram o Estado bizantino do início da Idade Média como uma das variantes do feudalismo com uma confiança que é difícil de partilhar.

2 Para uma recente tentativa de identificar cinco subtipos regionais dentro do feudalismo que emergiu na Gália pós-bárbara, ver: Shevelenko, K Tipologii Genezisa Feodalizma, *Voprosy Istorii*, jan. 1971, p.97-107.

3 Por toda a Europa, a dispersão de relações feudais sempre foi desigual em termos topográficos dentro de cada região. Pois, em toda parte, as zonas montanhosas resistiram à organização senhorial, a qual era invariavelmente difícil de impor e desvantajosa de manter em terras rochosas e estéreis. Por esse motivo, as montanhas tenderam a conservar bolsões de comunidades camponesas pobres, mas independentes, econômica e culturalmente mais atrasadas que as planícies senhoriais, mas, muitas vezes, militarmente capazes de defender seus esquálidos redutos.

na Suécia. Por outro lado, na Itália e nas regiões adjacentes, a civilização urbana da Antiguidade tardia nunca naufragou por inteiro, e a organização política municipal – mesclada com o poder eclesiástico nos locais onde a Igreja herdara a posição do velho patriciado senatorial – floresceu a partir do século X; além disso, as concepções jurídicas romanas, que consideravam a propriedade livre, hereditária e alienável, desde o princípio marcaram as normas das terras feudais.[4] Assim, o mapa do feudalismo europeu nascente compreendia, essencialmente, três zonas que iam de norte a sul, mais ou menos demarcadas pela respectiva densidade de alódios, feudos e cidades.

Contra esse pano de fundo, é possível esboçar algumas das principais diferenças entre as maiores formações sociais da Europa ocidental nessa época, as quais viriam a ter importantes repercussões ulteriores. Em cada caso, nossa preocupação central será o padrão das relações rurais de produção, a extensão dos enclaves urbanos e, em especial, o tipo de Estado político que emergiu na Idade Média. Esse último enfoque será inevitavelmente dominado pela discussão a respeito das origens e vicissitudes da monarquia nos vários países europeus ocidentais.

Berço central do feudalismo europeu, a França pode ser tratada com relativa brevidade. De fato, o norte francês, muito mais do que qualquer outra região do continente, sempre se conformou de maneira bastante estreita ao sistema feudal arquetípico. O colapso do Império Carolíngio no século IX foi acompanhado por um turbilhão de guerras intestinas e invasões nórdicas. Em meio à anarquia e insegurança generalizadas, ocorreu um processo de localização e fragmentação universal do poder da nobreza, que passou a se concentrar em certas fortificações e castelos pelo país, em condições que aceleraram a dependência de um campesinato exposto à constante ameaça da rapina viking ou muçulmana.[5] Assim, durante

---

4 Os alódios germânicos sempre se distinguiram da herdade romana, pois, como forma de transição entre a propriedade comunal e a individual dentro da aldeia, foram um tipo de propriedade privada ainda caracteristicamente sujeita a ciclos e obrigações consuetudinárias dentro da comunidade, além de não serem livremente alienáveis.

5 A descrição que Bloch faz dessa época na primeira parte de *Feudal Society* é, com justiça, bastante famosa. Sobre a disseminação dos castelos, ver: Boutruche, *Seigneurie et féodalité*, II, p.31-9.

essa época sombria, o poder feudal ficou particularmente preso ao solo. Prevaleceram em quase toda a parte severas jurisdições senhoriais sobre uma massa rural acossada pela servidão e destituída de suas antigas cortes populares. Já a região sul, onde as marcas da Antiguidade eram ainda mais fortes, ficou um pouco menos feudalizada, com uma proporção maior de herdades nobres se mantendo como tais, e não como feudos, e com uma população camponesa não dependente mais numerosa.[6] O caráter mais orgânico do feudalismo do norte lhe assegurou a iniciativa política e econômica por toda a Idade Média. No entanto, na passagem do século X para o XI, o padrão geral francês era uma hierarquia feudal excepcionalmente abrangente, construída de baixo para cima, muitas vezes com diversas camadas de vassalagem. O complemento desse sistema vertical foi a extrema desarticulação do território. Pelo final do século X, havia mais de cinquenta divisões políticas distintas em todo o país. Seis potentados maiores exerciam um poder provincial autônomo – os duques ou condes de Flandres, da Normandia, da França, da Borgonha, da Aquitânia e de Toulouse. No fim, foi o ducado da França que gerou o núcleo para a construção de uma nova monarquia francesa.

Inicialmente confinada a um frágil enclave na região de Laon-Paris, a casa real dos capetos aos poucos foi consolidando sua base e reivindicando crescentes direitos de suserania sobre os grandes ducados por meio de agressão militar, auxílio clerical e alianças matrimoniais. Os primeiros grandes arquitetos desse poder foram Luís VI e Suger, que pacificaram e unificaram o próprio Ducado de França. A ascensão da monarquia dos capetos nos séculos XII e XIII foi acompanhada por um nítido progresso econômico, com vastas reivindicações de terras, tanto nos domínios régios como nos de seus duques e condes vassalos, e com a emergência de prósperas comunas urbanas, especialmente no extremo norte. O reinado de Filipe Augusto no início do século XIII foi decisivo para o estabelecimento do

---

6 Essa configuração foi acompanhada por uma maior sobrevivência da escravidão no sul da França durante toda a Idade Média. Sobre o tráfico revigorado do século XIII em diante, ver: Verlinden, *L'Esclavage médiéval*, I, p.748-833. Como veremos mais tarde, há uma correlação repetitiva entre a presença de escravos e a incompletude da servidão em diferentes regiões da Europa feudal.

poder monárquico como uma realeza efetiva, acima dos ducados: Normandia, Anjou, Maine, Touraine e Artois foram anexados ao domínio régio, que triplicou de tamanho. Um ágil reagrupamento das cidades do norte fortaleceu ainda mais o poder militar capeto: foram suas tropas e expedições que garantiram a notável vitória francesa sobre as forças anglo-flamengas em Bouvines, no ano de 1212, um divisor de águas nas disputas políticas internacionais da época. Luís VIII, sucessor de Filipe Augusto, conquistou a maior parte do Languedoc e assim estendeu o mando dos capetos até o Mediterrâneo. Criou-se um oficialato relativamente grande de *baillis* e *sénéchaux* para administrar as terras sob controle direto da realeza. No entanto, o tamanho dessa burocracia era menos um índice do poder intrínseco dos reis franceses e mais um indicativo dos problemas com que viria se confrontar toda e qualquer administração unitária do país.[7] A arriscada devolução de regiões recentemente conquistadas, sob a forma de apanágios controlados por príncipes capetos menores, foi apenas mais um sinal da dificuldade inerente à tarefa. Pois, enquanto isso, subsistia o poder independente dos mandantes provinciais e ocorria uma fortificação análoga de seus aparatos administrativos. Assim, o processo básico na França continuou sendo uma lenta "centralização concêntrica", na qual o grau de poder régio que Paris exercia ainda era muito precário. Essa instabilidade interna ficaria ainda mais evidente depois das vitórias de Luís IX e Filipe, o Belo. Nas prolongadas guerras civis dos três séculos seguintes (Guerra dos Cem Anos, Guerras Religiosas), o tecido da unidade feudal francesa viria a ser esfarrapado de forma ameaçadora seguidas vezes, mas sem nunca se rasgar por completo.

Na Inglaterra, ao contrário, os conquistadores normandos importaram um feudalismo centralizado e o implantaram sistematicamente, de cima para baixo, em um território compacto que tinha apenas um quarto do tamanho da França. A formação social anglo-saxã que sucumbira à invasão normanda era, na Europa, o exemplo mais bem acabado de uma transição potencialmente "espontânea" entre uma sociedade germânica

---

7 Sobre o sistema administrativo dos capetos, ver: Petit-Dutaillis, *Feudal Monarchy in England and France*, p.233-58.

e uma formação social feudal, intocada por qualquer impacto direto dos romanos. É claro que a Inglaterra fora, por outro lado, bastante afetada pelas invasões escandinavas do século IX em diante. Aos poucos, as sociedades anglo-saxãs locais tinham evoluído rumo à consolidação de hierarquias sociais, com um campesinato subordinado já nos séculos VII e VIII, sem a unificação política da ilha, nem muito desenvolvimento urbano. Mas, a partir de 793, crescentes ataques noruegueses e dinamarqueses foram modificando o ritmo e a direção desse desenvolvimento. A ocupação escandinava – de metade da Inglaterra no século XI e, depois, no início do século XI, com sua conquista completa e integração ao Império do Mar do Norte – teve um duplo impacto sobre a sociedade anglo-saxã. Nas regiões de imigração mais densa, os assentamentos nórdicos promoveram as cidades e implantaram comunidades camponesas livres. Ao mesmo tempo, na época dos grandes navios, a pressão militar viking desencadeou, dentro da ilha, processos sociais similares aos que vinham ocorrendo no continente: a constante insegurança rural acarretou o aumento das homenagens e uma crescente degradação do campesinato. Na Inglaterra, o peso econômico dos senhores locais sobre a população rural se combinou aos impostos régios para a defesa, cobrados para financiar a resistência anglo-saxã ou para aplacar as agressões dinamarquesas – os chamados *geld*, que se tornaram o primeiro imposto regular cobrado na Europa ocidental no fim da Idade das Trevas.[8] Em meados do século XI, o mando escandinavo foi derrubado, e se restaurou um reino anglo-saxão recentemente unificado. Nessa época, o campesinato se compunha, em geral, por rendeiros semidependentes, exceto nas áreas de antigas colônias dinamarquesas ao nordeste, onde havia muitos lotes alodiais de *"sokemen"*. Ainda existiam escravos, os quais compunham algo como 10% da força de trabalho; em termos econômicos, eles eram mais importantes nas regiões remotas do oeste, onde a resistência céltica à conquista anglo-saxã fora mais longa e onde os escravos compreendiam cerca de um quinto da população. Uma aristocracia local de *thegns* dominava a estrutura social rural,

---

8 Loyn, *Arglo-Saxon England and the Norman Conquest*, p.139, 195-7, 305, 309-14.

explorando propriedades de tipo proto-senhorial.[9] A monarquia possuía um sistema administrativo relativamente avançado e coordenado, com impostos régios, moeda corrente e justiça efetiva por todo o território. Por outro lado, não se estabelecera nenhum sistema seguro de sucessão dinástica. No entanto, a maior fragilidade externa desse reino ilhéu era a falta daquele laço estrutural entre a propriedade da terra e o serviço militar que formava a fundação do sistema de feudos continental.[10] Os *thegns* eram uma infantaria nobre, que cavalgava até a batalha, mas lutava a pé, de maneira arcaica. Assim, o exército anglo-saxão era uma combinação de *housecarls* (escolta militar da realeza) com *fyrd* (milícia popular). Não era páreo para a forte cavalaria normanda, ponta de lança militar de uma sociedade feudal muito mais desenvolvida às margens do território francês, onde o elo entre o arrendamento de propriedade e o serviço equestre era, desde longa data, a pedra angular da ordem social. Os próprios normandos eram, naturalmente, invasores nórdicos que haviam se estabelecido e fundido no norte da França apenas um século antes. Assim, a conquista normanda — consequência do desenvolvimento desigual de duas comuni-

---

9 Os poderes políticos dessa nobreza receberam a ênfase, talvez um pouco exagerada, de John, English Feudalism and the Structure of Anglo-Saxon Society, *Bulletin of the John Rylands Library*, 1963-4, p.14-41.

10 Loyn, *The Norman Conquest*, p.76-7, e Sayles, *The Mediaeval Foundations of England*, p.210, 225. Em geral, ambos tentam minimizar a distância política entre as formações sociais anglo-saxã e anglo-normanda. É curioso que Sayles preste homenagem ao legado de Freeman, como inspiração para a academia contemporânea. Deve-se registrar, é claro, o racismo extremado de Freeman: africanos eram "macacos horrendos", judeus e chineses, "estrangeiros nojentos", ao passo que os normandos eram parentes teutônicos dos saxões que "foram à Gália para receber um verniz francês e que vieram à Inglaterra para se limparem mais uma vez" (*sic*). Para documentação, ver Bratchel, *Edward Augustus Freeman and the Victorian Interpretation of the Norman Conquest*. Mas às vezes isso pode ser tacitamente ignorado, pois ainda se acredita vasta e fervorosamente em sua mensagem central — o místico "drama inquebrantável" da história inglesa, em contraste com a do continente europeu e suas rupturas revolucionárias. Os motivos ideológicos mais caros à inviolável "continuidade" da Inglaterra, desde o século X até o XX, recorrem com onírica insistência em boa parte da historiografia local. Loyn encerra seu livro sério e útil com um credo típico: "No campo das instituições, a continuidade é o tema essencial da história inglesa", *The Norman Conquest*, p.195.

dades bárbaras que se encaravam através do Canal da Mancha, sendo que uma delas passara pela fusão romano-germânica – gerou na Inglaterra uma síntese "atrasada" entre duas formações sociais relativamente avançadas. O resultado foi a peculiar combinação de um Estado altamente centralizado com uma justiça popular resiliente, combinação que, daí em diante, viria caracterizar a Inglaterra medieval.

Logo depois de sua vitória, Guilherme I procedeu a uma distribuição planejada e sistemática de cerca de 5 mil feudos, com o intuito de ocupar e controlar o território. Ao contrário dos costumes continentais, os vassalos inferiores tiveram de jurar obediência não apenas a seus senhores imediatos, mas também ao próprio monarca – doador supremo de todas as terras. Para fortalecer o Estado, os reis normandos exploraram ainda mais os resquícios pré-feudais da formação social anglo-saxã: a milícia *fyrd* às vezes se unia às hostes feudais convencionais e às tropas particulares;[11] e, mais importante, o tradicional imposto de defesa *danegeld*, fenômeno estranho ao sistema tributário ortodoxo das monarquias medievais, continuou a ser recolhido, somando-se às rendas advindas das imensas propriedades régias e às cobranças de tributos feudais. O Estado anglo-normando representou, portanto, o sistema institucional mais sólido e unificado da Europa ocidental nessa época. O senhorio mais desenvolvido se estabeleceu principalmente no sul e centro-sul do território, onde a eficiência da exploração senhorial cresceu a olhos vistos, com a intensificação dos serviços obrigatórios e uma acentuada degradação do campesinato local. Nas outras regiões, áreas consideráveis ficaram nas mãos de pequenos proprietários, que quase não sentiam o peso das obrigações feudais, e de uma população rural que escapava à condição servil. No entanto, era evidente a tendência à servidão generalizada. Nos cem anos seguintes, sob as dinastias normanda e angevina, houve um progressivo nivelamento para

---

11 Para discussões sobre o sistema militar posterior à conquista, ver: Prestwich, Anglo-Norman Feudalism and the Problem of Continuity, *Past and Present*, n.26, nov. 1963, p.35-57 – uma crítica salutar aos mitos paroquiais e chauvinistas de continuidade; e Hollister, 1066: the Feudal Revolution, *American Historical Review*, v.LXXIII, n.3, fev. 1968, p.708-23, que fornece um breve relato histórico sobre a controvérsia em questão.

baixo da condição jurídica do campesinato inglês, até que, no século XII, *villani* e *nativi* passaram a formar uma mesma classe de servos. Por outro lado, devido ao completo desaparecimento da lei romana na Inglaterra e à ausência de qualquer experiência neoimperial do tipo carolíngio, o condado e cem cortes da formação social anglo-saxã – espaços originais da justiça comunal popular – sobreviveram dentro da nova ordem. Mesmo que agora estivessem, é claro, dominados por membros que o rei indicava em meio à classe baronial, esses espaços formavam um sistema de justiça "pública" um pouco menos implacável com os pobres do que as jurisdições senhoriais privadas que normalmente vigoravam noutros lugares.[12] Depois que Henrique II realizou, no século XII, um abrangente expurgo para afastar esse perigo, o cargo de *sheriff* nunca chegou a se tornar hereditário; ao mesmo passo, a justiça régia propriamente dita se ampliou com tribunais da corte do soberano. As cidades eram poucas e não gozavam de independência substancial. O resultado foi a criação de uma organização política feudal com limitada concessão de feudos e elevado grau de flexibilidade e unidade administrativa.

A Germânia apresenta o extremo oposto dessa experiência. Ali, as terras francas a leste eram conquistas recentes do Império Carolíngio e permaneceram fora das fronteiras da Antiguidade clássica. Na derradeira síntese feudal, o elemento romano ficou, por conseguinte, muito mais fraco, mediado pelo novo mando do Estado carolíngio sobre essas regiões fronteiriças. Assim, enquanto na França a estrutura administrativa dos nobres coincidiu com o velho *civitatus* romano e dirigiu um sistema de vassalagem cada vez mais articulado acima do campesinato servil, o caráter primitivo e comunal da sociedade rural germânica – ainda organizada legalmente sobre uma base quase tribal – impediu qualquer réplica parecida com isso. Os condes que governavam em nome do imperador tinham jurisdições incertas sobre regiões mal definidas, sem muito poder efetivo sobre as cortes populares locais nem apoio firme nas grandes

---

12 Como ressalta Hilton, é claro que as cortes senhoriais também floresceram e que o poder econômico real dos senhores ingleses durante a Idade Média não era menor que o de seus oponentes continentais. Hilton, *A Mediaeval Society: The West Midlands at the End of the Twelfth Century*, p.227-41.

propriedades régias.[13] Na Francônia e na Lorena, juntando o norte da França e já parte do reino merovíngio, haviam se desenvolvido uma aristocracia protofeudal e uma agricultura servil. Mas, em uma porção muito maior da Germânia – Baviera, Turíngia, Suábia e Saxônia –, ainda existiam um campesinato alodial livre e uma nobreza de clãs federativos, destituídos de qualquer organização em rede de vassalagem. O senhorio germânico foi, tradicionalmente, uma "forma contínua",[14] na qual as gradações de nível tinham pouca sanção formal; a monarquia em si não estava investida de nenhum valor especial. A administração imperial carolíngia se impôs sobre uma formação social desprovida das complexas hierarquias de dependência que estavam surgindo na França: por isso, sua memória sobreviveu por muito mais tempo nesse meio mais primitivo. Além disso, a nova onda de ataques bárbaros dos séculos IX e X castigou mais a França que a Germânia: enquanto aquela foi saqueada por todos os três invasores – vikings, magiares e sarracenos –, essa última confrontou apenas os magiares. No leste, esses nômades foram derrotados de vez em Lechfeld, ao passo que, no oeste, a Normandia caiu nas mãos dos vikings. Assim, a Germânia se livrou das piores atribulações da época, como iria demonstrar a rápida recuperação otoniana. Mas a herança política carolíngia, menos apagada aqui, não forneceu um substituto duradouro para uma hierarquia senhorial compacta. Assim, durante o século X, depois do colapso da dinastia em si, houve algo como um vácuo político na Germânia. Mas logo surgiram ducados de linhagens usurpadoras e caráter tribal, os quais estabeleceram um vago controle sobre as cinco regiões principais do território – Baviera, Turíngia, Suábia, Francônia e Saxônia. O perigo das invasões magiares forçou esses ducados rivais a eleger formalmente um suserano régio. Daí em diante, a história da monarquia germânica foi, em grande medida, a de tentativas abortadas de erigir uma pirâmide orgânica de fidelidades feudais sobre esse alicerce insatisfatório.

---

13 Painter, *The Rise of the Feudal Monarchies*, p.85.
14 *Die Herrschaftsformen gehen kontinuierlich ineinander über* [as formas de governo se mesclam continuamente umas com as outras]: essa frase inteligente é de: Schlesinger, Herrschaft und Gefolgschaft in der germanisch-deutschen Verfassungsgeschichte, In: *Beiträge zur deutschen Verfassungsgeschichte des Mittelalters*, p.32.

Do mais poderoso (e não feudal) desses ducados, a Saxônia, veio a primeira dinastia que tentou unificar o país. Mobilizando o auxílio da Igreja, os mandantes otonianos da Saxônia foram subordinando seus rivais clericais e estabelecendo uma autoridade régia por toda a Germânia. Para proteger seu flanco oeste, Oto I também vestiu o manto imperial que os carolíngios haviam delegado ao decrépito "reino médio" da Lotaríngia, o qual incluía a Borgonha e o norte da Itália. No leste, ele expandiu as fronteiras germânicas sobre território eslavo e impôs suserania à Boêmia e à Polônia. A "Renovação" otoniana foi, em termos ideológicos e também administrativos, o último sucessor do Império Carolíngio; em termos culturais, ela testemunhou um renascimento classicista e reivindicou um domínio universal. Mas seu tempo de vida seria ainda mais breve.

Os êxitos otonianos, por sua vez, criaram novos perigos e dificuldades para o Estado germânico unitário. Na prática, a sujeição dos magnatas ducais à linhagem saxônia não fez mais que liberar um estrato de nobres abaixo deles, simplesmente deslocando para baixo o problema da anarquia regional. A dinastia saliana, que se seguiu no século XI, tentou lidar com a turbulência e resistência aristocráticas criando uma classe especial de *ministeriales* régios não livres, os quais formavam um corpo de castelães e administradores leais alocados por todo o território. Esse recurso a funcionários servis – investidos em poderosos cargos políticos, mas sem uma posição social equivalente, muitas vezes carregados de herdades, mas sem privilégios vassalos (e, portanto, excluídos de qualquer hierarquia nobre) – foi a marca da constante fragilidade da função monárquica dentro de uma formação social que ainda não tinha um sistema abrangente de relações sociais feudais ao nível das aldeias. Na superfície, os governantes salianos registraram um progresso considerável rumo a um mando imperial centralizado: na Saxônia, suprimiram-se rebeliões de aristocratas dissidentes, fundou-se uma capital permanente em Goslar e aumentou-se bastante o domínio régio. Nesse ponto, porém, a disputa da investidura com o papado mutilou a consolidação do poder régio. A luta de Gregório VII com Henrique IV pelo controle das indicações episcopais desencadeou uma guerra civil generalizada na Germânia, momento em que a nobreza local viu a oportunidade de se rebelar contra o imperador, com a benção do papa. Durante cinquenta anos de conflitos constantes, ocorreu uma grande mudança social na Germânia: naquelas condições de impiedosa depredação, anarquia e violência social, a aristocracia germânica destruiu as bases alodiais da população livre e não nobre que sempre havia predominado na Saxônia e na Turíngia e que tivera presença difundida na Baviera e na Suábia. O campesinato se reduziu à servidão, a justiça pública e popular ruiu, os tributos feudais se impuseram e as obrigações militares se intensificaram e se codificaram entre os membros da classe nobre, a cujas fileiras agora se integravam os *ministeriales*, em meio ao tumulto da época e às grandes reviravoltas nas famílias tradicionais.[15]

Bastante atrasado, o feudalismo completo finalmente chegava à Germânia agora no século XII. Mas ele se construiu *contra* a integração monárquica do território, em contraste com o que ocorrera na Inglaterra, onde a hierarquia social feudal fora instalada pela monarquia normanda, ou na França, onde ela precedeu a emergência da monarquia e, então, se reorientou em torno desta no processo de centralização concêntrica. Quando isso aconteceu, os efeitos políticos foram irreversíveis. A dinastia Hohenstaufen, que ascendeu depois de cristalizada a nova estrutura social, procurou construir um poder imperial renovado em sua base, admitindo a mediação das jurisdições e ramificações de vassalagem que agora se desenvolviam na Germânia. Na verdade, Frederico I assumiu pessoalmente a organização de uma nova hierarquia feudal de rigidez e complexidade inigualáveis – a *Heerschildordnung* – e a criação de uma classe principesca a partir de seus feudatários, elevando-os acima do resto da nobreza, ao nível de *Reichsfarsten*.[16] A lógica dessa organização política era converter a monarquia em uma suserania feudal propriamente dita, abandonando toda a tradição da administração régia carolíngia. No entanto, seu complemento necessário era o entalhar de um domínio régio grande o bastante para prover ao imperador a base financeira autônoma que conferisse efetividade à sua suserania. Como as herdades da família Hohenstaufen na Suábia não eram suficientes para tanto, e como a agressão direta contra príncipes germânicos

---

15 O relato clássico: Barraclough, *The Origins of Modern Germany*, p.136-40.
16 Barraclough, *The Origins* of *Modern Germany*, p.175-7, 189-90.

não era aconselhável, Frederico tentou transformar o norte da Itália – que nominalmente sempre fora um feudo imperial – em um sólido bastião externo do poder régio do outro lado dos Alpes. Para o Papado, essa ativação do entrelaçamento das soberanias germânica e italiana representou uma ameaça fatal a seu poder sobre a península, principalmente depois de a Sicília, na retaguarda, ter sido acrescentada às possessões imperiais de Henrique VI. A consequente renovação da guerra entre o Império e o Papado por fim anulou qualquer chance de uma monarquia imperial estável na Germânia. Com Frederico II, a dinastia Hohenstaufen ficou essencialmente italianizada no caráter e na orientação, deixando a Germânia a seus instrumentos baroniais. Depois de mais cem anos de guerra, o resultado final foi a neutralização de qualquer monarquia hereditária no século XIII – quando o Império se tornou definitivamente eletivo – e a conversão da Germânia em um confuso arquipélago de principados.

Se o estabelecimento do feudalismo germânico foi marcado e evitado pela persistência de instituições tribais que datavam do tempo de Tácito, a evolução do feudalismo na Itália foi, de maneira análoga, abreviada e modulada pela sobrevivência de tradições clássicas. A despeito de toda a destruição material que provocou, a reconquista bizantina da maior parte da península aos lombardos, no século VI, ajudou a preservar tais tradições ao longo da fase crítica da Idade das Trevas. De qualquer modo, os assentamentos bárbaros haviam sido relativamente escassos. O resultado foi que a Itália nunca perdeu a vida urbana municipal que tivera no Império Romano. As cidades maiores logo voltaram a funcionar como centros de negócio para o comércio pelo Mediterrâneo, florescendo como portos e entrepostos bem mais avançados que qualquer outra cidade da Europa. A Igreja herdou muito da posição social e política da velha aristocracia senatorial: os bispos foram os governantes administrativos típicos das cidades italianas até o século XI. Por causa da predominância de componentes romanos na síntese feudal dessa região, onde a herança legal de Augusto e Justiniano tinha inevitavelmente um grande peso, as relações de propriedade nunca se alinharam de maneira unilateral à corrente dos padrões feudais. Desde a Idade das Trevas, a sociedade rural sempre foi muito heterogênea, combinando feudatários, camponeses livres, latifundiários e donos de terras urbanos em diferentes regiões. Domínios senhoriais propriamente ditos seriam mais comuns na Lombardia e no norte, ao passo que as propriedades rurais se concentraram no sul, onde latifúndios clássicos, cultivados por escravos, sobreviveram sob o mando bizantino até o início da Idade Média.[17] Pequenas propriedades camponesas provavelmente foram mais numerosas no centro montanhoso do território. Por consequência, o sistema senhorial sempre foi muito mais fraco na Itália do que ao norte dos Alpes, e a ascensão das comunas urbanas aconteceu mais cedo e foi mais importante do que nos outros lugares.

Inicialmente, as cidades foram dominadas por pequenos nobres feudais sujeitos a mandantes episcopais. Mas, perto do fim do século XI, as jurisdições senhoriais já estavam diminuindo no interior, ao passo que a Questão das Investiduras dava às comunidades de mercadores citadinos a oportunidade de dispensar a suserania eclesial e instituir seu próprio autogoverno comunal – de início, sob a forma de um sistema "consular" eletivo e, depois, com a contratação de administradores profissionais externos, o *podestà* do século XIII. A partir da década de 1100, essas comunas dominaram todo o norte da Itália e se lançaram sistematicamente à conquista do campo ao redor, atacando feudos baroniais e abolindo imunidades feudais, destruindo castelos e forçando os senhores vizinhos à submissão. O objetivo dessa agressiva expansão urbana era conquistar um *contado* territorial do qual a cidade pudesse levantar impostos, tropas e grãos para aumentar seu poder e prosperidade *vis-à-vis* com suas rivais.[18] As relações rurais se alteraram radicalmente com a disseminação do *contado*, pois as cidades tendiam a introduzir em meio ao campesinato novas formas de dependência semicomercializada que eram bem diferentes da servidão: a *mezzadria*, ou partilha contratual da lavoura, se tornou comum na maior parte do norte e do centro da Itália ao longo do século XIII. O desenvolvimento das manufaturas dentro das comunas então acarretou o aumento das tensões sociais entre mercadores, magnatas (um estrato dominante, dono de propriedades rurais e

---

17 Jones, The Agrarian Development of Mediaeval Italy, *Second International Conference of Economic History*, Paris, 1965, p.79.

18 Sobre toda essa evolução, ver: Waley, *The Italian City-Republics*, p.12-21, 56-92.

também urbanas) e grupos de profissionais e artesãos organizados em guildas e excluídos do governo citadino. No século XIII, a ascensão política desses últimos encontrou uma curiosa expressão na instituição do *Capitano del Popolo*, que muitas vezes dividia um condomínio intranquilo com o *Podestà*, dentro da mesma circunscrição: o cargo em si era uma recordação marcante do clássico tribuno romano.[19] Esse equilíbrio frágil não durou muito. No século seguinte, as comunas lombardas foram caindo uma após a outra sob a influência de tiranias pessoais e hereditárias, a *signorie*; daí em diante, o poder se concentrou nas mãos de aventureiros autocráticos, muitos deles antigos feudatários ou *condottieri*. A Toscana seguiria a mesma direção nos próximos cem anos. Assim, as regiões mais avançadas da Itália se tornaram um tabuleiro de cidades-estados rivais, no qual o campo que as separava, diferente de qualquer outro lugar da Europa, foi anexado às cidades: nenhuma pirâmide feudal rural foi erigida. É claro que a presença do Papado em toda a península, vigilante contra a ameaça de todo e qualquer Estado secular mais poderoso, foi um importante obstáculo adicional à emergência de uma monarquia peninsular.

Apenas em duas regiões da Itália se implantou um sistema político-econômico feudal em escala completa. Não por acaso, ambas as regiões eram, em essência, "extensões" do feudalismo mais orgânico e poderoso da Europa, aquele que se centrara na França. O Piemonte, contíguo a Savoia, era uma zona fronteiriça do outro lado dos Alpes: uma hierarquia senhorial e um campesinato dependente de fato se desenvolveram nesses planaltos, distantes da influência das comunas das planícies. Mas, nessa época, o extremo noroeste da península era muito pequeno e pobre para ter alguma importância na Itália. Muito mais formidável era o reino meridional de Nápoles e da Sicília, o qual os normandos haviam criado depois das vitórias sobre os bizantinos e os árabes no século XI. Ali, feudos foram distribuídos e emergiu um verdadeiro sistema baronial completo, com apanágios e servidão; a monarquia que governava esse simulacro

---

19 Weber, *Economy and Society*, III, p.1308-9; Waley, op. cit., p.182-97. Um motivo central para a emergência das instituições do *popolo* foi a extorsão fiscal dos patriciados. Ver: Lestocquoy, *Aux Origines de la bourgeoisie*, p.189-93.

meridional da síntese francesa foi, aliás, fortalecida pelas concepções orientalizadas de supremacia régia que se demoravam na região devido a influências árabes e bizantinas. Foi esse Estado autenticamente feudal que proporcionou a Frederico II a base para sua tentativa de conquistar e organizar toda a Itália em uma monarquia medieval unificada. Por razões que veremos mais tarde, esse projeto fracassou. A divisão da península em dois sistemas sociais distintos iria persistir por muitos séculos.

Na Espanha, apenas dois séculos separaram a ocupação visigoda da conquista muçulmana. Nesse breve intervalo, só puderam surgir as mais obscuras combinações de elementos romanos e germânicos: na verdade, como já vimos, durante a maior parte do período houve uma completa separação legal e administrativa das duas comunidades depois da colonização bárbara. Sob essas condições, não foi possível nenhuma síntese desenvolvida. A Espanha cristã caiu um século antes que Carlos Magno criasse o império que funcionou como a verdadeira incubadora do feudalismo europeu. Assim, a herança visigótica quase desapareceu sob a conquista islâmica, e a sociedade cristã residual nas Astúrias teve de recomeçar praticamente do zero. Daí em diante, foi a luta histórica específica da Reconquista – e não a colisão e fusão originais entre sociedades imperiais e bárbaras – a determinante fundamental das formas do feudalismo espanhol. Esse fato primordial desde cedo separou a Espanha dos outros países da Europa ocidental, produzindo uma série de características que não eram homólogas àquelas dos principais tipos de feudalismo europeu. Nesse aspecto, a matriz da sociedade medieval espanhola sempre foi única. A exceção a esse padrão geral foi a Catalunha, incorporada ao reino carolíngio no século IX e, por conseguinte, partícipe da experiência modelar do *vassi dominici*, o sistema de benefícios e administração baronial. No início da Idade Média, a condição do campesinato passou por uma degradação progressiva, similar à da França na mesma época, com obrigações pessoais especialmente pesadas e um sistema senhorial desenvolvido. Os senhores locais estabeleceram a servidão catalã no decorrer de duzentos anos, a partir de meados do século XI.[20] Já a oeste, as condições peculiares da longa

---

20 Vives, *Historia de los remensas en el siglo XV*, p.26-37.

batalha contra o poder mouro fizeram ascender um desenvolvimento dual. A "lenta reconquista", do extremo norte para o sul, foi criando entre os Estados cristão e muçulmano vastas terras de ninguém – as *presuras* – colonizadas por camponeses livres, em contexto de generalizada escassez de mão de obra. Essas *presuras* também enfraqueceram a jurisdição senhorial sobre territórios cristãos, uma vez que as terras desocupadas eram um refúgio potencial para os fugitivos.[21] Comunidades de camponeses livres muitas vezes se submetiam coletivamente, em busca de proteção, às chamadas *behetrías*. Em formações sociais lassas e flutuantes desse tipo, com ataques constantes e perturbadores partindo de ambos os lados das linhas móveis das demarcações religiosas, a hierarquia feudal plenamente fixa não tinha muita chance de tomar forma. Além disso, o caráter religioso das guerras de fronteira significou que a escravização de cativos como prática social regular durou muito mais na Espanha do que em qualquer outra parte da Europa ocidental. Assim, a disponibilidade da mão de obra muçulmana atrasou a consolidação de uma classe de servos cristãos na Península Ibérica (como veremos, a correlação inversa entre os dois sistemas de trabalho foi regra geral na época medieval). A partir da virada do século XI, houve um considerável alargamento das herdades senhoriais e dos domínios vastos em Castela e Leão.[22] Daí em diante, já não eram poucos os *solariegos* castelhanos, ou vilãos, embora nunca tenham chegado a constituir a maioria da população rural. A expansão das fronteiras aragonesas teve menos importância e, por conseguinte, a servidão foi mais pronunciada nas terras altas de seu interior.

Nos séculos X e XI, os monarcas dos reinos cristãos não deviam sua autoridade excepcional a alguma suserania feudal muito articulada ou a domínios régios consolidados, mas, sim, às suas supremas funções militares na cruzada permanente rumo ao sul e ao pequeno tamanho de seus Estados.[23] A vassalagem pessoal, os benefícios sobre a terra e as jurisdições senhoriais existiam, mas continuavam sendo elementos dissociados,

---

21 Id., *Manual de Historia Económica de España*, p.120-3.
22 Valdeavellano, *Historia de España*, I/II, p.293-304.
23 Sanchez-Albornoz, *Estudios sobre las instituciones medievales españoles*, p.797-9.

que ainda não haviam se fundido para formar um sistema de feudos propriamente dito. Uma classe nativa de *caballeros villanos* – cavaleiros comunais – residia paradoxalmente nas cidades e, em troca de privilégios fiscais e municipais, fornecia o serviço de cavalaria no avanço para o sul.[24] Depois de 1100, influências feudais francesas sobre a corte e a Igreja de Castela acarretaram a multiplicação de *senorios*, ou senhorios territoriais, embora estes não tenham conquistado a autonomia de seus modelos do outro lado dos Pirineus. Iniciativas cistercienses também foram responsáveis pela criação das três maiores ordens monásticas e militares – Santiago, Calatrava e Alcântara – que, a partir de então, desempenharam um papel-chave em Castela.

Esse anômalo complexo de instituições durou até o fim do século XII, época em que, depois de avançar passo a passo, a Reconquista havia chegado até a linha do Tejo. E, então, no século XIII, quase todo o sul caiu de súbito, sob a "rápida Reconquista". A Andaluzia foi incorporada em trinta anos. Com esse enorme ganho territorial, todo o processo de colonização agora se invertia, criando no sul uma ordem agrária completamente oposta à que se desenvolvera no norte. Em boa medida, as campanhas vitoriosas haviam sido organizadas e conduzidas pelas grandes ordens militares de Castela – cuja estrutura característica fora copiada do inimigo islâmico, para a propagação da fé. Essas confrarias guerreiras agora tomavam vastas herdades e se apropriavam de jurisdições senhoriais; foi dentre os capitães militares desse século que saiu a maior parte da classe de *grandees* que viria a dominar o feudalismo espanhol daí em diante. O artesanato muçulmano logo foi expulso das cidades para o que restava do emirado islâmico de Granada – um golpe que, ao mesmo tempo, atingiu a pequena agricultura muçulmana, tradicionalmente ligada à economia urbana andaluza. A subsequente repressão das rebeliões camponesas mouriscas então despovoou a terra. Assim, ocorreu uma aguda escassez de mão de obra, a qual só pôde ser solucionada com a redução da força de trabalho

---

24 Laurie, A Society Organized for War: Medieval Spain, *Past and Present*, n.35, dez. 1966, p. 55-66. Esse artigo fornece um resumo competente de algumas das principais linhas da historiografia medieval espanhola.

rural à servidão – uma condição que se impôs sem dificuldade com a chegada dos exércitos nobres ao Mediterrâneo. A estruturação de vastos latifúndios na Andaluzia depois se promoveu com a conversão generalizada de áreas cultiváveis em pasto para a produção de lã. Sob essas áridas condições, a maior parte dos soldados de infantaria que haviam ganhado pequenas fazendas no sul vendeu suas terras e voltou para o norte.[25] O novo padrão do sul agora surtia efeitos no norte: para evitar que a mão de obra escoasse de suas herdades para as da rica aristocracia andaluza, a classe dos *hidalgos* foi apertando os laços de dependência do campesinato, até que, no século XIV, uma classe vilã cada vez mais uniforme se espalhou por boa parte da Espanha. Mesmo assim, as monarquias catalã e aragonesa, ainda não consolidadas como instituições, colheram importantes benefícios dessa feudalização de suas aristocracias guerreiras. As tradições de lealdade militar ao comandante régio se fortaleceram, criou-se uma nobreza poderosa e leal, e uma classe camponesa servil se estabilizou nos campos.

Portugal, no limite extremo da Península Ibérica com o Atlântico, foi a última monarquia feudal importante a surgir na Europa ocidental. A região noroeste da Hispânia romana havia recebido os suevos, o único povo germânico da confederação que cruzara o Reno em 406 a se estabelecer nas terras conquistadas. Antes de serem derrotados e absorvidos pelo reino visigodo no século VI, os suevos deixaram para trás o mais denso aglomerado de topônimos germânicos da península, a aragem pesada do norte e a memória fugaz do primeiro governante bárbaro católico da Europa. Daí em diante, a história das fronteiras ocidentais da Ibéria quase não se distinguiu daquela do restante da península, vivenciando a conquista muçulmana e um montanhoso reduto cristão, tal como ocorrera na Espanha. Sua história independente ressurgiu quando Portugal – naquela época um modesto trato de terra entre o Minho e o Douro – foi concedido como apanágio a um descendente do Duque da Borgonha, em 1093. Cinquenta anos depois, seu neto fundou a monarquia portuguesa. Nessa distante região fronteiriça, muito do padrão geral do desenvolvimento espanhol viria a se repetir e exacerbar. A reconquista do sul foi muito

---

25 Jackson, *The Making of Mediaeval Spain*, p.86-8.

mais rápida do que na Espanha e, por conseguinte, acarretou um poder real muito mais pronunciado. O país se livrou da ocupação muçulmana com a captura do Algarve, em 1249, dois séculos antes da queda de Granada. Como resultado, não emergiu nenhuma hierarquia senhorial formalizada, e o separatismo nobre ficou fraco. A capacidade de ter vassalos se restringiu a uns poucos magnatas poderosos, como a casa de Bragança. Um grupo restrito de *cavaleiros-vilãos* formou uma elite aldeã relativamente próspera, com arrendamentos enfitêuticos. A pequena propriedade camponesa era rara, a não ser no extremo norte, pois ali não ocorreu uma fase "lenta" de reconquista que fosse comparável à de Castela e Leão. A grande massa da população rural se compunha de rendeiros que pagavam aluguéis em grandes herdades, com poucos domínios senhoriais. Juntas, as taxas fiscais e prediais podiam somar cerca de 70% do rendimento do produtor direto; prestações de serviços adicionais tomavam de um a três dias por semana, embora tal prática não fosse universal.[26] Por outro lado, a servidão de gleba vinha desaparecendo desde o início do século XIII, até certo ponto devido à abundância de cativos muçulmanos no sul; enquanto isso, o comércio marítimo com a Inglaterra e a França já crescia de maneira significativa. Ao mesmo tempo, a importância das ordens religiosas militares para o padrão social do medievo português era ainda maior do que na Espanha. Provavelmente, a distribuição de propriedades rurais entre a classe governante não encontrou paralelo na Europa: até a Revolução de Avis de 1383, a renda anual da monarquia quase se igualava à da Igreja, e as duas somadas eram algo entre um quatro e oito vezes maiores do que o total dos rendimentos da nobreza.[27] Essa centralização extrema da propriedade feudal foi um vívido indicador da singularidade da formação social portuguesa. Combinada à ausência de servidão ligada à terra e à ascensão do comércio costeiro a partir do século XIII, ela desde cedo reservou a Portugal um futuro distinto.

---

26 Oliveira Marques, *A Sociedade Medieval Portuguesa*, p.143-4.
27 Castro *Portugal na Europa do seu Tempo*, p.135-8.

3
O extremo norte

O caráter e a trajetória diferentes que as formações sociais escandinavas tomaram a partir da Idade das Trevas formam um problema fascinante para o materialismo histórico e tornam necessário um *domínio* das tipologias marxistas generalizantes a respeito do desenvolvimento regional europeu, o que é muitas vezes negligenciado.[1] Aqui não há muito espaço para explorar essa questão complexa e pouco documentada. Mas um rápido esboço do desenvolvimento antigo da área se faz essencial para a compreensão do papel crucial que a Suécia viria a desempenhar na história do início da Europa moderna.

---

1 Em uma famosa observação, Hecksher certa vez comentou que "países de segunda linha" não tinham direito de esperar que suas histórias fossem amplamente estudadas. Com o argumento de que "todo estudo histórico deve levar à descoberta de leis gerais ou ao esclarecimento de mecanismos de uma evolução maior", ele concluiu que o desenvolvimento de regiões como a Suécia só tinha importância na medida em que delineasse ou se conformasse a um padrão internacional mais amplo. O restante podia muito bem ser negligenciado: "não compliquemos as tarefas da ciência desnecessariamente". (Hecksher, Un grand chapitre de l'histoire du fer: le monopole suédois, *Annales*, n.14, mar. 1932, p.127). Na verdade, não se pode considerar que as tarefas da ciência histórica estejam cumpridas se ela ignora uma região que contesta muitos de suas categorias consensuais. O desenvolvimento escandinavo não é um mero catálogo de particularidades que pode ou não se juntar a um inventário indefinido de formas sociais. Ao contrário: suas variações trazem certas lições gerais para toda e qualquer teoria integral do feudalismo europeu, tanto na época medieval quanto no início da idade moderna.

A princípio, bastará dizer que a determinante histórica *fundamental* da "especificidade" escandinava foi a natureza peculiar da estrutura social viking, que, na origem, isolou toda a zona do resto do continente. A Escandinávia ficara, é claro, totalmente de fora do mundo romano. Nenhuma contiguidade com legionários ou negociantes dos *limes* havia perturbado ou apressado a vida de suas populações tribais durante os séculos da *pax romana*. Embora a grande onda de invasões bárbaras dos séculos IV e V tivesse incluído muitos povos de origem escandinava, notadamente os godos e burgúndios,[2] estes já haviam se instalado entre o resto das populações germânicas, no outro lado do Báltico, mesmo antes de sua imersão no Império. A Escandinávia em si permaneceu, portanto, intocada pelo grande drama do colapso da Antiguidade. Assim, ao final da Idade das Trevas, depois de três séculos de mando franco ou lombardo sobre as antigas províncias do Ocidente romano, da evolução social que daí derivou e da síntese que produzira as fundações de um feudalismo plenamente desenvolvido, as formações sociais do Extremo Norte preservavam quase intacto o padrão primitivo das comunidades tribais germânicas do tempo de Tácito: um campesinato armado (*bondi*), um conselho livre formado por fazendeiros guerreiros (*thing*), uma classe de líderes de clãs (chefiada pelos *jarls*), um sistema de séquitos para expedições de ataque (*hirdh*) e uma realeza precária e semieletiva.[3] No decorrer do século VIII, essas sociedades escandinavas rudimentares se tornaram, por sua vez, uma das fronteiras bárbaras do Império Carolíngio "restaurado", à medida que ele se expandia pelo norte da Germânia até a Saxônia, seguindo a linha adjacente à Dinamarca contemporânea. A esse contato se sucedeu uma súbita e devastadora reprodução das invasões bárbaras que haviam avançado ao sul para atacar o Império Romano. Do século VIII ao XI, bandos de vikings arrasaram a Irlanda, a Inglaterra, os Países Baixos e a França, saqueando

---

2 Provavelmente de Garland e Bornholm, respectivamente.

3 Um relato ágil e recente em língua não escandinava se encontra em Jones, *A History of the Vikings*, p.145-55. Kuhn argumenta que o *hirdh* foi uma inovação anglo-dinamarquesa posterior, dos séculos X e XI, depois reimportada para a Escandinávia – um ponto de vista isolado: Kuhn, Die Grenzen der germanischen Gefolgschaft, op. cit., p.43-7.

até a Espanha, a Itália e Bizâncio. Colonos vikings se assentaram na Islândia e na Groenlândia; soldados e comerciantes vikings criaram o primeiro Estado territorial na Rússia.

Essas invasões às vezes parecem um "segundo assalto" contra a Europa cristã. Mas, na verdade, sua estrutura era *decisivamente* distinta das invasões dos bárbaros germânicos que puseram fim à Antiguidade no Ocidente. Pois, em primeiro lugar, elas não eram *Völkerwanderungen* propriamente ditas, uma vez que não traziam povos inteiros migrando pela terra: eram expedições marítimas, necessariamente muito mais limitadas em número. Pesquisas recentes reduziram de maneira drástica as estimativas exageradas acerca das vítimas apavoradas pelos ataques vikings. A maior parte dos bandos de saqueadores não tinha mais que trezentos ou quatrocentos homens: o maior grupo a atacar a Inglaterra no século IX contava com menos de mil indivíduos.[4] Em segundo lugar, a expansão viking teve, essencialmente, um marcante caráter *comercial*: os objetivos de suas expedições marinhas incluíam não apenas terra para colonizar, mas também moedas e mercadorias. Eles saqueavam algumas cidades pelo caminho, mas também fundavam e construíam muitas outras – em total contraste com seus antecessores –, pois as cidades eram o ponto nevrálgico de seu comércio. Além disso, a atividade central desse comércio era o tráfico de escravos, capturados e transportados de toda a Europa, mas, sobretudo, do oeste céltico e do leste eslavo. Por certo, é necessário distinguir os padrões da expansão norueguesa, dinamarquesa e sueca nessa época: as diferenças entre eles foram muito maiores do que meras nuances regionais.[5] No extremo flanco ocidental, os vikings noruegueses parecem ter sido impelidos pela escassez de terras em seu interior montanhoso; além da simples pilhagem, eles quase sempre procuravam solo para assentamentos, não importando quão inóspito fosse o ambiente: depois de atacarem

---

4 Sawyer, *The Age of Vikings*, p.125. Esse é o estudo mais sóbrio e rigoroso sobre o assunto, embora seja bastante conciso a respeito da estrutura social nas terras escandinavas.

5 Ver Musset, *Les invasions: le second assaut contre l'Europe chrétienne (VIIe – XIe siécles)*, p.115-8; Bronsted, *The Vikings*, p.31-6, apresenta uma discussão semelhante, talvez menos adequada.

a Irlanda e a Escócia, foram eles que povoaram as ermas Ilhas Faroe e que descobriram e colonizaram a Islândia. Ao centro, as expedições dinamarquesas, que conquistaram e ocuparam o nordeste da Inglaterra e a Normandia, foram assaltos muito mais organizados, sob comandos disciplinados quase régios, e criaram sociedades ultramarinas mais compactas e hierárquicas, nas quais se extorquiam riquezas e dinheiro para proteção (tais como o *danegeld*) que depois eram investidos no local, na estruturação de uma ocupação territorial mais estável. Já no extremo flanco oriental, a expansão pirata dos suecos teve orientação predominantemente comercial: a penetração varegue na Rússia não se preocupava com assentamentos nas terras, mas sim com o controle das rotas fluviais para Bizâncio e o Oriente muçulmano. Enquanto os típicos Estados vikings fundados no Atlântico (Órcades, Islândia ou Groenlândia) eram comunidades agrícolas, o reino varegue na Rússia era um império comercial erigido fundamentalmente sobre a venda de escravos para o mundo islâmico, de início via os canados dos cázaros e dos búlgaros e, depois, diretamente a partir do mercado central de Kiev.

O comércio varegue no Oriente eslavo tinha tamanha escala que, como vimos, abriu para a escravidão um mundo novo e permanente em toda a Europa ocidental. Sua importância foi especialmente grande para a Suécia, por causa de sua nítida especialização nessa forma de pilhagem. Mas o tráfico russo em si não era mais que a concentração regional de uma característica geral e fundamental da expansão viking. Na Islândia, antípoda distante de Kiev, as herdades da nobreza sacerdotal *godar* foram, desde o início, cultivadas por escravos celtas, capturados e transportados desde a Irlanda. A dimensão e o padrão das incursões vikings em busca de escravos por toda a Europa ainda não receberam estudo histórico adequado.[6] No entanto, para nossos propósitos aqui, o que precisa ser mais enfatizado – embora não seja de costume – é o impacto crucial do uso generalizado do trabalho escravo dentro das próprias terras escandinavas. Pois o resultado

---

6 Bromberg, Wales and the Mediaeval Slave Trade, *Speculum*, v.XVII, n.2, abr. 1942, p.263-9, analisa as operações vikings na área do Mar da Irlanda e faz alguns julgamentos bastante enfáticos sobre a atitude da Igreja Cristã diante do tráfico no início da Idade Média.

desse comércio predatório no exterior foi, paradoxalmente, a *preservação* de boa parte da estrutura primitiva da sociedade viking em solo natal. As formações sociais escandinavas foram as últimas da Europa a fazer uso amplo e normal do trabalho escravo. "O escravo foi a pedra fundamental da vida nas terras vikings."[7] Como vimos, o padrão típico das comunidades tribais no início da fase de diferenciação social era o domínio de uma aristocracia guerreira, cujas terras eram cultivadas por escravos capturados. Foi exatamente a presença dessa força de trabalho *externa* o que permitiu a coexistência da nobreza com um campesinato nativo livre, organizado em clãs patrilineares. O excedente de trabalho necessário para a emergência de uma nobreza ligada à terra ainda não precisava ser extraído de parentes empobrecidos: portanto, a escravidão normalmente foi, nesse estágio, um "salvaguarda" contra a servidão. Assim, as formações sociais vikings, nas quais havia constantes importações e reabastecimentos de escravos estrangeiros, não sofreu nenhum deslocamento mais sério em direção à dependência feudal e ao trabalho ligado à terra: elas continuaram sendo comunidades de clã primitivas e extremamente vigorosas – das quais a Islândia, nas remotas bordas setentrionais da Europa medieval, fornece um exemplo heroico. Até o século XI, as aldeias camponesas escandinavas mantiveram um padrão social muito parecido com o dos povos germânicos do século I. Todos os anos, ocorria a distribuição coletiva de faixas de terra para cada família, de acordo com as normas convencionais, dentro de uma comunidade jurídica governada por seus próprios costumes.[8] Aldeias

---

7 Jones, *A History of the Vikings*, p.148. O relato mais completo sobre a escravidão escandinava é oferecido por Foote; Wilson, *The Viking Achievement*, p.65-78. Essa obra sublinha com razão a importância crucial do trabalho escravo para as façanhas econômicas e culturais da sociedade viking, p.78.

8 Musset, *Les peuples scandinaves au Moyen Age*, p.87-91: para aqueles que estiverem confinados a outras línguas ocidentais, esse excelente trabalho é de longe o melhor relato sobre a Escandinávia medieval. Musset acrescenta que, mesmo na Noruega e na Islândia, onde havia assentamentos dispersos e agricultura pastoral transumante, uma comunidade de vizinhança extensiva redistribuía o solo arável e compartilhava os prados. Há uma discussão extremamente interessante sobre o arrendamento *odal* escandinavo e suas múltiplas conotações sociais em Gurevich, Représentations et attitudes à l'égard de la propriété pendant le haut Moyen Age,

ou comunidades vizinhas compartilhavam as terras comuns de tipo ortodoxo – florestas, campos e pastos. A propriedade individual plena só era reconhecida depois de mais de cinco ou seis gerações de posse e, em geral, estava restrita aos notáveis. Um agricultor *bondi* comum podia ter uns três escravos, e um nobre, talvez uns trinta.[9] Ambos compareciam às assembleias livres de *thingar*, organizadas em camadas sucessivas, do "cem" para cima: mesmo que na prática fossem dominadas pelos poderosos locais, essas assembleias representavam toda a comunidade rural e podiam, assim como nos tempos de Tácito, vetar as iniciativas dos nobres. Uma taxa naval para a manutenção dos navios de guerra, ou *leding*, recaía sobre todos os homens livres. Dinastias reais, enfraquecidas por mecanismos de sucessão arriscados e instáveis, forneciam reis que tinham de ser "eleitos" por uma *thing* provincial para que sua ascensão se confirmasse. Assim, a rapina viking e a escravização ultramarina conservaram uma relativa liberdade de clãs e certa igualdade jurídica na terra natal.

Depois de três séculos de assaltos e assentamentos ultramarinos, a dinâmica da expansão viking por fim se encerrou com o último grande ataque norueguês contra a Inglaterra, em 1066, no qual Harald Hardrada, antigo comandante varegue em Bizâncio, foi derrotado e morto na Ponte Stamford. Simbolicamente, os frutos dessa expedição só foram colhidos três semanas depois, em Hastings, pelos normandos – uma comunidade dinamarquesa além-mar que adotara as novas estruturas sociais e militares do feudalismo europeu.[10] As primeiras invasões vikings haviam precipitado a cristalização do feudalismo em meio à desintegração do Império Carolíngio, ainda no século IX. Ele agora se aperfeiçoara e se consolidara em um sistema institucional pleno, provando-se decisivamente superior aos esforços precários e improvisados das campanhas vikings tradicionais. A cavalaria pesada conquistou a Inglaterra, onde os navios longos

---

Annales ESC, maio-jun. 1972, p.525-9. Pode ser que o termo "alodial" esteja etimologicamente ligado a '*odal*', por metátese. De qualquer maneira, os limites da propriedade alodial são indicados, de forma extrema, pela posse *odal* viking.

9 Jones, *A History of the Vikings*, p.148.
10 E cuja proeza de lançar uma exitosa invasão feudal por mar se devia, é claro, a suas origens escandinavas.

haviam sido repelidos. Desde então, as relações de força entre o extremo norte e o resto da Europa ocidental se inverteram: a partir de agora, o feudalismo ocidental iria exercer uma pressão lenta e constante sobre a Escandinávia, alterando aos poucos seu padrão interno. Para começar, a própria contenção da expansão ultramarina viking inevitavelmente desencadeou mudanças endógenas radicais dentro da Escandinávia. Pois significou o fim efetivo do suprimento de mão de obra escrava e, com isso, as antigas estruturas sociais foram se rompendo cada vez mais.[11] Como já não havia uma reserva constante de trabalho forçado estrangeiro, a diferenciação social só pôde prosseguir pela sujeição progressiva dos fazendeiros *bondi* à nobreza local e pela emergência de rendeiros dependentes que cultivavam as terras de uma aristocracia enraizada, cujo poder social agora era mais territorial que marítimo. O corolário desse processo foi a estabilização gradual do mando régio e a conversão dos *jarlar* regionais em governadores provinciais, subordinando o trabalho da *thing* local. A gradual introdução do cristianismo na Escandinávia – uma conversão que não se completou antes do fim do século XII – por toda parte auxiliou e acelerou a transição das comunidades semitribais para sistemas de Estados monárquicos: naturalmente, as religiões pagãs nórdicas, ideologia nativa da antiga ordem de clãs, também ruíram. Essas mudanças internas já eram bem visíveis durante o século XII. Mas todo o impacto externo do feudalismo europeu sobre os confins setentrionais do continente só se fez sentir no século XIII. O primeiro emprego vitorioso da cavalaria pesada foi na Batalha de Fotevik, em 1134, quando cavaleiros mercenários germânicos demonstraram sua valentia em Escânia. Mas só depois que o exército dinamarquês de Valdemar II – o mais poderoso governante escandinavo da Idade Média – foi massacrado pela superioridade equestre de uma hoste de príncipes germânicos, em Bornhöved, no ano de 1227, foi que a organização militar do feudalismo por fim se transplantou para

---

11 A escravidão por fim desapareceu da Islândia durante o século XII, da Dinamarca durante o XIII e da Suécia durante o século XIV. Foote; Wilson, *The Viking Achievement*, p.77-8.

o norte, com todas as suas consequências sociais.¹² Schleswig se tornou o primeiro feudo propriamente dito que a monarquia dinamarquesa concedeu, em 1253. Logo se seguiram os escudos heráldicos, o sistema de títulos e as cerimônias de investidura. Entre 1279 e 1280, a aristocracia sueca conquistou a isenção jurídica de impostos (*frälse*) em troca da obrigação formal de prestar à monarquia serviços de cavalaria (*rustjänst*). Daí em diante, ela se tornou uma classe legal separada ao longo das linhas continentais, recebendo feudos (*län*) das mãos dos governantes régios. A consolidação das aristocracias locais em uma nobreza feudal se fez acompanhar por uma firme degradação das condições do campesinato em todas as regiões escandinavas durante os últimos séculos da depressão medieval. Por volta de 1350, os pequenos proprietários detinham apenas dois quintos das terras na Noruega.¹³ No século XIV, a nobreza sueca proibiu que a antiga classe dos fazendeiros *bondi* usasse armas e se esforçou para prendê-los à terra, baixando leis que exigiam da população rural errante a prestação de serviços compulsórios.¹⁴ As *thingar* foram rebaixadas a umas poucas funções judiciais, e o poder político central passou a se concentrar em um conselho de magnatas, ou *råd*, que dominou a organização política medieval do período. A tendência rumo ao padrão continental já era evidente na época da União de Kalmar, que em 1397 formalizou a união dos três reinos escandinavos em um único Estado.

Mesmo assim, o feudalismo escandinavo nunca conseguiu compensar seu início bastante tardio. Ele se provou incapaz de apagar completamente as poderosas tradições e instituições rurais do campesinato independente, cujos direitos populares e assembleias de agricultores ainda eram uma memória viva nos campos. Houve mais uma determinante crucial

---

12 Lönroth, The Baltic Countries. In: *The Cambridge Economic History of Europe*, III, p.372.

13 Foote; Wilson, *The Viking Achievement*, p.88.

14 Musset, *Les Peuples Scandinaves au Moyen Age*, p.278-80. *Frälse* significava "livre" e se opunha, na origem, a "escravo", quando era comumente aplicado à classe dos fazendeiros *bondi*. O deslocamento semântico do termo para denotar os privilégios nobres, acima e contra as obrigações camponesas, condensou toda a evolução social do final da Idade Média escandinava. Ver Foote;Wilson, *The Viking Achievement*, p.126-7.

dessa excepcionalidade nórdica: a maior parte da região permaneceu praticamente imune a invasões estrangeiras por todo o fim da Idade Média e o início da época moderna; assim, o coeficiente de guerras feudais, cujo atrito constante impusera efeitos negativos sobre as liberdades camponesas, foi bem menor do que nas outras áreas. A Dinamarca representa um caso especial, pois era uma extensão das terras continentais e, portanto, estivera muito mais sujeita às influências e intrusões germânicas na zona fronteiriça de Schleswig-Holstein, ficando, por fim, muito mais alinhada ao modelo social do interior imperial. Ainda assim, o campesinato dinamarquês só sucumbiu à servidão completa muito mais tarde, no século XVII, para se emancipar mais uma vez cem anos depois. A Noruega, que acabou caindo sob o jugo de Copenhagen, foi dominada por uma aristocracia de fala dinamarquesa, mas manteve uma estrutura rural mais tradicional.

No entanto, foi a Suécia que representou o exemplo mais puro do tipo geral das formações sociais escandinavas no fim da época medieval; durante todo esse período ela foi a área mais atrasada da região.[15] A Suécia foi o último país a conservar a escravidão, a qual, na prática, persistiu até o início do século XIV – só foi formalmente abolida em 1325; também foi o último país a se cristianizar; e o último país a alcançar uma monarquia unificada, que acabou se mostrando mais frágil que a dos vizinhos. Quando o serviço de cavalaria foi introduzido, no final do século XIII, não adquiriu o peso opressivo de seu similar dinamarquês, por causa do abrigo estratégico da latitude sueca e também porque a topografia local – um carpete de florestas, lagos e rios – sempre foi hostil à cavalaria montada. Assim, as relações rurais de produção nunca chegaram a se feudalizar por completo. Pelo fim da Idade Média, a despeito das usurpações da aristocracia, do clero e da monarquia, o campesinato sueco ainda possuía metade da

---

15 As leis de terras suecas dos séculos XIII e XIV revelam uma sociedade que, em muitos aspectos, ainda guardava semelhanças impressionantes com aquela que Tácito descrevera em seu relato sobre a Germânia do primeiro século da era cristã. As duas maiores diferenças eram o desaparecimento das tribos e a existência de uma autoridade de Estado central: Wuhrer, *Die schwedischen Landschaftsrechte und Tacitus' Germania*, *Zeitschrift der Savigny-Stiftung für Rechtsgeschichte (Germ. Abteilung)*, LXXXIX, 1959, p.1-52.

superfície cultivada do país. Embora os legisladores do rei depois tenham declarado que essas terras eram *diminium directum* do monarca, cobrindo-as com restrições régias quanto ao arrendamento e à divisão dos lotes,[16] na prática elas formavam um vasto setor alodial, que devia impostos aos reis, mas não obrigações e serviços. A outra metade do campesinato cultivava as terras da monarquia, da Igreja e da nobreza, devendo rendas e serviços feudais a seus senhores. Os nobres suecos se declararam "reis de seus camponeses" no final do século XV (Ata de Kalmar, 1483) e, no século XVII, sentenciaram que o campesinato era uma classe de *mediate subditi*;[17] mas, na prática, mais uma vez, a verdadeira relação de forças no campo jamais permitiu que essas reivindicações se realizassem. A servidão propriamente dita nunca se estabeleceu na Suécia, que também quase não conheceu a justiça senhorial: as cortes eram régias ou populares. As prisões e os códigos senhoriais (*gåedsrätt*) foram importantes somente durante uma breve década do século XVII. Assim, não foi por acaso que, quando surgiram os sistemas de Estado no início da época moderna, a Suécia foi o único grande país da Europa onde o campesinato teve representação. A feudalização incompleta das relações rurais de produção trouxe, por sua vez, efeitos limitantes para a própria organização política da nobreza. O sistema de feudos importado da Germânia nunca chegou a reproduzir fielmente o padrão continental. Em vez disso, os cargos administrativos tradicionais da monarquia, para os quais os nobres eram apontados, agora se ligavam aos feudos, em uma distribuição regional da soberania; mas esses *län* permaneceram revogáveis pelo governante régio e não se tornaram quase-propriedades hereditárias dos nobres que os recebiam.[18] No entanto, essa ausência de uma hierarquia feudal articulada não acarretou a presença de uma monarquia particularmente poderosa: ao contrário, significou, assim

---

16 Tais restrições são enfatizadas por Bjurling, Die ältere schwedische Landwirtschaftspolitik im Überblick, *Zeitschrift für Agrargeschichte und Agrarsoziologie*, Jg 12, Hft I, 1964, p.39-41. Mas, sob uma perspectiva comparativa, elas não alteraram a importância fundamental da pequena propriedade camponesa.

17 Sobre o famoso dito de Per Brahe a esse respeito, ver: Hecksher, *An Economic History of Sweden*, p.118.

18 Roberts, *The Early Vasas*, p.38; Musset, *Les Peuples Scandinaves au Moyen Age*, p.265-7.

como nas outras regiões da Europa, uma cúpula régia extremamente fraca acima da organização política. No fim da Suécia medieval, não ocorreu a ascensão da monarquia feudal, mas, sim, o retorno ao mando conciliar do *råd* de magnatas, para o qual a União de Kalmar, presidida por uma dinastia dinamarquesa em Copenhagen, fornecia um pano de fundo convenientemente distante.

4
A dinâmica feudal

O feudalismo na Europa ocidental, então, surgiu no século X, expandiu no século XI e alcançou seu zênite na passagem do século XII para o XIII. Depois de traçados alguns de seus vários caminhos de implantação nos maiores países do Ocidente europeu, agora podemos refletir sobre o notável progresso social e econômico que ele representou.[1] Por volta do século XIII,

---

1 A plena compreensão do dinamismo do modo de produção feudal foi um dos ganhos mais importantes da historiografia medieval nas últimas décadas. Logo depois da Segunda Guerra Mundial, Maurice Dobb podia escrever, repetidas vezes, em seu clássico *Studies in the Development of Capitalism* [Estudos sobre o desenvolvimento do capitalismo], a respeito do "baixo nível técnico", do "parco rendimento da terra", da "ineficiência do feudalismo como sistema de produção" e da "condição estacionária da produtividade do trabalho naqueles tempos" (Dobb, op. cit., p.36, 42-3). A despeito das advertências de Engels, tais pareceres provavelmente se espalharam entre os marxistas da época, embora se deva notar que Rodney Hilton os contestou abertamente, criticando Dobb por sua "tendência a presumir que o feudalismo tenha sido sempre e inevitavelmente um retrocesso como sistema econômico e social [...]. Na verdade, até o final do século XIII, o feudalismo foi, como um todo, um sistema em expansão. Mesmo antes do século IX havia um bom número de inovações técnicas nos métodos produtivos, um grande avanço em relação aos métodos da Antiguidade clássica. Vastas áreas de pântanos e florestas foram integradas ao cultivo, a população cresceu, construíram-se novas cidades, uma vida artística e intelectual bastante vigorosa e progressista ocupou todos os centros culturais da Europa ocidental" (Hilton, *The Modern Quarterly*, v.2, n.3, 1947, p.267-8). Hoje em dia, a maior parte dos autores marxistas e não marxistas concordaria com o tom geral de Southern quando ele fala da "revolução secreta desses séculos". Sobre a

o feudalismo europeu já havia criado uma civilização unificada e desenvolvida, que registrava um enorme avanço em relação às comunidades rudimentares e retalhadas da Idade das Trevas. Eram muitos os índices desse avanço. O primeiro e mais fundamental foi o grande salto no excedente agrário produzido pelo feudalismo. As novas relações rurais de produção haviam possibilitado um impressionante aumento na produtividade agrícola; as inovações técnicas que se tornaram os instrumentos materiais desse avanço foram, em essência, o uso do arado de ferro na lavoura, dos arreios firmes na tração equina, do moinho de água como força mecânica, dos adubos de calcário para melhorar o solo e do sistema de três campos para a rotação de culturas. É indiscutível o imenso significado dessas invenções para a agricultura medieval, processo no qual tiveram grande importância as transformações ideológicas que a Igreja forjara anteriormente. Mas não se deve isolar tais inovações como variáveis fetichizadas e determinantes na história econômica da época.[2] Já ficou claro que a simples existência dessas melhorias não era garantia de sua ampla utilização. Na verdade houve um intervalo de dois ou três séculos entre seu aparecimento inicial e esporádico na Idade das Trevas e sua constituição como um sistema distinto e predominante na Idade Média.[3] Pois somente a formação e consolidação de novas *relações sociais de produção* puderam elevá-las a uma escala geral. Foi só depois da cristalização de um feudalismo desenvolvido nos campos que elas foram sendo amplamente apropriadas. É na

---

importância desse período do desenvolvimento europeu para a história mundial, ver seus comentários em *The Making of the Middle Ages*, p.12-3.

2 É exatamente o que faz o volume de White, *Mediaeval Technology and Social Change*, o mais extenso estudo sobre invenções feudais: o moinho e o arado se tornam demiurgos de épocas históricas inteiras. A manipulação de evidências e o fetichismo de White diante desses artefatos foram causticamente criticados por Hilton; Sawyer, Technical Determinism: the Stirrup and the Plough, *Past and Present*, n.24, abr. 1963, p.90-100.

3 Duby observa que arados e arreios aperfeiçoados ainda eram raridade entre o campesinato europeu dos séculos IX e X e que a tração equina só se disseminou no século XII: *Rural Economy and Country Life in the Medieval West*, p.21. A cautela de Duby contrasta com as conjecturas desenfreadas de White: a diferença entre suas datações não se deve a uma simples questão de acurácia cronológica, mas, sim, à posição causal da técnica dentro da agricultura feudal. Esse ponto está desenvolvido acima.

dinâmica interna do modo de produção em si – e não no advento de uma nova tecnologia que foi uma de suas expressões materiais – que se deve procurar o motor fundamental do progresso agrícola.

Logo no início, vimos que o modo de produção feudal se definia, entre outras características, por uma *gradação* escalar da propriedade, a qual, portanto, nunca foi divisível em unidades homogêneas e permutáveis. Esse princípio organizador gerou o domínio eminente e o feudo revogável ao nível dos cavaleiros. Em relação à aldeia, determinou a divisão da terra em reservas senhoriais e lotes camponeses, sobre os quais os direitos do senhor, por sua vez, também se diferenciavam em graus. Foi exatamente essa divisão o que modelou as formas duais de confrontos de classe entre senhores e camponeses no modo de produção feudal. Pois, por um lado, o senhor naturalmente tentava maximizar as prestações de serviço em suas terras e as obrigações em espécie devidas pelas faixas camponesas fora delas.[4] O nível de organização que o nobre feudal alcançava em sua propriedade muitas vezes teve importância crucial para a aplicação das novas técnicas: o exemplo mais óbvio, amplamente documentado por Bloch, foi a introdução do moinho de água, o qual precisava de uma captação de bom tamanho para ser vantajoso, assim dando origem a um dos primeiros e mais duradouros de todos os monopólios ou *banalités* senhoriais – a obrigação de o campesinato local moer seus cereais no moinho do senhor.[5] Aqui, o senhor feudal era, de fato, nas palavras de Marx, "o dono e controlador do

---

4 Van Bath sugere que, a menos que houvesse disponibilidade de contratar mão de obra adicional, algum equilíbrio entre a exploração da reserva senhorial e a dos lotes camponeses deve ter sido alcançado, talvez na proporção de 1:2, de modo a não exaurir o trabalho aldeão e, assim, pôr em risco o cultivo das terras senhoriais. Bath, *The Agrarian History of Western Europe*, p.45-6. A experiência do Oriente europeu não parece confirmar essa hipótese, pois, como veremos, naquela região as prestações de serviços podiam ser muito maiores do que no Ocidente.

5 Bloch descreveu a emergência e a importância deste último em um famoso ensaio, "The Advent and Triumph of the Water-Mill", agora republicado na obra *Land and Work in Mediaeval Europe*, p.136-68. As *banalités* foram introduzidas nos séculos X e XI, depois que o sistema senhorial já estava estabelecido, aumentando ainda mais o peso do senhor sobre o camponês.

processo de produção e de todo o processo da vida social"[6] – em outras palavras, uma necessidade funcional do avanço agrícola. Ao mesmo tempo, é claro, esse avanço foi conquistado para o lucro repressivo do proprietário do moinho e às custas do aldeão. Outras *banalités* tinham um caráter mais puramente confiscatório, mas a maioria derivava do uso coercitivo dos meios de produção superiores, controlados pela nobreza. As *banalités* foram profundamente odiadas ao longo de toda a Idade Média e sempre estiveram entre os primeiros alvos dos ataques populares durante os levantes campesinos. O papel direto do senhor no controle e supervisão do processo de produção, é claro, foi declinando à medida que o excedente em si crescia: desde então, feitores e bailios passaram a administrar grandes herdades para uma alta nobreza que se tornara economicamente parasitária. No entanto, abaixo do nível magnata, nobres menores e administradores intermediários exerciam de perto uma pressão para que a terra e o trabalho fornecessem produções maiores para os proprietários: e a importância econômica e social desse estrato tendeu a aumentar em firme compasso durante o período medieval. A partir do ano 1000, a classe aristocrática se consolidou com novos padrões de herança, concebidos para proteger a propriedade nobre contra a divisão, e todos os seus setores desenvolveram um apetite cada vez maior para o consumo de luxos e amenidades, os quais acabaram atuando como um poderoso incentivo para a expansão do excedente no campo e também para a introdução de novas exações, tais como a *taille*, que veio a se impor ao campesinato já no final do século XI. Um sinal típico do papel senhorial no desenvolvimento da economia feudal dessa época foi a disseminação da viticultura durante o século XII: o vinho era uma bebida de elite e os vinhedos eram, caracteristicamente, empreendimentos aristocráticos, envolvendo maiores graus de rendimento e de trabalho especializado em relação às culturas de cereais.[7] Em um nível mais geral, dentro do sistema senhorial como um todo, a produtividade líquida das terras do senhor provavelmente se manteve bem mais alta que a dos

---

6 Marx, *Capital*, v.III, p.860-1. Marx se refere a todo o período anterior ao advento do capitalismo.

7 Duby, *Guerriers et Paysans*, p.266-7.

lotes camponeses que as cercavam —[8] prova não apenas da apropriação dos melhores solos por parte da classe governante, como também da relativa racionalidade econômica de sua exploração.

Por outro lado, era na classe dos produtores imediatos que se encontrava o maior ímpeto do desenvolvimento agrícola medieval. Dentro das severas restrições do senhorio, o modo de produção feudal que emergira na Europa ocidental normalmente propiciava ao campesinato um espaço mínimo para o aumento da produção a seu dispor. O camponês típico tinha de trabalhar na reserva senhorial – no mais das vezes, até três dias por semana – e devia inúmeras obrigações adicionais; ainda assim, no resto da semana, ele ficava livre para tentar aumentar a produção em suas próprias faixas de terra. Marx observou que "a produtividade dos outros dias da semana, que estão à disposição do produtor direto, é uma grandeza variável que deve se desenvolver no curso de sua experiência [...]. Aqui se apresenta a possibilidade para um claro desenvolvimento econômico".[9] As obrigações feudais que incidiam sobre a produção dos lotes camponeses tenderam a assumir certa regularidade e estabilidade, com um caráter consuetudinário que só pôde ser alterado pelos senhores depois de mudanças radicais no equilíbrio de forças entre as duas classes no local.[10] Criou-se, então, uma margem para os resultados da melhoria da produtividade que deveriam caber ao produtor direto. Assim, a Alta Idade Média foi marcada por uma firme disseminação do cultivo de cereais e por um deslocamento

---

8 Postan, England. In: *The Cambridge Economic History of Europe*, v.I, *The Agrarian Life of the Middle Ages*, p.602; *The Mediaeval Economy and Society*, p.124.
9 Marx, *Capital*, v.III, p.774.
10 Hilton, Peasant Movements in England before 1381. In: Carus-Wilson (Org.), *Essays in Economic History*, v.II, p.73-5. Marx enfatizou a necessidade dessa regularidade para a coerência do modo de produção como um todo: "Aqui, como sempre, é do interesse do setor governante da sociedade sancionar a ordem existente como uma lei e estabelecer legalmente seus limites por meio do costume e da tradição. Afora todo o resto, isso, aliás, ocorre assim que reprodução constante da base da ordem existente e suas relações fundamentais assumem uma forma regulada e ordenada ao longo do tempo. Tal ordem e tal regulação são em si elementos indispensáveis de qualquer modo de produção, se for o caso de assumir a estabilidade social e a independência a partir do mero acaso e arbitrariedade". *Capital*, op. cit., p 773-4.

para a lavoura mais elaborada de trigo, trabalho de um campesinato que consumia o pão como alimento básico. Houve uma transição gradual em direção ao uso de cavalos na aragem do solo, mais rápidos e eficientes que os bois que os haviam precedido, ainda que mais caros. Enquanto se desenvolvia um artesanato rural disperso, cada vez mais aldeias vieram a possuir forjas para a produção local de ferramentas de ferro.[11] As decorrentes melhorias nos equipamentos técnicos tenderam a reduzir a demanda por mão de obra nas reservas senhoriais, permitindo um aumento correspondente do trabalho nos lotes camponeses. Ao mesmo tempo, à medida que a população crescia com a expansão da economia medieval, o tamanho médio das porções camponesas diminuiu constantemente por causa da fragmentação, caindo de algo em torno de quarenta hectares no século IX para oito ou doze no século XIII.[12] O desfecho normal desse processo foi o aumento da diferenciação social nas aldeias, com uma linha divisória principal passando entre as famílias que tinham juntas de aragem e as que não tinham; um incipiente estrato de *kulaks* normalmente confiscava a maior parte dos benefícios do progresso rural dentro das aldeias e muitas vezes tendia a reduzir os camponeses mais pobres à condição de trabalhadores dependentes sob as suas ordens. Mas tanto os camponeses pobres quanto os prósperos eram estruturalmente opostos aos senhores, que engordavam às suas custas, e lutas constantes, silenciosas e dilacerantes entre as classes foram travadas ao longo de toda a época feudal (às vezes irrompendo em guerra aberta, é claro, embora isso não fosse frequente nos séculos sob análise agora). As formas da resistência camponesa eram extremamente variadas: apelos à justiça pública (nos lugares onde ela existia, como na Inglaterra) contra as exorbitantes reivindicações senhoriais, descumprimento coletivo das prestações de serviços (protogreves), pressões por redução imediata nos custos dos arrendamentos, artimanhas nos pesos da produção e nas medidas de terras.[13] Por sua parte, os senhores,

---

11 Ver: Duby, *Guerriers et Paysans*, p.213, 217-21.
12 Hilton, *Bond Men Made Free*, p.28.
13 Sobre essas diferentes formas de luta, algumas francas e outras clandestinas, ver: Hilton, *A Mediaeval Society: The West Midlands*, p.154-60; *Peasant Movements in England before 1381*, p.76-90; *The Transition from Feudalism to Capitalism*,

fossem leigos ou eclesiásticos, recorriam à elaboração legal de novas obrigações, à violência coercitiva para garantir aumentos nas rendas e à tomada de terras comunais ou em disputa. Assim, as lutas podiam começar em ambos os polos da relação feudal e tendiam a estimular a produtividade nas duas pontas.[14] Tanto os senhores quanto os camponeses estavam objetivamente engajados em um processo conflituoso cujas consequências gerais vieram a impulsionar toda a economia agrária.

Uma área do conflito social teve consequências especialmente importantes para o desenvolvimento do modo de produção como tal. Sob uma situação em que o solo comunal da aldeia não era, de forma alguma, próprio para a agricultura e que vastas regiões do terreno estavam cobertas de florestas virgens, pântanos ou brejos, é claro que as disputas sobre a terra se tornaram endêmicas. A recuperação e a transformação de solo

---

Science and Society, outono de 1953, p.343-8; e Kula, *Théorie economique du système féodale*, p.50-3, 146.

14 Duby, ao contrário, atribui o ímpeto econômico central dessa época apenas ao campesinato. No seu ponto de vista, a nobreza gerou o crescimento da economia europeia no período entre o ano 600 e o ano 1000, por sua acumulação de terras e pilhagens nas guerras; o campesinato gerou o crescimento da economia no período entre os anos 1000 e 1200, por seu avanço no cultivo rural nos tempos de uma nova paz; a burguesia urbana gerou o crescimento a partir do ano 1200, pelo comércio e manufaturas nas cidades: *Guerriers et Paysans*, *passim*. No entanto, a simetria um tanto suspeita desse esquema não se sustenta nas evidências do próprio autor. É muito duvidoso que a incidência geral de guerras tenha declinado seriamente depois do ano 1000 (como ele admite a certa altura, p.207); no mesmo passo, o papel ativo dos senhores na economia dos séculos XI e XII é amplamente documentado pelo próprio Duby. Por outro lado, é difícil enxergar por que se deva imputar às atividades militares da nobreza tamanha proeminência econômica no período anterior ao ano 1000, a expensas dos trabalhadores camponeses. Na prática, o vocabulário de Duby oscila de maneira significativa na sua localização das "fontes do dinamismo econômico" em cada fase (compare as formulações aparentemente contraditórias nas páginas 160 e 169, 200 e 237, que sucessivamente atribuem prioridade causal à guerra e ao cultivo na primeira fase e aos nobres menores e aos camponeses na segunda fase). Essas oscilações refletem dificuldades reais de análise dentro da pesquisa magistral de Duby. Na verdade, é certamente impossível atribuir pesos econômicos precisos aos papéis subjetivos das classes em conflito na época: foi a estrutura objetiva do modo de produção o que impulsionou suas performances variáveis, na forma de luta social.

não cultivado foram, então, a avenida mais frutífera para a expansão da economia rural na Idade Média e também a expressão mais dramática da melhoria da capacidade produtiva da agricultura feudal. Na verdade, um amplo movimento de ocupação e colonização de novas terras ocorreu entre os anos 1000 e 1250. Tanto os senhores quanto os camponeses participaram com vigor desse processo intenso. As clareiras abertas pelos camponeses geralmente se estendiam aos bocados, a partir dos limites das terras aráveis, avançando sobre os bosques e pastos que as cercavam. As recuperações dos nobres normalmente eram iniciativas maiores e posteriores, mobilizando mais recursos para o aproveitamento de terrenos mais difíceis.[15] As incorporações mais árduas de remotas terras incultas ficaram a cargo das grandes ordens monásticas, sobretudo a dos cistercienses, cujas abadias fronteiriças forneceram provas tangíveis dos benefícios do antinaturalismo católico. O tempo de vida de um monastério não era o mesmo de um barão: os monges não precisavam recuperar o investimento de trabalho necessário para as recuperações mais difíceis em uma única geração; assim, por exigirem projeções econômicas de longo prazo, as regiões mais remotas e intratáveis recuperadas para a lavoura ou para o pasto foram sendo tomadas pelas ordens religiosas. Estas, por sua vez, quase sempre eram especialmente opressivas para o campesinato, pois suas comunidades clericais ficavam mais fixas que os cavaleiros ou barões, os quais saíam para expedições militares com alguma frequência. As pressões e reivindicações conflitantes que surgiram da disputa por novas áreas foram, portanto, mais uma forma de luta de classes pela terra. Em alguns casos, com o objetivo de arregimentar mão de obra para invadir florestas e brejos, os nobres libertavam os camponeses de sua condição servil: para os empreendimentos maiores, seus agentes, ou *locatores*, tinham de prometer isenções feudais especiais aos recrutados. Em outros casos, os nobres logo tomavam e expropriavam as clareiras abertas pelos camponeses, e os pequenos fazendeiros que ali viviam eram reduzidos à servidão.

De maneira mais geral, na passagem do século XII para o XIII, é possível observar movimentos agudos e contraditórios na sociedade rural da

---

15 Ver o relato de Duby, *Rural Economy and Country Life in the Mediaeval West*, p.72-80.

Europa ocidental. Por um lado, as reservas senhoriais se contraíram e as prestações de serviços nessas terras diminuíram na maioria das regiões, com a notável exceção da Inglaterra. Trabalhadores sazonais, pagos em salários e livres das obrigações consuetudinárias, foram ficando mais frequentes nas propriedades senhoriais; enquanto isso, o arrendamento de terras do senhor para rendeiros camponeses aumentou bastante, em detrimento do cultivo direto na sede. Em certas áreas, especialmente no norte da França, talvez, aldeias e comunidades de camponeses compraram sua emancipação de senhores ansiosos por receber seus rendimentos em dinheiro.[16] Por outro lado, a mesma época também testemunhou uma renovada onda de servidão, a qual privou novos grupos sociais de sua liberdade e conferiu um novo rigor e uma nova precisão às definições jurídicas de falta de liberdade, com a primeira formulação da doutrina da "servidão de gleba" a partir do final do século XI. Em muitas regiões, as terras de camponeses livres – que, diferente dos arrendamentos servis, estavam sujeitas à partilha por herança – foram exauridas por pressões senhoriais e se converteram em arrendamentos dependentes. As terras alodiais também recuaram e diminuíram nessa época, que assistiu a uma maior disseminação do sistema de feudos.[17] Todas essas tendências agrárias conflitantes foram manifestações da silenciosa luta social por terra, que conferiu vitalidade econômica a esse período. Era essa tensão oculta – e, ainda assim, incessante e incansável – entre mandantes e mandados, entre os senhores militares da sociedade e os produtores diretos abaixo deles, que estava por trás da grande expansão medieval dos séculos XII e XIII.

O resultado líquido dessas pressões dinâmicas inerentes à economia feudal do Ocidente foi um aumento bastante considerável da produção total. Naturalmente, não se pode quantificar o crescimento da área cultivada em uma escala continental, por causa da impossibilidade de avaliar quaisquer índices médios, dada a diversidade de climas e solos; mas não há dúvidas de que foi muito significativo em quase todos os lugares. Já a

---

16 Tais compras foram, em geral, obra de camponeses ricos que dominavam aldeias em regiões ligadas às relações de mercado, na França ou na Itália. Hilton, *Bond Men Made Free*, p.80-5.

17 Boutruche, *Seigneurie et Féodalité*, II, p.77-82, 102-4, 276-84.

melhoria da produção vem sendo estimada com mais precisão – e também com cautela – pelos historiadores. Segundo os cálculos de Duby, entre os séculos IX e XIII, a proporção média entre grãos colhidos e semeados cresceu no mínimo de 2,5:1 para 4:1, e, assim, a porção de colheita à disposição do produtor efetivamente dobrou:

> Uma enorme mudança na produtividade, a única na história até os grandes avanços dos séculos XVIII e XIX, ocorreu nos campos da Europa ocidental entre o período carolíngio e o alvorecer do século XIII [...]. No fim do século XIII, a agricultura medieval alcançara um nível técnico equivalente ao dos anos imediatamente anteriores à revolução agrícola.[18]

A dramática aceleração das forças de produção disparou, por sua vez, um *boom* demográfico correspondente. É provável que o total da população da Europa ocidental tenha dobrado entre 950 e 1348, passando de uns 20 milhões para 54 milhões.[19] Também se calculou que a média da expectativa de vida, que fora de 25 anos no Império Romano, subiu para 35 anos por volta do século XIII na Inglaterra feudal.[20] Foi em meio a essa sociedade em crescimento que o comércio renasceu, depois de um longo declínio durante a Idade das Trevas, e que um número ainda maior de cidades surgiu e prosperou como pontos de interseção para mercados regionais e centros para manufaturas.

Não se pode separar a ascensão desses enclaves da latência agrária que os cercava. Seria um tanto incorreto divorciá-las em qualquer análise da Alta Idade Média.[21] Por um lado, muitas das novas cidades foram,

---

18 *Rural Economy and Country Life in the Mediaeval West*, p.103-12. A reivindicação de Duby sobre esse período parece exagerada: ver as estimativas de Van Bath sobre a produção da agricultura pós-medieval mais adiante. Mas sua ênfase na magnitude do crescimento medieval merece o consenso generalizado.

19 Russell, *Late Ancient and Mediaeval Populations*, p.102-13. Na verdade, as populações da França, Bretanha, Germânia e Escandinávia parecem ter triplicado durante esses séculos; foram as taxas de crescimento mais lentas na Itália e na Espanha que puxaram a média total para baixo.

20 Lopez, *The Birth of Europe*, p.398.

21 Um ponto de vista expresso com frequência diz, nas palavras de Postan, que as cidades dessa época eram "ilhas não feudais em mares feudais" (*The Mediaeval Economy*

na origem, promovidas ou protegidas por senhores feudais, cujo objetivo natural era açambarcar os mercados locais ou arrebatar os lucros do comércio de longa distância, concentrando-os sob sua égide. Por outro, o forte aumento no preço dos cereais entre os anos 1100 e 1300 – um salto de cerca de 300% – abriu um terreno inflacionário propício para as vendas de todas as mercadorias urbanas. No entanto, uma vez economicamente fundadas e lançadas, as cidades medievais logo conquistaram uma autonomia relativa, que tomou uma forma política visível. De início dominadas por agentes senhoriais (Inglaterra) ou por uma pequena nobreza residente (Itália), elas não demoraram a constituir patriciados tipicamente urbanos, em grande parte recrutados dentre as fileiras de antigos intermediários feudais ou prósperos mercadores e manufatureiros.[22] Esse novo estrato patrício controlava uma economia urbana na qual a produção em si veio a ficar firmemente regulamentada pelas guildas, as quais, em geral, emergiram nas últimas décadas do século XII. Nessas corporações, não havia separação entre o produtor artesão e os meios de produção, e os mestres menores formavam uma massa plebeia imediatamente abaixo da oligarquia de mercadores e manufatureiros. Somente nas cidades flamengas e italianas foi que apareceu, abaixo desses artesãos, uma classe considerável de trabalhadores urbanos assalariados, com identidade e interesses distintos. O padrão de governo municipal variava conforme o peso relativo da atividade "manufatureira" ou "mercantil" nas cidades em questão. Onde aquela tinha importância central, as guildas de artesãos tenderam a ganhar, por fim, alguma participação no poder cívico (Florença, Basileia, Estrasburgo, Gante); onde esta última era predominante, as autoridades citadinas permaneceram exclusivamente nas mãos

---

and Society, p.212). Tal descrição é incompatível com qualquer análise comparativa das cidades medievais dentro de uma tipologia histórica do desenvolvimento urbano mais ampla.

22 Lestocquoy, Aux Origines de la bourgeoisie: les villes de flandre et de l'Italie sous le gouvernement des patriciens (XIe-XVe siècles), p.45-51, discute as origens das oligarquias de Florença, Gênova e Siena. Hibbert, The Origin of the Mediaeval Town Patriciate, Past and Present, n.3, fev. 1953, p.15-27, é a melhor análise geral sobre o problema.

dos mercadores (Veneza, Viena, Nuremberg, Lübeck).[23] As manufaturas de larga escala se concentravam nas duas regiões de população mais densa, em Flandres e no norte da Itália. Têxteis de lã eram, naturalmente, o setor de maior crescimento, cuja produtividade talvez tenha mais do que triplicado com a introdução do tear de pedal horizontal. No entanto, os maiores lucros do capital urbano medieval foram colhidos, sem dúvida, pelo comércio de longa distância e pela usura. Dada a contínua predominância (embora diminuída) da economia natural e de uma rede de transportes e comunicações ainda rudimentar na Europa, as oportunidades de comprar barato e vender caro em mercados imperfeitos ofereciam lucros desproporcionais. O capital mercantil podia auferir lucros muito altos pela simples mediação entre esferas separadas de valores de uso.[24] O sistema de feiras de Champanhe, que ligou os Países Baixos à Itália do século XII ao início do XIV, se tornou um eixo famoso dessas transações inter-regionais.

Além disso, a *fusão* estrutural entre economia e organização política que definia o modo de produção feudal não ficou necessariamente confinada apenas à extração senhorial do excedente agrícola. A coerção extraeconômica de caráter político e militar também foi livremente utilizada pelas oligarquias patrícias que vieram a governar as cidades medievais: expedições armadas para garantir monopólios, ataques punitivos contra rivais, campanhas para impor taxas e cobranças nos campos vizinhos. O ponto alto dessa aplicação de violência política para dominar à força a produção e o comércio foi, é claro, o anexionismo das cidades italianas, com gananciosa sujeição e extorsão de suprimentos e mão de obra dos *contado* rurais conquistados. O caráter antissenhorial das incursões urbanas na Lombardia ou na Toscana não as tornava, de maneira alguma, antifeudais: elas eram, antes disso, modalidades urbanas do mecanismo geral de extração do excedente típico da época, dirigidas contra os adversários rurais. Mesmo assim, as comunidades urbanas sem dúvida representaram uma força de vanguarda no todo da economia medieval, pois somente elas se dedicavam unicamente à produção de mercadorias e se sustentavam

---

23 Ver as observações de Fourquin, *Histoire economique de l'Occident médiéval*, p.240-1.
24 Ver: Marx. *Capital*, v.III, p.320-5.

exclusivamente nas trocas monetárias. Na verdade, em meio à escassez generalizada de dinheiro, a própria escala dos lucros advindos da outra grande vocação comercial dos mercadores testemunha seu protagonismo nesse aspecto. O apogeu das fortunas patrícias se encontrava na atividade bancária, na qual astronômicas taxas de juros podiam advir de empréstimos extorsivos a nobres e príncipes sem dinheiro vivo. Observou Marx:

> A usura vive nos poros da produção, assim como os deuses de Epicuro viviam no espaço entre os mundos. Quanto menos a forma-mercadoria constituir a forma geral dos produtos, muito mais difícil será conseguir dinheiro. Portanto, o usurário não conhece outra barreira que não a capacidade daqueles que precisam de dinheiro em pagar ou resistir.[25]

Mas o caráter "parasitário" dessas operações não as tornava necessariamente improdutivas em termos econômicos: investimentos frutíferos em manufaturas ou transportes advinham, com frequência, dos rios caudalosos da usura. A retomada da cunhagem de ouro na Europa em meados do século XIII, com a forja simultânea do januarius e do florim em Gênova e em Florença no ano de 1252, foi o símbolo resplandecente da vitalidade comercial das cidades.

Também foram elas que reconquistaram para a Europa feudal o comando dos mares circundantes – um presente decisivo para seu crescimento. A economia urbana da Idade Média era completamente indissociável do transporte e do comércio marítimos: não por acaso, seus dois grandes centros regionais, no norte e no sul da Europa, ficavam perto da orla marítima. A primeira precondição para a ascensão das cidades italianas foi o estabelecimento de sua supremacia naval no Mediterrâneo ocidental, que se viu livre das esquadras islâmicas no início do século XI. Depois disso se seguiram mais dois grandes avanços internacionais: o domínio sobre o Mediterrâneo oriental, com a vitória da Primeira Cruzada, e a abertura de rotas comerciais regulares no Atlântico, entre o

---

25 Marx, *Capital*, v.III, p.585.

Mediterrâneo e o Canal da Mancha.²⁶ Era o poderio marítimo de Gênova e Veneza que agora garantia à Europa ocidental um constante excedente comercial com a Ásia – um excedente que financiou seu retorno ao ouro. Pode-se avaliar a escala das riquezas acumuladas nessas cidades mediterrâneas a partir de uma simples comparação: em 1293, os tributos marítimos de um único porto de Gênova somaram três vezes e meia o valor total dos rendimentos da monarquia francesa.²⁷

A condição estrutural da possibilidade desse poder e prosperidade urbana foi, como vimos, o parcelamento da soberania, peculiar ao modo de produção feudal da Europa. Somente isso permitiu a autonomia *política* das cidades e sua emancipação ante o controle imediato do senhor ou do monarca – fato que separou fundamentalmente a Europa ocidental dos Estados orientais da mesma época, que tinham concentrações metropolitanas muito maiores. A forma mais madura dessa autonomia foi a *commune*, instituição que é um lembrete da diferença irredutível entre cidade e campo, mesmo dentro da unidade feudal. Pois a comuna era uma confederação fundada por um juramento de fidelidade recíproca entre iguais: o *conjuratio*.²⁸ Essa promessa jurada era uma anomalia no mundo medieval: embora as instituições feudais de suserania e vassalagem tivessem um caráter enfaticamente mútuo, elas eram laços de obrigação entre superiores e inferiores em uma expressa hierarquia de níveis. Muito mais que a reciprocidade, o que as definia era a desigualdade. O *conjuratio* urbano, pacto fundador da comuna e uma das aproximações históricas mais parecidas com um "contrato social" formal, incorporava um princípio totalmente novo: uma comunidade de iguais. Naturalmente, era temida e odiada por

---

26 Bautier, *The Economic Development of Mediaeval Europe*, p.96-100, 126-30, enfatiza, com razão, a importância desses avanços.

27 Lopez, *The Birth of Europe*, p.260-1. Foi um ano excepcional em Gênova: as receitas atingiram quatro vezes os níveis de 1275 e o dobro dos de 1334. Mas, ainda assim, a possibilidade de tal pico é bem impressionante.

28 Weber, *Economy and Society*, III, p.1251-62. As observações de Weber sobre as cidades medievais quase sempre são precisas e perspicazes, mas sua teoria geral o impediu de entender os motivos estruturais de seu dinamismo. Ele atribuiu o capitalismo urbano da Europa ocidental essencialmente à posterior competição entre Estados-nação fechados: *General Economic History*, p.337.

nobres, prelados e monarcas: para Guibert de Nogent, no início do século XII, a *commune* era um "nome novo e detestável".[29] Na prática, a comuna se restringia, é claro, a uma pequena elite dentro das cidades; ainda assim, seu exemplo inspirou ligas citadinas no norte da Itália, no Reno e, por extensão, ligas de cavaleiros na Germânia. No entanto, a novidade germinal da instituição derivou do autogoverno das cidades autônomas. Esse processo data exatamente da conjuntura na qual as cidades lombardas se livraram do domínio de seus mandantes episcopais e, assim, quebraram a corrente de dependência feudal à qual estavam integradas até então. As comunas de modelo italiano nunca chegaram a se tornar universais na Europa: foram privilégio das regiões mais avançadas em termos econômicos. Por isso, as duas outras grandes aglomerações onde viriam a se encontrar foram Flandres e (um século depois) o Reno. Mas, em ambas as zonas, elas existiram sob cartas patentes de autonomia expedidas por suseranos feudais, ao passo que as cidades italianas demoliram a suserania imperial sobre a Lombardia, de uma vez por todas, no século XII. Elas também foram importantes por mais de um século nas regiões vassalas fora dos domínios régios no norte da França, onde sua influência garantiu às *bonnes villes* do centro e do sul um tratamento tolerante por parte da monarquia.[30] Na Inglaterra, por outro lado, onde a proeminência de comunidades de mercadores estrangeiros era um sinal da relativa fraqueza da classe burguesa local, as cidades ficaram pequenas demais para adquirir a importância econômica necessária à emancipação política, com exceção de Londres, capital mantida sob severo controle régio.[31] Nenhuma comuna propriamente dita chegou a se estabelecer na ilha, o que teve consequências importantes para os desenvolvimentos constitucionais posteriores. No entanto, por toda a Europa ocidental, os centros urbanos ganharam cartas patentes básicas e

---

29 Uma frase que chamou a atenção de Marx (*Selected Correspondence*, p.89) e também de Bloch (*Feudal Society*, p.354). Para Jacques de Vitry, outro prelado, as comunas eram "violentas e pestilentas": Lopez, *The Birth of Europe*, p.234.
30 Petit-Dutaillis, *Les Communes Françaises*, p.62, 81.
31 Londres recebeu uma carta patente formal de liberdades das mãos de Eduardo III, em 1327; mas, ao fim da Idade Média, a cidade estava bastante subordinada ao poder central da monarquia.

uma existência municipal organizada. Em toda a parte, as cidades medievais representaram um componente cultural e econômico absolutamente central na ordem feudal.

Foi sobre essa dupla fundação de vitalidade urbana e impressionante progresso agrícola que se erigiram os majestosos monumentos estéticos e intelectuais da Alta Idade Média: as grandes catedrais e as primeiras universidades. Van Bath observa:

> No século XII irrompeu um período de exuberante desenvolvimento no sul e no oeste da Europa. Entre os anos 1150 e 1300, os campos cultural e material alcançaram um ápice que só seria igualado muito tempo depois. Esse avanço se deu não apenas na teologia, filosofia, arquitetura, escultura, vidraria e literatura, mas também no conforto material.[32]

As origens da arquitetura gótica, artefato supremo dessa "exuberância" cultural, eram a expressão adequada das energias unitárias da época: sua terra natal foi o norte da França, berço do feudalismo desde Carlos Magno, e seu inaugurador foi Suger – abade, regente e patrono, cuja tríplice vocação iria reorganizar e racionalizar os domínios de Saint Denis, consolidar e estender o poder da monarquia dos capetos para Luís VI e VII e lançar na Europa um estilo leve de construção, do qual seus próprios versos religiosos eram o programa estético.[33] Essas realizações internas da civilização medieval do Ocidente tiveram reflexos externos na sua expansão geográfica. A essa altura, o impulso do modo de produção feudal produziu as expedições cruzadas internacionais de 1000 a 1250. As três grandes pontas de lança dessa expansão se dirigiram para o Báltico, para a Península Ibérica e para o Levante. Brandemburgo, Prússia e Finlândia foram conquistadas e colonizadas por cavaleiros germânicos e suecos. Os mouros recuaram do Tejo para a serra de Granada. Portugal ficou livre *in toto* e um novo reino ali se fundou. Palestina e Chipre foram tomados de seus

---

32 Van Bath, *The Agrarian History of Western Europe*, p.132.
33 Ver o estimulante ensaio de Panofsky sobre Suger em: *Meaning in the Visual Arts*, p.108-45.

governantes muçulmanos. A própria conquista de Constantinopla, derrubando definitivamente os resquícios do velho Império oriental, parecia consumar e simbolizar o vigor triunfante do feudalismo ocidental.

5
A crise geral

De fato, uma maciça crise geral atingiu todo o continente nos cem anos seguintes. Veremos que é essa crise que muitas vezes aparece, retrospectivamente, como o divisor de águas dos destinos da Europa. Suas causas ainda não foram estudadas e analisadas de maneira sistemática, embora já se possa dizer que seus fenômenos estejam bastante estabelecidos.[1] No entanto, a determinante mais profunda dessa crise geral provavelmente se encontra em um "travamento" dos mecanismos de reprodução do sistema na fronteira de suas capacidades finais. Em particular, parece claro que o motor básico da recuperação de solos para a agricultura, que impulsionara toda a economia feudal durante três séculos, por fim esbarrou nos limites

---

1 O melhor estudo geral sobre a crise ainda é o de Génicot, Crisis: from the Middle Ages to Modern Times. In: *The Agrarian Life of the Middle Ages*, p.660-741. Ver também Hilton, Y Eut-Il une Crise Générale de la Féodalité?, *Annales ESC*, jan.--mar. 1951, p.23-30. Recentemente, Duby criticou a ideia "romântica" de uma crise geral com base no fato de que, em certos setores, os últimos séculos da Idade Média registraram importantes progressos culturais e urbanos. Duby, Les Societes Médiévales: Une Approche d'Ensemble, *Annales ESC*, jan.-fev. 1971, p.11-2. Mas isso é confundir o conceito de crise com o de retrogressão. Nenhuma crise de nenhum modo de produção é um simples declínio vertical. Além de ter sido compatível com o nadir da depressão de meados do século XIV, a limitada emergência de novas relações e novas forças de produção muitas vezes também foi um aspecto integral dessa depressão, principalmente nas cidades. Não se deve questionar a existência de uma crise geral pelo simples fato de ela ter sido acalentada pela literatura romântica.

objetivos, tanto do terreno quanto da estrutura social. A população continuou a crescer, ao passo que a produção caiu nas terras marginais ainda disponíveis para a conversão aos níveis de técnica existentes, e o solo se deteriorou por causa da pressa e do mau uso. As últimas reservas de terras recém-incorporadas normalmente tinham pouca qualidade, solos ralos ou úmidos que eram mais difíceis de cultivar e onde se semeavam culturas inferiores, como a de aveia. As terras aradas mais antigas, por outro lado, estavam sujeitas ao desgaste e ao declínio pela própria antiguidade de seu cultivo. Além disso, o avanço das plantações de cereais muitas vezes se dera ao custo da diminuição das pastagens: em consequência, a criação de animais decaiu e, com isso, também o suprimento de estrume para a lavoura arada.[2] Assim, o progresso da agricultura medieval agora sofria por suas próprias escolhas. A derrubada de florestas e matas não se fizera acompanhar por um cuidado comparável na conservação: quase não havia aplicação de fertilizantes, então até mesmo os melhores solos se exauriram rápido; enchentes e tempestades de poeira ficaram mais frequentes.[3] Além

---

2 Pode-se encontrar boa parte da melhor discussão sobre esses processos da agricultura feudal em Postan, *The Mediaeval Economy and Society*, p.57-72. O livro de Postan se dedica à Inglaterra, mas as implicações de sua análise têm escopo geral.

3 Postan, Some Economic Evidence of Declining Population in the Later Middle Ages, *Economic History Review*, n.3, 1950, p.238-40, 244-6; Van Bath, *The Agrarian History of Western Europe*, p.132-44. Esses fatos são evidência clara de uma crise nas forças de produção dentro das relações de produção predominantes. Eles indicam, precisamente, o que Marx quis dizer com uma contradição estrutural entre ambas. Uma explicação alternativa da crise, já esboçada por Dobb e Kosminsky, é questionável em termos empíricos e reducionista em termos teóricos. Os autores argumentam que a crise geral do feudalismo no século XIV foi causada, em essência, por uma escalada linear da exploração nobre a partir do século XI, a qual acabou provocando seguidas revoltas camponesas e, por conseguinte, o colapso da velha ordem. Ver Kosminsky, The Evolution of Feudal Rent in England from the 11th to the 15th Centuries, *Past and Present*, n.7, abr. 1955, p.12-36; Dobb, *Studies in the Development of Capitalism*, p.44-50; Dobb é mais sutil. Essa interpretação parece não se enquadrar na tendência geral das relações de arrendamentos na Europa ocidental da época; além disso, ela tende a distorcer a teoria de Marx sobre complexas contradições objetivas em uma simples disputa de interesses de classe. A *resolução* de crises estruturais em um modo de produção sempre depende da intervenção direta da luta de classes; mas a *germinação* dessa crise pode muito bem tomar todas as

disso, a diversificação da economia feudal europeia com o crescimento do comércio internacional levara algumas regiões a diminuir a produção de cereais, em favor de outros ramos da agricultura (vinhos, linho, lã ou pecuária), aumentando, assim, a dependência das importações – e seus perigos inerentes.[4]

Contra o pano de fundo desse equilíbrio ecológico cada vez mais precário, a expansão demográfica descontou na superpopulação os primeiros golpes de azar nas colheitas. O início do século XIV foi repleto de tais desastres: 1315 e 1316 foram anos de fome na Europa. Terras começaram a ser abandonadas e a taxa de natalidade caiu, ainda antes dos cataclismas que pouco depois viriam a assolar o continente. Em algumas regiões, como na Itália central, a espoliação do campesinato já começava a enfraquecer o índice de reprodução por volta do século XIII.[5] Ao mesmo tempo, a economia urbana agora enfrentava alguns obstáculos cruciais a seu desenvolvimento. Não há motivos para acreditar que a modesta produção de mercadorias na qual se baseavam suas manufaturas já estivesse seriamente prejudicada pelas restrições das guildas e pelo monopólio patrício que dominavam as cidades. Mas a crise certamente apanhou o meio comum de circulação para a troca de produtos: a partir do início do século XIV, ocorreu uma escassez generalizada de dinheiro, o que, inevitavelmente, afetou o comércio e as atividades bancárias. As razões subjacentes dessa crise monetária são obscuras e complexas. Mas um fator central foi o

---

classes sociais de surpresa em uma dada totalidade histórica, derivando de outros níveis estruturais de tais classes, e não de seu confronto direto. É seu choque dentro da emergência em curso que, como veremos no caso da crise feudal, determina o desfecho.

4 Mas essa tendência pode estar exagerada. Bautier, por exemplo, praticamente reduz toda a crise econômica do século XIV a um efeito colateral adverso do progresso na especialização agrícola, resultado de um desenvolvimento da divisão internacional do trabalho: *The Economic Development of Mediaeval Europe*, p.190-209.

5 Herlihy, Population, Plague and Social Change in Rural Pistoia, 1201-1450, *Economic History Review*, XVIII, n.2, 1965, p.225-44, documenta esse fenômeno na Toscana. A economia rural da Itália central, por outro lado, foi bem atípica da Europa ocidental como um todo: seria insensato generalizar as relações de arrendamento do caso de Pistoia. Deve-se notar que o resultado da superexploração na Toscana foi a infertilidade, e não a rebelião.

limite objetivo das próprias forças de produção. Assim como a agricultura, a mineração também alcançara uma barreira técnica, para além da qual a exploração se tornava inviável ou deletéria. A extração de prata, a que se conectava organicamente todo o setor urbano e monetário da economia feudal, deixou de ser praticável ou rentável nas principais zonas mineradoras da Europa central, pois não havia modo de cavar poços mais profundos nem de refinar minérios mais impuros.

> A extração de prata quase chegou ao fim no século XIV. Em Goslar, houve reclamações sobre a subida do nível da água; problemas com a água também ocorreram nas minas da Boêmia. A recessão havia começado na Áustria já no século XIII. A atividade mineradora em Deutschbrod cessou em 1321, em Freisach na década de 1370 e em Brandes (Alpes Franceses) por volta de 1320.[6]

A falta de metais acarretou seguidas adulterações na cunhagem em vários países e, por conseguinte, uma espiral inflacionária.

Isso, por sua vez, provocou uma discrepância cada vez maior na relação entre os preços agrários e urbanos.[7] O declínio da população levou a uma contração na demanda por produtos de subsistência, então os preços dos cereais caíram depois de 1320. Em contraste, as manufaturas urbanas e os bens de alto custo produzidos para consumo senhorial, que dispunham de uma clientela de elite e relativamente inelástica, foram ficando cada vez mais caros. Esse processo contraditório afetou a classe nobre de maneira drástica, pois seu modo de vida se tornara mais dependente das mercadorias de luxo produzidas na cidade (o século XIV iria ver o apogeu da ostentação feudal, com a moda da corte de Borgonha se espalhando para toda a Europa), ao passo que o cultivo nas reservas senhoriais e as obrigações servis em suas terras forneciam rendas decrescentes. O resultado foi o declínio nos rendimentos senhoriais, o que, por sua vez, desencadeou

---

6 Van Bath, *The Agrarian History of Western Europe*, p.106.
7 Ver: Miskimin, Monetary Movements and Market Structures – Forces for Contraction in Fourteenth and Fifteenth Century England, *Journal of Economic History*, XXIV, dez. 1964, n.2, p.483-90; Génicot, Crisis: from the Middle Ages to Modern Times, op. cit., p.692.

uma onda de conflito sem precedentes, com cavaleiros de todas as partes tentando recuperar suas fortunas por meio da pilhagem.[8] Na Germânia e na Itália, essa busca por saques em tempos de penúria produziu o fenômeno do banditismo desorganizado e anárquico de senhores individuais: os brutais *Raubrittertum* da Suábia e do Reno e os *condottieri* saqueadores que se espalharam da Romagna até o centro e o norte da Itália. Na Espanha, as mesmas pressões geraram guerras civis endêmicas em Castela, onde a nobreza se dividia em facções rivais por causa de controvérsias na sucessão dinástica e no poder régio. Na França, a Guerra dos Cem Anos – uma combinação mortífera de guerra civil entre as casas de Valois e de Borgonha com um conflito internacional entre Inglaterra e França, envolvendo também Flandres e forças ibéricas – afundou o país mais rico da Europa em desordem e miséria sem paralelos. Na Inglaterra, o epílogo da última derrota continental na França foi o gangsterismo dos barões na Guerra das Duas Rosas. A guerra, vocação dos cavaleiros nobres, se tornou um negócio profissional: o serviço de cavalaria foi perdendo espaço para os capitães mercenários e a violência paga. Em toda a parte, a vítima foi a população civil.

Para completar esse panorama desolador, a crise estrutural foi agravada por uma catástrofe conjuntural: a invasão da Peste Negra, vinda da Ásia, em 1348. Foi um acontecimento externo à história da Europa que se abateu sobre ela de maneira um tanto parecida com o que a colonização europeia viria a fazer com as sociedades americanas e africanas alguns séculos depois (o impacto das epidemias no Caribe talvez proporcione uma comparação). Passando da Crimeia aos Bálcãs via Mar Negro, a peste viajou como um furacão pela Itália, Espanha e Portugal, virou para o norte, em direção à França, Inglaterra e Países Baixos e, por fim, voltou para leste, rumo à Germânia, Escandinávia e Rússia. Como a resistência demográfica já estava enfraquecida, a Peste Negra ceifou talvez um quarto dos habitantes do continente. Depois, surtos de pestilência se tornaram endêmicos em várias regiões. Com essas sucessivas pragas auxiliares, o número

---

8 Sobre a crise nos rendimentos dos nobres, ver a discussão em Fourquin, *Histoire Economique de l'Occident Médiéval*, p.335-40.

de mortes talvez tenha alcançado dois quintos da população por volta do ano 1400.[9] O resultado foi uma devastadora escassez de mão de obra, justamente no momento em que a economia feudal se via presa a graves contradições internas. Esses desastres acumulados desencadearam uma desesperada luta de classes pela terra. A classe nobre, ameaçada pelas dívidas e pela inflação, agora se deparava com uma força de trabalho hostil e decrescente. Sua reação imediata foi tentar recuperar seu excedente prendendo o campesinato à terra ou baixando os salários nas cidades e no campo. Os Estatutos dos Trabalhadores decretados na Inglaterra entre 1349 e 1351, logo depois da Peste Negra, estão entre os programas de exploração mais explícitos e estarrecedores de toda a história da luta de classes na Europa.[10] A *Ordonnance* francesa de 1351 basicamente repetiu disposições similares às dos estatutos ingleses.[11] No mesmo ano, as cortes de

---

9 Russell, *Late Ancient and Mediaeval Population*, p.131. Em reação a interpretações tradicionais, está na moda entre historiadores modernos depreciar a ênfase no impacto das epidemias do século XIV sobre a economia e a sociedade europeias. Sob todos os parâmetros comparativos, essa atitude demonstra um senso de proporção estranhamente falho. Somados, os números de mortes das duas Guerras Mundiais causaram muito menos dano que a Peste Negra. É difícil sequer imaginar quais seriam, em uma época posterior, as consequências de uma perda líquida de 40% da população total da Europa no espaço de duas gerações.

10 "Considerando o que foi recentemente ordenado por nosso senhor, o rei, e com o consentimento de prelados, condes, barões e outros de seu conselho, contra a malícia dos servos, que eram indolentes e não queriam trabalhar depois da pestilência sem excessivos pagamentos, que tais servos, tanto homens quanto mulheres, sejam obrigados a servir, recebendo o salário costumeiro e pagamentos, nos lugares onde deviam servir no vigésimo ano do reinado do rei que agora está, ou cinco ou seis anos antes, e que os mesmos servos, recusando a servir de tal modo, sejam punidos pelo aprisionamento de seus corpos [...] os servos, sem consideração à ordenança, mas para sua comodidade e singular cobiça, recusam-se a servir grandes homens e outros, a menos que recebam roupa e salários no dobro ou triplo do que lhes cabiam no vigésimo ano ou antes, para grande prejuízo dos grandes homens e empobrecimento de toda a comunidade." Myers (Org.), *English Historical Documents, Vol. IV, 1327-1485*, p.993. O Estatuto se aplicava a todos aqueles que não possuíam terra o suficiente para a própria subsistência, obrigando-os a trabalhar para os senhores sob pagamentos fixos: sendo assim, atingia também os pequenos proprietários.

11 Perroy, Les crises du XIVe siècle, *Annales ESC*, abr.-jun. 1949, p.167-82. Perroy destaca que a depressão de meados do século na França teve uma tripla

Castela reunidas em Valladolid decretaram a regulamentação de salários. Os príncipes germânicos logo seguiram a mesma tendência: impuseram-se controles semelhantes na Baviera, em 1352.[12] A monarquia portuguesa passou suas leis das *sesmarias* duas décadas mais tarde, em 1375. No entanto, essa tentativa senhorial de reforçar as condições servis e fazer a classe produtora pagar os custos da crise agora encontrava uma resistência voraz e violenta — muitas vezes liderada por camponeses mais prósperos e educados, mobilizando as mais profundas paixões populares. Os conflitos contidos e localizados que haviam caracterizado a lenta ascensão do feudalismo de repente se fundiram em grandes explosões regionais ou nacionais durante a depressão feudal, em sociedades medievais que agora eram muito mais integradas em termos econômicos e também políticos.[13] A penetração da troca de mercadorias no campo enfraquecera as relações costumeiras, e o advento da taxação régia agora se sobrepunha às tradicionais exações nobres nas aldeias: ambas tenderam a transformar as reações populares contra a extorsão ou repressão senhorial em movimentos coletivos maiores. Já em 1320 o oeste de Flandres fora palco de uma feroz guerra camponesa contra as exações fiscais do suserano francês e contra as obrigações e dízimos da nobreza e igreja locais. Em 1358, o norte da França estava em chamas com a *Grande Jacquerie*, talvez o maior levante camponês registrado na Europa ocidental desde *Bacaudae*, motivada por confiscos e pilhagens militares durante a Guerra dos Cem Anos. E, então, no ano de 1381, irrompeu a Revolta Camponesa na Inglaterra, precipitada por uma nova taxa *per capita*, com os objetivos mais avançados e arrebatadores de todos esses levantes: nada menos que a abolição imediata da servidão e a revogação do sistema legal vigente. No século seguinte, foi a vez do campesinato calabrês se rebelar contra seus senhores aragoneses na grande revolta de 1469-75. Na Espanha, os servos *remença* da Catalunha

---

        determinação: uma crise de cereais, por causa das safras ruins entre 1315 e 1320; uma crise monetária e financeira, acarretando desvalorizações sucessivas entre 1335 e 1345; e, então, a crise demográfica, com as epidemias de 1348 a 1350.

12 Lütge, The Fourteenth and Fifteenth Centuries in Social and Economic History. In: Strauss (Org.), *Pre-Reformation Germany*, p.349-50.

13 Ver: Hilton, *Bond Men Made Free*, p.96 ss.

se insurgiram contra a disseminação dos "maus costumes" que os senhores baroniais lhes impunham, e uma amarga guerra civil ocorreu em 1462 e de novo em 1484.[14] Esses são apenas os episódios principais de um fenômeno que tomou todo o continente, estendendo-se da Dinamarca a Maiorca. Enquanto isso, nas regiões urbanas mais desenvolvidas, Flandres e norte da Itália, aconteceram revoluções comunais autônomas: em 1309, os pequenos mestres e tecelões de Gante tomaram o poder das mãos do patriciado e derrotaram o exército nobre que se juntara para massacrá-los em Courtrai. No ano de 1378, Florença vivenciou uma revolta ainda mais radical quando os *ciompi*, esfomeados cardadores de lã – não artesãos, mas trabalhadores assalariados – estabeleceram uma breve ditadura.

Todas essas revoltas de explorados foram derrotadas e politicamente reprimidas, com a parcial exceção do movimento *remença*.[15] Mas, ainda assim, tiveram impacto profundo sobre o resultado final da grande crise do feudalismo na Europa ocidental. Pois uma das conclusões mais importantes da análise da grande quebra do feudalismo europeu é que – ao contrário do que creem muitos marxistas – a "feição" característica da crise de um modo de produção não é aquela em que vigorosas forças (econômicas) de produção explodem triunfalmente em meio a retrógradas relações (sociais) de produção, estabelecendo de pronto uma sociedade e uma produtividade mais elevadas sobre suas ruínas. Ao contrário, as forças de produção normalmente tendem a *enguiçar* e *retroceder* dentro das relações de produção vigentes; estas, então, têm de ser radicalmente transformadas e reordenadas antes que novas forças de produção possam ser criadas

---

14 Já haviam ocorrido sérias perturbações nessas áreas durante o século XIV: nas terras napolitanas, sob o mando angevino de Roberto I (1304-43), e na Catalunha na década de 1380.

15 Na Europa, apenas um campesinato desafiou a classe feudal com êxito. Nas discussões sobre as grandes insurreições do fim da Europa medieval, muitas vezes se ignora o caso da Suíça. Mas, embora o movimento cantonal suíço represente, em muitos aspectos, uma experiência histórica *sui generis*, distinta das revoltas camponesas na Inglaterra, França, Espanha, Itália ou Países Baixos, não se pode colocá--lo à parte. Tal movimento foi um dos episódios centrais da depressão agrária e da luta de classes pela terra na mesma época. Sua importância histórica é discutida na sequência deste estudo: Anderson, *Linhagens do Estado absolutista*, p.301-2.

e combinadas em um modo de produção globalmente novo. Em outras palavras, durante a época de transição, as relações de produção geralmente mudam *antes* das forças de produção, e não vice-versa. Assim, o desdobramento imediato da crise do feudalismo ocidental não foi uma rápida liberação de novas tecnologias, nem na indústria nem na agricultura; isso viria a ocorrer só depois de um intervalo considerável. A consequência direta e decisiva foi, antes disso, uma abrangente alteração social nos campos do Ocidente. Pois os violentos levantes rurais da época, mesmo derrotados, desencadearam, quase imperceptivelmente, algumas mudanças no equilíbrio de forças das classes no interior. Na Inglaterra, os salários rurais haviam sofrido uma queda nítida com a proclamação do Estatuto dos Trabalhadores: depois da Revolta dos Camponeses, eles começaram a subir em uma curva que continuou ascendente por todo o século seguinte.[16] Na Germânia, o mesmo processo ficou evidente. Na França, o caos econômico da Guerra dos Cem Anos deslocou todos os fatores de produção, e, de início os salários permaneceram relativamente estáveis, ajustados os níveis decrescentes da produção; mas, mesmo assim, eles começaram a subir sensivelmente ao fim do século.[17] Em Castela, os níveis salariais quadruplicaram na década de 1348-58, depois da Peste Negra.[18] Assim, longe de piorar a condição dos produtores diretos no campo, a crise geral do modo de produção feudal acabou melhorando sua vida e os emancipando. Na verdade, ela foi a virada decisiva para a dissolução da servidão no Ocidente.

Sem dúvida, as razões para esse resultado de imensa importância encontram-se, antes de tudo, na articulação dual do modo de produção feudal, que vem sendo enfatizada desde o início deste estudo. Era sobretudo o setor *urbano*, estruturalmente protegido pelo parcelamento da soberania na organização política medieval, que agora se desenvolvera até um ponto em que podia alterar de maneira decisiva os desdobramentos da luta de

---

16 Kosminsky, The Evolution of Feudal Rent in England from the 11th to the 15th Centuries, p.28; Hilton, *The Decline of Serfdom in Mediaeval England*, p.39-40.
17 Perroy, Wage-Labour in France in the Later Middle Ages, *Economic History Review*, Segunda Série, VIII, n.3, dez. 1955, p.238-9.
18 Jackson, *The Making of Mediaeval Spain*, p.146.

classe no setor rural.[19] A localização geográfica das grandes revoltas camponesas do fim da Idade Média no Ocidente conta a sua própria história. Em quase todos os casos, elas ocorreram em zonas de poderosos centros urbanos, que atuaram objetivamente como um fermento desses levantes populares: Bruges e Gante em Flandres, Paris no norte da França, Londres no sudeste da Inglaterra, Barcelona na Catalunha. A presença de cidades importantes sempre significou uma irradiação das relações de comércio pelos campos vizinhos: e, em uma época transicional, foram as tensões de uma agricultura semicomercial que se provaram mais agudas para o tecido da sociedade rural. No sudeste da Inglaterra, o número de trabalhadores e servos sem terra ultrapassou o de rendeiros nos distritos mais afetados pela Revolta dos Camponeses.[20] Artesãos rurais se destacaram na guerra em Flandres. As regiões de Paris e Barcelona eram as áreas mais avançadas em termos econômicos da França e da Espanha, respectivamente, com a maior densidade de trocas de mercadorias em cada país. Além disso, o papel das cidades nas revoltas camponesas da época não se limitou a seus efeitos destrutivos sobre a ordem senhorial tradicional na vizinhança. Muitas das cidades apoiaram e ajudaram ativamente as rebeliões rurais de alguma maneira, fosse a partir da incipiente simpatia popular vinda de baixo ou das interesseiras estratégias patrícias vindas de cima. Os pobres de Londres se uniram à Revolta Camponesa, por solidariedade social; enquanto isso, na busca por seus próprios objetivos políticos, os burgueses ricos do regime de Etienne Marcel em Paris prestaram auxílio tático à *Jacquerie*. Mercadores e guildas de Barcelona se mantiveram distante das revoltas *remenças*; mas os tecelões de Bruges e Ypres foram aliados naturais dos camponeses na Flandres marítima. Assim, de maneira objetiva e,

---

19 As interconexões estruturais entre o predomínio rural e a autonomia urbana no modo de produção feudal na Europa ocidental se estamparam vividamente no exemplo paradoxal da Palestina. Ali, quase toda a comunidade de cruzados – magnatas, cavaleiros, mercadores, clérigos e artesãos – se concentrava nas cidades (a produção rural ficava a cargo dos camponeses nativos). Em consequência, era uma área onde não havia nenhuma autonomia municipal e onde nenhum Estado local burguês jamais emergiu.

20 Hilton, *Bond Men Made Free*, p.170-2.

muitas vezes, de maneira subjetiva, as cidades influíram no caráter e no curso das grandes revoltas da época.

No entanto, não foi apenas ou principalmente com essas explosões culminantes que as cidades interferiram no destino do campo: elas nunca deixaram de fazê-lo, mesmo em condições de aparente paz social. Pois, no Ocidente, a densa rede de cidades exercia uma influência gravitacional constante sobre o equilíbrio de forças do interior. Por um lado, foi a prevalência desses centros comerciais que tornou a fuga da servidão permanentemente possível para os camponeses descontentes. A máxima germânica *Stadtluft macht frei* [o ar da cidade liberta o homem] era regra para os governos citadinos de toda a Europa, uma vez que os servos fugidos constituíam uma positiva entrada de mão de obra para as manufaturas urbanas. Por outro lado, a presença dessas cidades impunha uma pressão constante para que os nobres belicosos sempre tivessem que verter seus rendimentos em forma monetária. Os senhores precisavam de dinheiro vivo e, além de certo ponto, não podiam se arriscar a perder grandes porções de seus camponeses para a errância ou o emprego urbano. Por isso, foram compelidos a aceitar o afrouxamento geral dos laços servis nas terras. O resultado foi uma lenta mas firme conversão das obrigações em pagamentos em dinheiro e um avanço do arrendamento das reservas senhoriais a camponeses sob contrato. Esse processo se desenvolveu mais cedo e com maior abrangência na Inglaterra, onde a proporção de camponeses livres sempre fora relativamente alta; ali, por volta do ano 1400, as costumeiras posses de servos já haviam se convertido silenciosamente em concessões não servis, e a condição de servo se transformara em enfiteuse.[21] É provável que o século seguinte tenha testemunhado um aumento substancial nos rendimentos totais reais do campesinato inglês, combinado a uma acentuada diferenciação social dentro de suas fileiras, pois um estrato de pequenos proprietários *kulak* passou a dominar muitas aldeias e o trabalho assalariado se espalhou pelo campo. No entanto, a falta de mão de obra na agricultura ainda era tão grave que a área cultivada se contraiu, o custo dos arrendamentos declinou, os preços dos cereais caíram e

---

21 Id., *The Decline of Serfdom in Mediaeval England*, p.44 ss.

os salários subiram: uma conjuntura afortunada, embora efêmera, para o produtor direto.[22] A nobreza reagiu aumentando as pastagens para abastecer a indústria de lã – que se desenvolvera nas novas cidades têxteis, logo começando um movimento de cercamentos – e adotando o complexo sistema de séquitos pagos e violência contratada – a "escritura" e a "carta patente", que seriam designadas "feudalismo bastardo" do século XV[23] e cujo principal teatro de operações foram as guerras entre York e Lancaster. A nova conjuntura provavelmente era mais propícia à classe dos cavaleiros, que lucravam com o sistema de séquitos, do que às tradicionais linhagens magnatas.

Na Inglaterra, esse processo tomou a forma de uma transição direta das obrigações em serviço para os arrendamentos pagos. No continente houve, em geral, uma evolução um tanto mais lenta dos serviços para os pagamentos em espécie e, depois, para os pagamentos em dinheiro. Isso se deu tanto na França, onde o efeito final da Guerra dos Cem Anos iria deixar o camponês com a posse de seus lotes, quanto no sudoeste da Germânia.[24] O padrão francês se distinguiu por duas peculiaridades. Os senhores recorreram à venda direta da emancipação com mais frequência que nos outros lugares, para colher o máximo de lucro imediato da transição. Ao mesmo tempo, resquícios de justiça régia e lei romana se combinaram para

---

22 Postan, The Fifteenth Century, *Economic History Review*, v.IX, 1938-9, p.160-7, descreve essas ligações. Mais recentemente, Postan sugeriu que o acréscimo da prosperidade camponesa também pode ter acarretado, por um tempo, um decréscimo do nível de comercialização no campo, pois as aldeias retiveram mais produtos agrários para consumo próprio: *The Mediaeval Economy and Society*, p.201-4.

23 MacFarlane, Bastard Feudalism, *Bulletin of the Institute of Historical Research*, v.XX, n.61, maio-nov. 1945, p.161-81.

24 Takahashi, The Transition from Feudalism to Capitalism, *Science and Society*, XVI, n.41, outono de 1952, p.326-7. A evolução das obrigações em serviços para os arrendamentos pagos em dinheiro foi mais direta na Inglaterra porque a ilha não havia experimentado o deslocamento para pagamentos em espécie que ocorrera no continente durante o século XIII; em consequência, as exações em trabalho ali sobreviveram por mais tempo do que em outros lugares. Sobre as oscilações na Inglaterra durante os séculos XII e XIII (afrouxamento seguido de intensificação de obrigações), ver: Postan, The Chronology of Labour Services, *Transactions of the Royal Historical Society*, XX, 1937, p.169-93.

dar mais segurança hereditária às posses camponesas depois da emancipação, então a pequena propriedade acabou criando raízes mais profundas; já na Inglaterra, a pequena nobreza conseguiu evitar esse processo, mantendo os direitos enfitêuticos inseguros e temporários, facilitando, assim, o despejo do campesinato nas épocas posteriores.[25] Na Espanha, a luta dos camponeses *remença* da Catalunha contra os "seis maus costumes" se encerrou com a "Sentença de Guadalupe", em 1486, quando Fernando de Aragão os emancipou formalmente desses fardos. Eles obtiveram a posse estável de seus lotes, e seus senhores mantiveram direitos legais e jurisdicionais sobre estes; para desencorajar o exemplo da rebelião, o monarca puniu aqueles que haviam participado dos levantes *remença*.[26] Em Castela, assim como na Inglaterra, os donos de terras reagiram à escassez de mão de obra no século XIV disseminando a conversão das lavouras em criações de ovelhas, o que daí em diante se tornou o ramo principal da agricultura em Meseta. A produção de lã foi, em geral, uma das soluções senhoriais mais importantes para a crise agrária; a produção europeia pode ter aumentado de três a cinco vezes no fim do período medieval.[27] Nas condições castelhanas, a servidão de gleba já não apresentava muita racionalidade econômica e, em 1481, as cortes de Toledo finalmente concederam aos servos o direito de abandonar seus senhores, abolindo, assim, os laços servis à terra. Por outro lado, em Aragão, onde a atividade pastoril nunca tivera muita importância, as cidades eram fracas e ainda existia uma hierarquia feudal mais rígida, o senhorio repressor não se viu abalado ao fim da Idade Média, e a servidão de gleba continuou enraizada.[28] Na Itália, as comunas quase sempre haviam combatido as jurisdições senhoriais ao separar as funções do senhor e do dono de terras em seus *contado*. Bolonha, por

---

25 Bloch, *Les Caractères originaux de l'histoire rurale française*, p.131-3. Bloch aponta que foi por causa desse entrincheiramento camponês que os senhores franceses se esforçaram tanto para reconstituir vastas reservas senhoriais a partir do século XV, por meios legais e econômicos, com êxito considerável: p.134-54.
26 Vives, *Historia de los remensas en el siglo XV*, p.261-9.
27 Bautier, *The Economic Development of Mediaeval Europe*, p.210.
28 Sobre o caráter e a persistência da servidão em Aragão, ver: Hinojosa, La servidumbre de la gleba en Aragón, *La España Moderna*, 190, out. 1904, p.33-44.

exemplo, emancipara seus servos com um uma retumbante declaração já em 1257. Na verdade, a servidão praticamente desapareceu do norte da Itália no início do século XIV, duas ou três gerações antes que o mesmo processo viesse a ocorrer na França ou na Inglaterra.[29] Essa precocidade apenas confirma a regra que de que foi o caráter solvente das cidades o que fundamentalmente assegurou a desintegração da servidão no Ocidente. No sul da Itália, por outro lado, com seu caráter eminentemente baronial, o desastroso despovoamento do século XIV acarretou uma violenta anarquia entre nobres e uma nova onda de jurisdições senhoriais. A reversão de terras aráveis em pastos se disseminou, e houve um crescimento no tamanho dos latifúndios. O levante calabrês dos anos 1470, diferente de qualquer outra rebelião rural na Europa ocidental, não teve nenhuma ressonância urbana: o campesinato não conquistou nenhuma liberdade e o campo se afundou em uma prolongada depressão econômica. Por outro lado, a ascensão prematura e ilimitada das cidades do norte da Itália acelerou o advento das primeiras formas de cultivo comercial em larga escala e com trabalho assalariado (pioneiras na Lombardia) e o desenvolvimento de meações e concessões de curto prazo, que aos poucos começaram a se espalhar, ao longo do século, para o norte, cruzando os Alpes e adentrando o oeste e o sul da França, a Borgonha e o leste dos Países Baixos. Por volta de 1450, o cultivo servil na reserva senhorial já era um anacronismo na França, na Inglaterra, no oeste da Germânia, no norte da Itália e em boa parte da Espanha.

---

29 Jones, Italy. In: *The Agrarian Life of the Middle Ages*, p.406-7.

II. Europa Oriental

1
A leste do Elba

Do outro lado do Rio Elba, o resultado econômico da grande crise foi diametralmente oposto. Agora é necessário voltar nossa atenção à história das vastas regiões a leste do coração do feudalismo europeu, acima da linha do Danúbio, e à natureza distinta das formações sociais que ali se desenvolveram.[1] Para nossos propósitos, pode-se definir a característica mais fundamental de toda a zona de planícies que se estende do Elba ao Don pela *ausência* permanente daquela específica síntese ocidental entre um modo de produção tribal-comunal em desintegração, baseado na agricultura primitiva e dominado por rudimentares aristocracias guerreiras, e um modo de produção escravista em dissolução, com um sistema de Estado imperial e uma extensa civilização urbana baseada na troca de mercadorias. Para além da linha dos *limes* francos, não houve nada parecido com a fusão estrutural de formas históricas díspares que ocorreu no Ocidente.

Esse fato central foi a determinante histórica básica do desenvolvimento desigual da Europa e do atraso persistente do Oriente. As imensas regiões recuadas para além dos Cárpatos haviam permanecido sempre fora dos limites da Antiguidade. A civilização grega beirara as margens do Mar Negro com colônias dispersas na Cítia. Mas esses frágeis entrepostos

---

1 Abaixo do Danúbio, a península balcânica formava uma região distinta, apartada do resto do Oriente por sua integração ao Império Bizantino. Seu destino particular será discutido em uma consideração posterior sobre o sudeste da Europa.

marítimos nunca chegaram a realizar nenhuma penetração no interior do Pontus e acabaram expulsos pela ocupação dos sármatas nas estepes do sul da Rússia, deixando para trás apenas traços arqueológicos.[2] A civilização romana alcançou a proeza decisiva de conquistar e colonizar a maior parte da massa de terra da Europa ocidental – mas essa extraordinária extensão geográfica das estruturas da Antiguidade clássica jamais se repetiu com a mesma profundidade na Europa oriental. A anexação da Dácia por Trajano representou o único avanço significativo para dentro daquela parte do continente; um ganho modesto e logo abandonado. O interior oriental nunca se integrou ao sistema imperial romano.[3] Não chegou nem a manter os contatos econômicos e militares que a Germânia sempre estabeleceu com o Império, embora estivesse distante. Mesmo depois da retirada

---

2 Em seu primeiro trabalho mais importante, Rostovtsev, enfatizou que as influências orientais sempre foram mais importantes que as gregas no sul da Rússia, região que nunca chegou a ser helenizada de maneira duradoura: *Iranians and Greeks in South Russia*, p.viii-ix. Para uma pesquisa moderna sobre as colônias do Mar Negro, ver: Boardman, *The Greeks Overseas*, p.145-78.

3 Deve-se notar que a Dácia formava uma saliência isolada, projetando-se, vulnerável, para fora da linha das fronteiras imperiais, para dentro das terras montanhosas da Transilvânia: não foi feita nenhuma tentativa de ocupar as lacunas formadas pelas planícies até a Panônia, a oeste, e a Valáquia, a leste. É possível que a relutância romana em adentrar mais fundo no interior da Europa oriental se relacionasse à relativa falta de acesso naval à região, se comparada com a extensa linha costeira da Europa ocidental, e, portanto, pode-se ver tal relutância como uma função da estrutura intrínseca à civilização clássica. Talvez seja significativo que Augusto e Tibério tenham vislumbrado uma expansão estratégica do poder romano na Europa central a partir do Báltico para a Boêmia, pois essa linha potencialmente permitiria um movimento de pinça para o norte e para o sul, usando expedições anfíbias ao longo do Mar do Norte e na subida dos rios germânicos, expedições como as conduzidas por Drúsio e Germânico. A importante campanha boêmia do ano 6 d.C. pode ter sido projetada para o encontro do exército de Tibério, avançando desde a Ilíria, com um segundo exército subindo o Elba: Wells, *The German Policy of Augustus*, p.160. As profundezas da Europa oriental para além do Elba não ofereciam o mesmo tipo de acesso. No caso, mesmo a absorção da Boêmia provou ser demais para as forças romanas. Outra razão para o fracasso do Império em se expandir para regiões mais a leste pode ter sido a característica de estepe da maior parte dos terrenos, tipicamente habitados por nômades sármatas – uma configuração natural discutida mais adiante.

das legiões, as influências culturais, comerciais e diplomáticas de Roma continuaram intensas na Germânia, e o conhecimento que os romanos tinham sobre a região seguiu íntimo e preciso. Tal relação não existia entre o Império e os territórios bárbaros do Oriente. Tácito, cujos saberes sobre a etnografia e a estrutura social germânica eram admiráveis, não tinha nenhuma noção sobre os povos que viviam mais além. O espaço mais a leste era mítico e vazio: *cetera iam fabulosa*.[4]

Assim, não é por acaso que ainda hoje se saiba tão pouco sobre os deslocamentos e migrações tribais na Europa oriental durante o início da era cristã, embora tenham sido movimentos de enorme escala. Está claro que as grandes planícies ao norte do Danúbio – outrora habitadas por ostrogodos, visigodos e vândalos – foram parcialmente esvaziadas pelas *Völkerwanderungen* das tribos germânicas para a Gália, a Itália, a Espanha e o norte da África durante o século V. De fato, houve um deslocamento geral das populações germânicas para oeste e para o sul, abrindo terreno para o avanço de outros grupos étnicos de povos tribais e agrícolas. Os eslavos provavelmente se originaram na região Dnieper-Pripet-Bug e começaram a se expandir no vácuo deixado pelos germânicos a partir dos séculos V e VI.[5]

Para explicar o caráter de maré desse movimento, é provável que tenha ocorrido um grande surto demográfico em suas remotas terras de origem. Ao fim do século VI, as tribos eslavas haviam ocupado quase toda a imensidão do Báltico ao Egeu e ao Volga. O ritmo e a distribuição exata dessas migrações permanecem obscuros: seu resultado social geral nos séculos seguintes, porém, é bastante claro.[6] As comunidades agrícolas eslavas aos poucos foram desenvolvendo uma estrutura interna mais diferenciada, percorrendo o caminho já trilhado pelos germânicos. A organização tribal

---

4 "*quod ego ut incompertum in medio relinquam*" [o resto são lendas, que dispenso como inverificadas]: as últimas palavras de *Germania*, com as quais Tácito encerra a narrativa.
5 Dvornik, *The Slavs. Their Early History and Civilization*, p.3-45, que tende a localizar a terra natal dos eslavos mais a oeste, entre o Vístula e o Oder; e Musset, *Les Invasions: le second assaut contre l'Europe chrétienne (VII-IXe siècles)*, p.75-9, que observa: "Esse imenso avanço mais parece uma inundação de terras desocupadas do que uma conquista". Ibid., p.81.
6 Para um esboço típico, ver: Cross, *Slavic Civilization through the Ages*, p.17-8.

deu lugar a assentamentos de aldeias nucleares que agrupavam famílias associadas, com cada vez mais propriedade individual. Aristocracias guerreiras donas de mais terras produziram, de início, chefias militares dotadas de extraordinários poderes tribais e, depois, líderes principescos mais estáveis, com autoridade sobre confederações maiores. Em toda parte, os séquitos ou guarda-costas desses líderes formaram o embrião de uma classe dominante dona de terras que dominava um campesinato não servil. Nesse aspecto, a *drazhina* russa foi essencialmente similar ao *Gefolgschaft* germânico ou ao *hirdh* escandinavo, a despeito das variações locais dentre eles.[7] A escravização de prisioneiros de guerra era outra característica frequente dessas formações sociais rudimentares, fornecendo cativos domésticos e mão de obra agrícola para a nobreza de clã, na ausência de uma classe de servos. Instituições políticas comunais, com assembleias ou tribunais populares, muitas vezes sobreviveram para coexistir com uma hierarquia social hereditária. A agricultura permaneceu bastante primitiva, com técnicas de corte e queimada prevalecendo por muito tempo em meio a florestas intermináveis. De início, havia pouco desenvolvimento urbano. Em outras palavras, a evolução dos povos eslavos no Oriente foi uma reprodução mais ou menos fiel da evolução dos povos germânicos que os haviam precedido – antes da irrupção desses últimos no Império Romano e da assimilação de boa parte de sua civilização, muito mais avançada, em uma dissolução catastrófica de seus respectivos modos de produção anteriores. Esse desenvolvimento hesitante e "desassistido" sublinha a imprescritível importância da Antiguidade na formação do feudalismo ocidental.

---

7 Graus, Deutsche und Slawische Verfassungsgeschichte, *Historische Zeitschrift*, CXLVII, 1963, p.307-12.

2
A trava nômade

Ao mesmo tempo, a lenta evolução das comunidades agrárias eslavas do Oriente em direção a sistemas de Estado mais estáveis foi, seguidas vezes, interrompida e afetada por sucessivas ondas de invasões nômades da Ásia central, que varriam a Europa desde o início da Idade das Trevas e chegavam às fronteiras do Ocidente com alguma frequência. Essas invasões, que exerceram uma influência fundamental sobre a história da Europa oriental, foram a recuperação da geografia da região. Não apenas porque o território era adjacente às fronteiras asiáticas do nomadismo pastoral e, portanto, sofria repetidamente o impacto dos assaltos militares nômades na Europa, protegendo o Ocidente ao se interpor como um tampão. Mas também porque boa parte desse território compartilhava uma similitude topográfica com as estepes asiáticas desde onde os povos nômades se dispersavam periodicamente. Da costa do Mar Negro às florestas acima de Dnieper e do Don até o Danúbio, um vasto cinturão territorial – que incluía a maior parte da Ucrânia e Criméia modernas, afunilando para dentro da Romênia e da Hungria – formava uma campina europeia que servia naturalmente ao pastoreio e também (menos árida que a estepe asiática propriamente dita) permitia a agricultura fixa.[1] Essa zona constituía o largo corredor pôntico, através do qual as confederações nômades sempre cavalgavam para pilhar

---

1 Para uma descrição e discussão sobre as campinas pônticas, ver: Obolensky, *The Byzantine Commonwealth*, p.34-7; McNeill, *Europe's Steppe Frontier 1500-1800*, p.2-9.

e conquistar as sociedades agrárias assentadas do outro lado, das quais foram se tornando senhores, em caleidoscópica sucessão. Assim, o desenvolvimento da agricultura estável em meio às florestas da Europa oriental esteve sempre prejudicado pela protrusão de terras semiestepe que vinham da Ásia e pelos destrutivos ataques nômades que elas traziam consigo.

O primeiro e mais famoso desses choques foi o tétrico avanço dos hunos, que, ao desassossegar todo o mundo germânico, precipitou a queda do próprio Império Romano no século V. Enquanto as tribos teutônicas fugiam *en masse* cruzando as fronteiras imperiais, Átila, o líder huno, fundou um reino predatório além do Danúbio, pilhando a Europa central. Depois, no século VI, os ávaros saquearam por todo o caminho que percorreram pelo Oriente, estabelecendo domínio sobre as populações eslavas locais. No século VII, a cavalaria búlgara foi o flagelo das planícies panonianas e transdanubianas. Nos séculos IX e X, foram os nômades magiares que arrasaram regiões inteiras, partindo de seus redutos na Europa oriental. Nos séculos XI e XII, os pechenegues e cumanos espoliaram a Ucrânia, os Bálcãs e os Cárpatos. Por fim, no século XIII, os exércitos mongóis invadiram a Rússia, esmagaram as resistências polonesa e húngara e, depois de invernarem às portas do Ocidente, tornaram a devastar os Bálcãs no caminho de volta para a Ásia. Esse último grande assalto deixou a marca política e social mais permanente. A Horda Dourada, braço turcomano da hoste de Gengis Khan estacionado próximo ao Cáspio, manteve seu jugo sobre a Rússia pelos próximos 150 anos.

Assim, o padrão e a frequência dessas invasões fizeram delas uma das coordenadas básicas da formação da Europa oriental. Se muito da história dessa região pode ser, em primeira instância, definida pela ausência da Antiguidade clássica, ela se diferencia da Europa ocidental, em segunda instância, pela pressão do pastoreio nômade. A história do princípio do feudalismo ocidental é a de uma síntese entre os modos de produção primitivo-comunal e escravista em dissolução, formações sociais centradas nos campos e nas cidades. A história do princípio do feudalismo oriental é, sob alguns aspectos, a da falta de qualquer síntese possível entre sociedades agrárias assentadas e sociedades pastorais predatórias, modos de produção dos campos e das estepes. É claro que não se deve exagerar o impacto das invasões nômades: mas está claro que elas atrasaram significativamente a evolução interna das sociedades agrárias da Europa oriental. Para esclarecer o caráter desse impacto, são necessários alguns comentários sobre as peculiaridades da organização social e econômica dos nômades. Pois o pastoreio nômade representa um modo de produção distinto, com suas próprias dinâmicas, limites e contradições, que não devem ser confundidos com os da agricultura feudal ou tribal. Historicamente, ele dominou as fronteiras asiáticas para além da Europa durante a Idade das Trevas e a Idade Média, demarcando os confins externos do continente. Esse nomadismo não constituiu simplesmente uma forma primordial de economia, mais antiga e rude que a da agricultura camponesa sedentária. É provável que tenha sido, em termos tipológicos, uma evolução mais tardia naquelas regiões áridas e semiáridas onde classicamente se desenvolveu.[2] Na verdade, o paradoxo particular do pastoreio nômade foi que ele representava, em certos aspectos, uma exploração muito mais hábil e especializada do mundo natural do que a agricultura pré-feudal, mas com limites inerentes também mais estreitos. Foi um caminho de desenvolvimento que bifurcara do cultivo agrário primitivo e alcançara ganhos iniciais impressionantes, mas que, por fim, provou ser um beco sem saída — ao passo que a agricultura camponesa foi aos poucos revelando seu grande potencial para acumular avanços técnicos e sociais. Mas, no período intermediário, as sociedades nômades muitas vezes detiveram uma superioridade política crucial sobre as sociedades sedentárias, em termos de organização e exercício do poder, quando ambas entraram em conflito: essa supremacia, no entanto, tinha limitações estritas e autocontraditórias. Os pastores turcos e mongóis dessa época, pela própria logística de seu modo de produção e força militar, estavam sempre e necessariamente em número muito menor que as populações agrícolas eslavas que eles dominavam, e seu mando normalmente era efêmero, exceto quando exercido próximo de sua terra natal.

As formações sociais nômades se definiam pelo caráter móvel de seus meios de produção básicos: eram os rebanhos, e não as terras, que constituíram a riqueza fundamental do pastoreio transumante e articularam

---

2 Lattimore, *Inner Asian Frontiers of China*, p.61-5, 361-5; Id., *Nomads and Commissars*, p.34-5.

a natureza de seu sistema de propriedade.³ Assim, as sociedades nômades tipicamente combinavam propriedade individual do gado com apropriação coletiva da terra. Os animais pertenciam às famílias, e os pastos eram usufruto de clãs ou tribos aparentadas. Mais que isso, além de não ser particular, a propriedade da terra também não era uma posse fixa, ao contrário do solo de uma sociedade agrária, que é objeto de ocupação e cultivo permanentes. Pois o pastoreio nômade significava, precisamente, um deslocamento constante de rebanhos e manadas de uma pastagem a outra, em um ciclo sazonal bem complicado. Nas palavras de Marx:

> Entre as tribos pastorais nômades, a terra, como todas as outras condições da natureza, aparece em sua imensidão elementar, como, por exemplo, nas estepes e altos platôs asiáticos. Ela é pastada e consumida pelos rebanhos, que proporcionam subsistência aos povos nômades. Estes a encaram como sua

---

3 Essa posição básica foi sustentada por Tolybekov em seu importante ensaio: O Patriarkhal'no-Feodal'nykh Otnosheniyakh U Kochevykh Narodov, *Voprosy Istorii*, jan. 1955, n.I, p.77 – em oposição aos outros especialistas soviéticos que participaram de uma discussão sobre nomadismo nas páginas do mesmo periódico, iniciada pelo artigo de Potapov, O Sushchnosti Patriarkhal'noFeodal'nykh Otnosheniyakh U Kochevykh Narodov Srednei Azii i Kazakhstana, *Voprosy Istorii*, jun. 1954, n.6, p.73-89. Todos os outros participantes – Potapov, Basharin, Zlatkin, Efendiey, Pershits, Zimanov – argumentaram que a terra, e não os rebanhos, constituía o meio de produção fundamental das formações sociais nômades, e essa posição foi endossada por um parecer editorial na conclusão do debate (*Voprosy Istorii*, jan. 1956, n.I, p.77). A discordância ocorreu dentro de um consenso geral de que as sociedades nômades eram, em essência, feudais, embora com uma mistura de resquícios "patriarcais" – daí a noção de "feudalismo patriarcal" para designar as estruturas sociais nômades. Os colegas de Tolybekov o criticaram por considerarem que ele enfraqueceu a força dessa classificação de maneira indevida, ao enfatizar as divergências entre os tipos de propriedade nômade e senhorial. Na verdade, o nomadismo representa manifestadamente um modo de produção distinto, não assimilável ao feudalismo agrário, como Lattimore vem defendendo há tempos, com razão: *Inner Asian Frontiers of China*, p.66 ss. Está bastante claro que o próprio Marx acreditava que o pastoreio nômade constituía um modo de produção diferente, como se pode ver em suas observações sobre as sociedades pastorais na sua introdução de 1857 a *Grundrisse der Kritik der politischen Ökonomie*, p.19, 27. Ele se equivocou, no entanto, ao se referir aos mongóis com um povo envolvido principalmente com a pecuária.

propriedade, embora jamais se fixem a essa propriedade [...]. Aqui, o que é *apropriado e reproduzido* é apenas o rebanho, e não o solo, que é usado sempre de maneira comunal e temporária, onde quer que a tribo interrompa suas andanças.[4]

A "propriedade" da terra significava, portanto, o usufruto de uma travessia intermitente e regular por ela; na frase de Lattimore, "o direito de mover-se, e não o direito de assentar-se, é considerado a 'propriedade' decisiva".[5] A transumância era um sistema de uso cíclico, não um domínio absoluto. Desse modo, a diferenciação social podia proceder bem rápido dentro das sociedades nômades, sem necessariamente romper a unidade dos clãs. Pois a riqueza de uma aristocracia pastoral se baseava no tamanho de seus rebanhos e, por um longo tempo, podia continuar compatível com o ciclo comunal de migração e pastoreio. Até mesmo os nômades mais pobres possuíam alguns animais, o que normalmente prevenia o surgimento de uma classe não proprietária formada por produtores dependentes, embora fosse comum que as famílias nômades mais pobres devessem obrigações e serviços aos chefes e notáveis dos clãs. Um estado de guerra constante e violento nas estepes também acarretou o fenômeno dos clãs "submissos", que migravam junto com o clã vitorioso, cumprindo funções subordinadas;[6] cativos militares também podiam se tornar escravos domésticos, embora estes nunca tenham sido muito numerosos. Assembleias de clã se reuniam para tomar decisões importantes; a liderança tribal quase sempre era semi-eletiva.[7] O estrato aristocrático normalmente controlava a alocação das pastagens e a organização das transumâncias.[8]

---

4 Marx, *Pre-Capitalist Formations*, p.88-9.
5 Lattimore, *Inner Asian Frontiers of China*, p.66.
6 Vladimirtsov, *Obshchestvennyi Stroi Mongolov. Mongol'skii Kochevoi Feodalizm*, p.64-5. O trabalho de Vladimirtsov sobre os mongóis foi um estudo pioneiro na área, cuja influência sobre a academia soviética continua considerável até hoje. O editorial de 1956 da *Voprosy Istorii* citado mais atrás presta tributos a Vladimirtsov, embora rejeite sua noção de um feudalismo nômade especial, distinto daquele das sociedades assentadas. (Ibid., p.75).
7 Vladimirtsov, *Obshchestvennyi Stroi Mongolov*, p.79-80.
8 Zlatkin, K Voprosu o Sushchnosti Patriarkhal'no-Feodal'nykh Otnoshenii u Kochevykh Narodov, *Voprosy Istorii*, abr. 1955, n.4, p.78-9. Zlatkin enfatiza que o

Assim organizadas, as sociedades nômades revelaram uma notável habilidade na utilização de um ambiente inóspito. O clã típico agrupava uma combinação cuidadosamente variada de gado, incluindo cavalos, bois, camelos e ovelhas – sendo que essas últimas forneciam a principal forma social de riqueza. Cada um desses rebanhos exigia uma destreza específica no tratamento e diferentes tipos de pastagem. De forma similar, os complexos ciclos anuais de migração demandavam um conhecimento preciso da gama de terrenos distintos, em suas respectivas estações. A exploração experiente desse misto de meios de produção envolvia um impressionante grau de disciplina coletiva, desempenho de tarefas integradas e perícia técnica. Para pegarmos o exemplo mais óbvio: o domínio dos nômades na montaria provavelmente incorporava um grau de habilidade mais alto que qualquer outra técnica da agricultura camponesa medieval. Ao mesmo tempo, porém, o modo de produção nômade tinha limitações extremamente rígidas. Para começar, ele só conseguia suportar uma força de trabalho pequena: os povos nômades sempre foram muito menores que seus rebanhos, pois a proporção animal / homem necessária para manter a transumância nas estepes semiáridas era muito alta. Também não eram possíveis grandes aumentos de produtividade, como os que ocorreram no cultivo arado, porque o meio de produção básico não era o solo – direta e qualitativamente manejável – mas os rebanhos, que dependiam da terra, a qual não era tocada pelo nomadismo e que, portanto, permitia apenas um crescimento quantitativo. O fato de os objetivos e os meios de trabalho básicos do modo de produção nômade serem quase idênticos – o gado – impôs limites intransponíveis ao rendimento do trabalho. Os ciclos pastorais de produção eram muito mais extensos que os da agricultura e não tinham intervalos para o desenvolvimento dos ofícios rurais: além disso, todos os membros do clã participavam desses ciclos, incluindo os chefes, o que impediu a emergência de uma divisão manual e mental do trabalho – e,

---

nômade dependente – cuja incidência e grau de sujeição ele exagera – estava preso à pessoa de seu senhor itinerante, e não ao solo: "essas relações, por assim dizer, migravam junto com o nômade" (Ibid., p.80).

por conseguinte, da escrita.⁹ Acima de tudo, o nomadismo, por definição, excluía a formação de cidades ou de desenvolvimento urbano, coisa que a agricultura sedentária sempre promoveu. Além de certo ponto, o modo de produção nômade estava, portanto, fadado à estagnação

Por tudo isso, as sociedades nômades eram, em geral, pobres e famintas em suas terras estéreis. Raramente foram autossuficientes, sempre trocando produtos com comunidades agrícolas vizinhas, em um precário sistema de trocas.¹⁰ Mas elas tinham uma via de expansão à qual recorriam de maneira espetacular: tributo e conquista. Pois a montaria, que era a habilidade econômica básica dos pastores nômades, também os equipava para a guerra: inevitavelmente, eles tinham a melhor cavalaria do mundo. Foram eles que desenvolveram pela primeira vez os arqueiros montados, e, de Átila a Gengis Khan, a supremacia nessa arma foi o segredo de seu formidável poderio militar. A inigualável capacidade da cavalaria nômade em cobrir vastas distâncias em alta velocidade e sua competência para manter uma organização e um comando estritos nas expedições mais longas foram armas decisivas na guerra.

Assim, as características estruturais das formações sociais nômades tenderam a gerar um típico ciclo de expansão e contração predatórias, no qual os clãs das estepes podiam erigir grandes impérios de repente e, depois, com a mesma rapidez, voltar a desaparecer na poeira obscura.¹¹ Esse processo normalmente começava com ataques a rotas ou centros comerciais vizinhos, com o objetivo imediato de controlar e pilhar – quase todos os povos nômades demonstravam um apurado senso de riqueza monetária e circulação de mercadorias.¹² A próxima fase era, caracteristicamente, a fusão

---

9 Ver a excelente análise de Tolybekov, O Patriarkhal' no-Feodal'nykh Otnosheniyakh U Kochevykh Narodov, op. cit., p.78-9.

10 Efendiey; Pershits, O Sushchnosti Patriarkhal'no-Feodal'nykh Otnoshenii u Kochevikov-Skotovodov, *Voprosy Istorii*, nov. 1955, n.II, p.65,71-2; Lattimore, *Inner Asian Frontiers of China*, p.332-5.

11 O estudo mais vívido sobre esse processo é de Thompson, *A History of Attila and the Huns*, que traça o desenvolvimento da maior invasão nômade na Europa.

12 Marx certa vez observou: "As raças nômades são as primeiras a desenvolver a forma monetária, porque todos os seus bens mundanos consistem em objetos móveis e são, portanto, diretamente alienáveis; e porque seu modo de vida, ao colocá-los

de clãs e tribos rivais da estepe em confederações, para realizar agressões externas.[13] Depois se lançavam verdadeiras guerras de conquista, muitas vezes se desdobrando uma após a outra por espaços imensos e envolvendo a migração de povos inteiros. O resultado final podia ser um império nômade de vasta escala: no caso extremo dos mongóis, um território imperial maior do que qualquer outro sistema de Estado anterior ou posterior. No entanto, a natureza desses impérios os condenava a uma vida curta. Pois eles se construíam, invariavelmente, sobre tributos elementares — a extorsão direta de riqueza e mão de obra das sociedades conquistadas, as quais eram, em geral, mais avançadas que a sociedade nômade dominadora e que, aliás, não sofriam modificações. O butim monetário era o objetivo principal daquilo que o historiador romeno chamou de "Estados predadores":[14] seu sistema de impostos se projetava apenas para sustentar as tropas nômades ocupantes e proporcionar rendas generosas à nova aristocracia das estepes no comando do Estado tributário. Em segundo lugar, as sociedades subjugadas muitas vezes eram forçadas a fornecer homens para um sistema militar nômade bastante expandido e artesãos para uma capital política nômade recém-construída.[15] A coleta de impostos, o controle das rotas comerciais, a arregimentação dos recrutas, a deportação dos artesãos: estas eram, em essência, as operações administrativas dos Estados nômades. Eles se apresentavam, portanto, como construtos puramente parasitários, sem raízes no sistema de produção do

---

continuamente em contato com comunidades estrangeiras, solicita a troca de produtos". Marx, *Capital*, v.I, p.88. Naturalmente, ele estava errado ao acreditar que as formações sociais nômades tinham sido as primeiras a inventar a moeda.

13 Vladimirtsov, *Obshchestvennyi Stroi Mongolov*, p.85. No caso dos mongóis, essa fase também produziu um paralelo bastante próximo ao fenômeno dos séquitos nas formações sociais pré-feudais — os *nokod*, grupos de guerreiros livres contra clãs, a serviço de líderes tribais. Ibid., p.87-96.

14 Ver Iorga, L'Interpénétration de l'Orient et de l'Occident au Moyen Âge, *Bulletin de la Section Historique*, XV (1929), Academia Romana, p.16. Iorga foi um dos primeiros historiadores a compreender a importância e a especificidade desses Estados para a história das regiões orientais do continente; mais tarde, historiadores romenos deveriam muito a ele.

15 Ver as descrições em Vernadsky, *The Mongols and Russia*, p.118, 213, 339-41. Os exércitos mongóis também recrutavam artesãos para seu corpo de engenheiros.

qual se alimentavam. O Estado tributário se limitava a arrancar um excedente exorbitante do sistema de distribuição vigente, sem impor à economia e à sociedade subjugada nenhuma outra alteração substancial além do bloqueio e da estagnação de seu desenvolvimento. No entanto, a sociedade nômade em si passava por mudanças rápidas e drásticas depois de estabelecer esse império.

A conquista militar e a exploração fiscal inevitavelmente estratificavam de maneira incisiva as comunidades de clã originais; a passagem de uma confederação tribal para um Estado tributário gerava, automaticamente, uma dinastia principesca e uma nobreza governante, apartados dos nômades comuns, os quais eram organizados em exércitos regulares e comandados por aqueles. Nos casos em que se preservava a base territorial originária do nomadismo, a própria criação de exércitos de campo permanentes dividia a sociedade nômade na vertical; a partir daí, uma grande parte se separava de sua pátria pastoril para ter o privilégio de servir nas tropas de regimento dos territórios conquistados no exterior, onde as riquezas eram maiores. E, assim, essa parte tendia a ficar cada vez mais sedentarizada e assimilada às populações mais numerosas ou desenvolvidas sob seu controle. O resultado final podia ser a completa desnomadização da administração e do exército ocupantes, bem como uma fusão étnica e religiosa com a classe governante local.[16] O que se seguia, em geral, era a desintegração social e política de todo o império, com os ramos mais pobres e primitivos dos clãs nômades em terra natal se destacando dos ramos privilegiados e desmoralizados no exterior. Nos casos em que todo um povo nômade migrava para formar um império em novos territórios, os mesmos dilemas reapareciam: ou a nobreza nômade aos poucos ia abandonando o pastoreio e se fundindo à classe dos donos de terra nativos, ou toda a comunidade permanecia semipastoril e se sobrepunha aos povos subjugados, caso em que a superioridade demográfica

---

16 Lattimore, *Inner Asian Frontiers of China*, p.519-23, que põe foco, principalmente, no exemplo mongol. É claro que a completa assimilação cultural não ocorreu nem com os mongóis, nem com os conquistadores manchus da China: em ambos os casos, se preservou uma identidade étnica separada, até a queda das dinastias criadas por tais povos.

destes últimos acabava acarretando uma revolta vitoriosa e a destruição dos conquistadores.[17] Pois a camada numérica do controle nômade sobre as populações conquistadas sempre era muito fina, por causa da logística inerente ao próprio nomadismo: no caso extremo dos domínios de Gengis Khan, a proporção entre mongóis e povos tributados era de 1:100.[18] Os impérios nômades, fossem expedicionários ou migratórios, estavam fadados ao mesmo ciclo de expansão e desintegração, porque o pastoreio transumante, como modo de produção, era estruturalmente incompatível com uma administração tributária estável enquanto sistema político. Os governantes nômades ou deixavam de ser nômades ou deixavam de governar. O pastoreio transumante podia e de fato existia em uma simbiose precária com a agricultura sedentária nas zonas de estepes áridas, cada um preservando seu caráter e terrenos próprios e dependendo do outro para uma troca de produtos limitada. Mas, quando os clãs pastores estabeleciam um estado predatório sobre as populações agrárias no território destas, não era nunca possível formar uma *síntese* com tal agricultura.[19] Jamais surgiu

---

17 Thompson, *A History of Attila and the Huns*, p.177-83, descreve o caso huno. No entanto, Thompson se equivocou ao supor que os hunos abandonaram o pastoreio depois de criar seu império panoniano ao longo do Danúbio. Sua existência foi breve demais para tanto. O estudioso húngaro Harmatta destacou que qualquer abandono rápido da criação de cavalos teria minado a base imediata do poder militar huno na Europa central. Harmatta, La société des huns à l'époque d'Attila, *Recherches Internationales*, n.2, maio-jun. 1957, p.194, 230.

18 Vernadsky, *The Mongols and Russia*, p.130-1.

19 Recentemente, Brown comparou os respectivos destinos dos impérios romano e chinês diante dos invasores bárbaros e condenou a rígida inabilidade do primeiro em assimilar seus conquistadores germânicos e sobreviver a eles como civilização, em contraste com a elástica capacidade do segundo em tolerar e absorver seus senhores mongóis: Brown, *Religion and Society in the Age of Saint Augustine*, p.56-7; Id., *The World of Late Antiquity*, p.125. Tal comparação, no entanto, é um paralogismo, que revela os limites da "psicologia histórica", marca distintiva – e mérito – do fecundo trabalho de Brown. Pois a diferença entre os dois desfechos não foi função das atitudes culturais subjetivas das civilizações romana e chinesa, mas sim da natureza material das formações sociais em conflito na Europa e na Ásia, respectivamente. O nomadismo extensivo no deserto jamais poderia se fundir com a agricultura intensiva irrigada do Estado imperial chinês, e, portanto, toda a polaridade econômica e demográfica entre ambos era totalmente distinta daquela que deu

Passagens da Antiguidade ao feudalismo

uma nova forma social ou econômica. O modo de produção nômade continuou sendo um beco sem saída.

Se era esse o curso típico de um ciclo completo da conquista nômade, havia, no entanto, certas variações importantes dentro do padrão comum dos povos pastoris específicos que desceram à Europa oriental a partir da Idade das Trevas, os quais podem ser brevemente indicados. O ímã geográfico central para os exércitos de arqueiros montados que cavalgaram um após o outro pelo continente era a planície da Panônia, na Hungria moderna. Pois a região de Alföld, que se estendia pelo Danúbio e pelo Tisza, a chamada *puszta* húngara, era a zona topográfica europeia que, em alguns pontos, mais se assemelhava às estepes da Ásia central: uma savana plana e sem árvores, ideal para a criação de cavalos, até hoje.[20] Além disso, a *puszta* panoniana oferecia vantagens estratégicas naturais por conta de sua localização no centro da Europa; ela proporcionava uma base territorial desde onde se podiam fazer ataques radiais em qualquer direção do resto do continente. Por isso, foi ali que os hunos estabeleceram seu império; os ávaros levantaram seus acampamentos circulares na mesma região; os búlgaros a escolheram com primeiro local de descanso; os magiares acabaram fazendo dela sua morada permanente; ali os pechenegues e cumanos encontraram refúgio; e, quando invadiram a Europa, os mongóis ali pararam e invernaram. Desses povos, apenas os nômades magiares se tornaram sedentários, depois de sua derrota em Lechfeld no ano de 955, assentando uma comunidade agrícola permanente na bacia do Danúbio. O Império Huno foi destruído sem deixar traços por uma revolta da população dominada, em sua maioria tribos germânicas, em Nedao, em meados do século VII, e assim os hunos efetivamente desapareceram da história. O Império Ávaro foi derrubado por sua população tributada eslava no

---

origem à síntese romano-germânica na Europa ocidental. As razões para a impossibilidade de qualquer síntese comparável são expostas por Lattimore, *Inner Asian Frontiers of China*, p.512 ss.

20 As peculiaridades sociológicas dessa região – algumas das quais duraram até o século XX – emergem com muita clareza das páginas de Den Hollander, The Great Hungarian Plain. A European Frontier Area, *Comparative Studies in Society and History*, III, 1960-1, p.74-88, 155-69.

século VII, sem deixar para trás nenhum vestígio étnico na Europa. Os búlgaros, outro povo turco-tártaro, foram expulsos da Panônia, mas se instalaram em um canato no sudeste dos Bálcãs, onde sua nobreza acabou se assimilando à população submetida e se eslavizando no século IX. Depois de dominar as regiões do sul da Ucrânia e Romênia modernas durante dois séculos, os pechenegues e cumanos finalmente foram dispersos nos séculos XI e XIII pelos exércitos bizantinos e mongóis, respectivamente, vendo seus remanescentes fugindo para a Hungria, onde a classe dominante magiar os integrou, para fortalecer sua separação étnica e cultural em relação aos vizinhos eslavos. Por fim, os exércitos mongóis recuaram a Gobi no século XIII, para participar da luta dinástica depois da morte de Gengis Khan; mas a seção turcomana das hostes mongóis, a Horda Dourada, firmou um predatório sistema dominante sobre a Rússia por 150 anos, antes de ser aniquilada por uma incursão de Tamerlão nos domínios do Cáspio. A longevidade singular do poder da Horda Dourada se deveu, em essência, à sua fortuna geográfica. A Rússia era o país europeu mais próximo às estepes asiáticas e o único que pôde ser dominado pelo mando tributário de conquistadores nômades desde as margens de seu território pastoril. A Horda Dourada posicionou sua capital próxima ao Cáspio, para a intervenção militar e o controle da Rússia agrária, enquanto ela própria permaneceu dentro das estepes – evitando, assim, os dilemas da superposição direta ou do domínio à distância sobre o território conquistado.

Naturalmente, o impacto desses sucessivos assaltos nômades sobre a Europa oriental foi desigual. Mas o efeito geral, é claro, foi retardar e impedir o desenvolvimento nativo das forças de produção e dos sistemas de Estado do Oriente. O Império Ávaro oprimiu e manipulou as grandes migrações eslavas do século VI, de maneira que nenhuma forma política comensurável surgiu em seus avanços territoriais – em contraste com a formação de Estados da época das migrações germânicas no Ocidente. O primeiro Estado eslavo autônomo, a obscura Grande Morávia do século IX, foi demolido pelos magiares. A maior ordem política do início do Oriente medieval, a Rússia de Kiev, foi enfraquecida pelos ataques pechenegues e cumanos nos seus flancos e, depois, completamente obliterada pelos mongóis. Em comparação, a Polônia e a Hungria quase não foram prejudicadas pela invasão mongol; ainda assim, as derrotas de Legnitsa e Sajo encerraram a unificação Piast em um e destruíram a dinastia de Árpád em outro – deixando ambos os países em desordem e confusão. O Estado búlgaro revigorado – desde muito uma organização política eslavizada – chegou a um fim abrupto com a retirada dos mongóis através de seu território. Sob alguns aspectos, a região mais afetada de todas foi a área da Romênia moderna, que ficou tão continuamente sujeita à depredação e ao domínio nômade que nenhum sistema de Estado nativo conseguiu emergir antes da expulsão dos cumanos no século XIII; por conseguinte, toda a sua história depois da saída romana da Dácia, ainda no século III, permanece envolta na escuridão. A mortalha nômade foi um pano de fundo recorrente na formação do Oriente medieval.

3
O padrão de desenvolvimento

Agora poderemos considerar a evolução interna das formações sociais do Oriente europeu em seu contexto histórico geral. Marx certa vez escreveu, em uma carta para Engels na qual discutia o desenvolvimento polonês: "aqui, pode-se mostrar que a servidão ascendeu de maneira puramente econômica, sem o elo intermediário da conquista e do dualismo étnico".[1] Essa fórmula indica com bastante precisão a natureza do problema colocado pela emergência do feudalismo a leste do Elba. Como vimos, ele se caracterizou fundamentalmente pela ausência da Antiguidade, sem sua civilização urbana e seu modo de produção escravista. No entanto, falar em um caminho "puramente econômico" para o feudalismo na Europa oriental é uma simplificação que negligencia o fato de as terras orientais terem se tornado, exatamente, parte do continente que veio a ser a *Europa* e, portanto, não terem conseguido escapar de certas determinações gerais – estruturais e superestruturais – do modo de produção feudal que ascendera no Ocidente. Já indicamos o padrão inicial das comunidades agrárias eslavas que ocupavam a maior parte da metade oriental do continente, acima do Danúbio. Alguns séculos depois das migrações, elas continuavam amorfas e primitivas, com seu desenvolvimento travado pela ausência de qualquer contato anterior com as formas imperiais e urbanas ou de qualquer fusão subsequente com estas, dada a falta de algum legado

---

[1] Marx, Engels, *Selected Correspondence*, p.95.

da Antiguidade clássica. As tribos e clãs continuaram sendo por um bom tempo as unidades básicas da organização social; o paganismo ancestral permaneceu intocado; até o século VIII, as técnicas agrícolas seguiram rudimentares, com a predominância do cultivo de corte e queimada em meio à vastidão silvestre das planícies orientais; ainda não havia registro de nenhum Estado nativo, como aqueles dos marcomanos e quados, que tiveram uma breve existência ao longo das *limes* romanas. Aos poucos, porém, foram acontecendo diferenciações sociais e estratificações políticas. A lenta transição para o cultivo arado regular aumentou o excedente disponível e cristalizou uma nobreza guerreira, apartada da produção econômica. As aristocracias dos clãs consolidaram seu domínio, adquirindo propriedades maiores e usando cativos de guerra como trabalho escravo para cultivá-las. Por vezes, um pequeno campesinato com suas propriedades individuais manteve instituições populares de assembleia e justiça, mas ainda sujeitas ao poder dos nobres. Começaram a surgir príncipes e chefes, agrupando seus seguidores em séquitos familiares armados que, a partir de então, formaram o núcleo de uma classe dominante estabilizada. Essa maturação de uma hierarquia política e social logo se fez acompanhar por uma impressionante multiplicação de cidades ainda modestas nos séculos IX e X – um fenômeno comum à Rússia, Polônia e Boêmia. De início, elas eram, pelo menos na Polônia, centros tribais fortificados e dominados por castelos locais.[2] Mas também acabaram se tornando, naturalmente, o foco do comércio e dos ofícios regionais; na Rússia, onde pouco se sabe sobre sua organização política, essas cidades revelaram uma divisão do trabalho urbano relativamente avançada. Quando chegaram à Rússia, os escandinavos a chamaram de *Gardariki* – a terra das cidades, pois ali encontraram muitos centros de comércio. O aparecimento dessas *gródy* polonesas e *goroda* russas talvez tenha sido o desenvolvimento mais significativo das terras eslavas nesse período, dada a completa ausência de urbanização no

---

2 Lowmianowski, La Genèse des états slaves et ses bases sociales et economiques, *La Pologne av Xe Congrès International des Sciences Historiques à Rome*, Warsaw, 1955, p.29-53 – um resumo das atuais visões sobre o início do desenvolvimento eslavo.

Oriente até então. Foi o ponto mais alto da evolução social endógena da Europa oriental na Idade das Trevas.

Pois o desenvolvimento político ulterior de toda a região agora ficaria sob uma crucial influência exógena. Tanto a ascensão do feudalismo europeu ocidental quanto o impacto do expansionismo escandinavo se fariam sentir para além do Elba. A partir de então, na análise do curso dos eventos da Europa oriental, sempre se deverá relembrar a proximidade continental com sistemas sociais e econômicos mais avançados e adjacentes. A profunda influência que eles exerceram, de diversas maneiras, sobre as estruturas políticas e os sistemas de Estado do Oriente medieval se deixa ver na solidez das evidências filológicas.[3] Quase todas as palavras-chave que os eslavos empregavam para designar os postos políticos mais altos desse período – o vocabulário da superestrutura do Estado – derivam de termos germânicos, latinos ou turanianos. O russo *tsar* – "imperador" – é emprestado do *caesar* romano. O *krol* polonês, *kral* para o eslavo do sul, é tomado do epônimo do próprio Carlos Magno, *Carolus Magnus*. O russo *knyaz* – "príncipe" – deriva do germânico antigo *kuniang-az*, ao passo que *druzhina* (*drużyna* no polonês) – "séquito" – talvez tenha vindo do gótico *dringan*. O russo e eslavo do sul *boyar* – "nobre" – é uma palavra turaniana que a aristocracia nômade das estepes adotou para designar a classe dominante búlgara. O tcheco *rytiry* – "cavaleiro" – é o *reiter* germânico. As

---

3 Hoje em dia, essa evidência é ignorada com certa frequência, por causa do chauvinismo alemão, que alega ter provado que as primeiras sociedades eslavas eram "incapazes" de formar Estados nativos, o que levou historiadores do Leste Europeu a negar ou minimizar tal fato. O eco dessas controvérsias ainda não se silenciou, de forma alguma, como se pode ver ao consultar: Graus, Deutsche und Slawische Verfassungs-geschichte, *Historische Zeitschrift*, CXLVIII, 1963, p.265-317. As preocupações que as inspiram são, é claro, completamente alheias ao materialismo histórico. Dizer a óbvia verdade de que as formações sociais eslavas foram, em geral, mais primitivas que as germânicas no início da Idade Média e corroborar que delas derivaram politicamente não é conferir a nenhum dos grupos nenhuma característica "étnica" inerente, mas apenas afirmar que, por determinadas razões históricas, os eslavos só mais tarde começaram um caminho evolutivo comparável ao dos germânicos, o que, em si, não ditou suas trajetórias ulteriores, as quais foram marcadas por desenvolvimentos desiguais e controvertidos. Deveria ser desnecessário repetir esses truísmos.

palavras polonesa e tcheca para "feudo" — *łan* e *lan* — também são transcrições simplificadas do germânico *lehen*.[4] Esse predomínio maciço de termos estrangeiros (quase sempre ocidentais, germânicos ou romanos) conta sua própria história. De maneira inversa, é significativo que aquela que talvez fosse a mais importante palavra puramente eslava na esfera superestrutural — a russa *veovoda* ou a polonesa *wojewoda* — queira dizer simplesmente "aquele que lidera guerreiros": o chefe militar tribal da primeira fase do desenvolvimento social descrito por Tácito. Esse termo sobreviveu até se transformar em um título formal na Idade Média (que, de modo equivocado, passou ao inglês como *"palatine"* [palaciano]). Fora isso, quase todo o vocabulário dos altos postos veio do estrangeiro.

Houve ainda um segundo catalisador externo na formação das estruturas de Estado no Oriente: a Igreja cristã. Assim como a transição das comunidades tribais para organizações políticas territoriais fora invariavelmente acompanhada pela conversão religiosa na época dos assentamentos germânicos no Ocidente, também no Oriente a fundação de Estados principescos coincidiu com a adoção do cristianismo. Como vimos, o abandono do paganismo tribal normalmente era uma precondição ideológica para a superação dos princípios do clã na organização social e para o estabelecimento de uma hierarquia e autoridade política centralizada. Assim, o bem-sucedido trabalho de emissários da Igreja — católicos ou ortodoxos — foi um componente essencial no processo de formação de Estados na Europa oriental. O principado da Boêmia foi fundado pela dinastia Premyslid quando Václav, seu primeiro soberano, que governou de 915 a 929, se tornou um cristão fervoroso. O primeiro Estado unitário polonês foi criado quando Mieszko I, potentado da dinastia Piast, adotou a fé católica e o título de duque em 966. O reino varegue na Rússia de Kiev alcançou sua forma completa quando Vladmir, o príncipe ruríquida, aceitou o batismo ortodoxo em 988, com o intuito de obter matrimônio imperial com a irmã do imperador bizantino Basílio II. Os nômades

---

4 Dvornik, *The Slavs in European History and Civilization*, p.121, 140; Musset, *Les Invasions. Le Second Assaut contre l'Europe chrétienne*, p.78; Vernadsky, *Kievan Russia*, p.178; Wuhrer, Die schwedischen Landschaftsrechte und Tacitus' Germania, *Zeitschrift der Savigny-Stiftung für Rechtsgeschichte (Germ. Abteilung)*, LXXXIX, 1959, p.20-1.

húngaros se assentaram e organizaram em um Estado real com a conversão de Estêvão, o primeiro soberano da linhagem de Árpád, que – a exemplo de Mieszko – recebeu de Roma seu credo (996-97) e também sua monarquia (1000), um em troca do outro. Em todos esses casos, a adoção principesca do cristianismo se fez seguir por uma cristianização oficial de seus súditos: era um ato inaugural do Estado. Em muitos casos, explodiu mais tarde uma reação popular pagã, como na Polônia, na Hungria e na Rússia, misturando protestos sociais e religiosos contra a nova ordem.

No entanto, para a consolidação dos Estados reais, a inovação religiosa foi um passo mais fácil que a passagem da nobreza de séquito para nobreza de terras. Já vimos que a emergência do sistema de séquito assinala, por toda parte, uma nítida ruptura com os laços de parentesco como princípio básico de organização social; o séquito representa o limiar para a transição da aristocracia tribal para a feudal. Uma vez formado tal séquito principesco – um grupo de nobres de vários clãs diferentes que constitui a escolta do soberano, que é sustentado pelas suas propriedades e com ele compartilha o butim de guerra, em troca de lealdade no combate e na administração –, ele normalmente se torna o principal instrumento do governo régio. Mas, para que do séquito militar se desenvolva uma nobreza feudal propriamente dita, é necessário mais um passo crucial: sua territorialização como classe dona de terras. Em outras palavras, o compacto grupo de guardas e guerreiros régios precisa se dispersar para então se tornar a classe de senhores com propriedades provinciais, mantidas como feudos, em vassalagem ao monarca. Essa passagem estrutural foi, invariavelmente, muito arriscada, pois a fase final de todo o movimento sempre ameaçava cancelar os ganhos da primeira fase, ao produzir uma nobreza local anárquica e recalcitrante a qualquer autoridade régia centralizada. Fatalmente surgia, então, o perigo de uma desintegração do próprio Estado monárquico original, cuja unidade, de maneira paradoxal, se assegurava com mais facilidade nos estágios menos avançados do séquito dinástico. Assim, a implantação de um sistema de feudos integrado e estável foi um processo extremamente difícil. Ela só aconteceu no Ocidente depois de séculos de tentativas confusas e incipientes ao longo da Idade das Trevas e se consolidou, por fim, em meio ao colapso geral da autoridade régia unitária no século X – meio milênio depois das invasões germânicas. Não surpreende, portanto, que também no Oriente não tenha existido um progresso linear desde os primeiros Estados das dinastias Premyslid, Piast e Ruríquida até os sistemas feudais plenos e desenvolvidos. Ao contrário: em cada caso – Boêmia, Polônia e Rússia – houve uma recaída final na confusão e na desordem: um retrocesso político no qual tanto o poder principesco quanto a unidade territorial se fragmentaram ou eclipsaram.[5] Vistas sob um ponto de vista comparativo, essas vicissitudes do início dos sistemas de Estado orientais tinham raízes nos problemas para se forjar uma nobreza senhorial coesa dentro de uma organização política régia e unitária. Isso, por sua vez, pressupunha a criação de um campesinato servil que estivesse preso à terra e fornecesse o excedente para uma hierarquia feudal desenvolvida. Por definição, um sistema de feudos não podia emergir até que existisse uma força de trabalho servil para fornecer seus produtores imediatos. No Ocidente, a emergência final e generalizada da servidão ocorrera – mais uma vez – apenas no curso do século X, depois de toda a experiência da Idade das Trevas e do Império Carolíngio, que a encerrou. A economia rural típica do prolongado período entre os séculos V e IX tivera – como vimos – um caráter bastante misto e fluído, com a coexistência de escravos, pequenos proprietários, rendeiros livres e camponeses dependentes. No Oriente não houve um modo de produção escravista anterior, então o ponto de partida de qualquer evolução rumo à servidão foi necessariamente distinto e mais rude. Mas, também aí, a sociedade rural do primeiro período após o estabelecimento dos sistemas de Estado foi, por toda parte, heterogênea e transicional: a massa do campesinato ainda

---

[5] A experiência do Leste Europeu é uma advertência salutar contra as inflamadas reivindicações dos historiadores locais a respeito do Estado anglo-saxão na Inglaterra, muitas vezes apresentado como uma transição exitosa e quase completa para o feudalismo às vésperas da invasão normanda, por conta do caráter unitário de seu governo régio. Na verdade, não emergira nenhuma sucessão dinástica estável, tampouco um sistema de feudos coerente na Inglaterra – cujo relativo avanço podia muito bem ter caído em desordem e retrocesso logo depois, como aconteceu nos primórdios dos Estados eslavos, dada a ausência comum de uma herança clássica. Foi a Conquista Normanda, produto da síntese romano-germânica no continente ocidental, que de fato evitou tal recaída.

não vivenciara a servidão. O feudalismo oriental só nasceu depois de seu próprio e necessário trabalho de parto.

Se esse foi o padrão geral do início do desenvolvimento no Oriente, também existiram, é claro, importantes variações nas trajetórias econômicas, políticas e culturais das diferentes regiões que precisam ser assinaladas. A Rússia representa o caso mais complexo e interessante, porque ali parece ter de fato ocorrido algo como uma tremulante sombra "oriental" da síntese ocidental. O primeiro Estado russo foi criado na passagem dos séculos IX e X por mercadores e piratas suecos que desciam as rotas fluviais desde a Escandinávia.[6] Ali eles encontraram uma sociedade que já produzira muitas cidades locais em meio às florestas, mas nenhuma unidade nem organização política regional. Os comerciantes e soldados varegues que então chegaram logo estabeleceram sua supremacia política sobre aqueles centros urbanos, ligando as vias navegáveis do Volkhov e do Volga, para criar uma mesma zona de trânsito econômico do Báltico ao Mar Negro e fundar um Estado cujo eixo de autoridade política ia de Novgorod a Kiev, ao longo desses rios. O Estado varegue centrado em Kiev tinha, como já vimos em outros lugares, caráter comercial: fora instalado com o objetivo de controlar as rotas comerciais entre a Escandinávia e o Mar Negro, e seu principal produto de exportação eram os escravos – com destino ao mundo muçulmano ou a Bizâncio. Um mercado de escravos se formou no sul da Rússia, cuja área de captura era todo o leste eslavo e que servia tanto às terras persas e mediterrâneas conquistadas pelos árabes quanto ao Império Grego. Mais a leste, com a eliminação do Estado Cazar, que chegara a dominar as lucrativas exportações para a Pérsia, os soberanos varegues ganharam acesso direto também às rotas do Cáspio.[7]

---

[6] Repetidas vezes, a sentimentalidade nacional russa dos séculos XIX e XX vem negando as origens escandinavas do Estado de Kiev (ou até mesmo a derivação da própria palavra *Rus*). Aqui não será necessário demonstrar o anacronismo dessa historiografia "patriótica": ela tem seu equivalente nos mitos ingleses acerca da "continuidade", aludidos antes.

[7] Há uma discussão equilibrada quanto à natureza do papel varegue na Rússia em Musset, *Les Invasions. Le Second Assaut*, p.99-106, 261-6. Vale notar que a palavra eslava para cidade, *gorod*, é, em última instância, a mesma que o termo nórdico

Essas grandes operações comerciais do Estado de Kiev ajudaram a dar à Europa uma palavra nova e permanente para designar os *slaves* [escravos]: *sclavus* apareceu pela primeira vez no século X. Os mercadores varegues também despachavam cera, peles e mel – que depois seriam os principais gêneros de exportação russa por toda a Idade Média: mas estes eram itens secundários. O desenvolvimento urbano de Kiev, que se destacou de qualquer outro centro na Europa oriental, se fundamentou essencialmente no comércio que passou a representar um crescente anacronismo dentro da economia ocidental.

No entanto, se os soberanos nórdicos de Kiev propiciaram ao primeiro Estado russo o ímpeto político inicial e a experiência comercial, foi o estreito contato cultural e diplomático através do Mar Negro com Bizâncio o que mais contribuiu para a relativa sofisticação superestrutural da Rússia de Kiev. É aqui que fica mais evidente o limitado paralelismo com o impacto do Império Romano sobre o Ocidente germânico. Em particular, tanto a linguagem escrita quanto a religião – os dois componentes básicos de todo e qualquer sistema ideológico na época – foram importados de Bizâncio. Os primeiros príncipes varegues de Kiev haviam concebido sua capital como uma base para expedições piratas contra Bizâncio e a Pérsia, mas especialmente contra o primeiro – um prêmio reluzente para qualquer pilhagem. Seus ataques foram repelidos duas vezes, nos anos de 860 e 941; pouco depois, Vladimir, o primeiro soberano varegue a usar um nome eslavo, adotou o cristianismo. Os alfabetos glagólico e cirílico tinham sido inventados por sacerdotes gregos, especificamente para as línguas dos povos eslavos e sua conversão à fé ortodoxa. Agora a Rússia de Kiev adotava tanto a escrita quanto o credo e, com eles, a instituição bizantina de uma Igreja de Estado. Clérigos gregos foram despachados para a Ucrânia para compor uma hierarquia eclesiástica que foi se tornando tão eslavizada quanto seriam a casa governante e seus seguidores. Essa Igreja viria a ser posteriormente o meio para uma transplantação ideológico da tradição autocrática do Império oriental, mesmo depois de

---

antigo, *gardr*, mas não se sabe ao certo se a primeira derivou da última: Foote; Wilson, *The Viking Achievement*, p.221.

seu desaparecimento. A influência cultural e administrativa de Bizâncio pareceu assim permitir uma precária síntese russa no Oriente que poderia se comparar à síntese franca no Ocidente, tanto em suas realizações precoces quanto em seu inevitável declínio, seguido por caos e retrocesso.[8] No entanto, os limites de tais comparações são evidentes. Não havia entre Kiev e Bizâncio um território comum que pudesse ser o terreno para uma verdadeira fusão. O Império Grego, que agora estava distante de seu predecessor romano, só conseguia transmitir impulsos parciais e longínquos através do Euxino. Assim, é natural que nenhuma hierarquia feudal como a do Império Carolíngio jamais tenha aparecido na Rússia durante essa época. Em vez disso, o que impressiona é a natureza heteróclita e amorfa da sociedade e da economia de Kiev. Uma classe dominante de príncipes e boiardos, derivados da *druzhina* varegue, coletava impostos e controlava o comércio nas cidades, onde normalmente subsistiam os conselhos oligárquicos, ou *vechya*, resquícios das antigas assembleias populares. Os boiardos possuíam grandes herdades, com uma força de trabalho mista de escravos, peões *zakupy*, ou camponeses em servidão por dívida, e trabalhadores sob contrato. Lado a lado com essas herdades existia um considerável campesinato livre, organizado em aldeias comunais.[9]

O Estado de Kiev alcançou o zênite de seu poder sob o mando de Jaroslau, no início do século XI (1015-36), o último de seus príncipes com conexões escandinavas e ambições varegues: foi em seu reinado que se

---

8 Marx juntou os impérios carolíngio e varegue em *The Secret Diplomatic History of the Eighteenth Century*, p.109. Mas esse texto é obra de uma fabulação fóbica, certamente o pior escrito histórico que Marx jamais produziu, com uma legião de erros. Quando foi republicado na virada do século, Ryazanov, estudioso marxista, escreveu uma crítica bem sóbria: Ryazanov, Karl Marx über den Vorsprung der Vorherrschaft Russlands in Europa, *Die Neue Zeit (Ergäntungshefte n.5)*, mar. 1909, p.1-64. O editor contemporâneo do texto não conseguiu indicar um mínimo distanciamento com relação a ele.

9 Um relato abrangente sobre a estrutura social de Kiev se encontra em Vernadsky, *Kievan Russia*, p.131-72; mas desfigurado pela crença do autor de que o "capitalismo" e a "democracia" em algum sentido já estavam latentes no sistema comercial e nos conselhos remanescentes do Estado de Kiev, erros categóricos e fantasiosos herdados de Rostovtsev.

lançaram as derradeiras aventuras externas, um ataque militar a Bizâncio e uma expedição à Ásia Central. Em meados do século XI, a dinastia ruríquida e sua nobreza já estavam completamente russificadas. Logo depois se romperam as grandes rotas comerciais com o sul – primeiro pela ocupação dos cumanos no sul da Ucrânia e, depois, pelos cruzados. As cidades italianas detinham então o controle dos comércios islâmico e bizantino. Antigo entreposto econômico de Bizâncio, Kiev declinou junto com a metrópole grega do sul. O resultado desse isolamento foi uma nítida mudança na evolução da formação social de Kiev. A contração do comércio se fez acompanhar, inevitavelmente, pelo encolhimento das cidades e por uma crescente importância dos donos de terra locais. Destituída dos lucros provenientes do tráfico de escravos, a classe dos boiardos se voltou para dentro e tentou compensar as perdas aumentando as propriedades e o excedente agrícola.[10] A consequência foi uma acentuada pressão econômica sobre o campesinato, que começava a cair rumo à servidão. Ao mesmo tempo, a unidade política do Estado de Kiev foi se quebrando em principados intermediários que se debatiam uns contra os outros, enquanto a Casa de Rurique se desintegrava em querelas dinásticas. O localismo senhorial se desenvolveu junto com uma crescente degradação do campesinato.

Naturalmente, o caminho de desenvolvimento nas terras tchecas e polonesas foi mais afetado pela influência germânica que pela escandinava ou bizantina; mas, dentro desse ambiente mais ocidental, observa-se uma evolução comparável. As formações sociais iniciais dessas regiões não eram diferentes dos primórdios da Rússia de Kiev, mas sem o extenso comércio ribeirinho que era o fundamento de seu excepcional crescimento urbano. Assim, no Oriente, as aristocracias locais comandavam uma mistura muito ampla de produtores imediatos, a qual incluía pequenos proprietários, escravos e peões, reflexo da transição das estruturas sociais mais simples – cujos guerreiros dos clãs, na ausência de um campesinato

---

10 Schmidt, The Social Structure of Russia in the Early Middle Ages, *XIe Congrès International des Sciences Historiques*, Uppsala, 1960, Rapports III, p.32. Schmidt discute ênfases historiográficas rivais sobre a riqueza agrária ou comercial das classes dominantes de Kiev, a partir de Kliuchevsky.

dependente, haviam utilizado prisioneiros para cultivar suas terras – para sistemas de Estado diferenciados e com crescente subordinação de toda a força de trabalho rural, via mecanismos de endividamento camponês ou práticas de concessão. Na Polônia, na Silésia, na Boêmia ou na Morávia, técnicas agrícolas muitas vezes permaneceram extremamente primitivas, com uma população heterogênea de proprietários livres, arrendatários e escravos ainda praticando o cultivo de corte e queimada e a pastagem de campo. A primeira estrutura política a emergir foi um Estado boêmio um tanto espectral, estabelecido no início do século VII pelo mercador franco Samo, que liderou a revolta eslava local na derrubada do Império Ávaro na Europa Central. O Estado de Samo, que provavelmente era um reino controlador de comércio, como o dos primeiros varegues na Rússia, não conseguiu converter a população da região e não durou muito tempo.[11] Duzentos anos depois, uma estrutura mais sólida surgiu mais a leste: o Grande Estado da Morávia, no século IX.

Esse principado fundava-se sobre vários castelos e fortificações aristocráticas e constituía um importante poder nos confins do Império Carolíngio, cuja aliança era desejada por Bizâncio, contra o expansionismo franco. Foi para lá que se despacharam os irmãos ortodoxos Cirilo e Metódio, com a missão de instruir e converter os domínios do soberano Rastislau – missão para a qual criaram o alfabeto eslavônico. No fim, seus esforços foram superados pelos padres de Roma. As terras tchecas se tornaram a primeira cabeça de ponte para a conversão cristã no Oriente, antes de o Estado da Morávia ser destruído por uma invasão magiar no início do século X. Foi na Boêmia, menos arruinada pela devastação nômade, que aos poucos ocorreu uma recuperação política. Pelo início do século XI, reapareceu um Estado tcheco – dessa vez com uma estrutura social mais avançada, que incluía a versão anterior de um sistema de feudos. A Renovação Otoniana acarretara um grande crescimento da pressão germânica sobre

---

11 Vernadsky, The Beginnings of the Czech State, *Byzantion*, 1944-5, XVII, p.315-18, defende – contra todas as evidências – que Samo era um mercador eslavo "dedicado à ideia de cooperação intereslava", uma missão improvável que é mais um exemplo da devastação que o nacionalismo causou no campo da historiografia da Idade das Trevas.

os mercados orientais do Império. A partir de então, o desenvolvimento político boêmio sempre sofreu o impacto contraditório da intervenção e influência germânicas nas terras tchecas. Por um lado, isso acelerou a formação de instituições feudais (por imitação) e estreitou o vínculo da nobreza eslava com seu Estado local, processo simbolizado no fervoroso culto a seu santo padroeiro, Venceslau.[12] Por outro lado, preveniu a consolidação de uma monarquia estável – pois os imperadores germânicos, de Oto I em diante, reivindicavam a Boêmia como um feudo do império, o que exacerbou as rivalidades dinásticas dentro da aristocracia tcheca. O Estado unitário da Boêmia logo ficou comprometido pela longa e destrutiva luta entre as famílias Premyslid e Slavnikovic em busca do domínio político, mergulhando o país em sucessivas guerras civis.[13] Ao final do século XII, os feudos boêmios se tornaram hereditários e o campesinato foi ficando cada vez mais sujeito às obrigações senhoriais, enquanto uma aristocracia provincial se enraizava no campo. Pelo mesmo processo, o poder político central se enfraquecia e arruinava, ao passo que a Boêmia retrocedia em meio a disputas e divisões principescas.

Na Polônia, a organização das tribos e clãs perdurou mais tempo: por volta do século IX, existia uma vaga confederação regional de polanos, com centro em Gniezno. Mas foi só no final do século X, depois da ascensão de Mieszko I, líder da linhagem Piast, que se formou o primeiro Estado unitário polonês. Mieszko adotou o cristianismo em 966 e o impôs dentro de seus domínios como religião organizadora do novo sistema político.[14] A bem-sucedida missão na Polônia foi obra da Igreja romana, que trouxera consigo o latim, a partir de então língua escrita oficial do país (um índice do caráter relativamente brusco da mudança nos níveis sociais e culturais resultante da emergência do Estado Piast, em um contraste com a evolução mais antiga e lenta da Boêmia; na verdade, a nobreza polonesa iria continuar usando o latim como linguagem escrita corrente até muito

---

12 Graus, Origines de l'Etat et de la noblesse en Moravie et en Bohème, *Revue des Etudes Slaves*, v.39, 1961, p.43-58.
13 Dvornik, *The Slaves. Their Early History and Civilization*, p.115, 300.
14 Gieysztor, Recherches sur les fondements de la Pologne médiévale: état actuel des problème, *Acta Poloniae Historica*, IV, 1961, p.19-25.

depois de o idioma cair em desuso no Ocidente pós-medieval). Mieszko recebeu a confirmação de seu título ducal das mãos do papado, em troca de sua lealdade religiosa. Seu ducado se baseava em um sistema de cortes bem extenso e integrado – uma *druzyna* de uns 3 mil nobres, que formavam o séquito do soberano ou ocupavam regimentos regionais nas *grody* fortificadas que cobriam o país. O uso dessas cortes régias como comandos de castelo representou um artifício intermediário bastante eficaz na passagem da aristocracia de séquito para a aristocracia fundiária. Em seus primórdios, o Estado Piast se beneficiou do incipiente desenvolvimento urbano do último século pagão e obteve rendimentos respeitáveis nos centros de comércio locais. Boleslau I, filho de Mieszko, logo incrementou o poder dos Piast, expandindo geograficamente o reino ao anexar a Silésia e marchar sobre a Ucrânia, onde reivindicou o título régio. Mas, também aqui, a solidez e a unidade política do Estado nascente provaram ser uma promessa decepcionante. A monarquia polonesa, assim como a boêmia, era alvo de constantes manobras militares e diplomáticas por parte dos imperadores germânicos. Estes reivindicavam jurisdição imperial sobre ambas as regiões e, por fim, conseguiram bloquear a consolidação da autoridade régia na Polônia – onde Mieszko II devolveu o título monárquico – e reduzir a Boêmia à condição de vassalagem, transformando-a em um feudo formal do Império.[15] Além disso, a rapidez com que o Estado Piast se construíra acabou sendo a causa de sua ruína interna. Em 1031, houve um violento levante social e religioso que combinou uma reação pagã contra a Igreja, uma revolta camponesa contra o aumento das pressões senhoriais e uma insurreição aristocrática contra o poder da dinastia reinante. Os senhores poloneses expulsaram Mieszko II do país e o dividiram em voivodias provinciais. Seu filho Casimiro retomou o trono com a ajuda de Kiev e da Boêmia, mas, daí em diante, o Estado central ficou gravemente enfraquecido. No século XII, quando os Piast restituíram o poder na forma de apanágios regionais, tal Estado se esfacelou de vez. A Polônia

---

15 Sobre a organização política germânica nesse períoso, ver, em especial: Dvornik, *The Making of Central and Eastern Europe*, p.194-6, 217-35; Id., *The Slavs: Their Early History and Civilization*, p.275-92.

agora se decompunha em inúmeros ducados diminutos, no mesmo passo em que a pequena propriedade camponesa declinava e as exações se multiplicavam no campo. As terras nobres e clericais ainda englobavam apenas cerca de 45% da população rural, mas a tendência já estava clara.[16] Na Polônia, assim como em todos os outros lugares, a condição do campesinato nativo foi se deteriorando lentamente, rumo à servidão no século XII. Esse processo foi comum à Rússia, Livônia, Polônia, Boêmia, Hungria e Lituânia. Em geral, ele tomou a forma de uma firme ampliação das grandes herdades das aristocracias locais, um declínio na quantidade de proprietários livres, um avanço dos arrendamentos camponeses e, então, uma gradual convergência dos rendeiros dependentes e dos escravos cativos ou penais para uma única classe rural não livre, já sob jurisdições senhoriais, mas ainda não formalmente servil.[17]

No entanto, esse processo iria estacar e se reverter de repente. Durante os séculos XII e XIII, como já vimos, o feudalismo ocidental se expandiu rápido, da Espanha à Finlândia, da Irlanda à Grécia. Dois desses avanços foram especialmente importantes e duradouros: aqueles que se deram na Península Ibérica e no leste além do Elba. Mas, enquanto a Reconquista na Espanha e em Portugal expulsava uma civilização avançada, ainda que decadente, e trazia poucas melhorias econômicas imediatas às terras recém-conquistadas (o supremo dinamismo ultramarino ainda estava no futuro distante), a colonização primordialmente germânica do Oriente forjava um drástico aumento do rendimento e da produtividade nas terras que alcançou. As formas dessa colonização variaram bastante. Senhores e príncipes do norte da Germânia ocuparam Brandemburgo e a Pomerânia. A Ordem Teutônica e os Cavaleiros da Espada, organizações militares cruzadas, conquistaram a Prússia e a Livônia. Imigrantes do Ocidente aos poucos foram povoando a Boêmia, a Silésia e, até certo ponto, a Transilvânia, formando aldeias e cidades junto com os habitantes eslavos, sem grandes mudanças no *status quo* político. De maneira semelhante, a Polônia

---

16 Lowmianowski, Economic Problems of the Early Feudal Polish State, *Acta Poloniae Historica*, III, 1960, p.30.

17 Blum, The Rise of Serfdom in Eastern Europe, *American Historical Review*, LXVII, n.4, jul.1957, p.812-5.

e a Lituânia receberam comunidades germânicas, sobretudo artesãos e mercadores urbanos. As tribos pagãs do Báltico – os pruzzi e outros – foram subjugados *manu militari* pela Ordem Teutônica e, então, lançou-se a chamada "Cruzada dos Wendes" contra eslavos obodritas entre o Elba e o Oder. Mas, exceto esses dois setores, o grosso da colonização foi um assunto relativamente pacífico, muitas vezes encorajado pelas aristocracias eslavas locais, ansiosas por assentar em seus espaços pouco povoados uma força de trabalho nova e mais capacitada.[18]

As condições específicas dessa colonização determinaram seu impacto sobre as formações sociais do Oriente. A terra era abundante, ainda que muito florestada e nem sempre de boa qualidade (o solo do litoral báltico era arenoso); mas a população, por outro lado, era escassa. Calcula-se que o total de habitantes da Europa oriental, incluindo a Rússia, talvez chegasse a 13 milhões no começo do século XIII, frente a cerca de 35 milhões da Europa ocidental, uma zona bem menor.[19] Foi preciso trazer ofícios e mão de obra do Ocidente, em comboios organizados de colonos vindos das regiões mais densamente povoadas do Reno, da Suábia, da Frância e de Flandres. A necessidade era tão urgente – e os problemas de transporte, tão grandes – que os nobres e clérigos que incentivavam a marcha para o leste tinham de conceder direitos sociais consideráveis aos camponeses e burgueses que se assentavam nas novas terras. O campesinato mais hábil da Europa no trabalho de drenagem e construção de diques – essencial para a incorporação de regiões ainda não cultivadas – se encontrava na Holanda, e então se fizeram esforços especiais para atraí-lo ao Oriente. No entanto, o norte da Holanda era um canto da Europa que jamais conhecera um sistema senhorial propriamente dito e cujo campesinato já era no século XII muito mais livre de obrigações servis que seus equivalentes franceses, ingleses ou germânicos. A "lei flamenga", portanto, teve de ser aceita junto com eles e logo exerceu uma influência generalizada sobre o estatuto do campesinato colonial, que era majoritariamente germânico

---

18 A própria Ordem Teutônica recebeu do Duque polonês da Mazóvia um convite para adentrar a Prússia, em 1228.
19 Russell, *Late Ancient and Mediaeval Population*, p.148.

e não conhecera tais liberdades em sua terra natal.[20] Assim, no Oriente recém-colonizado houve pouca jurisdição senhorial sobre os camponeses, que recebiam arrendamentos hereditários vinculados a pagamentos em espécie, mas poucas possibilidades de prestações de serviços; além disso, os lavradores tinham permissão para vender o usufruto de seus lotes e deixar as colônias. As aldeias formavam comunidades rurais governadas por alcaides hereditários (quase sempre os organizadores da imigração), e não por decretos senhoriais. Esses assentamentos logo transformaram todo o modelo agrário do Elba até o Vístula, e mais além. Florestas foram derrubadas, o arado de ferro e o sistema de três campos foram introduzidos: a criação de animais recuou e o cultivo de grãos se disseminou pela primeira vez. Desenvolveu-se um considerável negócio de exportação de madeira. Sob o impacto desse processo, com produções bem maiores e mais excedente, a nobreza nativa e as ordens cruzadas aos poucos foram aceitando as normas da agricultura camponesa vindas do Ocidente. Assim, a condição do campesinato nativo na Polônia, na Boêmia, na Silésia, na Pomerânia e em outros lugares – a qual vinha se afundando na servidão antes do início da colonização germânica – agora, com a assimilação dos modos de vida dos recém-chegados, registrava uma recuperação; o campesinato prussiano, reduzido à servidão pela Ordem Teutônica, se emancipou no curso do século seguinte. Floresceram aldeias autônomas, com seus próprios alcaides e tribunais, a mobilidade rural se alargou e a produtividade cresceu no mesmo ritmo.

O incremento da produção de cereal e da derrubada de madeira, por sua vez, estimulou um resultado ainda mais importante para a colonização do Oriente: o crescimento de cidades e entrepostos comerciais ao longo da costa do Báltico no século XIII – Rostock, Danzig, Wismar, Riga, Dorpat e Reval. Esses centros urbanos eram comunas independentes e turbulentas, com um próspero mercado de exportação e agitada vida política. Assim como a "lei flamenga" exercera um melhoramento nas relações sociais da agricultura nativa, a "lei germânica" moldada na Carta de

---

20 Postan, Economic Relations between Eastern and Western Europe. In: Barraclough (Org.), *Eastern and Western Europe during the Middle Ages*, p.169.

Magdeburgo exerceu uma influência análoga sobre o estatuto das cidades tradicionais do Oriente. Na Polônia, em particular, as cidades, que muitas vezes abrigavam grandes colônias de mercadores e artesãos germânicos, agora recebiam os Direitos de Magdeburgo: Poznan, Cracóvia e a recém--fundada Varsóvia se beneficiaram desse processo.[21] Na Boêmia, burgueses germânicos instalaram uma rede mais densa de colonização urbana, baseada na mineração e nas indústrias metalúrgicas da área e com maior participação dos artesãos e mercadores tchecos. Assim, no século XIII, o leste colonial era a sociedade fronteiriça do feudalismo europeu, projeção impressionante de seu próprio dinamismo expansionista – que, ao mesmo tempo, tinha algumas das vantagens sobre o sistema progenitor que, mais tarde, as sociedades limítrofes do capitalismo europeu viriam a ter na América e na Oceania: mais igualdade e mobilidade. Carsten resume assim as características de seu apogeu:

> O sistema senhorial em si, com suas jurisdições privadas e restrições à liberdade, não se transferira para o Oriente; tampouco a servidão. A situação dos camponeses era bem melhor que no Ocidente, e isso incluía a população nativa. No Oriente, as distinções de classe eram menos acentuadas, nobres se mudavam para as cidades e viravam burgueses, enquanto burgueses adquiriam herdades e alcaides detinham feudos. Toda a estrutura da sociedade, como se podia esperar de uma área colonial, era muito mais livre e lassa que a da Europa ocidental. Parecia só uma questão de tempo até que o leste deixasse de ser atrasado e passasse a pertencer às áreas mais desenvolvidas da Europa. Na verdade, isso já vinha ocorrendo nas cidades hanseáticas ao longo da costa do Báltico, especialmente nas cidades wendes e em Danzig.[22]

Mesmo que se estendesse para além dos confins da penetração germânica, a Rússia passou durante esses séculos por uma evolução com certos paralelos curiosos, mas sob outro ritmo e em um contexto diferente. Este foi resultado do esfacelamento do Estado de Kiev nos séculos XII e XIII,

---

21 Portal, *Les Slaves*, p.75.
22 Carsten, *The Origins* of *Prussia*, p.88.

sob pressão de reveses externos e fraquezas internas. Como vimos, as cruzadas haviam cortado as rotas comerciais com Constantinopla e o mundo islâmico, sobre as quais tradicionalmente prosperara o comércio de Kiev. Vindas do leste, as incursões dos cumanos eram uma ameaça constante, enquanto, em casa, o sistema de "seniorato" dos príncipes provocava um emaranhado de guerras civis e desordens.[23] A própria Kiev foi saqueada em meados do século XII pelo Príncipe de Suzdal. E, então, setenta anos depois aconteceu o choque devastador da última grande invasão nômade desde a Ásia Central: praticamente toda a Rússia, à exceção do noroeste, foi assolada e subjugada pelos mongóis, pouco depois da morte de Gengis Khan. É provável que 10% da população tenha morrido nesse desastre. A consequência foi um deslocamento permanente do eixo da civilização russa: da bacia de Kiev para as florestas virgens e até então inabitadas do triângulo Oka-Volga, a nordeste, mais ou menos no mesmo momento da disseminação demográfica pelo Elba.

Durante a gradual recomposição da formação social russa no nordeste, ocorreram muitos dos mesmos efeitos sociais que marcaram a zona do Báltico. A incorporação e colonização de vastas áreas não povoadas detiveram a queda do campesinato russo na dependência servil permanente, a qual estivera em andamento nos últimos séculos do Estado de Kiev. Os príncipes se viram obrigados a oferecer dispensas de obrigações, direitos comunais e mobilidade pessoal aos camponeses, para induzi-los a se assentar nas terras recém-desbravadas. Nobres e monastérios seguiram a mesma linha, talvez com controles senhoriais mais estreitos sobre as novas

---

23 Dvornik oferece duas explicações contraditórias para o sistema de apanágio particularmente intricado de Kiev, o qual acarretou essas desordens. De início, ele o atribui a uma instituição germano-escandinava, a *tanistry*, pela qual um soberano era sucedido não pelo filho, mas por seu irmão mais novo, e este, por seu sobrinho mais velho — um sistema encontrado somente na África vândala e nas colônias nórdicas da Escócia. Mas, depois, o autor o associa à hierarquia do "seniorato" dos duques da linhagem de Piast na Polônia e aos sistemas de sucessão tcheca do século XII, afirmando que era um princípio eslavo este pelo qual o país era patrimônio da casa governante, cujos membros todos deviam compartilhar o governo. Comparar com: *The Slavs: Their Early History and Civilization*, p.213, e *The Slavs in European History and Civilization*, p.120-1.

aldeias. A autoridade política se subdividiu e se feudalizou ainda mais entre os senhores territoriais, ao passo que os camponeses conquistaram maior liberdade.[24] Quanto mais longe dos principais núcleos de poder político na região central, mais alto era o grau de liberdade que o campesinato ia conquistando no caminho: tipicamente, tal liberdade era completa nas remotas florestas do norte, onde as jurisdições senhoriais só chegavam de vez em quando. Ao mesmo tempo, o deslocamento do eixo econômico e demográfico do país para o triângulo do Oka-Volga estimulou bastante as cidades comerciais de Novgorod e Pskov, a noroeste, na zona intermediária entre a Rússia e a Livônia, colonizada pelos germânicos. A partir de então, a Rússia passou a prover o fornecimento de cereais para o império comercial de Novgorod, com suas cobranças tributárias até as tribos próximas ao Ártico e seu papel primordial no comércio do Báltico. Embora governada por uma assembleia municipal, Novgorod na verdade não era uma comuna mercante comparável às cidades alemãs da costa: quem dominava o *veche* eram boiardos donos de terras, muito diferentes dos burgueses hanseáticos. No entanto, a influência germânica era poderosa na cidade, que tinha uma grande comunidade de mercadores estrangeiros e – caso único entre as cidades russas anteriores ou posteriores – um sistema de guildas de artesãos inspirado no Ocidente. Novgorod proporcionava, então, um elo estratégico que ligava a Rússia e as outras terras da Europa oriental em um sistema econômico intercomunicante.

---

24 Há uma boa análise desse desenvolvimento dual no ensaio de Szeftel, Aspects of Russian Feudalism. In: Coulborn (Org.), *Feudalism in History*, p.169-73.

4
A crise no Leste

No Oriente, a crise do feudalismo europeu começou mais tarde e teve, provavelmente, menores dimensões absolutas; na Rússia, ela foi avançando em uma sequência de tempo distinta. Mas seu impacto relativo pode ter sido maior: pois atingiu uma estrutura social mais frágil e recente que a do Ocidente. O golpe foi mais difuso; mas a resistência era mais fraca. É necessário ter em mente esses aspectos contraditórios da crise geral no Leste Europeu, pois somente sua combinação pode tornar inteligíveis seu curso e desfecho. Os relatos convencionais tendem encerrar toda a depressão feudal dos séculos XIV e XV em um mesmo declínio continental – considerado, indevidamente, como homogêneo. Mas está claro, em primeira instância, que o mecanismo básico da crise feudal no Ocidente – "extrapolação" e "estagnação" das forças de produção ante aos limites das relações sociais de produção vigentes, acarretando colapso demográfico e recessão econômica – não poderia se replicar no Oriente. Pois, ali, a implantação de novas técnicas agrícolas e a organização social ainda eram relativamente recentes e não tinham atingido, de maneira alguma, os limites da possível expansão. Não se conhecia no Oriente o tipo de superpopulação densa que existia no Ocidente por volta do ano 1300. Enquanto as terras às margens do Reno, do Loire e do Tâmisa já estavam se contraindo, os amplos tratos de território cultivável ao longo do Vístula e do Oder ainda precisavam ser abertos. Era, portanto, muito baixa a probabilidade de uma repetição simultânea da crise endógena do

Ocidente no Oriente. Na verdade, por um considerável período do século XIV, a Polônia e a Boêmia pareciam ter alcançado um zênite político e cultural. A civilização tcheca chegou ao apogeu sob a dinastia de Luxemburgo, antes de sua queda em espiral com a Liga dos Barões e as Guerras Hussitas.[1] Em seu breve fulgor sob Carlos IV, a Boêmia foi a Borgonha do Leste Europeu. A Polônia escapou à grande peste e saiu vitoriosa da Guerra dos Treze Anos; Casimiro III foi contemporâneo e equivalente de Carlos IV; a casa jaguelônica uniu a Polônia à Lituânia para formar o maior Estado territorial do continente. Também na Hungria os soberanos angevinos Carlos Roberto e Luís I organizaram uma poderosa monarquia feudal, cuja influência e prestígio foram consideráveis por toda a região e que, sob Luís, firmou uma união pessoal com a Polônia. Mas essa vitalidade política não poderia suportar por muito tempo a mudança de atmosfera econômica que se abateu sobre a Europa oriental, posterior à do Ocidente, mas visivelmente ligada àquela. As evidências deixam bem claro que, no início do século XV, houve uma depressão sincrônica em ambos os lados da Europa.

Quais foram as verdadeiras razões para a crise no Oriente? É claro que, em primeiro lugar, houve no vasto arco de territórios afetados pela colonização germânica a súbita hesitação de todo o impulso econômico e demográfico que tal colonização transmitia. Uma vez que as terras de origem do feudalismo no Ocidente foram apanhadas pela recessão, suas projeções sobre as fronteiras do Oriente se enfraqueceram na mesma medida. O ímpeto dos assentamentos agora abrandava e morria. No início do século XIV, já havia agourentos sinais de aldeias desertas e feudos abandonados em Brandemburgo e na Pomerânia. Em parte, isso se devia à migração mais para o leste dos camponeses acostumados à mobilidade. Mas tais deslocamentos, em si, indicavam um dos perigos de todo o processo de colonização. Exatamente porque a terra era abundante, ela podia ser explorada por um breve período e logo depois deixada para trás – uma

---

[1] A prosperidade boêmia nesse período se baseou na descoberta das minas de prata de Kutna Hora, que se tornaram as maiores fornecedoras europeias depois de 1300, em meio aos fechamentos em outras regiões: Betts, The Social Revolution in Bohemia and Moravia in the Later Middle Ages, *Past and Present*, n.2, nov.1952, p.31.

trilha recorrente do mesmo tipo daquela que, em outras épocas e continentes, iria criar as tempestades de poeira. A menos que tratado com cuidado, o solo arenoso do litoral báltico era particularmente propenso à exaustão: assim, também aqui foram se instalando a inundação e a erosão. Além disso, o declínio do preço dos cereais no Ocidente, causado pela queda brusca na demanda, inevitavelmente afetou o Oriente, onde um volume modesto de exportações de grãos já tinha começado. Durante o século seguinte, o índice do preço de centeio em Königsberg refletiu de perto o declínio dos preços de trigo registrados nas cidades do Ocidente.[2] Ao mesmo tempo, como já vimos, os gargalos na produção mineradora afetaram os estoques de metais para cunhagem em todo o continente, mesmo que as minas da Boêmia tenham sido menos afetadas que as da Saxônia. A desvalorização da moeda e a queda nos rendimentos senhoriais, agudas em Brandemburgo, na Polônia e em outros lugares, foram resultados comuns. O Oriente também não foi poupado dos flagelos concomitantes à crise geral do Ocidente, os "efeitos" terríveis da depressão que acabaram se tornando as "causas" de sua reiteração. Peste, morte e guerra varreram as planícies orientais com quase a mesma força que nas outras partes. Houve onze grandes surtos de peste na Prússia entre os anos 1340 e 1490;[3] e vinte ocorrências na Rússia de 1350 a 1450:[4] o próprio soberano moscovita Simeão morreu por causa da peste, junto com seu irmão e dois filhos, em 1353. A Polônia foi a única região da Europa que, em certa medida, escapou da Peste Negra. Já a Boêmia não teve tanta sorte. Na Prússia, as colheitas de 1437-9 foram as piores do século. Enquanto isso, conflitos militares assolavam a maior parte do Oriente. Os otomanos invadiram a Sérvia e a Bulgária no final do século XIV, sujeitando-as a uma história separada do resto da Europa. Travaram-se mais de 150 campanhas na Rússia, contra mongóis, lituanos, germanos, suecos e búlgaros. Contendas e ataques despovoaram as fronteiras entre Brandemburgo e a Pomerânia. Com um exército arregimentado em todo o Leste Europeu,

---

2 Van Bath, *The Agrarian History* of *Western Europe*, p.139.
3 Carsten, *The Origins of Prussia*, p.103.
4 Blum, *Lord and Peasant in Russia*, p.60.

forças polonesas esmagaram a Ordem Teutônica em Grünewald, no ano de 1410, e invadiram a Prússia em 1414, 1420 e 1431-3. Em 1453, depois de duas décadas de uma paz fumegante, estourou o conflito mortal e derradeiro: a Guerra dos Treze Anos, que aniquilou a Ordem Teutônica e arruinou completamente o leste da Prússia por toda uma geração. O despovoamento massivo e a deserção das terras foram o desfecho dessa luta feroz e prolongada. Na Boêmia, as longas Guerras Hussitas do começo do século XV tiveram o mesmo efeito, achatando e moendo a economia rural à medida que os exércitos rivais iam e voltavam em suas marchas. Mas esse drama supremo do fim da Idade Média não se confinou apenas às terras tchecas. As hostes contratadas pelo imperador Sigismundo se levantaram por toda a Europa para reprimir as insurgentes Ligas Hussitas, enquanto os exércitos taboritas de Procópio, o Calvo, estenderam a guerra contra o Império e a Igreja para a Áustria, Eslováquia, Saxônia, Silésia, Brandemburgo, Polônia e Prússia, com suas colunas itinerantes e seus carros de guerra, deixando um rastro de destruição por todo o caminho até Leipzig, Nuremberg, Berlim e Danzig.

Além disso, ao passo que as revoltas sociais do Ocidente haviam sucedido conflitos militares ou derivado deles (a Grande Jacquerie), no Oriente as duas coisas estavam inextricavelmente misturadas: as maiores guerras e insurreições formavam um mesmo processo. As duas grandes conflagrações no Báltico e na Boêmia foram também violentas guerras civis. Os camponeses de Ermland já tinham se revoltado durante uma breve pausa no conflito prusso-polonês. No entanto, a própria Guerra dos Treze Anos foi um levante social selvagem e generalizado, no qual os mercadores das cidades de Danzig e Torun se aliaram à pequena nobreza rural e a mercenários impiedosos e desenfreados, em uma rebelião contra a burocracia militar da Ordem Teutônica. No final do século XIV, durante o reino de Venceslau IV, a Boêmia também já era cenário de turbulentos conflitos baroniais, com bandos errantes de bandidos pagos rondando os campos do interior: foi nessas contentas horríveis que Jan Žižka, futuro comandante da causa hussita, teve seu treinamento militar, antes de servir em um grupo que lutou em Grünewald para o monarca polonês. E, então, de 1419 a 1434, explodiram as Guerras Hussitas, evento sem precedentes na história medieval que colocou burgueses, escudeiros, artesãos e camponeses contra os donos de terra nobres, os patrícios urbanos, a dinastia e as tropas estrangeiras, em uma extraordinária luta social e protonacional travada sob os estandartes da religião.[5] Os Artigos da paupérrima comunidade rural que fundou a cidade de Tabor, nas colinas boêmias, talvez expressem o mais profundo clamor por uma liberação impossível em toda a história do feudalismo europeu.[6] O milenarismo radical logo foi suprimido dentro do bloco hussita, mas não vacilou a lealdade dos camponeses e artesãos que se fizeram soldados da causa hussita para com os líderes Žižka e Procópio. Passaram-se quinze anos até que essa singular insurreição armada – que depôs um imperador, desafiou o papado e derrotou cinco cruzadas – fosse, por fim, sufocada e o país voltasse a uma paz moribunda. As monarquias da Polônia, Boêmia e Hungria, outrora fortes, se desintegraram em desordens e usurpações baroniais, com crescentes pressões senhoriais sobre o campesinato ao início do século XV. Em meados do século, houve uma breve recuperação combinada nos três países, com a ascensão de Jorge de Poděbrady nas terras tchecas, de Matias Corvino na Hungria e de Casimiro IV na Polônia – todos soberanos competentes que, por um período, restauraram a autoridade régia, prevenindo deslizes rumo à fragmentação nobiliárquica. Mas, ao final do século, todos os três reinados já haviam recaído mais uma vez em uma fragilidade comum. Agora seu declínio era irremediável. Na Polônia, a monarquia foi leiloada pela

---

5 Heymann, *John Zizka and the Hussite Revolution* é o melhor trabalho sobre as Guerras Hussitas disponível em língua não tcheca. Estudo caloroso e bem escrito, é indevidamente breve na análise social e se encerra com a morte de Žižka, em 1424. Heymann enfatiza, com razão, o ineditismo do levante hussita, mas comete um anacronismo ao alegar que foi o primeiro elo da grande corrente de revoluções modernas, precursor das revoluções holandesa, inglesa, americana e inglesa, p.477-9. Claramente, tal evento pertence a outra série histórica. Macek, *The Hussite Movement in Bohemia* é uma exploração muito mais completa da composição de classe das forças contendoras, mas, em essência, apenas resume os trabalhos mais extensos e acadêmicos do autor em tcheco.

6 "Neste tempo, nenhum rei reinará e nenhum senhor mandará sobre a terra, não haverá servidão, todas as taxas e juros irão cessar e nenhum homem forçará outro a fazer nada, porque todos serão iguais, irmãos e irmãs." Artigos Taboristas de 1420 In: Macek, *The Hussite Movement in Bohemia*, p.133.

szlachta; na Boêmia e na Hungria, anexada pelos Habsburgo. Nenhuma dinastia local jamais reemergiu na região.[7]

A Rússia, por sua vez, entrou em sua própria crise antes do resto do Oriente – com a desintegração do Estado de Kiev e a conquista mongol – e também foi a primeira a se recuperar. A pior fase da época de "falta de dinheiro", quando a atividade econômica encolheu tanto que a cunhagem autóctone desapareceu completamente, se encerrou na segunda metade do século XIV. Primeiro sob a liderança de Suzdal e, depois, de Moscou, ocorreu uma lenta e espasmódica reunião das terras da Rússia central, mesmo enquanto ainda vigorava o jugo tributário mongol – entretanto, não se deve exagerar seu êxito inicial, pois, por mais um século, os mongóis se provariam capazes de continuar infligindo o castigo merecido à autonomia excessiva dos russos. Moscou sofreu um saque retumbante em 1382, em retaliação à derrota mongol em Kulikovo, dois anos antes. Além disso, os mongóis, em benefício próprio, passaram a deportar artesãos para seus acampamentos asiáticos em Sarai-Batu, às margens do Mar Cáspio; calcula-se que, devido a esses assaltos, o número de cidades russas caiu pela metade e, por um período, a produção artesanal urbana quase desapareceu.[8] As incessantes guerras civis entre os Estados principescos durante o processo gradual de reunificação (mais de 90 entre 1228 e 1462) também contribuíram para a recessão agrícola e o abandono das colônias: mesmo que fosse mais ambíguo que nos outros lugares do Leste Europeu, o fenômeno das *pustoshi* – as terras vazias – ainda era muito comum nos séculos XIV e XV.[9] Para além do alcance da imigração germânica, dentro

---

7 Sobre esse padrão, ver: Betts, Society in Central and Western Europe: Its Development towards the End of the Middle Ages. In: *Essays in Czech History*, p.255-60: um dos mais importantes ensaios comparativos sobre a evolução agrícola da Europa ocidental e oriental nessa época.

8 Blum, *Lord and Peasant in Russia*, p.58-61.

9 Em sua esclarecedora introdução a Smith (Org.), *The Enserfment of the Russian Peasantry*, p.14, Hilton e Smith lançam dúvidas sobre a interpretação de Blum acerca das referências documentais às *pustoshi*, argumentando que estas podiam muito bem indicar terras à espera de derrubada ou assentamento, e não porções abandonadas. Eles se perguntam até que medida houve uma recessão econômica e demográfica na Rússia durante os séculos XIII e XIV (p.15, 26). Russell, por sua vez, calcula

do raio da tutela mongol, o desenvolvimento russo não deve ser mecanicamente alinhado ao do litoral báltico ou das planícies polonesas: ele teve seu próprio ritmo e suas próprias anomalias. Para tanto, Sarai foi, naturalmente, mais importante que Magdeburgo. Mas, ainda assim, em meio às diferenças, uma analogia mais ampla parece inquestionável.

A recessão agrícola no Oriente teve mais uma consequência, dessa vez fatal. Mais recentes e menos robustas, as cidades comerciais do Báltico, da Polônia e da Rússia foram bem menos capazes de resistir à morte súbita e à contração de seu interior do que os centros urbanos do Ocidente, maiores e mais antigos. Estes, na verdade, representavam o único setor da economia ocidental que, a despeito de todas as crises, conseguiram avançar ao longo dos séculos XIV e XV, deixando para trás os tumultos populares e as falências patrícias. De fato, o total da população urbana no oeste europeu deve ter crescido até 1450, apesar de todas as penúrias e epidemias. As cidades orientais, no entanto, estavam muito mais expostas. Por volta de 1300, as cidades hanseáticas talvez tenham se igualado aos portos italianos em volume e movimento. O valor dos negócios, porém, compostos principalmente por importações de tecidos e exportações de produtos silvestres e agrícolas (madeira, linho, cera ou peles), era muito menor;[10] desnecessário dizer que elas também não controlavam nenhum *contado* rural. Além disso, essas cidades agora enfrentavam uma intensa competição marítima da Holanda; navios holandeses começaram a navegar pelo estreito no século XIV e, ao fim do século XV, já detinham 70% do tráfico que passava por ali. Foi exatamente para encarar esse desafio que as cidades germânicas de Lübeck a Riga constituíram formalmente a Liga Hanseática, em 1367. A federação, no entanto, não as ajudou. Espremidas entre a competição holandesa no mar e a depressão agrícola em terra, as cidades hanseáticas acabaram definhando. Com seu declínio, esvaiu-se a fonte da vitalidade comercial para além do Elba.

---

um nítido declínio de 25% na população entre 1340 e 1450, de 8 milhões para 6 milhões, algo equivalente às perdas na Itália do mesmo período; e isso seria, necessariamente, um recuo mais grave, pois o crescimento populacional russo já fora "notavelmente baixo" na época anterior. *Population in Europe 500-1500*, p.19, 21.

10 Pirenne, *Economic and Social History of Mediaeval Europe*, p.148-52.

Fundamentalmente, foi essa fraqueza das cidades que permitiu aos nobres adotar para a crise uma solução que lhes era estruturalmente vetada no Ocidente: uma reação senhorial que aos poucos destruiu todos os direitos camponeses e reduziu sistematicamente os rendeiros à condição de servos, os quais tinham de trabalhar nos vastos domínios senhoriais. A razão econômica dessa situação — diametralmente oposta à que por fim vigorou no Ocidente — se baseava na relação entre terra e trabalho no Oriente. Embora menos severo em termos absolutos, o colapso demográfico do Leste Europeu deu ainda mais força àquilo que, de qualquer maneira, já era uma escassez endêmica de mão de obra. Por conta dos vastos espaços não povoados da Europa oriental, a fuga de camponeses era um perigo sério para os senhores, uma vez que a terra continuava muito abundante. Ao mesmo tempo, havia poucas oportunidades para adotar formas agrícolas menos intensivas, como a indústria de lã, que viera em auxílio dos senhores pressionados na Inglaterra e em Castela: o cultivo arado e a cultura de cereais continuavam sendo as vias de produção mais óbvias no ambiente oriental, mesmo antes do grande comércio de exportação. Assim, a própria proporção terra/trabalho solicitava à classe nobre as restrições severas à mobilidade camponesa e a constituição de grandes herdades senhoriais.[11] Mas a lucratividade econômica de tal caminho não foi compatível com sua possibilidade social. A mera existência de municipalidades independentes e de seu poder de atração, mesmo que de forma reduzida, já era um obstáculo manifesto à imposição coercitiva de uma servidão generalizada ao campesinato: já vimos que foi precisamente a "interposição" objetiva das cidades na estrutura geral de classe o que bloqueou a intensificação final dos laços servis como resposta à crise no Ocidente. A precondição para a conversão regressiva e impiedosa dos campos do Oriente foi, portanto, a aniquilação da autonomia e da vitalidade das cidades. A classe nobre sabia muito bem que não conseguiria esmagar os camponeses antes de eliminar ou subjugar as cidades. Agora ela perseguia essa meta,

---

11 Essa proposição fundamental foi sugerida por Dobb, *Studies in the Development of Capitalism*, p.53-60, e, mais recentemente, desenvolvida por Hilton e Smith, *The Enserfment of the Russian Peasantry*, p.1-27.

implacavelmente. As cidades da Livônia resistiram de modo ativo à introdução da servidão; as cidades de Brandemburgo e da Pomerânia, sempre mais sujeitas às pressões baroniais e principescas, não. Mas, de todo modo, tanto umas quanto as outras sofreram derrotas em sua luta contra os adversários senhoriais no curso do século XV. Significativamente, a Prússia e a Boêmia — onde as cidades sempre tiveram mais força — foram as únicas zonas do Oriente a testemunhar verdadeiros levantes camponeses e feroz resistência social à classe nobre nessa época. Mesmo assim, ao final da Guerra dos Treze Anos, todas as cidades prussianas, exceto Königsberg, acabaram arruinadas ou anexadas pela Polônia — Königsberg se opôs à servidão desde o início, mas não conseguiu detê-la. A última derrota dos hussitas, em cujos exércitos camponeses pobres e artesãos haviam marchado lado a lado, selou o destino das cidades autônomas na Boêmia: cerca de cinquenta famílias magnatas monopolizaram o poder político no final do século XV e, de 1487 em diante, lançaram um ataque implacável contra os centros urbanos enfraquecidos.[12]

Na Rússia, ainda que as cidades comerciais de Novgorod e Pskov nunca houvessem possuído uma estrutura municipal comparável às das cidades europeias, pois eram totalmente dominadas por boiardos e não proporcionavam nenhuma garantia de liberdade pessoal dentro de seus limites, a concentração de poder nobre em Suzdal e Moscou tratou da questão com o mesmo espírito. Ivan III acabou com a independência de Novgorod em 1478; a nata de seus boiardos e comerciantes foi deportada, suas propriedades confiscadas e redistribuídas e o *namestinik*, um governador régio, passou a comandar a cidade, em nome do czar.[13] Pouco depois, Basílio III subjugou Pskov. As novas cidades que surgiram na Rússia central eram núcleos militares e administrativos, desde o início sob o controle de príncipes. Mas foi a pequena nobreza polonesa que adotou as políticas mais sistematicamente antiurbanas de todas. Na Polônia, a classe nobre cortou os entrepostos locais para negociar diretamente com os mercadores estrangeiros, fixou tetos de preço para os produtos urbanos, apropriou-se

---

12 Dvornik, *The Slavs in European History and Civilization*, p.333.
13 Sobre esse episódio, ver: Vernadsky, *Russia at the Dawn of the Modern Age*, p.54-63.

das manufaturas, elaborou direitos para si mesma (cervejarias), proibiu a propriedade da terra aos citadinos e, é claro, impediu qualquer tipo de recepção aos camponeses fugidos nas cidades: todas essas medidas minaram a própria existência de uma economia urbana. O resultado inevitável desse processo foi uma desidratação lenta e generalizada da vida citadina em todo o Leste Europeu que se repetia de país em país. A oportuna aliança do patriciado urbano germânico com os senhores feudais tchecos, contra os hussitas, limitou esse processo na Boêmia – e também na Rússia, onde as cidades jamais haviam desfrutado das liberdades dos portos hanseáticos e, portanto, não representavam grande ameaça ao poder senhorial: Praga e Moscou sobreviveram com as maiores populações da região. Por outro lado, nas terras de colonização germânica em Brandemburgo, na Pomerânia e no Báltico, a desurbanização foi tão completa que, em 1564, Berlim, a maior cidade de Brandemburgo, contava com o número deplorável de 1.300 casas.

Foi essa derrota histórica das cidades que abriu caminho para a imposição da servidão no Oriente. Os mecanismos da reação senhorial foram gestados por muito tempo e, mais tarde, codificados na maioria das áreas, depois que mudanças substantivas já tinham se operado na prática. Mas o padrão geral era o mesmo em toda parte. Ao longo dos séculos XV e XVI, os camponeses da Polônia, da Prússia, da Rússia, de Brandemburgo, da Boêmia e da Lituânia aos poucos foram perdendo sua mobilidade; as fugas eram recebidas com punições; as dívidas serviam para prendê-los à terra; as obrigações ficaram mais severas.[14] Pela primeira vez na história,

---

14 Para um panorama sobre todo esse processo, ver o artigo de Blum, The Rise of Serfdom in Eastern Europe, *American Historical Review*, jul. 1957 – um ensaio pioneiro, por mais reservas que seu esquema explicativo possa inspirar. Blum propõe quatro razões básicas para a servidão definitiva do campesinato no Leste Europeu: o aumento do poder político da nobreza, o crescimento das jurisdições senhoriais, o impacto do mercado exportador e o declínio das cidades. As duas primeiras apenas descrevem o fenômeno da servidão, não o explicam. A terceira, como veremos, é empiricamente implausível. A quarta é a única causa realmente válida, embora precise ser explicada. De modo geral, faltam ao artigo de Blum profundidade temporal e amplitude comparativa suficientes para situar o fenômeno da servidão oriental de maneira mais completa. Isso só pode ser feito depois de se estabelecer

o Oriente agora testemunhava o surgimento de uma verdadeira economia senhorial. Na Prússia, em 1402, a Ordem Teutônica decretou a expulsão em tempos de colheita de todos aqueles que não tivessem residência fixa; em 1417, decretou também o retorno dos camponeses fugidos a seus senhores e, em 1420, a regulamentação de pagamentos máximos aos trabalhadores. E, então, durante a Guerra dos Treze Anos, a Ordem alienou indiscriminadamente terras e jurisdições aos mercenários que contratara para lutar contra os polanos e a União. Como resultado, um território antes dominado por pequenos produtores que pagavam obrigações em espécie a uma burocracia militar (que, por sua vez, se apropriava e comercializava tais produtos) agora assistia a transferências de terra em larga escala para uma nova nobreza e à consolidação de vastas herdades e jurisdições senhoriais. Por volta de 1494, os donos de terra prussianos já haviam conquistado o direito de enforcar fugidos, sem julgamento. Por fim, já debilitada, a Ordem se dissolveu no começo do século XVI – em meio à supressão de rebeliões camponesas e à secularização de propriedades eclesiásticas – e seus cavaleiros remanescentes se fundiram à aristocracia local para formar uma mesma classe *junker*, que daí em diante dominou um campesinato privado de seus direitos comuns e irreversivelmente preso à terra. Na Rússia, o ataque aos pobres do campo também se ligou a um rearranjo da classe feudal. A ascensão da *pomest'e* – ou herdade em troca de serviços – em detrimento do patrimônio alodial, ou *votchina*, sob os auspícios e interesses do Estado moscovita, produziu um novo estrato de proprietários impiedosos, a partir do final do século XV; aqui, houve então uma diminuição temporária no tamanho médio das propriedades feudais, combinada a uma intensificação das exações sobre o campesinato. As obrigações e serviços foram aumentando, enquanto os *pomeshchiki* reclamavam contra os padrões de mobilidade camponesa. Em 1497, o código administrativo de Ivan III aboliu formalmente o direito dos camponeses sem dívidas deixarem as herdades por vontade própria e restringiu suas saídas

---

adequadamente a diferenciação histórica na formação das duas zonas europeias. No entanto, as deficiências a esse respeito não comprometem os méritos notáveis do artigo de Blum, que continua sendo um marco na discussão do problema.

a uma semana antes ou depois do Dia de São Jorge. No século seguinte, sob o sucessor, Ivan IV, as saídas foram sendo cada vez mais proibidas, de início, a pretexto de "emergências nacionais" temporárias, por causa das catástrofes das Guerras da Livônia; depois, com o passar do tempo, elas se tornaram normais e absolutas.

Na Boêmia, a redistribuição de terra depois dos levantes hussitas – acarretando a desapropriação de uma Igreja que até então possuíra um terço da superfície cultivada do país – produziu enormes latifúndios nobres e, ao mesmo tempo, a busca por mão de obra estável e dependente para cultivá-los. As guerras tinham causado grande despovoamento e escassez de mão de obra. Em consequência, houve uma tendência imediata de restrições coercitivas sobre o movimento camponês. Em 1437, três anos depois da derrota de Procópio em Lipan, o Tribunal da Terra emitiu uma ordem sobre a perseguição a fugitivos; em 1453, o *Snem* reforçou o mesmo princípio; a adscrição formal e legal foi então decretada por um Estatuto de 1497 e pela Lei de Terra de 1500.[15] No século seguinte, as obrigações em serviços se intensificaram e o desenvolvimento típico da pesca e da produção de cerveja nas herdades tchecas acrescentou maiores lucros às rendas senhoriais.[16] Mas a sobrevivência de um respeitável enclave urbano na economia pareceu limitar o grau de exploração rural (aqui as obrigações em serviços eram mais leves que nos outros lugares). Em Brandemburgo, a proscrição da migração sazonal pela Polônia, em 1496, agravou seriamente os problemas de mão de obra dos donos de terra germânicos e ajudou a precipitar a exploração das pequenas propriedades camponesas e a integração compulsória da força de trabalho rural aos domínios senhoriais, o que seria a característica mais marcante do próximo século.[17] Na Polônia, a reação senhorial foi ainda mais longe. Ali, a pequena

---

15 Betts, Social and Constitutional Development in Bohemia in the Hussite Period, *Past and Present*, n.7, abr. 1955, p.49-51.
16 Klima; Macurek, La question de la transition du féodalisme au capitalisme en Europe centrale (16e-18e siècles), *10th International Congress of Historical Sciences*, Uppsala, 1960, p.100.
17 Rosenberg, The Rise of the Junkers in Brandenburg-Prussia 1410-1653, *American Historical Review*, v.XLIX, out. 1943 e jan. 1944, p.231.

nobreza extorquira direitos jurisdicionais especiais da monarquia, em troca das doações em dinheiro necessárias para a vitória nas guerras contra a Ordem Teutônica. A reação da classe proprietária à falta de mão de obra da época foi o estabelecimento dos Estatutos de Piotrkow, que, pela primeira vez, ataram formalmente os camponeses à terra e proibiram as cidades de recebê-los. No século XV, ocorreu um rápido crescimento dos *folwarky*, ou domínios feudais, que se desenvolveram com particular densidade ao longo das rotas ribeirinhas para o Báltico. Houve, portanto, um impulso jurídico generalizado rumo à servidão em todo o Leste Europeu nessa época. Na verdade, a legislação dos séculos XV e XVI não impôs a servidão aos camponeses orientais de uma só vez. Em todos os países, houve um intervalo considerável entre os códigos legais que baniam a mobilidade rural e as realidades sociais no campo; isso valeu para a Rússia, a Boêmia e a Polônia.[18] Muitas vezes, os instrumentos para forçar a servidão de gleba ainda eram falhos, e as fugas da aldeia continuaram mesmo depois de decretadas as medidas mais repressivas – às vezes, com a conivência ilícita dos grandes magnatas, ansiosos por atrair a mão de obra dos proprietários menores. Ainda não existia na Europa oriental a engrenagem política necessária para uma servidão completa e rigorosa. Mas já fora dado o passo decisivo: as novas leis anteciparam a futura economia do Oriente. A partir de então, a condição do campesinato iria afundar, inexoravelmente.

A firme degradação do campesinato no século XVI coincidiu com a disseminação da agricultura exportadora, quando os mercados ocidentais passaram a ser cada vez mais abastecidos pelos cereais das herdades senhoriais do Oriente. A partir de 1450, com a recuperação econômica do Ocidente, as exportações de grãos pela primeira vez ultrapassaram a de madeira ao longo do Vístula. Com certa frequência, alega-se que o mercado de grãos foi o motivo fundamental de toda a "segunda servidão" no

---

18 Comparar observações muito similares em Hellie, *Enserfment and Military Change in Muscovy*, p.92; Wright, *Serf, Seigneur and Sovereign – Agrarian Reform in Eighteenth Century Bohemia*, p.8-10; Malowist, Le commerce de la Baltique et le problème des luttes sociales en Pologne aux XIVe et XVe siècles, *La Pologne au Xe Congrès International des Sciences Historiques*, p.133-9.

Leste Europeu.[19] Mas as evidências documentais não parecem assegurar essa conclusão. A Rússia, que não exportava trigo até o século XIX, vivenciou uma reação senhorial nas mesmas dimensões que a Polônia ou o leste da Germânia, regiões que tiveram um comércio florescente a partir do século XVI. Além disso, dentro da zona exportadora em si, o impulso para a servidão foi anterior à decolagem do mercado de grãos, que ocorreu só depois da alta dos preços dos cereais e da expansão do consumo ocidental, com o *boom* geral do século XVI. É claro que, já no século XIII, a Pomerânia ou a Polônia não desconheciam o *Gutsherrschaft* especializado na exportação de centeio: mas ele nunca fora um padrão estatisticamente dominante – e continuaria não sendo por mais dois séculos. O verdadeiro apogeu da agricultura de exportação do Oriente, feito de herdades senhoriais às vezes abusivamente chamadas de "firmas comerciais de plantação", foi no século XVI. A Polônia, principal país produtor da região, exportou cerca de 20 mil toneladas de centeio por ano no início do século XVI. Cem anos depois, essa quantia aumentou oito vezes, chegando a 170 mil toneladas em 1618.[20] O número anual de navios passando pelo estreito subiu de 1.300 para 5 mil no mesmo período.[21] Os preços dos cereais em Danzig, o maior porto para o comércio desses produtos, se mantiveram constantes, entre 30 e 50% acima dos praticados nos centros interiores de Praga, Viena e Liubliana, indicando o arranque comercial do mercado de exportação; embora o nível geral dos preços de grãos orientais ainda estivesse pela metade do nível do Ocidente ao final do século XVI.[22] Mas não se deve exagerar o papel do comércio do Báltico na economia cereal do Leste Europeu. Na verdade, mesmo na Polônia – o maior país envolvido – as exportações de grãos somaram, em seu auge, apenas uns 10 ou 15%

---

19 Ver, por exemplo, Postan, *Eastern and Western Europe in the Middle Ages*, p.170-4; Van Bath, *The Agrarian History of Western Europe*, p.156-7; Tymieniecki, Le servage en Pologne et dans les pays limitrophes au Moyen Age, *La Pologne au Xe Congrès International des Sciences Historiques*, p.26-7.
20 Kamen, *The Iron Century. Social Change in Europe 1550-1660*, p.221
21 Parry, Transport and Trade Routes. In: *Cambridge Economic History of Europe, The Economy of Expanding Europe in the Sixteenth and Seventeenth Centuries* (v.4), p.170.
22 Maddalena, *Rural Europe 1500-1750*, p.42-3; Kamen, *The Iron Century*, p.212-3.

do total; em boa parte do século XVI, essas proporções foram ainda mais baixas.[23]

Não se pode subestimar o impacto do comércio exportador sobre as relações sociais de produção, mas este parece ter assumido, caracteristicamente, a forma de um *aumento de grau*, e não uma *inovação de tipo* na exploração feudal. É significativo que as obrigações em serviços – índice transparente do nível de extração de excedente ao campesinato – tenham saltado de maneira bastante considerável nos séculos XV e XVI, tanto em Brandemburgo quanto na Polônia.[24] Ao final do século XVI, tais obrigações tomavam até três dias por semana em Mecklemburgo, enquanto, na Polônia, por vezes se extorquiam nada menos que seis dias da semana aos aldeões depauperados, quase sempre privados de lotes próprios. Junto com a intensificação do grau de exploração, o advento da exportação agrícola em larga escala também acarretou, inevitavelmente, a tomada das terras camponesas e uma expansão geral da superfície arável. De 1575 a 1624, os domínios senhoriais cresceram 50% no Marco Central.[25] Na Polônia, a proporção entre reserva senhorial e cultivo camponês nas herdades da nobreza subiu a níveis praticamente desconhecidos no Ocidente medieval: entre 1500 e 1580, a média girava em torno de 2:3 e 4:5, uma dependência cada vez maior do trabalho contratado.[26] O *rolniki*, estrato de camponeses prósperos, desaparecera então de toda parte.

---

23 Kula, *Théorie économique du système féodal*, p.65-7. Ver também Wyczanski, Tentative Estimates of Polish Rye Trade in the Sixteenth Century, *Acta Poloniae Historica*, IV, 1961, p.126-7. Originalmente, a estimativa que Kula utiliza foi calculada sobre a Polônia anterior à partição do século XVIII, mas seu trabalho sugere que ela serve como uma média para todo o período entre os séculos XVI e XVIII. O índice de comercialização de toda colheita talvez estivesse entre 35 e 40% da produção líquida. A parte da exportação no *mercado* total de grãos teria, portanto, algo entre 25 a 40%, o que, como observa Kula, era bastante considerável.

24 Blum, The Rise of Serfdom in Eastern Europe, op. cit., p.830.

25 Kamen, *The Iron Century*, p.47.

26 Maczak, The Social Distribution of Landed Property in Poland from the 16th to the 18th Century, *Third International Conference of Economic History*, Paris, 1968, p.469; Wyczanski, En Pologne. L'économie du domaine nobiliaire moyen (1500-1580), *Annales ESC*, jan.-fev. 1963, p.84.

Ao mesmo tempo, o comércio de cereais no Báltico acelerou as propensões antiurbanas dos donos de terra, é claro. Pois o fluxo de exportação os liberou da dependência das cidades locais: agora eles tinham acesso a um mercado que lhes assegurava rendas estáveis em dinheiro e pronto suprimento de bens manufaturados, sem as inconveniências das cidades politicamente autônomas às suas portas. Eles só precisariam, então, garantir que as vendas diretas entre mercadores estrangeiros e proprietários locais passassem ao largo das cidades existentes. E foi isso o que fizeram. Os navios de carga holandeses logo dominaram todo o transporte de centeio. O resultado final foi um sistema agrário que deu origem a unidades de produção que, em certas regiões, eram muito maiores que os domínios feudais do Ocidente, os quais sempre tenderam a fragmentar suas bordas em lotes arrendados: os inesperados lucros da exportação no século da revolução dos preços no Ocidente podiam sustentar outra escala de custos de supervisão e organização na produção senhorial. O centro do complexo produtivo se deslocou do pequeno produtor para o empreendedor feudal.[27] Mas não se deve confundir o aperfeiçoamento final desse sistema com a primeira resposta estrutural da nobreza oriental à recessão agrária dos séculos XIV e XV, que fora determinada por todo o equilíbrio de forças entre as classes e pelo desenlace de uma violenta luta social dentro das formações sociais do Leste Europeu.

Ainda assim, a agricultura senhorial que se consolidou na Europa oriental durante o início da Era Moderna foi, sob certos aspectos cruciais, muito distinta daquela da Europa ocidental no começo da Era Medieval. Acima de tudo, como sistema agrário, ela provou ter muito menos produtividade e dinamismo econômico – consequência fatal de sua maior opressão social sobre as massas rurais. O principal progresso que ela registrou

---

27 Skazkin, *Osnovnye Problemi tak Nazyvaemovo 'Vtorovo Izdanii Krepostnichestva' v Srednei i Vostochnoi Evrope*, *Voprosy Istorii*, fev.1958, p.103-4 – um ensaio astuto e escrupuloso. Por causa da massa de pequenos nobres, o tamanho médio da herdade polonesa não era muito grande – cerca de 130 hectares no século XVI. Mas a escala das propriedades magnatas, concentrada nas mãos de umas poucas famílias aristocráticas, era enorme – às vezes centenas de milhares de hectares e um número de servos equivalente.

ao longo de três ou quatro séculos de existência foi apenas extensivo. Do século XVI em diante, as aberturas de terras ficaram mais lentas e irregulares na maior parte do Leste Europeu – o equivalente das incorporações do Ocidente medieval. Esse processo foi bastante atrasado pelo problema, específico da região, das estepes pônticas que avançavam sobre a Europa oriental, notório *habitat* dos tártaros predadores e dos cossacos errantes. A penetração polonesa na Volínia e na Podólia, na passagem do século XVI para o XVII, provavelmente foi a expansão agrária mais proveitosa da época. A conquista final dos russos sobre as imensidões mais a leste, com a colonização agrícola da Ucrânia, só foi alcançada no final do século XVIII.[28] Os assentamentos austríacos do mesmo período puseram vastas áreas da Transilvânia e do Banato sob o arado, pela primeira vez. O cultivo arado não chegou a tocar a maior parte da *puszta* húngara até meados do século XIX.[29] O plantio no sul da Rússia acabou representando a maior incorporação quantitativa na história do continente, e a Ucrânia viria a ser o celeiro da Europa na Era da Revolução Industrial. Assim, a disseminação extensiva da agricultura feudal pelo Oriente, embora bastante gradual, terminou por se impor. Mas jamais se fez acompanhar por qualquer ganho intensivo na organização ou na produtividade. A economia rural continuou atrasada em termos tecnológicos, sem nunca gerar nenhuma inovação significante como as que marcaram o Ocidente medieval, muitas vezes revelando uma prolongada resistência a adotar mesmo os mais primitivos avanços ocidentais. Assim, a *podseka* bruta seguiu predominando na Moscóvia até o século XV; e o sistema de três campos só se introduziu nos anos 1460.[30] Arados de ferro com aivecas permaneceram praticamente desconhecidos nas regiões intocadas pela colonização germânica; o arado simples, ou *soka* – de madeira – era ferramenta comum no campesinato russo ainda no século XX. Em meio à constante falta de forragem, não se desenvolveu nenhuma cultura nova antes da importação de milho

---

28 Sobre a importância dessa colonização derradeira, ver as observações de McNeill, *Europe's Steppe Frontier 1500-1800*, p.192-200.
29 Hollander, The Great Hungarian Plain, op. cit., p.155-61.
30 Sakharov, O Dialektike Istoricheskovo Razvitiya Russkovo Krest'yantsva, *Voprosy Istorii*, 1970, n.1, p.21; Hellie, *Enserfment and Military Change in Muscovy*, p.85.

dos Bálcãs, na época do Iluminismo. Como consequência, a produtividade da agricultura feudal do Leste Europeu foi, em geral, miseravelmente baixa. A produção de cereais na região ainda apresentava proporções de 4:1 em pleno século XIX – em outras palavras, níveis que a Europa ocidental alcançara no século XIII e superara no XVI.[31]

Tal era a dimensão do atraso do Leste Europeu. A causa fundamental desse desempenho primitivo dentro dos padrões interfeudais se encontrava na natureza da servidão oriental. As relações rurais de produção jamais permitiram a mesma margem de produtividade e autonomia camponesas que existira no Ocidente: a concentração uniforme do senhorio econômico, jurídico e pessoal que caracterizava o Leste Europeu a impedia. O resultado, muitas vezes, foi uma proporção entre reserva senhorial e cultivo camponês muito distinta de tudo o que ocorrera no lado oeste; a *szlachta* polonesa alcançou sistematicamente índices duas ou três vezes maiores do que no Ocidente medieval, levando a extensão de seus *folwarky* até os limites da exaustão rural. As obrigações em serviços também chegaram a níveis desconhecidos na Europa ocidental – em princípio "ilimitadas" na Hungria e, na prática, exercidas até cinco ou seis vezes por semana na Polônia.[32] O efeito mais impressionante dessa superexploração senhorial foi inverter todo o padrão de produtividade que a agricultura feudal apresentara até então. Enquanto, no Ocidente, a produção sempre era maior nos domínios do senhor que nos lotes dos camponeses, no Oriente os lotes camponeses com alguma frequência alcançavam índices de produtividade mais altos que os das reservas aristocráticas. Na Hungria do século XVII, as produções camponesas às vezes eram o dobro

---

31 Ver a análise em Van Bath, The Yields of Different Crops (Mainly Cereals) in Relation to the Seed c. 810-1820, *Acta Historiae Neerlandica*, II, 1967, p.35-48 ss. Van Bath classifica a produção de trigo em quatro níveis históricos de produtividade: o estágio A registra produções médias até 3:1; o estágio B, de 3:1 a 6:1; o estágio C, de 6:1 a 9:1; e o estágio D, acima de 9:1. A transição de B para C ocorreu antes do ano 1500 na maior parte da Europa ocidental; ao passo que a maioria do Leste Europeu ainda estava no estágio B durante a década de 1820.

32 Pach, *Die ungarische Agrarentwicklung im 16-17 Jahrhundert – Abbiegung von Westeuropäischen Entwicklungsgang*, p.56-8; Leslie, *The Polish Question*, p.4.

das senhoriais.³³ Na Polônia, as reservas dos senhores – que haviam dobrado de tamanho ao açambarcar outras propriedades – só conseguiram aumentar seus rendimentos em pouco mais de um terço, tão acentuada foi a queda na produção depois que os servos se viram pressionados daquela maneira.³⁴ Os limites do feudalismo oriental – que comprimiam e determinavam todo o seu desenvolvimento histórico – foram os de sua organização social do trabalho: as forças rurais de produção continuaram confinadas a limites relativamente estreitos por causa do tipo e do grau de exploração sobre o produtor direto.

Em uma frase famosa, Engels se referiu à reação senhorial no Leste Europeu do fim da Idade Média como uma "segunda servidão".³⁵ É necessário esclarecer a ambiguidade dessa formulação, para que possamos, por fim, colocar a trajetória do feudalismo oriental em seu contexto histórico completo. Se tal formulação implica afirmar que a servidão era uma espécie de morto-vivo no Leste Europeu, que chegava para assombrar os pobres pela segunda vez, o termo está simplesmente incorreto. Como vimos, a servidão propriamente dita jamais existira no Oriente. Por outro lado, caso pretenda dizer que a Europa conheceu duas ondas separadas de servidão, a primeira no Oeste (do século IX ao XIV) e, depois, uma outra no Leste (do século XV ao XVIII), então é uma fórmula que se encaixa no desenvolvimento histórico real do continente. Com isso, podemos *inverter* o ângulo de visão a partir do qual normalmente se vê a servidão oriental. Pela convenção, os historiadores a apresentam como um notável regresso das liberdades que existiam no Oriente antes da reação senhorial. Mas a verdade é que essas liberdades foram uma *interrupção* em um lento processo nativo de feudalização servil no Leste Europeu; pois o que Bloch chamou de "aumento dos laços de dependência" já estava a caminho quando a expansão ocidental para além do Elba e a transmigração russa para o Oka e o

---

33 Kamen, *The Iron Century*, p.223.
34 Maddalena, *Rural Europe 1500-1750*, p.41.
35 Marx; Engels, *Selected Correspondence*, p.355. Aqui, Engels faz alusão a seu ensaio sobre a *Marca*, no qual ele se inclina, claramente, para a primeira interpretação da frase ao incluir, de maneira equivocada, toda a Alemanha no processo descrito. (*Werke*, XIX, p.317-30).

Volga de repente o detiveram, por um tempo. Assim, em uma perspectiva mais longa, pode-se ver a reação senhorial no Oriente do século XIV em diante como a *retomada* de uma jornada autóctone rumo a um feudalismo articulado que fora bloqueada e desviada externamente durante dois ou três séculos. Essa jornada recomeçou mais tarde, muito mais lenta e hesitante que no Ocidente: sobretudo porque, como vimos, não havia uma "síntese" original por trás. Mas, o desenrolar dessa marcha pareceu apontar, enfim, para uma ordem social não muito diferente daquela que existira nas regiões menos urbanizadas e mais atrasadas do Ocidente medieval. A partir do século XII, porém, já não foi possível nenhuma evolução puramente endógena. O destino do Oriente se viu alterado pela intrusão do Ocidente, de maneira inicial e paradoxal, rumo a uma maior emancipação do campesinato e, logo depois, ao calvário comum de uma longa recessão. Por fim, o retorno nativo à senhorialização foi determinado e marcado por toda a história que se impôs, de modo que, daí em diante, só pôde ser irreversivelmente distinto do que poderia ter sido se houvesse se desenvolvido em relativo isolamento. Ainda assim, a distância básica entre Oriente e Ocidente continuou a mesma. A história do Leste Europeu esteve, desde o princípio, imersa em uma temporalidade distinta do desenvolvimento da Europa ocidental. Ela "começou" muito mais tarde e, então, mesmo depois dessa intersecção com a história do Ocidente, pôde retomar uma evolução anterior, rumo a uma ordem econômica que já tinha sido vivida e abandonada nos outros lugares do continente. A coexistência cronológica de zonas opostas na Europa e sua crescente interpenetração geográfica criam a ilusão de uma simples contemporaneidade entre elas. Mas, na verdade, o Oriente ainda tinha de passar por todo um ciclo histórico de desenvolvimento servil, bem no momento em que o Ocidente estava saindo dele. No fim, essa é a mais profunda razão pela qual as consequências econômicas da crise geral do feudalismo europeu seriam diametralmente opostas nas duas regiões: comutação das obrigações e definhamento da servidão no Ocidente, reação senhorial e implantação da servidão no Oriente.

5
Ao sul do Danúbio

Ainda resta discutir outra sub-região, cuja evolução histórica a separou do resto da Europa oriental. Talvez se possa dizer que os Bálcãs representem uma zona tipologicamente análoga à Escandinávia, em sua relação diagonal com a grande linha divisória que atravessa o continente. Existe, aliás, uma curiosa simetria inversa entre os respectivos destinos do nordeste e do sudeste da Europa. Já vimos que a Escandinávia foi uma das únicas grandes regiões da Europa ocidental que jamais se integrou ao Império Romano e, portanto, nunca participou da "síntese" original entre o modo de produção escravista em dissolução no final da Antiguidade e os modos de produção primitivo-comunais em ruptura das tribos germânicas que invadiram o Ocidente latino. Ainda assim, por razões já examinadas, o Extremo Norte acabou entrando na órbita do feudalismo ocidental, mesmo que preservando as formas duráveis de seu distanciamento inicial em relação à matriz comum "ocidental". Pode-se traçar um processo inverso no Extremo Sul da Europa oriental. Pois, se a Escandinávia acabara por produzir uma variante ocidental do feudalismo *sem* os benefícios da herança urbana e imperial da Antiguidade, os Bálcãs fracassaram em desenvolver uma variante oriental do feudalismo *apesar* da prolongada presença metropolitana do Estado sucessor de Roma na região. Bizâncio manteve um império burocrático centralizado no sudeste da Europa, com grandes cidades, troca de mercadorias e escravidão, por setecentos anos depois da Batalha de Adrianópolis.

Naqueles tempos, ocorreram nos Bálcãs sucessivas invasões bárbaras, conflitos de fronteira e deslocamentos territoriais. Mas, mesmo assim, a fusão final dos dois mundos que aconteceu no Ocidente jamais se deu nessa região da Europa. Longe de acelerar a emergência de um feudalismo desenvolvido, o legado bizantino na verdade pareceu atrasá-lo: toda a área da Europa oriental ao sul do Danúbio, apesar de seu ponto de partida aparentemente mais avançado, ficou econômica, política e culturalmente atrás das vastas terras vazias mais ao norte, onde não houvera quase nenhuma experiência de civilização urbana ou formação de Estado. Todo o centro de gravidade do Leste Europeu veio a se situar nas planícies setentrionais; tanto que o longo período de domínio otomano sobre os Bálcãs levaria muitos historiadores a tacitamente excluir a área da Europa ou, pelo menos, reduzi-la a uma vaga fronteira. No entanto, o demorado processo social que por fim terminou com a conquista turca é de grande interesse intrínseco para o "laboratório das formas" que a história da Europa proporciona, justamente por causa de seu desfecho anômalo: estagnação e regressão secular. A particularidade da zona balcânica coloca duas perguntas: qual era a natureza do Estado bizantino que por tanto tempo sobreviveu ao Império Romano? Por que jamais ocorreu nenhuma síntese feudal duradoura, do tipo ocidental, no choque entre tal Estado e os bárbaros eslavos e turanianos que devastaram a península a partir do final do século IV e que depois ali se assentaram?

A queda do Império Romano no Ocidente foi, fundamentalmente, determinada pela dinâmica do modo de produção escravista e suas contradições, uma vez interrompida a expansão imperial. A razão essencial que fez desmoronar o Império Ocidental, e não o Oriental, foi que, ali, a agricultura escravista intensiva encontrara seu *habitat* natural, com as conquistas romanas na Itália, na Espanha e na Gália. Pois nesses territórios não havia nenhuma civilização madura anterior para resistir ou modificar a nova instituição latina do latifúndio escravista. Assim, foi sempre nas províncias ocidentais que a impiedosa lógica do modo de produção escravista alcançou sua expressão mais completa e fatal, acabando por enfraquecer e derrubar todo o edifício imperial. No Mediterrâneo oriental, por outro lado, a ocupação romana nunca se sobrepôs a tamanha *tabula rasa*. Ao contrário, ali os romanos encontraram um ambiente marítimo e costeiro que a grande onda da expansão grega já povoara com cidades comerciais na época helênica. Essa colonização grega anterior estabelecera a ecologia social básica do Oriente, tanto quanto a colonização romana viria estabelecer a do Ocidente. As duas características primordiais desse padrão helênico – como vimos – foram a relativa densidade das cidades e a relativa modéstia das propriedades rurais. A civilização grega desenvolvera a escravidão agrária, mas não sua organização extensiva em um sistema de latifúndios; no mesmo passo, seu crescimento urbano e comercial fora mais espontâneo e policêntrico que o de Roma. Para além dessa divergência original, o comércio, de todo modo, foi inevitavelmente mais intenso ao longo das fronteiras do Império Persa e do Mar Vermelho que nos confins do Atlântico, depois da unificação romana do Mediterrâneo. Como resultado, a instituição romana da grande propriedade escravista jamais se enraizou nas províncias orientais na mesma medida das ocidentais: sua introdução sempre foi atenuada pelo persistente padrão urbano e rural do mundo helênico, no qual a pequena propriedade camponesa nunca se vira tão brutalmente enfraquecida quanto na Itália pós-púnica e no qual a vitalidade municipal tinha uma tradição mais antiga e mais nativa. O Egito, celeiro do Mediterrâneo oriental, contava com donos de colossais contingentes de escravos: mas, ainda assim, continuava predominantemente uma região de pequenos proprietários. Então, quando a crise chegou para todo o modo de produção escravista e sua estrutura imperial, os efeitos foram muito mais brandos no Oriente, justamente porque a escravidão ali sempre fora mais limitada. Por consequência, a solidez interna da formação social das províncias orientais não se abalou muito com o declínio estrutural do modo de produção dominante no Império. O desenvolvimento do colonato a partir do século IV foi menos nítido; o poder dos grandes donos de terra para minar e desmilitarizar o Estado imperial, menos impressionante; a prosperidade comercial das cidades, menos eclipsada.[1] Foi essa configuração interna que deu ao Oriente densidade e firmeza política para resistir às invasões bárbaras que derrubaram o Ocidente.

---

[1] Ver anteriormente, p.109-13.

Mas, na verdade, essas vantagens estratégicas, tantas vezes citadas para explicar sua sobrevivência nos tempos de Átila e Alarico, eram bastante precárias. Graças às suas defesas marítimas, Bizâncio era muito mais bem fortificada que Roma: mas também estava muito mais perto do alcance dos ataques bárbaros. Os hunos e visigodos começaram suas incursões pela Mésia, não pela Gália ou pela Nórica, e a primeira derrota acachapante da cavalaria imperial foi na Trácia. O godo Gainas galgou no comando militar oriental um posto tão proeminente e perigoso quanto o do vândalo Estilicão no exército ocidental. Não foi a geografia que determinou a sobrevivência do Império Bizantino, mas uma estrutura social que se provou capaz de repelir ou assimilar com êxito os inimigos externos – ao contrário do que ocorreu no Ocidente.

O teste decisivo para o Império Oriental chegou na virada do século VII, quando ele estava quase destruído por três grandes assaltos vindos de diferentes pontos cardeais, cuja concatenação representou uma ameaça muito mais espantosa que qualquer outra já enfrentada pelo Império Ocidental: as invasões de ávaros e eslavos nos Bálcãs, o ataque persa à Anatólia e, por fim, a definitiva conquista árabe do Egito e da Síria. Bizâncio suportou esse tríplice calvário por meio de uma galvanização social cuja exata extensão e natureza ainda estão em disputa.[2] É claro que a aristocracia provincial deve ter sofrido muito com as guerras e ocupações desastrosas do período e que o padrão vigente de propriedades médias e grandes provavelmente se rompeu e desorganizou: isso pode ter se dado especialmente no reinado do usurpador Focas, produto de um motim nas fileiras do exército.[3] Também está evidente que a adscrição camponesa ao solo, implantada pelo sistema de colonato romano, foi desaparecendo pouco a

---

[2] A interpretação clássica sobre esse período se encontra em Ostrogorsky, *History of the Byzantine State*, p.92-107, 133-7; Charanis, On the Social Structure of the Later Roman Empire, *Byzantion*, XVII, 1944-5, p.39-57. Alguns aspectos importantes vêm sendo seriamente questionados nos últimos anos. Ver adiante, nota 5.

[3] Sobre o impacto das invasões, ver: Ostrogorsky, *History of the Byzantine State*, p.134. Alguns historiadores soviéticos deram ênfase ao episódio de Focas: ver, por exemplo, Suziumov, Nekotorye Problemy Istorii Vizantii, *Voprosy Istorii*, mar. 1959, n.3, p.101.

pouco de Bizâncio, deixando para trás uma grande massa de comunidades aldeãs livres, compostas por camponeses com lotes individuais e responsabilidades fiscais coletivas perante o Estado.[4] Embora um tanto incerto, é possível que, sob Heráclio, a ordem imperial tenha promovido uma divisão ainda mais radical da propriedade da terra – um sistema militar de pequenos proprietários soldados que recebiam lotes do Estado em troca de serviço de guerra nos *themata* bizantinos.[5] Em todo caso, houve uma

---

4 Stein, Paysannerie et grands domaines dans l'Empire byzantin. In: *Recueils de la Société Jean Bodin, Le Servage* (v.II), p.129-33; Lemerle, Esquisse pour une histoire agraire de Byzance: les sources et les problèmes, *Revue Historique*, 119, 1958, p.63-5.

5 Essa é a maior *vexata quaestio* dos estudos mesobizantinos. As teses de Stein e Ostrogorsky – uma ortodoxia aceita há muito tempo –, segundo as quais Heráclio, ao estabelecer o sistema *thema*, foi responsável pela reforma agrária que criou um campesinato soldadesco, agora suscitam muitas dúvidas. Lemerle as submeteu a uma crítica em três momentos, argumentando, em primeiro lugar, que não há evidências concretas de que Heráclio tenha criado o sistema de *thema* (que emergiu aos poucos, depois de seu reinado no século VII); em segundo lugar, que as "terras militares", ou *strateia*, foram um desenvolvimento tardio, para o qual não há documentação anterior ao século X; e, em terceiro lugar, que os detentores dessas terras jamais foram soldados, de modo algum, pois tinham apenas o dever fiscal de dar apoio financeiro a um cavaleiro do exército. Por seus efeitos, essa crítica acaba despojando o reinado de Heráclio de sua importância estrutural, tanto no campo agrário quanto no militar, e projetando nas instituições rurais bizantinas um grau de continuidade maior do que se supunha até agora. Ver: Lemerle, Esquisse pour une histoire agraire de byzance, *Revue Historique*, v.119, 70-4, v.120, p.43-70, e Quelques remarques sur le regne d'Heraclius, *Studi Medievali*, I, 1960, p.347-61. Opiniões similares acerca do problema militar são desenvolvidas em Pertusi, La Formation des Thèmes Byzantins, *Berichte zum XI Internationalen Byzantinisten-Kongress*, Munique, 1958, p.1-40, e Kaegi, Some Reconsiderations on the Themes (Seventh-Ninth Centuries), *Jahrbuch der österreichischen byzantinischen Gesellschaft*, XVI, 1967, p.39-53. Em seu *Korreferat*, Ostrogorsky respondeu ao relatório de Pertusi de 1958, citado acima (*Berichte*, p.1-8) e, em: L'Exarchat de Ravenne et l'Origine des Thèmes Byzantins, *VII Corso di Cultura sull'Arte Ravennate e Bizantina*, Ravena, 1960, p.99-110, argumentou que a criação dos Exarcados ocidentais de Ravena e Cartago, no final do século VI, pressagiaram o estabelecimento do sistema de *thema* que ocorreu um pouco depois. Ostrogorsky recebeu certa cobertura do bizantinista soviético Kazhdan, que rejeitou o ponto de vista de Lemerle em: Eshchyo Raz ob Agrarnykh Otnosheniyakh v Vizantii IV-XI, *Vizantiiskii Vremennik*, 1959, XVI,

sensível recuperação militar, a qual desencadeou, primeiro, a derrota dos persas e, então – depois do cerco islâmico ao Egito e à Síria, cuja lealdade a Bizâncio fora minada pela heterodoxia religiosa – o recuo dos árabes até a barreira do Taurus. No século seguinte, a dinastia isauriana construiu a primeira marinha imperial permanente, capaz de garantir a superioridade marítima de Bizâncio contra as esquadras árabes, e começou a lenta reconquista do sul dos Bálcãs. Os fundamentos sociais dessa renovação política se basearam claramente na ampliação da base camponesa da autonomia das aldeias dentro do Império, fosse ou não diretamente facilitada pelo sistema de *themata*: a extrema preocupação dos imperadores seguintes em preservar as comunidades de pequenos proprietários, por conta de seu valor fiscal e militar para o Estado, não deixa dúvidas quanto a isso.[6] Assim, Bizâncio sobreviveu à Idade das Trevas do Ocidente com um território encolhido, mas mantendo intacta quase toda a panóplia superestrutural da Antiguidade clássica. Não houve uma interrupção drástica da vida urbana;[7] as manufaturas de luxo se mantiveram; a navegação foi, se tanto, aperfeiçoada; acima de tudo, subsistiram a administração central e a taxação uniforme do Estado imperial – um remoto polo de unidade pairando ao longe na noite do Ocidente. A cunhagem proporcionou o índice mais

---

I, p.92-113. Em grande medida, a disputa sobre a origem do sistema de *thema* gira em torno de uma única frase de Teófanes, historiador que escreveu duzentos anos depois da época de Heráclio, e, portanto, não parece ter solução possível. Vale dizer que a sugestão de Lemerle – segundo a qual o aumento da liberdade camponesa no período mesobizantino se deveu, basicamente, às migrações eslavas, que resolveram o problema da escassez de mão de obra dentro do Império e, assim, tornaram a adscrição supérflua – é bem menos convincente que suas críticas às explicações que relacionam essa liberdade com o sistema de *themas*.

6 Ostrogorsky, *History of the Byzantine State*, p.272-4, 306-7.
7 O destino das cidades entre os séculos VII e IX é outro foco de controvérsia. Kazhdan sustenta que houve um colapso efetivo das cidades nesse período: Kazhdan, Vizantiiskie Goroda v VII-IX vv, *Sovietskaya Arkheologiya*, v.21, 1954, p.164-88; mas esse quadro vem sendo modificado por Ostrogorsky, Byzantine Cities in the Early Middle Ages, *Dumbarton Oaks Papers*, n.13, 1959, p.47-66, e por Siuziumov, Vizantiiskii Gorod (Seredina VII – Seredina IX v.), *Vizantiiskii Vremennik*, 1958, XV, p.38-70, que demonstrou que os argumentos estão ultrapassados.

claro desse sucesso: o besante de ouro bizantino se tornou o padrão mais universal da época no Mediterrâneo.[8]

Esse renascimento, porém, cobrou um preço muito caro. O Império Bizantino descarregou muito do peso da Antiguidade para sobreviver nesses novos tempos, mas não o bastante para se desenvolver de maneira dinâmica. Ficou paralisado entre os modos de produção escravista e feudal, incapaz de retornar a um ou avançar no outro, em um impasse social que só pôde, enfim, levá-lo à extinção. Pois, por um lado, o caminho de retorno a uma economia escravista generalizada já tinha se fechado: somente um gigantesco programa de expansão imperial poderia gerar a força de trabalho cativa necessária para recriá-la. De fato, o Estado bizantino sempre tentou reconquistar seus territórios perdidos, tanto na Europa quanto na Ásia, e, quando suas campanhas tiveram êxito, o estoque de escravos dentro do Império aumentou assim que os soldados trouxeram seu butim de volta para casa – o que foi mais significativo nas conquistas búlgaras de Basílio II no início do século XI. Também havia os convenientes mercados da Crimeia, desde onde se exportavam escravos bárbaros para o sul, tanto para Bizâncio quanto para os impérios árabes, e que provavelmente forneciam o maior suprimento para Constantinopla.[9] Mas nenhuma dessas fontes se comparava às grandes investidas que fizeram as fortunas de Roma. A escravidão não desapareceu de Bizâncio, de maneira nenhuma, mas nunca chegou a ser predominante em sua agricultura. Ao mesmo tempo, a solução rural que salvara o Oriente do mesmo destino do Ocidente – a consolidação da pequena propriedade da terra em meio à grande – provou ser, inevitavelmente, apenas provisória: a pressão latente que as classes governantes provinciais exerciam para forçar um colonato dependente foi detida até os

---

8 Lopez, The Dollar of the Middle Ages, *The Journal of Economic History*, XI, verão de 1951, n.3, p.209-34. Lopez observa que a estabilidade monetária bizantina, embora testemunhasse orçamentos equilibrados e comércio bem organizado, não significava necessariamente muito crescimento econômico. É provável que a economia bizantina dessa época tenha ficado estacionária.

9 Hadjinicolaou-Marava, *Recherches sur la vie des esclaves dans le monde byzantin*, p.29, 89; Browning, Rabstvo v Vizantiiskoi Imperii (600-1200 gg), *Vizantiiskii Vremennik*, 1958, XIV, p.51-2. O artigo de Browning é a melhor síntese sobre o assunto.

séculos VI e VII, mas, no século X, incansável, já havia se reafirmado. Os decretos da dinastia "macedônia" denunciam, seguidas vezes, a implacável apropriação de terras camponesas e a sujeição dos pobres aos potentados rurais da época – os *dunatoi*, ou "poderosos". A concentração de terra nas mãos das oligarquias locais encarou a resistência feroz do Estado imperial central, pois ela ameaçava destruir suas reservas de recrutamento e coleta de impostos, retirando a população agrária do domínio da administração pública da mesma maneira que acontecera no *patrocinium* e no colonato romanos: um sistema parassenhorial no campo significava o fim de um aparato fiscal e militar metropolitano capaz de impor a autoridade imperial no reino. Mas as tentativas de sucessivos imperadores para conter a maré do poder *dunatoi* se provaram inevitavelmente vãs; pois a administração local investida de poderes com a implementação de seus decretos era, em grande medida, composta pelas mesmas famílias cuja influência os imperadores tentavam limitar.[10] Assim, além de a polarização seguir firme no campo, a rede militar dos *themata* foi se sujeitando cada vez mais aos magnatas locais. Sua própria descentralização – no início, condição de sua vitalidade robusta – agora facilitava seu confisco pelos círculos dos potentados provinciais, uma vez que sua base original de pequenas propriedades estava minada. Dessa maneira, a estabilização das formas antigas – que a renovação bizantina realizou nos séculos VII e VIII – foi ficando cada vez mais comprometida pelas tendências a uma desintegração protofeudal na economia e na sociedade rurais.

Por outro lado, se qualquer reversão duradoura para o tipo de formação social característico da Antiguidade era impossível, a progressão rumo um feudalismo desenvolvido foi igualmente frustrada. Pois o supremo aparato burocrático da autocracia bizantina permaneceu, em essência, intacto por quinhentos anos depois de Justiniano: a máquina estatal centralizada em Constantinopla jamais renunciou à soberania administrativa, fiscal e militar sobre o território imperial. O princípio da taxação universal

---

10 O crescimento do poder político e econômico dos *dunatoi* é um tema comum entre os historiadores bizantinos modernos: uma das melhores discussões é ainda uma das primeiras: Neumann, *Die Weltstellung des byzantinischen Reiches vor den Kreuzzügen*, p.52-61 – um estudo pioneiro em muitos aspectos.

nunca falhou, embora os desvios tenham sido cada vez mais frequentes depois do século XI. As funções econômicas do Estado antigo, portanto, jamais desapareceram. Significativamente, a escravidão hereditária continuou dominante no setor da manufatura estatal, como fora no Império Romano, e esse setor gozava de privilégios monopolistas que o tornaram fundamental para o abastecimento e as exportações bizantinas.[11] A conexão particularmente íntima entre o modo de produção escravista e a superestrutura do Estado imperial, que marcara a Antiguidade, prosseguiu até os últimos séculos de Bizâncio. Além disso, o trabalho escravo no setor privado da economia não era negligenciável; não apenas continuou a fornecer o grosso do serviço doméstico para os ricos, como também foi usado nas grandes herdades até o século XII. Se hoje é impossível determinar a extensão estatística da escravidão agrícola no Império Bizantino, talvez seja possível conjecturar que seu impacto estrutural sobre as relações rurais não era desprezível: pois tanto o nível relativamente baixo de obrigações em serviço pagas pelos rendeiros *paroikoi* por todo o final da história bizantina, quanto a escala relativamente grande de cultivo na reserva senhorial, podem muito bem ter ocorrido em função da disponibilidade de trabalho escravo para a classe rural magnata, mesmo onde sua incidência fosse isolada.[12] Assim, uma burocracia imperial prepotente e uma economia escravista residual agiam de maneira constante para bloquear as tendências espontâneas da polarização de classe rumo à exploração feudal e à fragmentação senhorial. Além disso, pelas mesmas razões, as cidades tampouco tiveram chance de se desenvolver na direção do comunalismo medieval. A autonomia municipal das cidades, base celular dos primórdios do Império Romano, já estava em franco declínio quando o Império Ocidental caiu, embora tenha conservado algum resquício no Oriente. O estabelecimento do sistema de *thema* bizantino, no entanto, acarretou o rebaixamento político das cidades no âmbito local, enquanto a vida cívica sucumbia sob o peso da capital e da corte. Todos os vestígios de autonomia municipal foram formalmente abolidos por um decreto de Leão VI,

---

11 Browning, Rabstvo, op. cit., p 45-6.
12 Ibid., p.47.

que apenas consumou um longo processo histórico.[13] Contra esse pano de fundo, as cidades bizantinas – depois de perderem as antigas formas de privilégio – nunca conseguiram conquistar formas feudais de liberdade no sistema imperial. Não emergiu nenhuma liberdade municipal dentro do estreito quadro do Estado autocrático.

Dada a ausência de qualquer parcelamento radical da soberania, uma dinâmica urbana de tipo ocidental era estruturalmente impossível. Em Bizâncio, o desenrolar de uma trajetória de desenvolvimento feudal foi barrado tanto no campo quanto na cidade pela força de seu complexo institucional clássico e de sua infraestrutura. Um sintoma revelador desse impasse era a natureza jurídica da aristocracia e da monarquia do Império Bizantino. Pois, até o amargo fim, a púrpura imperial nunca chegou a ser propriedade hereditária de uma dinastia ungida, não importando a força que o legitimismo popular ganharia; tecnicamente, continuou sempre o que tinha sido no princípio, nos longínquos dias do Principado de Augusto – um cargo eletivo sobre o qual o Senado, o Exército e o povo de Constantinopla exerciam direitos de investidura formais e efetivos. O cume semidivino da burocracia imperial era sede de uma função impessoal, semelhante ao oficialato uniforme mais abaixo, e, do mesmo modo, diferente da realeza pessoal do Ocidente feudal. A nobreza que dominava esse Estado administrativo não era menos distinta dos senhores ocidentais. Em Bizâncio, jamais se cristalizou um sistema de títulos hereditários: as honrarias se destinavam basicamente a serviços oficiais ao Império, como ocorrera no final da época romana, e não passavam a uma segunda geração. Na verdade, mesmo o sistema de sobrenomes aristocráticos demorou a se constituir (em contraste agudo com a sociedade mais genuinamente senhorial da Armênia e da Geórgia, no Cáucaso adjacente, com um completo sistema de níveis).[14]

---

13 Ostrogorsky, Byzantine Cities in the Early Middle Ages, *Dumbarton Oaks Papers*, n.13, 1959, p.65-6. A mesma recodificação legal aboliu os antigos direitos do Senado e da classe curial, sistematizando a centralização administrativa da burocracia imperial bizantina: Ostrogorsky, *History of the Byzantine State*, p.245. Leão VI governou de 886 a 912.

14 Ver os apurados comentários de Toumanoff, The Background to Manzikert, *Proceedings of the XIIIth International Congress of Byzantine Studies*, Londres, 1967, p.418-9.

As fortes dinastias *dunatoi* da Anatólia, que foram rompendo cada vez mais o tecido do Estado metropolitano, tiveram um desenvolvimento relativamente tardio: a maioria das famílias mais famosas – Focas, Scleros, Comneno, Diógenes e outras – só ascenderam à proeminência depois dos séculos IX e X.[15] Além disso, os donos de terra bizantinos – assim como os latifundiários romanos – sempre residiram nas cidades,[16] em um padrão bem contrastante com os domicílios rurais da nobreza feudal do Ocidente, que tinha um papel muito mais direto na produção agrícola. Assim, a classe dominante de Bizâncio se manteve a meio caminho entre o *clarissimi* do fim da Antiguidade e o baronato do início da Idade Média. Em seu próprio corpo se inscrevia a tensão frustrada do Estado.

É esse profundo impasse dentro de toda a sua organização política e econômica que explica o caráter estranhamente estéril e imóvel do Império Bizantino, como se o próprio feito de sua longevidade lhe sugasse a vitalidade. O beco sem saída dos modos de produção rurais gerou uma tecnologia agrícola estagnada, que não registrou quase nenhum avanço significativo por mais de um milênio, a não ser a introdução de umas poucas culturas especializadas na época de Heráclio. Os arreios primitivos e apertados da Antiguidade se preservaram até o fim da história bizantina: a cilha de ombro nunca foi adotada. Também se ignorou o arado de ferro, em favor do ineficiente arado tradicional. Aceitou-se, no máximo, o moinho de água – presente atrasado do Império Romano.[17] O grande volume

---

É claro que, tecnicamente, o *clarissimi* foi hereditário no final do Império Romano, mas, ao mesmo tempo, perdeu muito de sua importância para novos títulos burocráticos, os quais não eram transmissíveis: Jones, *The Later Roman Empire*, v.II, p.528-9.

15 Vryonis, Byzantium: the Social Basis of Decline in the Eleventh Century, *Greek, Roman and Byzantine Studies*, v.2, 1959, n.I, p.161.

16 Ostrogorsky, Observations on the Aristocracy in Byzantium, *Dumbarton Oaks Papers*, n.25, 1971, p.29.

17 Sobre os arreios, ver Noettes, *L'Attelage et le cheval de selle à travers les ages*, p.89-91; sobre o arado, Haudricourt; Delammare, *L'Homme et la charrue a travers le monde*, p.276-84; sobre o moinho de água, Teall, The Byzantine Agricultural Tradition, *Dumbarton Oaks Papers*, n.25, 1971, p.51-2. O artigo de Teall demonstra o que parece ser um otimismo injustificado a respeito da agricultura bizantina, o qual suas próprias evidências são limitadas demais para amparar.

de inovações que transformou a agricultura ocidental na mesma época nunca se aclimatizou ao solo árido e ralo do Mediterrâneo: e em seu lugar não ocorreu nenhuma melhoria nativa. Um dos maiores feitos da manufatura se deu no reinado de Justiniano, com a introdução da indústria da seda em Constantinopla, onde as fábricas do Estado daí em diante gozaram de um papel monopolista no mercado de exportação europeu até a ascensão das cidades mercantis italianas.[18] Mas este fora um segredo técnico furtado do Oriente distante, e não uma descoberta nativa; fora isso, poucas coisas dignas de nota se desenvolveram nas oficinas de Bizâncio. De maneira similar, o grande florescimento cultural do século VI se viu suceder por um hieratismo cada vez mais estreito e rigoroso, cuja relativa monotonia das formas de arte e pensamento apresentava um melancólico contraste com as do fim da Antiguidade. (Não foi por coincidência que o primeiro despertar artístico e intelectual tenha ocorrido quando o Império finalmente escorregava para uma crise irreversível, pois só então se rompeu sua barreira social.) Como já ocorreu outras vezes, a verdade por trás do famoso julgamento de Gibbon sobre Bizâncio só se confirmou em esclarecimentos posteriores, que lhe eram inacessíveis.[19]

Em um único domínio, porém, a história bizantina foi inquieta e acidentada do começo ao fim: o registro de seus combates. A conquista militar – ou, melhor dizendo, a reconquista – foi o *leitmotiv* de sua existência, desde a época de Justiniano até a dos Paleólogos. Como sucessor

---

18 Lopez, The Silk Trade in the Byzantine Empire, *Speculum*, XX, n.I, jan. 1945, p.1-42, sublinha a importância internacional do monopólio bizantino sobre os tecidos refinados.

19 Gibbon, *The Decline and Fall of the Roman Empire*, capítulo XLVIII. Naturalmente, a linguagem de Gibbon é bastante exagerada ("Uma história uniforme e tediosa sobre fraqueza e miséria"), para o desgosto dos historiadores que se seguiram, para os quais não há outras passagens mais antiquadas em sua obra. Mas, na verdade, o tratamento que Gibbon dispensou a Bizâncio foi dirigido por toda a arquitetura de seu livro: enquanto a queda de Roma foi "uma revolução que será para sempre lembrada pelas nações sobre a Terra", o destino de Bizâncio esteve apenas "*passivamente* conectado" às "revoluções que transformaram o estado do mundo" (grifos dele: I, p.i; V, p.171). As distinções conceituais implícitas que estão indicadas aqui são perfeitamente racionais e modernas.

do *Imperium Romanum*, a reivindicação universal de território constituiu o princípio permanente de sua política externa.[20] Sob esse aspecto, a conduta do Estado bizantino foi central e incessantemente governada por sua matriz na Antiguidade. Desde seu nascimento como entidade imperial separada, ele tentou recuperar as terras perdidas que outrora deviam obediência a Roma. Mas a realização efetiva dessa ambição se esvaziou de sentido com a passagem do tempo, pois Bizâncio nunca mais pôde ter esperanças de repetir a triunfante jornada de conquista e escravização que as legiões romanas haviam trilhado de uma ponta à outra do Mediterrâneo: o modo de produção escravista fora ultrapassado no Ocidente e se tornara recessivo no Oriente. Não havia, portanto, lastro social ou econômico para sua expansão militar; já não lhe era possível dar luz a nenhuma ordem historicamente nova. Como resultado, as sucessivas ondas de expansionismo bizantino toda vez quebravam de volta na base imperial de onde tinham saído, acabando por inundá-la e enfraquecê-la. Uma fatalidade estranha visitou quase todos os grandes reinos da reconquista. Não foi apenas a grandiosa recuperação justiniana da Itália, do Norte da África e do sul da Espanha que viria a ser varrida pelas invasões árabes e lombardas no século VI: na geração seguinte, os Bálcãs, a Síria e o Egito também caíram. Da mesma maneira, os impressionantes avanços dos imperadores "macedônios" na passagem do século X para o XI foram seguidos – também repentina e desastrosamente – pelo colapso do poder bizantino sobre a Anatólia, diante dos seljúcidas. No século XII, a renovada expansão de Manuel Comneno, que levou suas tropas à Palestina, à Dalmácia e à Apúlia, mais uma vez acabou em catástrofe, enquanto os turcos galopavam para o Egeu e os francos saqueavam Constantinopla. Vê-se o mesmo padrão até o último epílogo de sua existência: no século XIII, a retomada

---

20 Esse tema da história bizantina recebeu a mais forte ênfase de Ahrweiler, *Byzance et la mer*: ver, em especial, p.389-95. É bem duvidosa a insistência de Ahrweiler de que foram basicamente as ambições navais do Império Bizantino as maiores responsáveis por seu colapso final, por exigir demais de seus recursos e atrapalhar a consolidação do poder sobre a terra. O crucial para a queda definitiva do Estado foi, em vez disso, todo o esforço militar envolvido nas reconquistas sucessivas, nas quais os exércitos sempre pesavam mais que as frotas marítimas.

da própria Bizâncio pelos Paleólogos acarretou o abandono da Niceia e o encolhimento final do Império a uma pequena área da Trácia, que ficou tributária aos otomanos por um século, antes de eles entrarem em Constantinopla. Assim, a cada fase de expansão se sucedia uma contração mais drástica, seu castigo infalível. É esse ritmo entrecortado que faz o curso da história bizantina tão diferente do de Roma, com sua curva mais suave de ascensão, estabilização e declínio.

É claro que, entre a sequência enumerada acima, houve uma crise verdadeiramente decisiva que selou o destino do Império, irrevogavelmente: o período que se estende das campanhas búlgaras de Basílio II à vitória seldjúcida em Manziquerta, no século XI. Quase sempre se vê essa fase como aquela em que, depois dos brilhantes êxitos militares do último imperador macedônio, a burocracia "civil" de Constantinopla sistematicamente desmantelou os exércitos provinciais do Império, com o objetivo de conter a ascensão dos magnatas rurais que haviam chegado a seu comando e, portanto, ameaçavam a integridade da própria administração imperial.[21] A ascensão dessas oligarquias provinciais foi, por sua vez, reflexo da desapropriação do pequeno campesinato, que agora ganhava um impulso cada vez mais irresistível. Seguiu-se, então, uma selvagem explosão de conflitos de corte e guerras civis, enfraquecendo de maneira crucial as defesas bizantinas, que já haviam sido gravemente avariadas pelas políticas de desmilitarização das camarilhas burocráticas da capital. A chegada dos turcos ao Oriente desferiu o *coup de grâce*. Essa linha geral de explicação está certamente correta, mas sua apresentação muitas vezes implica um contraste ilusório entre os triunfos do reinado de Basílio II e os recuos que o sucederam, fracassando, portanto, em fornecer uma descrição convincente das razões pelas quais os grupos políticos que dominavam a corte de Constantinopla depois de 1025 agiram dessa maneira aparentemente suicida. Na verdade, foi o prolongado esforço das guerras búlgaras de Basílio II, com grandes despesas e incontáveis baixas, o que provavelmente abriu caminho

---

21 Ver, *inter alia*, Ostrogorsky, *History of the Byzantine State*, p.320-1, 329-33, 341-5 ss., Vryonis, Byzantium: the Social Basis of Decline in the Eleventh Century, op. cit., p.159-75.

para o precipitado colapso dos cinquenta anos seguintes. Tradicionalmente, os exércitos bizantinos haviam se mantido com forças militares mais ou menos modestas. Desde o século VI, o tamanho médio de um corpo expedicionário tinha apenas algo como 16 mil homens; no século IX, o total do aparato militar talvez contasse com 120 mil – um número muito inferior ao do final do Império Romano, o que provavelmente ajuda a explicar a maior estabilidade interna do Estado bizantino.[22] Mas, a partir do reinado de João Tzimisces, em meados do século X, o tamanho dos exércitos imperiais aumentou a passos largos, até atingir um nível sem precedentes sob o mando de Basílio.

Esse fardo teve de ser reduzido depois de sua morte; depois de séculos de estabilidade de preços no Império, já havia sinais ameaçadores de inflação e de uma incipiente desvalorização da moeda. A cunhagem se depreciou rapidamente depois do reinado de Miguel IV (1034-41). As políticas domésticas dos imperadores "macedônios" se curvaram à ganância econômica e às ambições políticas dos *dunatoi* provinciais: os governantes "civis" de meados do século XI continuaram essa tradição, mas deram a ela um sentido novo e perigoso;[23] pois eles procuraram diminuir os *themata* locais, que aos poucos haviam se tornado o braço militar do poder magnata, sobretudo na Anatólia. Ao fazê-lo, queriam aliviar o erário público e controlar os nobres, cuja ambição e insubordinação eram sempre uma ameaça política à paz civil. A introdução do catafracta pesado no final do século X aumentara o fardo financeiro das unidades *themata* nas províncias e tornara os velhos sistemas de defesa locais mais difíceis de manter. Os novos regimes burocráticos de Constantinopla, que sucederam a dinastia bélica "macedônia", então passaram a depender muito mais dos

---

22 Teall, The Grain Supply of the Byzantine Empire, 330-1025, *Dumbarton Oaks Papers*, n.13, 1959, p.109-17. É provável que a mudança estivesse, em parte, conectada à transformação da infantaria legionária romana em cavalaria pesada bizantina.

23 Svoronos, Société et organization intérieure dans l'Empire Byzantin au XIe siècle: les principaux problèmes, *Proceedings of the XIIth International Congress f Byzantine Studies*, p.380-2, arrisca dizer que os novos imperadores civis também tentaram elevar o papel das "classes médias" comerciais nas cidades, democratizando o acesso ao Senado, com o objetivo de criar um contrapeso aos magnatas rurais – uma hipótese duvidosa, baseada em categorias inapropriadas.

regimentos *tagmata* estacionados junto à capital e compostos por contingentes mais profissionais e estrangeiros. As unidades de cavalaria *tagmata* sempre foram o núcleo militar mais firme dos exércitos imperiais, com a melhor disciplina e treinamento. Muitos soldados *themata* dispersos agora formavam brigadas nesses regimentos profissionais, que foram sendo despachados com frequência cada vez maior para missões nas províncias e fronteiras; ao mesmo tempo, a proporção de mercenários estrangeiros aumentava constantemente. O tamanho total da organização militar bizantina foi bastante reduzido por essas políticas "civilistas", que sacrificaram o poderio estratégico aos interesses políticos e econômicos da burocracia e dos dignitários metropolitanos. O resultado foi a cisão de toda a unidade do Estado bizantino em um conflito entre os braços civil e militar da ordem imperial, algo bastante similar à ruptura fatal que precedera a queda do Império Romano.[24] A resistência *dunatoi* a esse novo curso de acontecimentos foi violenta e, então, a balança de poder no campo se desequilibrara demais para que pudesse se impor uma solução exitosa. Seu único efeito foi provocar uma penosa série de guerras civis na Anatólia entre as facções "militar" e "burocrática" da classe governante, o que desmoralizou e desorganizou todo o sistema de defesa bizantino. As perseguições étnicas e religiosas às comunidades armênias recém-incorporadas ao Império criaram ainda mais perturbação ao longo da vulnerável fronteira oriental. Estava montado o palco para o desastre em Manziquerta.

---

24 A diferença mais óbvia e importante entre os dois conflitos foi que a última elite militar bizantina era, antes de tudo, uma classe de donos de terra da Anatólia, enquanto o último comando militar romano se compunha principalmente de oficiais profissionais, primeiro balcânicos e depois cada vez mais bárbaros (ver acima, p.96-102, 113-5). A mudança provavelmente deveu-se, em grande medida, à introdução da cavalaria pesada de catafracta, depois da implantação do sistema de *thema*, que criou potentados militares locais no Império Bizantino. Em consequência, as linhas divisórias divergiram nos dois casos: em Roma, o aparato do alto comando se centrava nas cidades e o poder dos senhores civis, no campo; em Bizâncio, os magnatas militares dominavam as províncias e os burocratas civis, a capital. Daí a explosão de verdadeiras guerras civis entre os dois lados no Império Grego e a consciência muito maior da natureza desse antagonismo entre os contemporâneos (compare Pselo com Amiano). Fora isso, as semelhanças estruturais entre os processos romano e bizantino são reveladoras.

Em 1071, o sultão seldjúcida Alp Arslan, abrindo caminho pelo Cáucaso rumo ao Egito, se deparou com os exércitos de Romano Diógenes IV e os aniquilou, capturando o próprio imperador. No campo de batalha, exércitos auxiliares armênios, mercenários francos e pechenegues e regimentos bizantinos comandados por um rival "civilista", todos desertaram ou traíram as normas imperiais. A Anatólia se tornou um vácuo indefeso, no qual nômades turcomanos vagaram pelas décadas seguintes, sem encontrar grande oposição.[25] O mando bizantino sobre a Ásia Menor ruiu, não pela erupção de uma massiva *Völkerwanderungen* de tipo gótico ou vândalo, nem por uma ocupação militar organizada de tipo árabe ou persa, mas pela migração gradual de bandos nômades para as terras altas. No entanto, o caráter anárquico e fragmentário das incursões turcomanas não foi sinal de efemeridade. Ao contrário, a crescente nomadização que daí resultou se provou muito mais durável e destrutiva para a civilização grega na Anatólia que as conquistas militares centralizadas dos exércitos otomanos nos Bálcãs. Os ataques caóticos e os saques selvagens dos turcomanos foram desurbanizando uma região depois da outra, deslocando populações agrárias assentadas e destruindo instituições culturais cristãs.[26] A ruptura nômade da economia rural foi contida pela ascensão do sultanato seldjúcida de Konya no século XIII, que restaurou a paz e a ordem na maior parte da Anatólia turca; mas o alívio seria apenas temporário.

Enquanto isso, a própria informalidade dos assentamentos turcomanos no interior permitiu que o Estado bizantino do final do século XI sobrevivesse e contra-atacasse a partir das costas da Ásia Menor: mas sem nunca retomar o platô central. Sob os Comneno, as oligarquias militares provinciais que vinham acumulando poder em suas herdades e à frente das

---

25 Cahen, La première pénétration turque en Asie Mineure (seconde moitié du XIe siècle), *Byzantion*, 1948, p.5-67.

26 Agora existe uma vasta documentação e discussão sobre esse processo em: Vryonis, *The Decline of Mediaeval Hellenism in Asia Minor and the Process of Islamization from the Eleventh through the Fifteenth Century*, p.145-68, 184-94 – um grande estudo. Vryonis talvez tenda a exagerar a responsabilidade dos conflitos civis militares dentro da classe dominante bizantina para o colapso grego em Manziquerta ("O desenvolvimento mais fatal", p.76-7, 403), mas é bastante confiável seu relato sobre os mecanismos sociais da turquificação da Anatólia que se seguiu.

tropas locais finalmente tomaram o controle do Estado imperial. Os principais grupos magnatas não foram elevados aos postos da corte por Aleixo I, que os reservou para suas próprias conexões familiares, para se garantir contra os poderosos *dunatoi* rivais: mas a pequena e média nobreza agora ascendia por conta própria. As barreiras à feudalização estavam cada vez mais afastadas. Concederam-se benefícios administrativos, ou *pronoiai*, aos donos de terra, o que lhes deu poderes militares, judiciais e fiscais sobre territórios fixos, em troca de serviços específicos para o Estado: multiplicados pelos Comneno, tais benefícios acabaram se tornando hereditários sob os Paleólogos.[27] Os nobres ganharam "imunidades", ou *ekskousseiai*, perante a jurisdição da burocracia central e receberam doações de terras monásticas ou eclesiais para seu uso pessoal (*charistika*). Nenhuma dessas formas institucionais adquiriu a lógica ou a ordem do sistema feudal do Ocidente; elas foram, no máximo, versões parciais e fragmentares. Mas sua tendência social era clara. Camponeses livres agora iam se degradando à condição de rendeiros dependentes, ou *paroikoi*, cada vez mais próxima à dos servos da Europa ocidental.

Nesse meio tempo, a economia urbana da capital, com suas manufaturas de Estado e seus artigos de luxo para exportação, foi se sacrificando em favor das barganhas diplomáticas com Veneza e Gênova, cujos mercadores logo passaram a gozar de absoluta supremacia comercial dentro do Império, por causa dos privilégios que lhes foram faustosamente cedidos pela crisobula de 1084, que os isentou dos impostos imperiais sobre as vendas. Revertendo sua tradicional balança comercial, Bizâncio, em declínio econômico, agora perdia o monopólio sobre a seda e se tornava importador de tecidos e outros refinados artigos ocidentais, exportando, em troca, mercadorias primárias, tais como trigo e óleo para a Itália.[28] Seu sistema

---

27 Ostrogorsky, *Pour l'Histoire de la féodalité byzantine*, p.9-257, é o estudo clássico sobre a instituição *pronoiai*. Ostrogorsky argumenta que "o *pronoiai* em Bizâncio e no sul das terras eslavas, assim como o feudo no Ocidente e o *pomest'e* na Rússia, é a manifestação de um desenvolvimento feudal" (p.257) – uma posição questionável, discutida mais abaixo.

28 Siuziumov, Barba za Puti Razvitiya Feodal'nykh Otnoshenii v Vizantii. In: *Vizantiiskie Ocherki*, p.52-7.

administrativo decaiu a um ponto em que os governantes regionais muitas vezes moravam na capital e só voltavam às suas províncias para coletar impostos, em mal disfarçadas expedições de pilhagens.[29] Mercenários e aventureiros enchiam as fileiras dos exércitos; cruzados assistiam a tudo com ousada cobiça. A tomada e o saque de Constantinopla pela expedição franco-veneziana de 1204 finalmente acabaram com a unidade do Estado imperial remanescente. E agora se importava um sistema feudal ocidental completo, com feudos e vassalagens, sobretudo no centro e sul da Grécia, onde senhores franceses introduziram um padrão semelhante ao de *Outremer*. Mas essa implantação artificial não durou muito tempo. O regime grego que se sucedeu em Niceia, na periferia do antigo Império, conseguiu a duras penas recolher os restos do território bizantino e, mais uma vez, reconstituir uma sombra do Estado imperial em Constantinopla.

A classe dos donos de terra *pronoiar* agora se tornara herdeira de seus benefícios; a massa do campesinato era de *paroikoi*; as relações de vassalagem se assimilaram às concepções políticas do aparelho do Estado local, e a família dos Paleólogos concedia apanágios; comunidades de mercadores estrangeiros possuíam franquias e enclaves autônomos. No interior, as herdades monásticas se multiplicaram, ao passo que os donos de terra seculares recorreram ao pastoreio extensivo, de maneira a conseguir deslocar suas posses durante os ataques turcomanos.[30] Mas essa aparente "feudalização" final da formação social bizantina jamais alcançou uma coerência orgânica ou espontânea.[31] Suas instituições eram um simula-

---

29 Herrin, "The Collapse of the Byzantine Empire in the Twelfth Century: A Study of a Mediaeval Economy, *University of Birmingham Historical Journal*, XII, n.2, 1970, p.196-9, um vívido esboço sobre a época.

30 Werner, *Die Geburt einer Grossmacht – Die Osmanen (1300-1481)*, p.123-4, 145-6.

31 O problema do surgimento ou não de um verdadeiro feudalismo bizantino no crepúsculo do Império Grego tem sido uma linha divisória tradicional entre os bizantinistas. Ostrogorsky emprestou o peso de sua autoridade à opinião de que a sociedade do fim de Bizâncio era essencialmente feudal: ver, mais recentemente, Observations on the Aristocracy in Byzantium, p.9 ss. Os historiadores soviéticos também costumaram afirmar a existência de um feudalismo bizantino (tendendo, muitas vezes, a datar seu aparecimento em uma época ainda anterior). Pode-se encontrar uma revisão búlgara em: Angelov, Byzance et l'Europe occidentale, *Etudes*

cro das formas ocidentais, lhes faltava inteiramente a dinâmica histórica que produzira essas últimas: um sinal de alerta contra qualquer tentativa de ler os modos de produção a partir da comparação atemporal de seus elementos. Pois as formas feudais do fim de Bizâncio foram o resultado final da *decomposição* secular de uma organização política imperial unitária que permanecera quase inalterada por sete séculos: em outras palavras, foram o produto de um processo que era diametralmente oposto ao que dera origem ao feudalismo ocidental – uma *recomposição* dinâmica dos dois modos de produção anteriores e em dissolução, formando uma nova síntese que iria liberar as forças produtivas em uma escala sem precedentes. Nesse crepúsculo do mando bizantino, não se registrou nenhum aumento na densidade demográfica, na produtividade agrícola ou no comércio urbano. Na melhor das hipóteses, a desintegração do velho sistema de Estado metropolitano liberou certa efervescência cultural e uma agitação social no diminuto perímetro de sua influência sobre a Grécia. A captura econômica da capital pelos mercadores italianos acarretou o retorno do comércio nativo às poucas cidades provinciais mais bem protegidas; a intensificação das trocas culturais com o Ocidente diluiu a força do obscurantismo ortodoxo.

O último episódio significativo da história bizantina – brilho derradeiro e moribundo de sua vitalidade – combinou, de maneira paradoxal, a manifestação de novas agitações geradas pelo feudalismo incipiente no Oriente grego com a influência de processos derivados da crise do feudalismo em queda no Ocidente latino. Em Tessalônica, segunda cidade do Império, uma revolta municipal contra a usurpação imperial do magnata Cantacuzene mobilizou paixões antimísticas e antioligárquicas entre as massas urbanas, confiscou e distribuiu as propriedades dos ricos e dos monastérios e, por sete anos, rechaçou os ataques da classe dos donos de

---

Historiques, Sofia, 1967, p.47-61. Lemerle, por sua vez, negou categoricamente que o feudalismo tenha se implantado em Bizâncio, e a maioria dos estudiosos ocidentais concordou com ele. O estudo comparativo de Boutruche, mais refinado em termos conceituais, também rejeita a noção de que o complexo *pronoia-ekskousseia- -paroikoi* tenha constituído um autêntico sistema feudal: Boutruche, *Seigneurie et féodalité*, v.I, p.269-79.

terra, apoiados pelos otomanos.³² A inspiração para essa feroz luta social, única em novecentos anos de história bizantina, talvez tenha vindo da revolução comunal de Gênova em 1339, uma das grandes correntes de revoltas urbanas durante a crise medieval na Europa ocidental.³³ A supressão da "república" zelote em Tessalônica foi inevitável, é claro: minguando, a formação social bizantina era incapaz de sustentar uma forma urbana avançada, que pressupunha um tônus econômico e social totalmente distinto. Com sua derrota, a história bizantina se esgotou. A partir do fim do século XIV, um renovado nomadismo turcomano devastou o oeste da Anatólia e acabou com o último ponto de apoio do helenismo na Jônia, enquanto os exércitos otomanos se moviam de Galípoli para o norte. Constantinopla passou o último século de sua existência como um desamparado tributário do poder turco nos Bálcãs.

Agora se pode colocar a questão: por que, ao longo dessa longa história, jamais ocorreu nos Bálcãs uma fusão dinâmica entre ordens sociais bárbaras e imperiais que pudesse ter produzido um feudalismo ascendente de tipo ocidental? Por que não houve ali uma síntese eslavo-helena comparável em escopo e efeitos à síntese romano-germânica? Devemos lembrar agora que as invasões tribais assolaram a vasta maioria das terras que se estendiam do Danúbio ao Adriático e ao Egeu na passagem do século VI para o VII; e que, depois disso, as fronteiras eslavas e bizantinas recuaram e avançaram pela Península Balcânica, em mais de setecentos anos de conflitos e contatos constantes. O destino das três maiores regiões do território em questão variou bastante, é claro, mas pode ser assim resumido. A

---

32 Charanis, Internal Strife in Byzantium during the Fourteenth Century, *Byzantion*, XV, 1940-1, p.208-30, analisa o caráter e o curso da revolta.

33 Siuziumov alega que o modelo da revolta de Tessalônica fora o renascimento "nacional" romano de Cola di Rienzo, não a mera revolta "municipal" de Gênova, e que só se tornou uma questão comunal no fim, na sua última fase. Para ele, a insurreição foi, em essência, obra de uma classe de empreendedores urbanos, cujo objetivo era a restauração de um Estado imperial central, capaz de opor defesa às ameaças turcomanas e ocidentais. Tal interpretação dos zelotes de Tessalônica parece indevidamente forçada dentro de um ensaio que, de resto, é bem estimulante: Siuziumov, Borba za Puti Razvitiya Feodal'nykh Otnoshenii v Vizantii, op. cit., p.60-3.

maré ávara-eslava de 580 a 600 varreu toda a península, inundando a Ilíria, a Mésia e a Grécia até o extremo sul do Peloponeso. A perda da Ilíria para a migração e o assentamento eslavos cortou o histórico elo terrestre do mundo imperial romano; nenhum outro evento isolado seria tão decisivo para a ruptura da unidade entre a Europa Oriental e Ocidental na Idade das Trevas. Ao sul, passaram-se dois séculos antes de Bizâncio conseguir começar a reconquista sistemática da Trácia e da Macedônia nos anos 780: e mais vinte anos antes de o Peloponeso ser finalmente subjugado. Daí em diante, a maior parte da Grécia propriamente dita foi governada desde Constantinopla, sem interrupções, até a conquista latina de 1204. Colonizada por eslavos, a Mésia, por sua vez, foi invadida por búlgaros e nômades turanianos vindos da Rússia central, que ali estabeleceram um canado no final do século VII. Pelo fim do século IX, a classe governante búlgara já havia se eslavizado e dominava um poderoso império cujo controle se estendia até o oeste da Macedônia. Depois de uma série de épicas batalhas militares com Bizâncio, o Estado búlgaro sucumbiu diante de João Tzimisces e Basílio II e, em 1018, foi incorporado ao Império Grego, por mais de 150 anos. Mas, em 1186, uma bem-sucedida revolta búlgaro-valáquia expulsou a ocupação bizantina e, então, emergiu um Segundo Império Búlgaro, que uma vez mais dominou os Bálcãs até sofrer o impacto das invasões mongóis nos anos 1240. A antiga zona da Ilíria, em contraste, vegetou para além da órbita da política bizantina por quatro séculos, até Basílio II parcialmente retomá-la e parcialmente reduzi-la à clientelagem no início do século XI. Ali se estabeleceu um domínio grego frágil e precário, por apenas um século e pontuado de inúmeras rebeliões, até que em 1151 emergiu um reino sérvio unificado. Na metade do século XIV, o Império Sérvio se tornou, por sua vez, o poder supremo dos Bálcãs, humilhando a Bulgária e Bizâncio antes de se desintegrar na véspera da conquista turca.

 Por que esse padrão cambiante não conseguiu gerar nenhuma síntese feudal robusta – na verdade, nenhuma ordem histórica duradoura? O solo de toda a região provou ser movediço para a organização social e a formação de Estados: nada é mais impressionante que a facilidade com que os otomanos por fim tomaram sua posse, depois de todos os poderes locais terem afundado em uma inatividade comum ao fim do século XIV. A resposta a essa questão certamente repousa no peculiar impasse entre a ordem do final do império e a ordem pós-bárbara nos Bálcãs. Mesmo depois da perda da Península nos séculos VI e VII, o Império Bizantino ainda estava forte demais para ser destruído de fora e ainda era mais ou menos capaz de recuperar seus territórios, depois de um intervalo de duzentos anos. Mas, na época seguinte, os povos eslavos e turanianos assentados nos Bálcãs haviam se tornado, por sua vez, desenvolvidos e numerosos demais para ser assimilados quando sofriam uma reconquista: tanto que o mando grego nunca conseguiu integrá-los a Bizâncio e, no fim, se provou efêmero. Pode-se formular essa mesma equação em termos negativos. Na época de Heráclio, as comunidades eslavas que formavam a imensa maioria dos primeiros colonizadores bárbaros nos Bálcãs eram primitivas demais para estabelecerem sistemas políticos do tipo que as tribos germânicas haviam criado no Ocidente merovíngio. Por outro lado, o Estado bizantino – por causa de sua estrutura interna, como já vimos – era incapaz de realizar o tipo de sujeição e integração dinâmicas de povos tribais que fora característico da Roma imperial. Como resultado, nenhuma das forças conseguia prevalecer de maneira permanente, mas ambas podiam causar danos sucessivos e letais uma sobre a outra. O choque entre as duas não tomou a forma de um cataclisma geral do qual pudesse ascender uma nova síntese, mas, sim, a de uma trituração e exaustão lenta e recíproca. Pode-se registrar de várias maneiras os sinais distintivos desse processo que separou o sudeste europeu da Europa ocidental.

Comecemos por dois índices "culturais" sensíveis: todo o padrão da evolução linguística e religiosa foi muito diferente na região. No Ocidente, os invasores germânicos haviam se convertido ao cristianismo ariano na época da conquista; aos poucos, a Igreja Católica os foi ganhando e, com raras exceções, suas línguas desapareceram ante a fala românica das populações latinas por eles dominadas. No sudeste, por outro lado, os ávaros e eslavos que tomaram os Bálcãs no final do século VI eram povos pagãos e, por quase três séculos, a maior parte da Península continuou descristianizada – o revés mais dramático que a cristandade jamais sofreu no continente. Além disso, quando os búlgaros se tornaram os primeiros bárbaros a se converterem, no final do século IX, receberam um patriarca ortodoxo autônomo, o que equivalia a uma Igreja "nacional" independente: os sérvios também viriam a ganhar esse privilégio, no século XII. Ao mesmo tempo, enquanto a Grécia era lentamente re-helenizada depois de sua reconquista por Bizâncio na passagem do século VIII para o IX, todo o interior da Península Balcânica permaneceu eslavo na fala: tanto que, para realizar a conversão de seus habitantes, Cirilo e Metódio, missionários gregos de Tessalônica (na época, uma cidade fronteiriça bilíngue), tiveram de inventar o alfabeto glagólico especificamente para o grupo de língua eslava da região.[34] Assim, a "assimilação" cultural procedeu na ordem exatamente inversa nos Bálcãs: enquanto no Ocidente uma heresia particularista deu lugar a uma ortodoxia universalista e ao latinismo linguístico, no sudeste o paganismo gerou uma ortodoxia separatista conservada em um não helenismo linguístico. A conquista militar bizantina que sobreveio não conseguiu alterar essa condição cultural básica. Nesse aspecto, a grande massa de população eslava da Península se cristalizara fora do raio de controle bizantino. A maior densidade demográfica dos assentamentos pode explicar, em parte, o contraste com as invasões germânicas. Mas não há dúvidas de que a natureza dos primórdios do ambiente bizantino também fora uma determinante primordial.

Se, no nível cultural, as relações entre bárbaros e bizantinos revelam uma relativa fragilidade desses últimos, nos níveis político e econômico, elas indicam os limites dos primeiros. Já se discutiram os problemas gerais dos primórdios da formação do Estado eslavo. A experiência particular dos Bálcãs lhes dá acentuado relevo. Na verdade, parece claro que foi a organização militar ávara que comandou e liderou os primeiros ataques bárbaros aos Bálcãs, que possibilitaram a conquista. Os eslavos, que lutaram em seu auxílio, estavam em número muito maior e ficaram para trás nas novas terras, enquanto as hordas ávaras voltaram para sua base na Panônia, ressurgindo periodicamente em incursões contra

---

34 Ostrogorsky, The Byzantine Background to the Moravian Mission, *Dumbarton Oaks Papers*, n.19, 1965, p.15-6. Sobre o caráter da escrita glagólica e cirílica, ver: Obolensky, *The Byzantine Commonwealth*, p.139-40.

Constantinopla, mas sem se assentar na Península.³⁵ As migrações eslavas agora se espalhavam pelos territórios que por séculos haviam integrado o sistema imperial romano e que incluíam até mesmo o berço da civilização clássica: a Grécia. Ainda assim, por mais de três séculos depois das invasões, esses povos não produziram nenhuma organização política transtribal que tenha deixado algum vestígio. O primeiro Estado de fato só seria criado nos Bálcãs por obra de outro povo nômade turaniano, os búlgaros – cuja superioridade política e militar sobre os eslavos os permitiu criar um poderoso canado abaixo do Danúbio que logo desafiou Bizâncio, de maneira frontal. A classe governante de boiardos "protobúlgaros" dominava uma formação social mista, com uma população majoritária de camponeses livres eslavos pagando tributos para seus senhores turanianos, os quais compunham uma aristocracia militar em dois níveis, ainda organizada sobre uma base de clãs. Ao final do século IX, a língua protobúlgara já havia desaparecido e o canado estava formalmente cristianizado: o sistema de clãs e o paganismo ruíram juntos, como nos outros lugares, e logo toda a classe dos boiardos se eslavizou, embora com certo verniz cultural grego.³⁶ O início do século X testemunhou um ataque direto e formidável a Bizâncio, perpetrado por Simeão, o novo governante búlgaro, que tomou Adrianópolis por duas vezes, invadiu o Golfo de Corinto e cercou Constantinopla. A ambição declarada de Simeão era nada menos que se tornar o soberano do próprio Império oriental e, para atingir esse objetivo, ele conseguiu arrancar de Bizâncio o título imperial de "czar". No fim, depois de longas campanhas, seus exércitos sucumbiram diante do governante croata Tomislau, e a Bulgária caiu em fraqueza e inquietude sob seu filho Pedro.

Agora se espalhava o primeiro movimento religioso inequivocamente radical da Europa cristã, o bogomilismo, expressão do protesto camponês contra os enormes custos das guerras de Simeão e também da polarização

---

35 Lemerle, Invasions et migrations dans les Balkans depuis la fin de l'époque romaine jusqu'au VII⁰ siècle, *Revue Historique*, CCXI, abr.-jun. 1954, p.293 ss.
36 Runciman, *A History of the First Bulgarian Empire*, p.94-5; Sakazov, *Bulgarische Wirtschaftsgeschichte*, p.7-29.

social que os acompanhara.³⁷ O estado búlgaro sofreu mais um revés nas destrutivas guerras russo-bizantinas que cruzavam seu território. No entanto, no final do século X, um grande renascimento político e militar desencadeou um novo conflito violento com Bizâncio, que durou vinte anos. Como vimos, foi essa batalha longa e impiedosa que por fim exauriu o sistema imperial bizantino e pavimentou o caminho para seu colapso na Anatólia. Suas consequências, é claro, foram ainda mais desastrosas para a Bulgária, cuja existência independente se extinguiu por mais de 150 anos. A ocupação bizantina dos séculos XI e XII acarretou um rápido aumento das grandes propriedades e uma intensificação das exações dos nobres búlgaros e gregos e das pressões fiscais centrais sobre o campesinato. Pela primeira vez se introduziu na Bulgária a instituição do *pronoia*, e as imunidades *ekskousseia* se multiplicaram. Quantidades cada vez maiores de camponeses livres afundaram na condição de *paroikoi* dependentes, e a escravidão se expandiu por causa dos prisioneiros das guerras locais.³⁸ Como se podia prever, o bogomilismo renasceu. Ocorreram sucessivas revoltas populares contra o mando bizantino e, em 1186, dois chefes valáquios, Pedro e Asen, lideraram uma exitosa insurreição que derrotou as expedições que os gregos enviaram para puni-los.³⁹ Então se construiu

---

37 Um sacerdote ortodoxo da época resumiu as doutrinas sociais de Bogomil: "Eles ensinam seu próprio povo a não obedecer aos senhores, insultam os ricos, ridicularizam os mais velhos, condenam os boiardos, pensam que é mau aos olhos de Deus aquele que serve o czar e proíbem o serviçal a trabalhar para seu mestre". Obolensky, *The Byzantine Commonwealth*, p.125.

38 Angelov, Die bulgarische Lander und das bulgarische Volk in der Grenzen des byzantinischen Reiches im XI-XII Jahrhundert (1018-1185), *Proceedings of the XIIth International Congress of Byzantine Studies*, p.155-61. Enquanto os *ekskousseiai* bizantinos quase nunca chegaram a ser imunidades "integrais", pois sempre se ativeram a taxas públicas sobre os *paroikoi*, as concessões búlgaras do mesmo período conferiram poderes senhoriais muito mais abrangentes sobre o campesinato. Ver: Cankova-Petkova, Byzance et le développement social et économique des Etats balkaniques", *Actes du Premier Congrès International des Etudes Balkaniques et Sud-Est Européennes*, Sofia, 1969, p.344-5.

39 O relato mais claro sobre esses levantes é o de Wolff, The "Second Bulgarian Empire". Its Origin and History to 1204, *Speculum*, XXIV, n.2, abr.1949, p.167-206.

um 'segundo" Império Búlgaro, com uma hierarquia administrativa, um protocolo de corte e um sistema tributário bastante inspirados nos de Bizâncio: o número de camponeses livres continuou a declinar, e o estrato boiardo consolidou seu poder. No início do século XIII, o Czar Joanista (Caloian) insistiu mais uma vez na meta tradicional das dinastias búlgaras – o assalto a Constantinopla e a pretensão ao título imperial universal que vinha com seu controle. Suas tropas derrotaram e assassinaram o imperador latino Balduíno pouco depois da Quarta Cruzada, e seu sucessor levou os estandartes búlgaros até o Adriático. Mas, em menos de uma década, esse Estado ampliado ruiu diante da investida dos mongóis.

As populações eslavas na antiga região da Ilíria foram, em geral, muito mais lentas para desenvolver um sistema político pós-tribal, pois não possuíam uma classe militar nômade mais bem organizada: a diferenciação social se deu de maneira mais gradual e a organização de clãs se provou bastante persistente. O reino croata em formação (900-1097) foi absorvido pela Hungria e não teve mais um papel independente. Mais ao sul, a partir de suas instalações fortificadas, os *župani* hereditários governavam territórios locais como se fossem patrimônios de família, dividindo a administração entre os parentes.[40] Os primeiros principados a surgir foram os de Zeta e Rascia, no século XI, criações antibizantinas parcialmente suprimidas pelos imperadores da dinastia Comneno. No final do século XII, o grande Župan Estêvão Nêmania uniu os dois territórios em um mesmo reino sérvio, adquirindo o título régio do Papa. Mas, mesmo contidos os esforços bizantinos para reconquistar a Sérvia, passaram-se mais cem anos até que os chefes dos clãs nobres tivessem amadurecimento suficiente para formar uma classe de donos de terra unificados, com direitos senhoriais sobre um campesinato servil e capacidade militar para expandir o território da monarquia sérvia. Mas o eclipse da Bulgária e de Bizâncio no início do século XIV lhes deu a oportunidade de ganhar o domínio dos Bálcãs. Estêvão Duchan anexou a Macedônia, a Tessália e o Épiro, proclamando-se imperador dos sérvios e dos gregos em Escópia, no ano de 1346. A estrutura social e política do Grande Império Sérvio está documentada

---

40 Dvornik, *The Slavs. Their Early History and Civilization*, p.162-3.

no exaustivo código legal, ou *Zakonnik*, redigido pouco depois, ainda sob o mando de Duchan. A nobreza dirigente possuía herdades alodiais hereditárias, cultivadas por *sebri* dependentes – equivalente sérvio aos *paroikoi* bizantinos –, camponeses que deviam obrigações em serviços e estavam formalmente presos à terra, por decreto régio. O monarca tinha amplos poderes autocráticos, mas era rodeado e aconselhado por um conselho permanente de magnatas e prelados. Duchan aboliu o título de Župan, com seus matizes de clã, e o substituiu pelo *kefalija* grego, termo bizantino para designar governador imperial. A corte, a chancelaria e a administração eram cópias grosseiras das de Constantinopla.[41] Algumas das cidades ribeirinhas do Danúbio exerciam o autogoverno municipal, por causa de seus laços estreitos com as cidades italianas. As minas de prata que proporcionavam boa parte dos rendimentos régios eram trabalhadas por escravos e gerenciadas por saxões. O Império Sérvio foi, sem dúvida, o Estado eslavo mais avançado a emergir nos Bálcãs medievais: as correntes ocidentais e bizantinas são visíveis no caráter misto desse sistema político, intermediário entre um completo sistema de feudos e uma burocracia autocrática. Mas essa mesma heterogeneidade de elementos o condenou a uma vida muito breve. Poucos anos depois da morte de Duchan, o império se desintegrou em conflitos de déspotas e apanágios divididos. Um último poder eslavo chegou a sucedê-lo. Por cinquenta anos, na metade final do século XIV, foi a vez de a Bósnia predominar no Adriático: mas a fé Bogomil de sua dinastia e o caráter eletivo de sua monarquia fizeram com que esse montanhoso posto avançado se tornasse incapaz de emular o Império Sérvio que o precedera.

Assim, o círculo de rivalidades entre Bizâncio, Bulgária e Sérvia se encerrava com uma regressão e declínio comuns ao fim do século XIV. O frágil sistema de Estados dos Bálcãs medievais entrara em crise geral mesmo antes da conquista otomana. Já se indicaram as razões estruturais do fracasso da região em produzir uma síntese feudal nativa. A natureza

---

41 Runciman, Byzantium and the Slavs. In: Baynes; Moss (Orgs.), *Byzantium: An Introduction to East Roman Civilization*, p.364-5; Dvornik, *The Slavs in European History and Civilization*, p.142-6.

abortiva dos Estados búlgaros e sérvios só as reforça; sob qualquer perspectiva comparativa europeia, sua característica mais marcante é a imitação recorrente e impossível da autocracia imperial de Bizâncio. Eles não quiseram ser reinos, mas impérios; seus governantes não almejaram qualquer título imperial, mas, sim, o de *autokratvr* greco-romano. Os impérios búlgaro e sérvio tentaram mimetizar o sistema administrativo dos Estados bizantinos e dele tomar posse pela conquista direta e pela sucessão. Tal tarefa lhes era inerentemente inviável e, de maneira fatal, os levou à exaustão política e social: a transição direta da tribo local para a burocracia imperial estava além dos recursos de qualquer nobreza da região e, na ausência de economia urbana ou escravista, não correspondia a nenhuma infraestrutura econômica real. Daí a ruína recíproca dos conflitos de três pontas em busca de um domínio imperial – que por si só já era, naquele momento, um anacronismo ilusório. Mas, ao mesmo tempo, a época em que se consumou essa ruína também foi de depressão generalizada por toda a Europa. Os documentos sobre a economia rural dos Bálcãs nesse período ainda são esparsos demais, em parte devido à obliteração otomana de suas instituições, para que agora se possa fazer algum julgamento firme quanto às suas tendências internas. Mas aqui, assim como nos outros lugares, as grandes pestes cobraram seu quinhão. Cálculos recentes sugerem que, entre 1348 e 1450, houve um declínio demográfico geral de 25%, de algo como 6 para 4,5 milhões, em uma região que já era pouco habitada.[42] Além disso, as revoltas sociais agora explodiam também nos Bálcãs. Já descrevemos a "comuna" de Tessalônica. Simultânea a ela houve uma insurreição camponesa nas planícies da Trácia, em 1342, contra os senhores provinciais bizantinos. Ao longo do Adriático, Kotor e Bar foram palco de levantes municipais. Na Bulgária, uma rebelião rural no ano de 1277 alçara um usurpador plebeu ao poder, por um breve período; no século XIV, a vagabundagem e o banditismo se disseminaram, no mesmo passo em que a propriedade terra ficava cada vez mais

---

42 Russell, Late Mediaeval Balkan and Asia Minor Population, *The Journal of the Economic and Social History of the Orient*, III, 1960, p.265-74; Id., *Population in Europe 500-1500*, p.19.

concentrada. As tensões do que teria sido a construção de um Estado imperial pelas mãos das várias aristocracias da península haviam acarretado, naturalmente, maiores exações fiscais sobre os pobres, que responderam com desconfiança e inquietude.

Vale notar que no campo quase não houve resistência popular à chegada dos otomanos, com a exceção – bastante significativa – dos primitivos redutos alpinos da Albânia, onde a organização tribal e de clãs ainda afastava a grande propriedade e obstruía a diferenciação social. Na Bósnia, onde o campesinato Bogomil fora particularmente perseguido pela Igreja Católica como heréticos tártaros e entregues às incursões escravizadoras dos mercadores de Veneza e Ragusa,[43] as massas rurais e alguns setores da nobreza local deram boas-vindas ao domínio turcomano e acabaram se convertendo ao islã. Braudel escreveu, categoricamente: "A conquista turcomana dos Bálcãs só foi possível por ter se beneficiado de uma espantosa revolução social. A sociedade senhorial que oprimia o campesinato foi surpreendida e ruiu por si mesma. A conquista, que eliminou os grandes donos de terras, representou, em certos aspectos, uma 'libertação dos pobres'. Os turcos só haviam conquistado a Ásia Menor lenta e pacientemente, depois de séculos de esforços obscuros; a Península Balcânica, por assim dizer, não ofereceu nenhuma resistência".[44] No entanto, tal juízo é sumário demais. Havia, de fato, alguns sinais de um colapso amplo e espontâneo da ordem social antes mesmo dos ataques turcomanos. Por

---

43 Werner, *Die Geburt einer Grossmacht – Die Osmanen*, p.229-33.

44 Braudel, *La Méditerranée et le monde méditerranéen à l'époque de Philippe II*, p.510. O contraste que Braudel estabelece entre os respectivos ritmos das conquistas da Ásia Menor e dos Bálcãs é distorcido, na medida em que sugere que a variável crucial foi o vigor relativo da resistência cristã. Pois a Anatólia foi ocupada aos poucos por avanços irregulares das tribos turcomanas, em ondas sucessivas de migração espontânea, ao passo que os Bálcãs foram conquistados por um Estado militar altamente organizado, na nova forma do Sultanato Otomano. Com seus tradicionais escrúpulos, Braudel retificou a última frase da passagem citada acima na reedição revisada de sua obra. Agora, ela diz: "A Península Balcânica *parece* ter resistido ao invasor" (grifos seus). Em uma nota, ele acrescenta que, se um estudo de Angelov estiver correto, a resistência búlgara foi mais vívida do que se afirma em seu texto. Ver: Braudel, *La Méditerranée et le monde méditerranéen à l'époque de Philippe II*, p.11.

toda parte, a classe nobre se fazia cada vez mais opressiva, e seus sistemas políticos estavam em crise. Mas não se podia excluir uma recuperação futura. Foi o assalto otomano que destruiu qualquer possibilidade de algum desenvolvimento ulterior nos Bálcãs. Os campos de Maritsa e Kosovo, nos quais caíram as aristocracias búlgara e sérvia, foram palco de lutas duras: os turcomanos não tiveram vitória fácil. Por outro lado, uma vez desferidos os golpes otomanos decisivos, as precárias estruturas de Estado balcânicas não tiveram recursos para seguir na batalha contra a invasão islâmica. Depois da derrota dos príncipes e nobres locais, a única chance de conter a maré turcomana ficou nas mãos do feudalismo ocidental e suas expedições defensivas para salvar os Bálcãs. Duas cruzadas internacionais saíram de Viena para serem esmagadas pelos exércitos otomanos, em 1396 e 1444, em Nicópolis e Varna. O feudalismo ocidental, agora também em agonia, já não era capaz das vitórias de seu auge. Nesses desastres, o sudoeste da Europa se reuniu de maneira fugaz ao destino geral do continente, antes de se apartar mais uma vez, de um jeito mais radical do que nunca.

Assim, o mundo medieval terminou em uma crise generalizada. Tanto os berços do feudalismo no Ocidente quanto os territórios do Oriente, para os quais se estendera ou onde falhara em se desenvolver, foram cenário de profundos processos de dissolução e mutação socioeconômicas no início do século XV. No limitar da Era Moderna, enquanto as muralhas de Constantinopla caíam diante dos canhões turcomanos, as consequências dessas mudanças para a ordem política da Europa ainda estavam bastante ocultas. O desenlace do sistema de Estado que delas viria a surgir resta a ser explorado.

Referências bibliográficas

AHRWEILER, H. *Byzance er la Mer*. Paris: Presses Universitaires de France, 1966.
ANDREWS, A. *The Greek Tyrants*. Londres: Hutchinson University Library,1956.
_____. *Greek Society*. Londres: Penguin, 1967.
ANGELOV, D. Byzance et L'Europe Occidentale. *Études Historiques*, Sofia, 1967.
_____. Die bulgarische Lander und das bulgarische Volk in der Grenzen des byzantinischen Reiches im XI-XII Jahrhundert (1018-1185). *Proceedings of the XIIth International Congress of Byzantine Studies*.
ARISTÓTELES, *Politics*, VII, iv. [Ed. bras. *A política*. Rio de Janeiro: Nova Fronteira, 2011].
ARNHEIM, M. *The Senatorial Aristocracy in the Later Roman Empire*. Oxford: Clarendon Press, 1972.
BADIAN, E. Alexander the Great and the Unity of Mankind. In: Griffith, G. T. *Alexander the Great; the Main Problems*. Cambridge: Heffer, 1966.
_____. *Roman Imperialism in the Late Republic*. Oxford: Oxford, 1968.
BARRACLOUGH, G. *The Origins of Modern Germany*. Oxford: Norton & Company, 1962.
BAUTIER, R. H. *The Economic Development of Mediaeval Europe*. Londres: Thames and Hudson, 1971.
BETTS, R. R. The Social Revolution in Bohemia and Moravia in the Later Middle Ages. *Past and Present*, n.2, nov. 1952.
_____. Social and Constitutional Development in Bohemia in the Hussite Period. *Past and Present*, n.7, abr. 1955.
_____. Society in Central and Western Europe: Its Development towards the End of the Middle Ages. In: *Essays in Czech History*. Londres: Athlone Press,1969.

BJURLING, O. Die ältere schwedische Landwirtschaftspolitik im Überblick. *Zeitschrift für Agrargeschichte und Agrarsoziologie*, Jg 12, Hft I, 1964.

BLOCH, M. Comment et pourquoi finit l'esclavage antique?, *Annales ESC*, 2, 1947.

_____. *Les Caractères originaux de l'histoire rurale française*. Paris: Armand Colin, 1952.

_____. *Feudal Society*. Londres: Routledge & Kegan Paul, 1962.

_____. *Mélanges historiques*. Paris: SEVPEN, 1963, v.I.

BLUM, J. The Rise of Serfdom in Eastern Europe. *American Historical Review*, LXVII, n.4, jul. 1957.

_____. The Rise of Serfdom in Eastern Europe. *American Historical Review*, jul. 1977.

BOARDMAN, J. *The Greeks Overseas*. Londres: Thames & Hudson, 1964.

BOUSSARD, J. *The Civilization of Charlemagne*, In: MUSSET, L. *Les Invasions*. Le Second Assaut contre l'Europe Chrétienne. Paris: Presses Universitaires de France, 1965.

_____. *The Civilization of Charlemagne*. Londres: Weidenfeld and Nicolson, 1968.

BOUTRUCHE, R. *Seigneurie et Féodalité*. Paris: Aubier, 1959.

_____. *Seigneurie et Féodalité*, II, Paris: Aubier, 1970.

BRAUDEL, F. *La Méditerranée et le monde méditerranéen à l'époque de Philippe II*. Paris: 1949. [Ed. bras. *O Mediterrâneo e o mundo mediterrânico na época de Filipe II*. São Paulo: Martins Fontes, 1984].

BRATCHEL, M. E. *Edward Augustus Freeman and the Victorian Interpretation of the Norman Conquest*. Ilfracombe: Stockwell, 1969.

BROMBERG, E. I. Wales and the Mediaeval Slave Trade. *Speculum*, v.XVII, n.2, abr. 1942.

BRONSTED, J. *The Vikings*. Londres: Penguin, 1967.

BROWN, P. *The World of Late Antiquity*. Londres: Thames & Hudson, 1971.

_____. *Religion and Society in the Age of St. Augustine*. Londres: Harper & Row, 1972.

BROWNING, R. "Rabstvo v Vizantiiskoi Imperii (600-1200 gg), *Vizantiiskii Vremennik*, 1958, XIV.

BRUNT, P.A. The Army and the Land in the Roman Revolution. *The Journal of Roman Studies*, 1962.

_____. Italian Aims at the Time of the Social War. *The Journal of Roman Studies*, 1965.

_____. The Roman Mob. *Past and Present*, 1966.

_____. *Italian Manpower 225 B.C.- A.D. 14*. Oxford: Clarendon Press, 1971a.

_____. *Social Conflicts in the Roman Republic*. Londres: [s.n.], 1971b.

BULLOUGH, D. *The Age of Charlemagne*. Londres: Cambridge University Press, 1965.

CAHEN, C. La Première Pénétration Turque en Asie Mineure (Seconde Moitié du XIᵉ Siècle). *Byzantion*, 1948.

CANKOVA-PETKOVA, G. Byzance et le developpement social et economique des etats balkaniques. *Actes du Premier Congrès International des Etudes Balkaniques et Sud-Est Européennes*, Sofia, 1969.

CARSTEN, F. L. *The Origins* of *Prussia*. Oxford: [s.n.], 1954.

CASTRO, A. *Portugal na Europa do seu tempo*, Lisboa: Seara Nova, 1970.

CHARANIS, P. Internal Strife in Byzantium during the Fourteenth Century. *Byzantion*, XV, 1940-1.

_____. On the Social Structure of the Later Roman Empire. *Byzantion*, XVII, 1944-5.

CHITTY, D. J. *The Desert a City*. Oxford: Blackwell, 1966.

COURTOIS, C. *Les Vandales et l'Afrique*. Paris: Arts et Métiers Graphiques, 1955.

CROSS, S. H. *Slavic Civilization through the Ages*. Cambridge, Mass.: Harvard University Press, 1948.

DEN HOLLANDER, A. N. J. The Great Hungarian Plain. A European Frontier Area. *Comparative Studies in Society and History*, III.

DOBB, M. *Studies in the Development of Capitalism*. Londres: Routledge, 1967.

DOPSCH, A. *Wirtschaftliche und Soziale Grundlagen der europäischen Kulturentwicklung von Cäsar bis auf Karl den Großen*. Viena: Seidel Verlag, 1920-1923.

DUBY, G. *L'Économie Rurale et la Vie des Campagnes dans L'Occident Médiéval*. Paris: Aubier, 1962.

_____. Les sociétés médiévales: une approche d'ensemble. *Annales ESC*, jan.-fev. 1971.

_____. *Guerriers et paysans*. Paris: Gallimard, 1973.

DVORNIK, F. *The Making of Central and Eastern Europe*. Londres: The Polish Research Centre, 1949.

_____. *The Slavs. Their Early History and Civilization*. Boston: American Academy of Arts and Sciences, 1956.

_____. *The Slavs in European History and Civilization*. New Brunswick: Rutgers University Press, 1962.

D'YAKOV, V. N. D. *Vestnik Drevnei Istorii* [Revista de História Antiga], 1958, IV.

EHRENBURG, V. *The Greek State*. Londres: Thames & Hudson, 1967.

EFENDIEY, M. M.; PERSHITS, A. I. O Sushchnosti Patriarkhal'no-Feodal'nykh Otnoshenii u Kochevikov-Skotovodov. *Voprosy Istorii*, nov. 1955, n.II.

FICHTENAU, H. *The Carolingian Empire*. Oxford: Blackwell, 1957.

FINLEY, M. I. Technical Innovation and Economic Progress in the Ancient World. *Economic History Review*, XVIII, n.I, 1955.

_____. Was Greek Civilization Based on Slave Labour? *Historia*, VIII, 1959.

_____. *The Ancient Greeks*. Londres: Chatto & Windus, 1963.

FINLEY, M. I. Between Slavery and Freedom. *Comparative Studies in Society and History*, VI, 1963-4.

_____. *Democracy Ancient and Modern*. Londres: Rutgers University Press, 1973.

_____. *Studies in Land and Credit in Ancient Athens 500-200 B.C.* New Brunswick: Rutgers University Press, [s.d.].

FOOTE, P.; Wilson, D. M. *The Viking Achievement*. Londres: Book Club Associates, 1970.

FORREST, W. C. *The Emergence of Greek Democracy*. Londres: World University Library, Weidenfeld & Nicolson, 1966.

FOURQUIN, G. *Histoire économique de l'occident medieval*. Paris: Armand Colin, 1969.

FRANK, R. I. *Scholae Palatinae*: The Palace Guards of the Later Roman Empire. Roma: American Academy, 1969.

FREEMAN, E. A. *The History of the Norman Conquest of England, Its Causes and Results*. Oxford: 1867.

GANSHOF, F. L. *The Carolingians and the Frankish Monarchy*. Londres: Longman, 1971.

GIBBON, E. *The History of the Decline and Fall of the Roman Empire*, v.I, 1896. [Ed. bras. *Declínio e queda do Império Romano*. São Paulo: Companhia das Letras, 2005].

GIEYSZTOR, A. Recherches sur les Fondements de la Pologne Mediévale: État Actuel des Problèmes. *Acta Poloniae Historica,* IV, 1961.

GRAMSCI, A. *Il Materialismo Storico*. Turim: Einaudi, 1966.

GRAUS, F. Origines de l'État et de la noblesse en Moravie et en Bohème. *Revue des Etudes Slaves*, v.39, 1961.

_____. Deutsche und Slawische Verfassungsgeschichte, *Historische Zeitschrift*, CXLVII, 1963.

GUREVICH, A. Représentations et Attitudes à l'Egard de la Propriété pendant le Haut Moyen Age, *Annales ESC*, maio/ jun. 1972.

HADJINICOLAOU-MARAVA, A. *Recherches sur la vie des esclaves dans le monde byzantin*. Atenas: Collection de l'Institut Français, 1950.

HALPHEN, L. *Charlemagne et l'Empire Carolingien*. Paris: Albin Michel, 1949.

HAMMOND, N. G. L. *A History of Greece to 322 B.C.* Oxford: Clarendon Press, 1959.

HARMATTA, J. La société des huns à l'époque d'Attila. *Recherches Internationales*, n.2, maio-jun. 1957.

HARTMANN, L. M. *Geschichte Italiens im Mittelalter* [A história da Itália na Idade Média] II/ii, Gotha: 1903.

HAUDRICOURT, A. G.; DELAMMARE, M. J-B. *L'Homme et la charrue a travers le monde*. Paris: Gallimard, 1955.

HECKSHER, E. Un grand chapitre de l'histoire du fer: le monopole suédois. *Annales* n.14, mar.1932.

_____. *An Economic History of Sweden*. Cambridge (EUA): Harvard University Press, 1954.

HEGEL, G. W. F. *The Philosophy of History*. Londres: 1878. [Ed. bras. *Filosofia da história*. Brasília: Universidade de Brasília, 2008].

HEICHELHEIM, F. M. *An Ancient Economic History* v.III. Leyden: A. W. Sijthoff, 1970.

HELLIE, R. H. *Enserfment and Military Change in Muscovy*. Chicago: University of Chicago Press, 1971.

HERLIHY, D. Population, Plague and Social Change in Rural Pistoia, 1201-1450, *Economic History Review*, XVIII, n.2, 1965.

HERRIN, J. The Collapse of the Byzantine Empire in the Twelfth Century: A Study of a Mediaeval Economy, *University of Birmingham Historical Journal*, XII, n.2, 1970.

HEYMANN, F. *John Zizka and the Hussite Revolution*. Princeton: Princeton University Press, 1965.

HIBBERT, A. B. The Origin of the Mediaeval Town Patriciate, *Past and Present*, n.3, fev. 1953.

HILTON, R. H. *The Modern Quarterly*, v.1, n.3, 1947.

_____. Y eut-il une crise generale de la feodalite, *Annales ESC*, jan.-mar. 1951.

_____. The Transition from Feudalism to Capitalism, *Science and Society*, outono de 1953.

_____. *A Mediaeval Society*: The West Midlands at the End of the Twelfth Century. Londres: Weidenfeld & Nicholson, 1964.

_____. *The Decline of Serfdom in Mediaeval England*. Londres: Macmillan, 1969.

_____. Peasant Movements in England before 1381. In: CARUS-WILSON, E. M. (Org.), *Essays in Economic History*, v.II. Londres: E. Arnold, 1962.

_____. *Bond Men Made Free*. Londres: Temple Smith, 1973.

HILTON, R. H.; SAWYER, P. H. Technical Determinism: the Stirrup and the Plough, *Past and Present*, n.24, abr. 1963.

HINOJOSA, E. La Servidumbre de la Gleba en Aragón. *La España Moderna*, 190, out. 1904.

HINTZE, O. Weltgeschichtliche Bedingungen der Repräsentativverfassung. In: *Gesammelte Abhandlungen* v.I, Leipzig, 1945.

HOLLISTER, W. 1066: the Feudal Revolution, *American Historical Review*, v.LXXIII, n.3, fev. 1968.

HOPKINS, K. Elite Mobility in the Roman Empire, *Past and Present*, n.32, dez. 1965.

IORGA, N. L'interpenetration de l'Orient et de l'Occident au moyen âge. *Bulletin de la Section Historique*, XV, 1929.

JACKSON, G. *The Making of Mediaeval Spain*. Londres: Thames and Hudson, 1972.

JOLOWICZ, H. F. *Historical Introduction to the Study of Roman Law*. Cambridge: Cambridge University Press, 1972.

JOHN, E. English Feudalism and the Structure of Anglo-Saxon Society, *Bulletin of the John Rylands Library*, 1963-4.

JONES, A. H. M. *The Greek City from Alexander to Justinian*. Oxford: Clarendon Press, 1940.

_____. Inflation under the Roman Empire, *Economic History Review*, V, n.3, 1953.

_____. Slavery in the Ancient World. *Economic History Review*, 9, p.185-99, 1956.

_____. *Athenian Democracy*. Oxford: Blackwell, 1957.

_____. Over-Taxation and the Decline of the Roman Empire, *Antiquity*, XXXIII, 1959.

_____. The Social Background of the Struggle between Paganism and Christianity. In: MOMIGLIANO, A. (Org.), *The Conflict Between Paganism and Christianity in the Fourth Century*. Oxford: Clarendon Press, 1963.

_____. *Sparta*. Oxford: Basil Blackwell, 1967.

_____. *Augustus*. Londres: Chatto & Windus, 1970.

_____. *The Later Roman Empire: 282-602* Oxford: Basiil Blackwell, 1964, v.II.

JONES, G. *A History of the Vikings*. Oxford: Oxford University Press, 1968.

JONES, P. The Agrarian Development of Mediaeval Italy, *Second International Conference of Economic History*, Paris: 1965.

KAEGI, W. Some Reconsiderations on the Themes (Seventh-Ninth Centuries), *Jahrbuch der österreichischen byzantinischen Gesellschaft*, XVI, 1967.

KAMEN, H. *The Iron Century*. Social Change in Europe 1550-1660. Londres: Weidenfeld & Nicolson, 1971.

KAZHDAN, A. P. Vizantiiskie Goroda, v. VII-IX vv, *Sovietskaya Arkheologiya*, v.21, 1954.

_____. Eshchyo Raz ob Agrarnykh Otnosheniyakh v Vizantii IV-XI, *Vizantiiskii Vremennik*, 1959.

KELLEY, D. R. De Origine Feudorum: The Beginnings of a Historical Problem, *Speculum*, XXXIX, abr. 1964, n.2.

KIECHLE, F. *Sklavenarbeit und Technischer Fortschritt im römischen Reich*. Wiesbaden: Steiner, 1969.

KLIMA, A.; MACUREK, J. La question de la transition du féodalisme au capitalisme en Europe centrale (16e – 18e Siècles), *10th International Congress of Historical Sciences*, Uppsala, 1960.

KOSMINSKY, E. A. The Evolution of Feudal Rent in England from the 11th to the 15th Centuries. *Past and Present*, n.7, abr. 1955.

KOYRÉ, A. Du monde de l' à peu près à l'univers de la prècision, *Critique*, set. 1948.

KUHN, H. Die Grenzen der germanischen Gefolgschaft, *Zeitschrift der Savigny-Stiftung Rechstgeschichte (Germanistische Abteilung)*, LXXXVI, 1956.

KULA, W. *Théorie economique du système féodale*. Paris-La Haye: Mouton, 1970.

LATTIMORE, O. *Inner Asian Frontiers of China*. Nova York: American Geographical Society, 1951.

LAURIE, E. A Society Organized for War: Medieval Spain, *Past and Present* n.35, dez. 1966.

_____. Feudalism in History, *Past and Present*, n.12, nov. 1957.

_____. *Nomads and Commissars*. Nova York: Oxford University Press, 1962.

LAWSON, F. H. Roman Law. In: BALSDON J. P. (Org.), *The Romans*. Londres: Longman, 1967.

LEMERLE, P. Invasions et migrations dans les Balkans depuis la fin de l'époque romaine jusq'au VIIe Siècle, *Revue Historique*, CCXI, abr.-jun. 1954.

_____. Esquisse pour une histoire agraire de Byzance: les sources et les problèmes, *Revue Historique*, 119, 1958.

_____. Quelques remarques sur le regne d'Heraclius, *Studi Medievali*, I, 1960.

LESLIE, R. F. *The Polish Question*. Londres: The Historical Association, 1964.

LESTOCQUOY, J. *Aux origines de la bourgeoisie*: les villes de Flandre et de l'Italie sous le gouvernement des patriciens (XIe-XVe Siècles). Paris: Presses Universitaires de France, 1952.

LIUBLINSKAYA, A. D. Tipologiya Rannevo Feodalizma v Zapadnoi Evrope i Problema Romano Germanskovo Sinteza [Tipologia do feudalismo na Europa ocidental e o problema da síntese romano-germânica], *Srednie Veka*, fasc.31, 1968.

LÖNROTH, E. The Baltic Countries. In: *The Cambridge Economic History of Europe* III, Cambridge: Cambridge University Press, 1963.

LOPEZ, R. S. The Silk Trade in the Byzantine Empire, *Speculum*, XX, n.I, jan. 1945.

_____. The Dollar of the Middle Ages, *The Journal of Economic History*, XI, verão de 1951, n.3.

_____. *The Birth of Europe*. Londres: M. Evans & Company, 1967.

LOT, F. *La fin du monde antique et le début du Moyen Âge*. Paris: La Renaissance du Livre, 1952.

_____. Du regime de l'hospitalité. *Recueil des travaux historiques de Ferdinand Lot*. Genebra: 1970.

LOWMIANOWSKI, H. La genese des etats slaves et ses bases sociales et economiques, *La Pologne au Xe Congrès International des Sciences Historiques à Rome*, Warsaw, 1955.

_____. Economic Problems of the Early Feudal Polish State, *Acta Poloniae Historica*, III, 1960.

LOYN, H. R. *Anglo-Saxon England and the Norman Conquest*. Londres: Asa Briggs, 1962.
LUKÁCS, G. *History and Class Consciousness*. Londres: Merlin Press, 1971. [Ed. bras. *História e consciência de classe*. São Paulo: WMF Martins Fontes, 2012].
LÜTGE, F. The Fourteenth and Fifteenth Centuries in Social and Economic History. In: STRAUSS, G. (Org.), *Pre-Reformation Germany*. Londres: Macmillan, 1972.
MACEK, J. *The Hussite Movement in Bohemia*. Praga: Lawrence and Wishart, 1958.
MACFARLANE, K. B. Bastard Feudalism, *Bulletin of the Institute of Historical Research*, v.XX, n.61, maio-nov. 1945.
MACMULLEN, R. Social Mobility and the Theodosian Code, *The Journal of Roman Studies*, LIV, 1964.
MACZAK, A. The Social Distribution of Landed Property in Poland from the 16th to the 18th Century. *Third International Conference of Economic History*, Paris, 1968.
MADDALENA, A. *Rural Europe 1500-1750*. Londres: Fontana/Collins, 1970.
MALOWIST, M. Le commerce de la Baltique et le problème des luttes sociales en Pologne aux XIVe et XVe siècles. *La Pologne au Xe Congrès International des Sciences Historiques*.
MARX. K. *Grundrisse der Kritik der politischen Ökonomie*. Berlim: Dietz Verlag, 1953. [Ed. bras. *Grundrisse Manuscritos econômicos de 1857-1858*: Esboços da crítica da economia política. São Paulo: Boitempo, 2011].
_____. *Capital*, Moscou: 1962, III. [Ed. bras. *O Capital*. São Paulo: Boitempo, 2013].
_____. *Pre-Capitalist Formations*. Londres: Lawrence & Wishart, 1964.
_____. *The Secret Diplomatic History of the Eighteenth Century*. Londres: Lawrence & Wishart, 1969.
_____.; ENGELS, F., *Selected Correspondence*. Moscou: Progress Publishers, 1965.
_____. *Selected Works*. Londres: Lawrence & Wishart, 1968.
MAZZA, M. *Lotte sociale e restaurazione autoritaria nel terzo secolo D.C.* Catania: Università, 1970.
MAZZARINO, S. Si può parlare di rivoluzione sociale alla fine del mondo antico?, *Centro Italiano di Studi Sull'Alto Medioevo, Settimani di Spoleto*, IX, 6-12 abr. 1961.
MCNEILL, W. H. *The Rise of the West*. Chicago: University of Chicago Press, 1963.
_____. *Europe's Steppe Frontier 1500-1800*. Chicago: University of Chicago Press 1964.
MEIGGS, R. *The Athenian Empire*. Oxford: Clarendon Press, 1972.
MILLAR, F. *The Roman Empire and its Neighbours*. Londres: Duckworth, 1967.
MISKIMIN, H. Monetary Movements and Market Structures – Forces for Contraction in Fourteenth and Fifteenth Century England, *Journal of Economic History*, XXIV, dez. 1964, n.2.

MOMIGLIANO, A. *Filippo il Macedone*. Florença: Le Monnier, 1934.

_____. *Quarto Contribuito alla Storia degli Studi Classici a del Mondo Antico*. Roma: Edizioni di Storia e Letteratura, 1969.

MORITZ, L. A. *Grain-Mills and Flour in Classical Antiquity*. Oxford: Clarendon Press, 1958.

MUSSET, L. *Les Peuples scandinaves au moyen âge*. Paris: PUF, 1951.

_____. *Les Invasions*: Le Second Assaut contre l'Europe Chrétiene (VIIe-XIe Siècles). Paris: Presses Universitaires de France, 1965.

_____. *Les Invasions. Les Vagues germaniques*. Paris: Presses Universitaires de France, 1967.

MYERS, A. R. (Org.). *English Historical Documents v.IV, 1327-1485*. Londres: Oxford University Press, 1969.

NEUMANN, C. *Die Weltstellung des byzantinischen Reiches vor den Kreuzzügen*. Leipzig: Duncker & Humblot, 1894.

NOETTES, L. *L'Attelage et le cheval de selle à travers les âges*. Paris: Picard, 1931.

OBOLENSKY, D. *The Byzantine Commonwealth*. Londres: Collected Studies, 1971.

OLIVA, P. *Pannonia and the Onset of Crisis in the Roman Empire*. Praga: Parker, 1962.

_____. *Sparta and Her Social Problems*. Amsterdam e Praga, 1971.,

OLIVEIRA MARQUES, A. H. *A Sociedade Medieval Portuguesa*, Lisboa: Livraria Sá da Costa Editora, 1964.

OSTROGORSKY, G. *Pour L'Histoire de la féodalité byzantine*. Bruxelas: Éditions de l'Institut de philologie et d'histoire orientales et slaves, 1954.

_____. Byzantine Cities in the Early Middle Ages. *Dumbarton Oaks Papers*, n.13, 1959.

_____. L'exarchat de ravenne et l'origine des thèmes byzantins, *VII Corso di Cultura sull'Arte Ravennate e Bizantina*, Ravena, 1960.

_____. The Byzantine Background to the Moravian Mission, *Dumbarton Oaks Papers*, n.19, 1965.

_____. *History of the Byzantine State*. Oxford: Basil Blackwell, 1968.

_____. Observations on the Aristocracy in Byzantium. *Dumbarton Oaks Papers*, n.25, 1971.

PACH, Z. *Die ungarische Agrarentwicklung im 16-17 Jahrhundert – Abbiegung von Westeuropäischen Entwicklungsgang*. Budapeste: Akadémiai Kiadó, 1964.

PAINTER, S. *The Rise of the Feudal Monarchies*. Ithaca: Cornell University Press, 1954.

PANOFSKY, E. *Meaning in the Visual Arts*. Nova York: University of Chicago Press, 1955.

PARRY, J. H. Transport and Trade Routes. *Cambridge Economic History of Europe*, v.IV, *The Economy of Expanding Europe in the Sixteenth and Seventeenth Centuries* Cambridge: Cambridge University Press, 1967.

PERROY, E. Les crises du XIVe siècle, *Annales ESC*, abr.-jun. 1949.

_____. Wage-Labour in France in the Later Middle Ages, *Economic History Review*, Segunda Série, VIII, n.3, dez. 1955.

PERTUSI, A. La formation des thèmes byzantins, *Berichte zum XI Internationalen Byzantinisten-Kongress*, Munique, 1958.

PETIT, P. *La Civilisation hellénistique*. Paris: PUF, 1962.

PETIT-DUTAILLIS, C. *Feudal Monarchy in England and France*. Londres: Cambridge University Press, 1936.

_____. *Les Communes françaises*. Paris: Albin Michel, 1947.

PIGANIOL, A. *L'Empire chrétien (325-395)*. Paris: PUF, 1947.

PIRENNE, H. *Economic and Social History of Mediaeval Europe*. Londres: Routledge and Kegan Paul, 1936.

PLUTARCO. *Tiberius and Caius Gracchus* [Tibério e Caio Graco] IX, 5.

PORSHNEV, B. F. *Feodalizm i Narodny Massye*. Moscou: 1964.

PORTAL, R. *Les Slaves*. Paris: Armand Colin, 1965.

POSTAN, M. M. The Chronology of Labour Services. *Transactions of the Royal Historical Society*, XX, 1937.

_____. The Fifteenth Century, *Economic History Review*, v.IX, 1938-9.

_____. Some Economic Evidence of Declining Population in the Later Middle Ages, *Economic History Review*, n.3, 1950.

_____. *The Mediaeval Economy and Society*. Londres: 1972.

POTAPOV, L. P. O Sushchnosti Patriarkhal'noFeodal'nykh Otnosheniyakh U Kochevykh Narodov Srednei Azii i Kazakhstana [Sobre as relações patriarcais não feudais entre os povos nômades da Ásia Central e do Cazaquistão], *Voprosy Istorii*, jun. 1954.

POULANTZAS, N. *Pouvoir politique et classes sociales*. Paris: Maspero, 1968. [Ed. bras. *Poder político e classes sociais*. São Paulo: Martins Fontes, 1986].

PRESTWICH, J. O. Anglo-Norman Feudalism and the Problem of Continuity, *Past and Present*, n.26, nov. 1963.

VON RANKE, L. *Geschichte der romanischen und germanischen Völker von 1494 bis 1514* [História das nações latinas e teutônicas de 1494 a 1514]. Leipzig: Duncker & Humblot, 1885.

REINHOLD, M. Historian of the Ancient World: A Critique of Rostovtseff, *Science and Society*, outono de 1946, X, n.4.

REMONDON, R. *La Crise de l'empire romaine*. Paris: PUF, 1964.

ROBERTS, M. *The Early Vasas*. Cambridge: Cambridge University Press, 1968.

ROSENBERG, H. The Rise of the Junkers in Brandenburg-Prussia 1410-1653, *American Historical Review*, v.XLIX, out. 1943-jan. 1944.

ROSTOVTSEV, M. *Iranians and Greeks in South Russia*. Oxford: Clarendon Press, 1922.

_____. *The Social and Economic History of the Hellenistic World*. Oxford: 1941.

ROUND, J. H. *Feudal England*. Londres: Clarendon Press, 1964.

RUNCIMAN, S. *A History of the First Bulgarian Empire*. Londres: G. Bell & Sons, 1930.

_____. Byzantium and the Slavs. In: BAYNES, N. e MOSS, H. (Orgs.), *Byzantium*: An Introduction to East Roman Civilization. Oxford: Clarendon Press, 1948.

RUSSELL, J. C. *Late Ancient and Mediaeval Populations*. Filadélfia: The American Philosophical Society, 1958.

_____. *Population in Europe 500-1300*. Londres: Longman, 1969.

_____. Late Mediaeval Balkan and Asia Minor Population, *The Journal of the Economic and Social History of the Orient*, III, 1960.

RYAZANOV, D. Karl Marx über den Vorsprung der Vorherrschaft Russlands in Europa, *Die Neue Zeit (Ergäntungshefte n.5)*, 7 mar. 1909.

SAKAZOV, I. *Bulgarische Wirtschaftsgeschichte*. Berlim/Leipzig: Walter De Gruyter & Co., 1929.

SAKHAROV, A. N. O Dialektike Istoricheskovo Razvitiya Russkovo Krest'yantsva, *Voprosy Istorii*, 1970, n.I.

SANCHEZ-ALBORNOZ, C. *Estudios sobre las Instituciones Medievales Españoles*. México: Universidad Nacional Autónoma de México, 1965.

SAWYER, P. H. *The Age of Vikings*. Londres: Edward Arnold, 1962.

SHEVELENKO, A. Ya. K Tipologii Genezisa Feodalizma, *Voprosy Istorii*, jan.1971.

SCHLESINGER, W. Randbemerkungen zu drei Aufsätzen über Sippe, Gefolgschaft und Treue, *Beiträge zur Deutschen Verfassungsgeschichte des Mittelalters*, v.I, Göttingen: 1963.

_____. Herrschaft und Gefolgschaft in der germanisch-deutschen Verfassungsgeschichte, *Beiträge zur deutschen Verfassungsgeschichte des Mittelalters*, Bd.I, Gottingen: 1963.

SCHMIDT, K. R. The Social Structure of Russia in the Early Middle Ages, *XIe Congrès International des Sciences Historiques*, Uppsala, 1960.

SHTAERMAN, E. M. *Krizis Rabovladel' cheskovo Stroya v Zapadnykh Provintsiyakh Rimskoi Imperii*. Moscou: 1917.

SIRAGO, V. *Gallia Placidia e la Trasformazione Politica dell'Occidente*. Lovaina: 1961.

SIUZIUMOV, M. Ya. Vizantiiskii Gorod (Seredina VII – Seredina IX v.) [Cidade bizantina (séculos VII a IX)], *Vizantiiskii Vremennik*, 1958, XV.

_____. Nekotorye Problemy Istorii Vizantii [Alguns problemas na história de Bizâncio], *Voprosy Istorii*, mar. 1959, n.3.

_____. Borba za Puti Razvitiya Feodal'nykh Otnoshenii v Vizantii [Os caminhos do desenvolvimento das relações feudais em Bizâncio]. In: *Vizantiiskie Ocherki* [Estudos bizantinos]. Moscou: 1961.

SKAZKIN, S. D. Osnovnye Problemi tak Nazyvaemovo "Vtorovo Izdanii Krepostnichestva" v Srednei i Vostochnoi Evrope, *Voprosy Istorii*, fev. 1958.

SLICHER VAN BATH, B. H. *The Agrarian History of Western Europe*. Londres: Edward Arnold, 1963.

_____. The Yields of Different Crops (Mainly Cereals) in Relation to the Seed c.810-1820, *Acta Historiae Neerlandica*, XI, 1967.

SMITH, R. E. F. (Org.), *The Enserfment of the Russian Peasantry*. Cambridge: Cambridge University Press, 1968.

SOUTHERN, R. W. *The Making of the Middle Ages*. Londres: Hutchinson's University Library, 1953.

STE. CROIX, G. E. M. The Character of the Athenian Empire, *Historia*, Bd. III, 1954-5.

STEIN, E. Paysannerie et grands domaines dans l'Empire Byzantin, *Recueils de la Société Jean Bodin, II, Le Servage*, Bruxelas, 1959.

STEPHENSON, C. *Mediaeval Institutions*. Ithaca: Cornell University Press, 1954.

STROHEKER, K. F. *Der Senatorische Adel im Spätantiken Gallien*. Tübingen: Alma Mater Verlag, 1948.

_____ *Germanentum und Spätantike*. Zurique: Artemis Verlag, 1965.

SUNDWALL, J. *Weströmische Studien*. Berlim: Mayer & Müller, 1915.

SVORONOS, N. Société et organization interieure dans l'Empire Byzantin au XIe siecle: les principaux problèmes, *Proceedings of the XIIth International Congress of Byzantine Studies*.

SYRNE, R. *Tacitus*, II, Oxford: The Clarendon Press, 1958.

_____. *The Roman Revolution*. Oxford: The Clarendon Press, 1960.

_____. *Emperors and Biography, Studies in the Historia Augusta*. Oxford: Oxford University Press, 1971.

SZEFTEL, M. Aspects of Russian Feudalism. In: COULBORN, R. (Org.), *Feudalism in History*. Princeton: Princeton University Press, 1956.

TAKAHASHI, K. The Transition from Feudalism to Capitalism, *Science and Society*, XVI, n.41, outono de 1952.

TEALL, J. L. The Byzantine Agricultural Tradition, *Dumbarton Oaks Papers*, n.25, 1971.

THOMPSON, E. A. *A History of Attila and the Huns*. Oxford: Clarendon Press, 1948.

_____. *A Roman Reformer and Inventor*. Oxford: Clarendon Press, 1952.

_____. Peasant Revolts in Late Roman Gaul and Spain, *Past and Present*, nov. 1952.

_____. The Settlement of the Barbarians in Southern Gaul, *The Journal of Roman Studies*, XLVI, 1956.

_____. The Conversion of the Visigoths to Catholicism *Nottingham Mediaeval Studies*, IV, 1960.

THOMPSON, E. A. Christianity and the Northern Barbarians. In: MOMIGLIANO, A. (Org.) *The Conflict Between Paganism and Christianity in the Fourth Century*, Oxford: Clarendon Press, 1963.

_____. The Visigoths from Fritigern to Euric, *Historia*, Bd XII, 1963.

_____. The Barbarian Kingdoms in Gaul and Spain, *Nottingham Mediaeval Studies*, VII, 1963.

_____. *The Early Germans*. Oxford: Clarendon Press, 1965.

_____. *The Visigoths in the Time of Wulfila*. Oxford: Clarendon Press, 1966.

_____. *The Goth in Spain*. Oxford: Clarendon Press, 1969.

TITO LÍVIO. *Histories*, XXXIV.

TOLYBEKOV, S. E. O Patriarkhal' no-Feodal'nykh Otnosheniyakh U Kochevykh Narodov [Sobre relações patriarcais não feudais entre os povos nômades], *Voprosy Istorii*, jan.1955.

TOUMANOFF, C. The Background to Manzikert, *Proceedings of the XIIIth International Congress of Byzantine Studies*, Londres, 1967.

TYMIENIECKI, K. Le servage en Pologne et dans les pays limitrophes au moyen âge, *La Pologne au Xe Congrès International des Sciences Historiques*.

VALDEAVELLANO, L. *Historia de España*. Madri: Publicaciones de la Rev. de Occidente, 1955.

VARADY, L. *Das Latze Jahrhundert Pannoniens (376-476)* [O último século da Panônia (376-476)]. Amsterdam: A. M. Hakkert, 1969.

VERLINDEN, C. *L'Esclavage dans l'Europe Medievale* I, Bruges: De Tempel, 1955.

VERNANT, J. P. *Mythe et Pensée chez les Grecs*. Paris: Éditions Maspero, 1965. [Ed. bras. *Mito e pensamento entre os gregos*: estudos de psicologia histórica. Rio de Janeiro: Paz e Terra, 2008].

VICENS VIVES, J. *Historia de los Remensas en el Siglo XV*. Barcelona: Instituto Jerónimo Zurita, 1945.

_____. *Manual de Historia Económica de España*. Barcelona: Ed. Vicens Vives, 1959.

VLADIMIRTSOV, G. B. Ya. *Obshchestvennyi Stroi Mongolov. Mongol'skii Kochevoi Feodalizm* [O sistema social dos mongóis. Feudalismo nômade mongol]. Leningrado: 1934.

VOGT, J. *The Decline of Rome*. Londres: Weidenfeld and Nicholson, 1965.

VERNADSKY, G. The Beginnings of the Czech State, *Byzantion*, 1944-5, XVII.

_____. *Kievan Russia*. Yale: Yale University Press, 1948.

_____. *The Mongols and Russia*. Yale: Yale University Press, 1953.

_____. *Russia at the Dawn of the Modern Age*. Yale: Yale University Press, 1955.

VRYONIS, S. Byzantium: the Social Basis of Decline in the Eleventh Century, *Greek, Roman and Byzantine Studies*, v.2, 1959, n.I.

VRYONIS, S. *The Decline of Mediaeval Hellenism in Asia Minor and the Process of Islamization from the Eleventh through the Fifteenth Century.* Berkeley-Los Angeles: University of California Press, 1971.

XENOFONTE. *Ways and Means*, IV, 17.

WALBANK, F. W. *The Awful Revolution.* Liverpool: Liverpool University Press, 1969.

WALEY, D. *The Italian City-Republics.* Londres: Weidenfeld & Nicolson, 1969.

WALLACE-HADRILL, J. M. *The Barbarian West 400-1000.* Londres: Hutchinson University Library/ Hutchinson & Co., 1967.

WARMINGTON, B. H. *The North African Provinces from Diocletian to the Vandals.* Cambridge: Cambridge University Press, 1954.

WEBER, M. *Gesammelte Aufsätze zur Sozial- und Wirtschaftsgeschichte* [Ensaios sobre História Econômica e Social]. Tübingen: Alfred Kröner Verlag, 1924.

_____. *General Economic History.* Londres: Allen and Unwin, 1927.

_____. *Economy and Society.* Nova York: Bedminster Press, 1968 [Ed. bras. *Economia e sociedade*. Brasília: Universidade de Brasília, 1999].

WELLS, C. M. *The German Policy of Augustus.* Oxford: Clarendon Press, 1972.

WELLES, C. B. *Alexander and the Hellenistic World.* Toronto: A. M. Hakkert, 1970.

WERNER, E. *Die Geburt einer Grossmacht* – Die Osmanen (1300-1481). Berlim: Akademie Verlag, 1966.

WESTERMANN, W. L. *The Slave Systems of Greek and Roman Antiquity.* Filadélfia: The American Philosophical Society, 1955.

WHITE, K. D. The Productivity of Labour in Roman Agriculture, *Antiquity*, XXXIX, 1965.

_____. Latifundia, *Bulletin of the Institute of Classical Studies*, 1967, n.14.

_____. *Roman Farming.* Londres: Thames and Hudson, 1970.

WHITE, L. *Mediaeval Technology and Social Change.* Londres: Heinernann Educational Books, 1963.

_____. What Accelerated Technological Progress in the Western Middle Ages?. In: Crombie, A. C. (Org.), *Scientific Change*. Londres: Heineman, 1963.

WIRSZUBSKI, C. *Libertas as a Political Idea at Rome during the Late Republic and Early Empire.* Cambridge: Cambridge University Press, 1950.

VAN WOODWARD, C. Emancipation and Reconstruction. A Comparative, *13th International Congress of Historical Sciences*, Moscou: 1970.

WOLFF, R. L. The "Second Bulgarian Empire". Its Origin and History to 1204, *Speculum*, XXIV, n.2, abr. 1949.

WRIGHT, W. E. *Serf, Seigneur and Sovereign* – Agrarian Reform in Eighteenth Century Bohemia. Minneapolis: Univ. of Minnesota Press, 1966.

WUHRER, K. Die schwedischen Landschaftsrechte und Tacitus' Germania, *Zeitschrift der Savigny-Stiftung für Rechtsgeschichte (Germ. Abteilung)*, LXXXIX, 1959.

WYCZANSKI, A. Tentative Estimates of Polish Rye Trade in the Sixteenth Century, *Acta Poloniae Historica*, IV, 1961.

_____. En Pologne. L'economie du domaine nobiliaire moyen (1500-1580), *Annales ESC*, jan.-fev. 1963.

ZEL'IN, K. K.; TROFIMOVA, M. K. *Formy Zavisimosti v Vostochnom Sredizemnomor'e Ellenisticheskovo Perioda* [Formas de dependência no Mediterrâneo ocidental durante o período helênico]. Moscou: 1969.

ZLATKIN, I. Ya. K Voprosu o Sushchnosti Patriarkhal'no-Feodal'nykh Otnoshenii u Kochevykh Narodov [Sobre a essência das relações patriarcais não feudais entre os povos nômades], *Voprosy Istorii*, n.4, abr. 1955.

Índice onomástico

Aachen, 154
Áccio, Batalha do, 79-80
Acilia, 114
Adriano, 86
Adrianópolis, 129, 297, 321
Adriático, 54, 323-5, 317
Agis II, 67n
Ahenobarbus, Lucius Domitius, 70
alamanos, 95-6, 121, 140
alanos, 125, 133n
Alarico, 125, 300
Albânia, 326
Alcântara, Ordem de, 190
Aleixo I, 314
Alexandre, 54, 56, 58, 80, 86, 98
Alexandria, 24, 55, 59-60, 72, 95
Alföld, 253
Algarve, 192
Alsácia, 154
Ambrósio, Santo, 149
Amiens, 73
Anatólia, 300, 307, 309, 311-2, 312n, 313 & n, 322, 326n
Andaluzia, 190-1

angevinos, 278
anglo-saxões, 135-6, 138-40, 178, 179n, 262n
Aníbal, 65
Aníbal, guerras de, 69 & n
Anícia, 114
Anjou, 177
Antíoco III, 73
Antioquia, 55-6, 95
Antônio, Marco, 79
Antônio, Santo, 150
Apúlia, 107n, 309
Aquitânia, 125, 127, 129, 133n, 176
árabes, 18, 141, 153, 263, 302-3, 309
Aragão, 169-70, 235 & n
Arbogasto, 115, 122
Arcádio, 106
Aristóteles, 27, 30, 46-7
Armênia, 306
armênios, 313
Armórica, 116
arnulfida, 155
Árpád, 255, 261
Arslan, Alp, 313

Artois, 177
Asen, 322
Ásia Menor, 55, 57, 95, 99 & n, 313, 326
Assírio, império, 25
Astúrias, 188
atálida, 55, 57-8, 60
Atenas, 22-4, 26-7, 29-32, 38-9, 42-51, 55, 59, 64, 66, 83, 95
Ática, 38 & n, 39n, 42, 45, 47, 49, 54 & n, 56, 68
Átila, 244, 249, 300
Atlântico, 299
Augusto, 74, 79n, 80, 81n, 82n, 83-5, 92, 101, 185, 240n
Aureliano, 96, 98, 100
Aurélio, Marco, 85, 94, 98, 122
Áustria, 135, 144, 226, 280
ávaros, 244, 253-4, 267, 300, 319
Avis, dinastia de, 192

Babilônico, império, 25
bacaudae, 73n, 96, 115-6, 116n, 133 & n, 229
Balbino, 100
Bálcãs, 53, 96-100, 102, 115, 126, 227, 244, 254, 294, 297-8, 300, 302, 309, 313, 317-21 *passim*, 323-7, 326n
Balduíno, imperador latino, 323
Báltico, 194, 220, 240n, 241, 263, 271-5, 279, 280, 283, 286, 289-90, 292
Baquíada, 38
Bar, 325
Barcelona, 232
Barões, Liga dos, 278
Basileia, 136, 215
Basílio II, imperador bizantino, 260, 303, 310, 318

Basílio III, 285
Basílio, São, 150
Bavária, 182, 184, 229
Bélgica, 135
Benedito de Núrsia, São, 150
Berlim, 286
Betiti, 114
Bitínia, 77
Bizâncio, 153, 195-6, 198, 263-7, 297, 300-3, 305-7, 308 & n, 309-10, 312n, 314 & n, 315, 316 & n, 318-25 *passim*
blêmios, 95
Boêmia, 121, 183, 226, 240n, 258, 260, 262, 267-70, 272-3, 278-82, 285-6, 288-9, *passim*
bogomilismo, 321-2
Boleslau I, 269
Bolonha, 235
Bornholm, 194n
Bornhöved, Batalha de, 199
Bósnia, 324, 326
Bouvines, Batalha de, 177
Bragança, 192
Brahe, Per, 202n
Brandemburgo, 220, 270, 278-80, 285-6, 288, 291
Brandes, 226
Bruges, 232
Bulgária, 279, 318, 321-5 *passim*
búlgaros, 196, 253-4, 279, 318-9, 321-5 *passim*
Burgúndia, 127, 129
burgúndios, 125-7, 131, 133 & n, 134, 194

Cabul, 54
Calábria, 229, 236

Calatrava, Ordem de, 190
Campânia, 107
Canal da Mancha, 77, 180, 218
Cantacuzene, 316
Capadócia, 95
capetos, 176-7, 220
Caracala, 86
Carino, 96n
Carlos IV, 278
Carlos Magno, 153-9, 188, 220, 259
Carlos Roberto, 278
Caro, 100n
Carolíngios, 155-7 *passim*, 183
Cárpatos, 239, 244
carpos, 95
Cartago, guerras contra, 69
Casimiro I, 269
Casimiro III, 278
Casimiro IV, 281
Cássio, Dião, 98
Castela, 189-92, 227, 229, 231, 235
Catalunha, 153, 154, 188, 229, 230n, 232, 235
Catão, 89
Catilina, 78
Cáucaso, 306, 313
Cavaleiros da Espada, 270
cázaros, 196
Ceionia, 114
Cem Anos, Guerra dos, 177, 227, 229, 231, 234
César, Júlio, 74, 78-80, 81 & n, 119
China, 19, 168, 245n, 246n
Chipre, 220
Cícero, Marco Túlio, 83 & n, 84
Cilícia, 95
ciompi, 230
Cirenaica, 75

cirílico, alfabeto, 264
cistercienses, 167n, 190, 212
Cítia, 239
Cláudio II (Gótico), 96, 100
Cleômenes 67n
Clístenes, 44
Clódio, Públio, 78
Clóvis, 136, 140
Columela, 88n, 89
Comneno, 307, 309, 313-4, 323
Cômodo, 94, 96n
Conselho dos Quinhentos, 46
Constâncio I, 101
Constâncio II, 103, 112
Constantino, 23, 100, 101-3, 105, 106, 113-4
Constantinopla, 98, 103-4, 110, 112, 221, 274, 303-4, 306, 308-11, 315, 317-8, 321, 323-4, 327
Copenhagen, 201, 203
Córdoba, 73
Corinto, 26, 38, 43, 51n, 321
cossacos, 293
Courtrai, Batalha de, 230
Cracóvia, 273
Crasso, Marco Licínio, 77
Crimeia, 227, 243, 303
Crisobula de, 314
Cristandade, 132, 141, 149n, 152, 319
croatas, 321
Cruzadas, 220, 270
Ctesíbio, 60
cumanos, 244, 253-5, 266, 274

Dácia, 86-7, 95, 121, 240 & n, 255
Dalmácia, 100-1, 309
Danúbio, 136, 239 & n, 241, 243-4, 252n, 253, 257, 297-8, 317, 321

Danzig, 272-3, 280, 290
Décio, 100-1
Delos, Liga de, 50n
Denis, São, 220
Deutschbrod, 226
Diádocos, 55, 57
Dinamarca, 194, 199n, 201, 230
Diocleciano, 23, 95-102, 106, 112-3, 115
Diógenes, família, 307
Dnieper, 241, 243
Domiciano, 85
Don, 239, 243
Donatismo, 116n
Dorpat, 272
Dourada, Horda, 244, 254
Douro, 191
Drúsio, 240n
Duchan, Estêvão, 323
Dunquerque, 136

Egeu, 241, 309, 317
Egina, 26, 43
Egito, 24, 55-9, 76, 81, 95, 110-1, 299-302, 309, 313
Elba, 120, 154, 239, 240n, 257, 259, 270-2, 274, 283
Épiro, 323
Ermland, 280
Escandinávia, 174, 194 & n, 197n, 199, 214n, 227 *passim*
Escânia, 199
Escócia, 196
Escópia, 323
eslavos, 17-8 *passim*, 241, 242, 254, 259 & n, 262n, 264, 270-1, 298, 300, 318-21 *passim*
Eslováquia, 280

Espanha, 24, 72, 73 & n, 85-6, 94-5, 100-2, 107n, 111-3, 115, 116n, 119n, 126-7, 132-4, 136, 139-40, 151, 153, 174, 188-9, 191-2, 195, 214, 227, 229, 230n, 232, 235-6, 241, 270, 298, 309
Esparta, 22, 26, 39-43, 51 & n, 64, 66n, 67n
Estatuto de 1497 (Boêmia), 288
Estatuto dos Trabalhadores, 231
Estatutos de Piotrkow, 289
Estêvão da Hungria, 261
Estilicão, 300
Estíria, 154
Estrasburgo, 215
Eufrates, 77
Eurico, 128-9n
Euxino, 265

Faroé, 196
Farsala, 80
Fenícia, 35
Fernando de Aragão, 235
Filipe Augusto, 176-7
Filipe da Macedônia, 54
Filipe V da Macedônia, 73
Filipe, Júlio, 99
Filipe, o Belo, 177
Filipos, 80
Finlândia, 220
Flamínio, Quinto, 67n
Flandres, 176, 216, 219, 227, 229-30, 232, 271
Flávio, 85
Florença, 215 & n, 217, 230
Focas, 300, 307
Fotevik, Batalha de, 199

França, 126, 134, 137, 144, 146, 159, 174-7, 179, 181-2, 184, 187-8, 192, 194, 213 & n, 214n, 219-20, 227, 228n, 229, 230n, 231-2, 234, 236
Francônia, 182, 271
francos, 95, 135-6, 139-40, 239, 309, 313
Frederico I, 184
Frederico II, 185, 188
Freisach, 226
frígios, 43
Frísia, 153
Fritigerno, 128-9n

Gainas, 300
Galério, 100
Gales, País de, 176n
Gália, 69, 72-3, 73n, 78, 80, 83, 85-6, 90-1, 94-6, 101-3, 107, 110-3, 115, 116n, 125, 133n, 134-8, 140-2, 151, 155, 174n, 241, 298
Gália, guerra contra, 69
Galiano, 96, 100 & n
Galípoli, 317
Gante, 215, 230, 232
Gênova, 215n, 217-8, 317
Geórgia, 306
Germânia, 82n, 87, 120-3, 130n, 141-2, 154, 174, 181-5, 194, 201n, 202, 219, 227, 231, 234, 236, 240-1, 270, 290
germânico, 240n
glagólico, alfabeto, 264, 320
Gniezno, 268
Gobi, 254
Godos, 95-6, 194, 300
Goslar, 183, 226
Götaland, 194
Graciano, 113n, 115

Graco, Caio e Tibério, 64, 65n, 77
Granada, 190, 192
Granada, serra de, 220
Grande Jacquerie, 229, 232, 280
Gregório, VII, 183
Groenlândia, 195-6
Grünewald, Batalha de, 280
Guadalupe, Sentença de, 235
Guerra das Rosas, 227
Guilherme I, 180

Habsburgo, 282
Hanseática, Liga, 283
Hardrada, Harald, 198
Hastings, Batalha de, 198
Heliogábalo, imperador, 99
Henrique II da Inglaterra, 181
Henrique IV, imperador romano, 183
Henrique VI, imperador romano, 185
Heráclio, 301 & n
hérulos, 95
Hohenstaufen, 184-5
Holanda, 271, 283
Holstein, 201
Homero, 35
Honório, 115
Hungria, 243, 253-5, 261, 270, 278, 281-2, 294, 323
hunos, 135, 244, 252n, 253, 300
Hussitas, Guerras, 278, 280, 281n, 285-6, 288

Ibéria, 191, 171, 196, 200, 241
Igreja Romana, 132, 147n
Ilíria, 75, 82, 100, 102, 240n, 318, 323
Inglaterra, 134-5, 138-9, 168n, 170n, 174, 177-81, 184, 192, 194-6, 198, 210, 213-5, 219, 224n, 229,

230n, 231-4, 234n, 235, 236,
    262n, 284
Investiduras, Questão das, 183
Irlanda, 194, 196, 270
Irlanda, Mar da, 176n
isaurianos, 302
Islândia, 195, 196, 197 & n, 199n
Isócrates, 46
Itália, 61, 65-7, 68n, 69-71, 73 & n,
    74, 76, 79-80, 81n, 84-6, 94-6,
    99-102, 125-7, 130, 132, 133-6,
    138-41, 153, 170n, 174-5, 183,
    185-8, 195, 213-4n, 2-6, 219, 225
    & n, 227, 230 & n, 235-6, 241, 283,
    298-9, 309, 314
Ivan III, 285, 287
Ivan IV, 28

jaguelônios, 278
Japão, 21n
Jaroslau, 265
Jerônimo, São, 149
Jerusalém, Reino de, 170n
Joanista, czar, 323
Jônia, 317
jônios, 51
Jorge de Poděbrady, 281
Joviano, 100, 114 & n
Jugurta, guerra de, 69
Justiniano, 100, 185, 304, 308
jutungos, 95

Kalmar, União de, 200
Khan, Gengis, 244, 249, 252, 254, 274
Kiev, 196, 254, 260, 263-6, 269, 273
Königsberg, 279, 285
Konya, Sultanato da, 313
Kosovo, Batalha de, 327

Kotor, 325
Kulikovo, Batalha de, 282
Kutna Hora, 278n

Lacônia, 40, 43
Lágida, Estado, 55-60
Languedoc, 177
Laon, 176
Laurion, minas de, 47
Leão VI, 305
Leão, 189, 192
Lechfeld, Batalha de, 182
Legnitsa, Batalha de, 255
Lei de Terra de 1500 (Boêmia), 288
Leipzig, 280
Levante, 72, 170, 220
Lídia, 35
Ligas (Medievais), 219
Lion, 64
Lipan, Batalha de, 288
Lisandro, 51
Lituânia, 270-1, 278, 286
Livônia, 270, 275, 285, 288
Ljubljana, 258
Loire, 72, 73n, 116, 136, 154, 277
Lombardia, 186
lombardos, 135-6 *passim*, 139, 141, 185
Londres, 219 & n, 232
Lorena, 154, 182
Lotaríngia, 183
Lübeck, 216, 283
lucanos, 69n
Luís I da Hungria, 278
Luís IX da França, 177
Luís VI da França, 176, 220
Luís VII da França, 220
Luís VIII da França, 177
Luxemburgo, 278

Macedônia, 54 *passim*, 69-70, 271, 276, 284-5, 290
Macrino, 100n
Magdeburgo, Carta de, 273
Magiares, 158-9, 182, 244, 253-4
Magnésia, Batalha de, 74
Maine, 177
Majoriano, 114n
Manchus, 251n
Manziquerta, Batalha de, 310, 312, 313n
Mar Cáspio, 244, 254, 263, 282
Mar Negro, 227, 239, 240n, 243, 263-4
Mar Vermelho, 299
Marcomanos, 121, 258
Mário, Caio, 77
Maritsa, Batalha de, 327
Marrocos, 21n
Martel, Carlos, 153
Materno, 94 & n
Matias Corvino, 281
Mauri, 84
Maurício, 112
Mauritânia, 100n, 107n
Maxêncio, 103
Máximo Trácio, 95, 100n
Mazóvia, duque de, 271n
Mecklemburgo, 291
Melânia, 107
Merovíngios, 139, 141n *passim*, 155
Meseta, 235
Mésia, 95-6, 100-1, 300, 318
Mesopotâmia, 55, 57, 87
Messênia, 40-1, 43, 48n, 68
Metódio, 267, 320
Mieszko I, 260, 268-9
Mieszko II, 269
Miguel IV, 311

Milão, 104, 149
Mílvia, Batalha da Ponte, 103
Minho, 191
Mitrídates, guerra de, 69
mongóis, 244-5, 246n, 247n, 250 & n, 251n, 252 & n, 253-5 *passim*, 274, 279, 282, 318, 323
Morávia, 254, 267
Moscou, 282-1, 285-6
mouros, 168, 170, 196
muçulmanos, 189, 189-92 *passim*, 221

Nabis, 67n
Nápoles, 187
Nedao, 253
Nêmania, Estêvão, 323
neoplatonismo, 149n
Nero, 85 & n
Niceia, 310, 315
Nicópolis, Batalha de, 327
Nilo, 150
Nogent, Guibert de, 219
nórdicos, 178-9, 263n, 264
Nórica, 72, 82
Normanda, 144 & n, 145n, 177, 179, 180, 184, 262n
normandos, 144n, 170n, 177, 179 & n, 180, 187, 198
Norte da África, 72, 84, 95, 113, 116n, 125-6, 126n, 127, 241, 309
Noruega, 197n, 200-1
Novgorod, 263, 275, 285
Numídia, 107n
Nuremberg, 216, 280

Oder, 241n, 271, 277
Oka, 274-5, 295
Órcades, 196

Ordonnance de 1351 (França), 228
ostrogodos, 125-8, 130, 132, 133 & n, 134-5, 241
Oto I, 183, 268
otomanos, 279, 310, 313, 317-8, 326-7
otonianos, 183
Outremer, 315

Pacômio, 150
Países Baixos, 194, 216, 227, 230n, 236
Paleólogos, 308, 310, 314-5
Palestina, 103, 220, 232n, 309
Palmira, 95-6
Panônia, 82, 100-2, 115, 133n, 240n, 253-4, 320
papado, 183, 185, 187
Papiniano, 85
Paris, 95, 177, 232
Pártia, 77
Paulo, 85
Paulo, São, 149
pechenegues, 244, 253-4, 313
Pedro da Bulgária, 321
Pedro, chefe valáquio, 322
Pela, 53
Peloponeso, 40, 51 & n, 66n, 44, 318
Pepino III, 155
Pérgamo, 55, 57 & n, 58, 60, 74
Péricles, 26, 45, 49
Pérsia, 19, 49, 56, 76, 263-4
Peste Negra, 227, 228 & n, 231, 279
Piast, 255, 260, 262, 268-9, 274n
Piemonte, 187
Pirineus, 190
Pireu, 39
Pisístrato, 39, 64
Pistoia, 225n

Platão, 32, 46
Plínio, o Jovem, 70, 73n
Podólia, 293
Poitiers, Batalha de, 153
Polônia, 183, 255, 258, 261-, 267, 268-70, 272-3 *passim*, 278-81, 283, 285-6, 288-91, 294-5
Pomerânia, 126, 270, 272, 278-9, 285, 286, 290
Pompeu, 77, 79
pôntico, corredor, 243
Portugal, 191-2, 220, 227, 270
Póstumo, 113
Poznan, 273
Praga, 286, 290
Premyslid, 260, 262, 268
Probo, 96, 100
Procópio, o Calvo, 280-1, 288
Provença, 174
Prússia, 220, 270, 271n, 279, 280, 285-7
Pruzzi, 271
Pskov, 275, 285
Ptolomeu, 55, 58

Quados, 121, 258
Quios, 26, 43-4

Rascia, 323
Rastislau, 267
Recaredo, 140
Reconquista, 270
Reforma, a, 152n
remença, camponeses, 235
Renascimento, o, 152n
Reno, 72, 82, 119, 125, 141, 145, 191, 277
Reno, região do, 219, 227, 271
Rétia, 72, 82

Reval, 272
Revolta Camponesa, 229, 232
Riga, 283
Roberto I, 230n
Rodes, 56
Romagna, 227
Romano Diógenes IV, 313
Romênia, 243, 254, 255
Rostock, 272
Rubicão, 79
rúgios, 131n
Rurique, 266
Rússia, 195-6, 227, 240 & n, 244, 254, 258, 260-7 passim, 270-1, 273-5, 277, 279, 282-3, 285-7, 289-90, 293, 314n, 318

Sajo, Batalha de, 255
Salamina, 47, 48n
salianos, 183
samnitas, 69n
Samo, 267 & n
Samuel, czar, 321
Santiago, Ordem de, 190
Sarai-Batu, 282
Sárdica, 104
sármatas, 240
sarracenos, 158, 182
sassânidas, 95
Savoia, 125-6, 133n, 187
saxões, 154, 280, 324
Saxônia, 153, 174, 182-4, 194, 279
Schleswig, 154, 200-1
scipiones, 114
scleros, 307
seldjúcidas, 310
Selêucia, 55
selêucidas, 55, 57-8, 74
Sérvia, 323

sérvios, 320
Severo, Alexandre, 99
Severo, Septímio, 99
Severo, dinastia dos, 94, 99
Siágrio, 136
Sicília, 107n, 185, 187
Siena, 215n
Sigismundo, imperador, 280
Sila, Lúcio Cornélio, 68, 77, 80
Silésia, 126, 267, 269-70, 327, 280
Silvano, 122
Simeão da Bulgária, 321
Simeão da Moscóvia, 279
Síria, 24, 35, 55, 57, 95, 99, 111, 300, 302, 309
sociais, guerras, Roma, 68, 69 & n
Sócrates, 46
Sólon, 38 & n, 39n, 44, 64
Stamford, Batalha da Ponte de, 198
Suábia, 182, 184, 227, 271
Suécia, 175, 173, 193 & n, 196, 199n, 201-3
suevos, 125, 136, 191
Suger, 176, 220 & n
Suíça, 230n
sumério, império, 25
Suzdal, príncipe de, 274

taboritas, artigos, 280
Tácito, Cornélio, 83 & n, 120, 185, 194, 198, 201n, 241, 260
Tácito, imperador, 100
Tamerlão, 254
Tâmisa, 72, 277
Tarragona, 95
Tártaros, 293
Taurus, 302
Tcheco, Estado, 259-60, 267, 274n, 281n
Tebas, 54

Tejo, 72, 190, 220
Temístocles, 44
Teodorico, 130, 133
Teodósio I, 100
Teodósio II, 113
Tessália, 37, 39, 323
Tessalônica, 316, 317 & n, 320, 325
Tétrico, 113
Teutoburgo, Batalha da Floresta de, 121
Teutônica, Ordem, 270, 271n, 272 & n, 280, 287, 289
Tibério, 81, 240n
Tibre, 24
Tisza, 253
Toledo, 235
Tomislau, 321
Torun, 280
Toscana, 70 & n, 187, 216, 225n
Totila, 133
Toulouse, 129, 176
Touraine, 177
Trácia, 53, 45, 54 & n, 95, 100n, 300, 310, 318, 325
Trajano, 83, 85, 87, 89, 240
Transilvânia, 240n, 270, 293
Treboniano Galo, 100n
Treze Anos, Guerra dos, 278, 280, 285, 287
Trier, 73, 96, 104
triúnviros romanos, 79
Tucídides, 46
Tunísia, 107n, 126
turcomanos, 313, 315, 326-7
turcos, 245, 309-10, 326
Turíngia, 182, 184
Tzimisces, João, 311, 318

Ucrânia, 126, 243, 244, 254, 264, 266, 269, 293

Ulpiano, 84, 85

Václav, 260
valáquios, 322
Valdemar II, 199
Valente, 94, 106, 114n
Valentiniano I, 100, 106, 114 & n, 115
Valentiniano II, 115
Valeriano, 100
Valladolid, 229
vândalos, 125-6, 127& n, 129n, 133 & n, 134, 241 & n
varegues, 196, 198, 260, 263-7
Varna, Batalha de, 327
Varsóvia, 273
Venceslau IV, 280
Veneza, 216, 218, 314
Vespasiano, 85, 101
Viena, 216, 290, 327
vikings, 158-9, 175, 178, 182, 194-200
visigodos, 121, 125-7 *passim*, 131-6, 140, 241, 300
Vístula, 241n, 272, 277, 289
Vitorino, 113
Vladimir, príncipe rurique, 264
Volga, 241, 263, 274-5, 296
Volínia, 293
Volkhov, 263

Weser, 141
Wismar, 272

Xenofonte, 26, 46

Ypres, 232

Zeta, 323
Žižka, Jan, 280, 281 & n

Índice de autores

Abramson, M. L., 145
Ahrweiler, H., 309
Andrewes, A., 26, 36-8, 40-3
Angelov, Dimitar, 315, 322, 326
Aristóteles, 26-8, 30, 46-7
Arnheim, M. T. W, 97, 111, 113-5

Badian, E., 58, 74, 78
Balsdon, J. P., 75
Barraclough, Geoffrey, 184, 272
Basharin, G. P., 246
Bautier, R. H., 157, 218, 225, 235
Bessmertny, Ya. L., 145
Betts, R. R., 278, 282, 288
Bjurling, Oscar, 202
Bloch, Marc, 18-9, 106, 120, 128, 145, 149, 165-6, 175, 207, 219, 235, 295
Blum, Jerome, 270, 279, 282, 286-7, 291
Boardman, J., 240
Boussard, J., 157, 159
Boutruche, Robert, 134, 155, 158, 175, 213, 316

Bratchel, M. E., 179
Braudel, Fernand, 326
Bromberg, E. I., 196
Bronsted, Johannes, 195
Brown, Peter, 112, 114, 149, 152, 252
Browning, R., 303, 305
Brunt, P. A., 63-5, 68, 70-1, 78, 81, 88
Bullough, D., 155

Cahen, Claude, 313
Cankova-Petkova, G., 322
Carsten, F. L., 273, 279
Charanis, P., 300, 317
Chitty, D. J., 150
Coulborn, Rushton, 275
Courtois, C., 126, 129
Crombie, A, C., 151
Cross, S. H., 241

Delammare, M. J-B., 307
Den Hollander, A. N. J., 253
Desnitskaya, T. I., 145
Dobb, Maurice, 205, 224, 284
Dopsch, Alfons, 109, 144-5

Duby, Georges, 19, 139, 141, 156-8, 206, 208, 210-2, 214, 223
Dvornik, F., 241, 260, 268-9, 274, 285, 323-4
D'yakov, V. N., 97

Efendiev, M. M., 246
Ehrenburg, Victor, 42-3, 50-1, 59
Engels, Friedrich, 51, 108, 147, 149, 167, 170, 205, 257, 295

Fichtenau, H., 154
Finley, M. I., 25-27, 30-1, 39, 44-5, 48, 88, 92-4
Foote, P., 197, 199-200, 264
Forrest, W. G., 37, 45
Fourquin, Guy, 216, 227
Frank, R. I., 114, 122
Freeman, Edward A., 144
Friedenberg, M. M., 145

Ganshof, F. L, 154-5
Génicot, Leopold, 223, 226
Gibbon, Edward, 21, 86, 148, 151, 308
Gieysztor, Aleksander, 268
Gramsci, Antonio, 152
Graus, Frantisek, 242, 259, 268
Griffith, G. T., 58
Gurevich, A., 197
Gutnova, E. V., 145, 173-4

Hadjinicolaou-Marava, A., 149, 303
Halphen, L., 155
Hammond, N. G. L., 53
Harmatta, J., 252
Hartmann, L. M., 137
Haudricourt, A. G., 307
Hecksher, E., 193, 202
Hegel, G. W. F., 17-8

Heichelheim, F. M., 56, 60
Hellie, R. H., 289, 293
Herlihy, D., 225
Herrin, J., 315
Heymann, Frederick, 281
Hibbert, A. B., 215
Hilton, R. H., 181, 205-6, 209-10, 213, 223, 229, 231-3, 282, 284
Hinojosa, Eduardo de, 235
Hintze, Otto, 146
Hollister, Warren, 180
Hopkins, Keith, 98

Iorga, N., 250

Jackson, G., 191, 231
John, E., 179
Jolowicz, H. F., 76, 84
Jones, A. H. M., 18, 23-4, 26, 40-1, 45, 47, 55, 70, 73-4, 81-2, 87, 91, 93, 103, 105-13, 114, 122, 127, 132, 148, 150, 307
Jones, Gwyn, 194, 197-8
Jones, Philip, 186

Kaegi, W., 301
Kamen, H., 290-1, 295
Kazhdan, A. P., 145, 301-2
Kelley, D. R., 143
Kiechle, F., 30, 86
Klima, A., 288
Kosminsky, E. A., 224, 231
Koyré, Alexandre, 32
Kuhn, Hans, 130, 194
Kula, Witold, 211, 291

Lattimore, Owen, 121, 245-7, 249, 251, 253
Laurie, Elena, 190

Lawson, F. H., 75
Lemerle, Paul, 301-2, 316, 321
Leslie, R. F., 294
Lestocquoy, J., 187, 215
Liublinskaya, A. D., 145, 173
Lívio, Tito, 67
Lönroth, Erik, 200
Lopez, R. S., 214, 218-9, 303, 308
Lordkipanidze, M. D., 145
Lot, Ferdinand, 127, 144
Lowmianowski, Henryk, 258, 270
Loyn, H. R., 138, 178-9
Lukács, G., 147
Lütge, Friedrich, 229

Macek, Josef, 281
MacFarlane, K. B., 234
Macmullen, R., 97
McNeill, William, 37, 243, 293
Macurek, J., 288
Maczak, A., 291
Maddalena, Aldo, 290, 295
Malowist, Marian, 289
Marques, A. H. de Oliveira, 192
Marx, Karl, 21, 31, 51, 86-7, 89-90, 108, 143, 147, 149, 167-70, 207-9, 216-7, 219, 224, 246-7, 249-50, 257, 265
Mazza, M., 94-6
Mazzarino, Santo, 133
Meiggs, R., 49
Millar, F., 95-6, 99
Miskimin, H., 226
Momigliano, Arnaldo, 54, 103, 109, 131-2
Montesquieu, Charles Louis de Secondat, 143
Moritz, L. A., 30, 73, 91

Musset, Lucien, 134, 136, 138, 140-2, 159, 195, 197, 200, 202, 241, 260, 263
Myers, A. R., 228

Neumann, C., 304
Noettes, Lefebvre des, 307

Obolensky, D., 243, 320, 322
Oliva, P., 40, 43, 101
Ostrogorsky, G., 300-2, 306-7, 310, 314-5, 320

Pach, Zs., 294
Painter, Sidney, 182
Panofsky, Erwin, 220
Parry, J. H., 290
Perroy, E., 228, 231
Pershits, A. I., 246, 249
Pertusi, A., 301
Petit, P., 59
Petit-Dutaillis, Charles, 177, 219
Piganiol, André, 105, 109
Pirenne, Henri, 283
Plutarco, 65
Porshnev, B. F., 123, 173
Portal, Roger, 273
Postan, M. M., 167-8, 209, 214, 224, 234, 272, 290
Potapov, L. P., 246
Poulantzas, Nicos, 25
Prestwich, J. O., 180

Rémondon, Roger, 95
Reinhold, Meyer, 94
Roberts, Michael, 202
Rosenberg, Hans, 288

Rostovtsev, M., 55, 57, 60, 94, 97, 240, 265
Round, J. H., 144-5
Runciman, S., 321, 324
Russell, J. C., 127, 214, 228, 271, 282, 325
Ryazanov, David, 265

Sainte Croix, G. E. M., 50
Sakazov, I., 321
Sakharov, A. N., 293
Sanchez-Albornoz, C., 189
Sawyer, P. H., 195, 206
Sayles, G. O., 179
Schlesinger, Walter, 130, 182
Schmidt, K. R., 266
Shevelenko, A. Ya., 174
Shtaerman, E. M., 70, 94, 96-7, 101
Sirago, V., 116
Sirotenko, V. T., 145
Siuziumov, M. Ya., 145, 300, 302, 314, 317
Skazkin, S. D., 292
Smith, R. E. F., 282, 284
Southern, R. W., 20, 205
Stam, S. M., 145
Stein, E., 301
Stephenson, Carl, 145
Stroheker, K. F., 109, 113
Sundwall, J., 109, 111
Svoronos, N., 311
Syme, R., 79, 82, 100
Szeftel, Marc, 275

Tácito, Cornélio, 241
Teall, J. L., 307, 311
Thompson, E. A., 116, 119-20, 122, 128-9, 131-4, 140, 149-50, 249, 252

Tolybekov, S. E., 246, 249
Toumanoff, C., 306
Trofimova, M. K., 57
Tymieniecki, K., 290

Udaltsova, Z. V., 173-4

Vainshtein, O. L., 145
Valdeavellano, Luis, 189
Van Bath, B. H. Slicher, 168, 207, 214, 220, 224, 226, 279, 290, 294
Van Woodward, C., 88
Varady, Laszlo, 133
Verlinden, Charles, 134, 158, 176
Vernadsky, George, 250, 252, 260, 265, 267, 285
Vernant, J. P., 32
Vicens Vives, J., 188, 235
Vladimirtsov, B. Ya., 247, 250
Vogt, Joseph, 111, 131
Von Ranke, Leopold, 17
Vryonis, S., 307, 310, 313

Walbank, F. W., 30
Waley, Daniel, 186-7
Wallace-Hadrill, J. M., 131
Warmington, B. H., 116
Weber, Max, 23, 29, 87-8, 104-5, 187, 218
Welles, C. Bradford, 58
Wells, C. M., 82, 240
Werner, Ernst, 315, 326
Westermann, W. L., 26-7, 45, 56, 149
White, K. D., 30, 70, 89, 91
White, Lynn, 151, 206
Wilson, D. N., 197, 199-200, 264
Wirszubski, Ch., 83
Wolff, R. L., 322

Wright, W. E., 289
Wuhrer, K., 201, 260
Wyczanski, Andrzej, 291

Zel'in, K. K., 57
Zimanov, S. Z., 246
Zlatkin, I.Ya., 246-7

SOBRE O LIVRO

Formato: 16 x 23 cm
Mancha: 27 x 44 paicas
Tipologia: Venetian 301 12,5/16
Papel: Off-White 80 g/m² (miolo)
Cartão Supremo 250 g/m² (capa)
1ª *edição*: 2016

EQUIPE DE REALIZAÇÃO

Capa
Estúdio Bogari

Edição de texto
Maria Angélica Beghini Morales (Copidesque)
Tomoe Moroizumi (Revisão)

Editoração eletrônica
Sergio Gzeschnik (Diagramação)

Assistência editorial
Jennifer Rangel de França

www.mundialgrafica.com.br